SQLD
비밀노트

이경오 지음

시험장에 몰래 가져갈 이경오의 **SQL+SQLD 비밀노트**
국가 공인 SQL 개발자 자격증 시험 완벽 대응, 공공 데이터 기반 실습 환경

초판 1쇄 발행 2021년 10월 10일
초판 2쇄 발행 2022년 08월 24일

지은이 이경오 / **펴낸이** 김태헌
펴낸곳 한빛미디어(주) / **주소** 서울시 서대문구 연희로2길 62 한빛미디어(주) IT출판부
전화 02-325-5544 / **팩스** 02-336-7124
등록 1999년 6월 24일 제25100-2017-000058호 / **ISBN** 979-11-6224-436-4 93000

총괄 전정아 / **책임편집** 홍성신 / **기획·편집** 박민아 / **교정** 권수연 / **진행** 박용규
디자인 이아란 / **전산편집** 이소연
영업 김형진, 김진불, 조유미 / **마케팅** 박상용, 송경석, 고광일, 이행은, 한종진, 성화정 / **제작** 박성우, 김정우

이 책에 대한 의견이나 오탈자 및 잘못된 내용에 대한 수정 정보는 한빛미디어(주)의 홈페이지나 아래 이메일로
알려주십시오. 잘못된 책은 구입하신 서점에서 교환해드립니다. 책값은 뒤표지에 표시되어 있습니다.

한빛미디어 홈페이지 www.hanbit.co.kr / 이메일 ask@hanbit.co.kr

Published by Hanbit Media, Inc. Printed in Korea
Copyright © 2021 이경오 & Hanbit Media, Inc.

이 책의 저작권은 이경오와 한빛미디어(주)에 있습니다.
저작권법에 의해 보호를 받는 저작물이므로 무단 전재와 무단 복제를 금합니다.

지금 하지 않으면 할 수 없는 일이 있습니다.
책으로 펴내고 싶은 아이디어나 원고를 메일(writer@hanbit.co.kr)로 보내주세요.
한빛미디어(주)는 여러분의 소중한 경험과 지식을 기다리고 있습니다.

소문난 명강의

시험장에 몰래 가져갈

이경오의
SQL+ SQLD
비밀노트

이경오 지음

★ ★ ★ ★ ★ ★
소문난 명강의 시리즈 소개

이 시리즈는 단기간에 실무 능력을 갖추게 도와줍니다. 유튜브, 블로그, 학원, 대학 등에서 이미 검증된 강의 본연의 장점을 극대화하고 더 체계화해 책으로 담았습니다. 입문자 눈높이에서 설명하고 작고 실용적인 프로젝트를 수행해 실전 능력을 키워줍니다. 빠르게 개발 능력을 키우려는 입문자와 더 다양한 경험을 쌓으려는 기존 개발자에게 유용합니다.

한빛미디어
Hanbit Media, Inc.

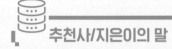

SQL은 인간이 데이터베이스와 대화하기 위해 사용한 가장 오래되고 보편화된 언어입니다. 하지만 제대로 작성하기 위해서는 많은 학습과 경험이 필요합니다.

이 책은 여느 SQL 서적과 다르게 기술적 학습을 넘어 지식이 체화될 수 있도록 생생한 경험을 전달합니다. 특히 저자의 다양한 경험을 공공 데이터를 이용해 전달하려는 노력이 돋보입니다. 그러면서도 입문자를 위한 기초적 개념도 충실히 다루고 있어, 초보자뿐 아니라 SQL 숙련자도 리마인드 차원에서 반드시 읽어볼 만한 책이라고 생각합니다.

바야흐로 데이터가 지배하는 세상입니다. 이 책은 앞으로 데이터를 공부하려는 분들에게 나침반 역할을 할 것이라 확신합니다.

- 농림축산식품부 빅데이터전략담당관실 배경열

SQL 분야의 기술적 토대가 되는 이론이 초보자의 입장에서 깔끔하게 정리되어 있으며, 풍부한 실습 예제 및 연습문제를 제공합니다. 실습에 사용되는 데이터는 우리의 실생활과 밀접한 관련이 있는 공공 데이터를 기반으로 하고 있어 SQL문이 실무에서 어떻게 활용되는지 몸소 체험할 수 있습니다.

- 밸러스 대표이사 임현종 (국가 공인 SQL 전문가, 공공데이터품질관리수준평가심사원)

데이터베이스 및 SQL 언어 분야를 처음 접하는 입문자들에게 가장 큰 난관은 바로 DB 설치 및 데이터 구축이다.

이 책은 이러한 난관을 쉽게 극복할 수 있도록 DB 설치와 데이터 구축에 대해 매우 자세히 설명을 해 놓았으며, 초보자도 차근차근 따라하기만 하면 DB 구축이 가능하다. 이러한 점으로 볼 때 입문자(IT 비전공자)들을 배려한 저자의 세심함이 돋보이는 책이다.

이 책의 가장 큰 강점은 국가에서 전 국민에게 무료로 개방한 공공 데이터를 활용한 것에 있다. 우리 실생활과 밀접하게 연관되어 있는 데이터를 SQL을 이용해 조회하고 활용하는 것을 경험할 수 있다.

또한 이 책은 풍부한 연습 문제로 SQL의 주요 핵심 사항들을 잘 정리해 놓았다. 책의 내용을 모두 학습한다면 SQL 활용을 넘어서 국가 공인 SQL 개발자 자격증까지도 취득하는 데 전혀 무리가 없을 것이다.

많은 분들이 이 책을 학습하여 자신의 데이터베이스 및 SQL 언어 실력을 한 단계 업그레이드 하길 기원해본다.

– 슈퍼캣 이상신 (국가 공인 SQL 전문가, DBMS/SQL 전문 튜너)

SQL 기초부터 실무+활용, 그리고 SQLD 자격증까지 한 번에!

2010년대부터 시작된 모바일 시대의 도래와 함께 IT 시스템의 중요성은 더욱 커지고 있습니다. 은행, 보험, 증권, 쇼핑, 영화, 전자정부, 배달 앱, 숙박 앱, 메신저 등 우리 생활에 필요한 거의 모든 부분이 IT 시스템 아래에서 돌아가고 있습니다.

IT 시스템에서 가장 핵심적인 부분이 바로 데이터베이스(Database, DB)이며, 이러한 데이터베이스를 관리해주는 시스템 소프트웨어가 데이터베이스 관리 시스템(Database Management System, DBMS)입니다. 그리고 SQL(Standard Query Language)은 DB에 저장되어 있는 데이터를 DBMS에서 삽입, 수정, 삭제, 조회할 수 있도록 설계된 프로그래밍 언어입니다. 수많은 IT 개발자들이 SQL 언어를 이용하여 데이터를 삽입, 수정, 삭제, 조회하는 프로그램을 개발하고 있으며, 그 덕분에 우리가 현재의 IT 시스템 환경 속에서 살고 있는 것입니다.

최근에는 IT 기술의 급진적인 발달과 함께 쉴 새 없이 저장되는 수많은 데이터로 인해 데이터 관리와 활용의 중요성이 더욱 높아지고 있습니다. 민간 기업은 물론 공공 기관에서도 DB에 저장되어 있는 데이터를 분석하여 고객 서비스 만족도를 개선하고, 매출을 극대화하는 데 적극 활용하고 있습니다.

이러한 시대의 흐름으로 인해 DB 및 SQL 언어를 학습하는 것은 매우 중요하며, 이제는 IT 개발자뿐만 아니라 일반인들도 필수적으로 학습해야 하는 대상이 되었습니다.

하지만 일반인(IT 비전공자)들이 SQL을 학습하기에는 아래와 같은 어려움이 있습니다.

❶ SQL을 학습하기 위해서는 오라클과 같은 DBMS를 설치해야 하는데 일반인 입장에서는 쉽지 않습니다.

❷ SQL을 실습하는 환경이 갖춰졌다고 하더라도 시중에 판매하는 책들은 모두 부서, 사원, 수강 신청과 같은 실생활과 동떨어져 있는 테스트 데이터뿐이라서 SQL을 활용해서 무엇을 할 수 있는지 체감하기 어렵습니다.

❸ ❷번과 같은 이유 때문에 SQL을 배워도 학습 내용이 오래 가지 않고 금방 잊혀지게 됩니다.

이러한 상황 속에서 국가 공인 SQL 개발자(SQLD) 자격증 취득만을 위한 학습이 되기 쉽고, 자격증을 취득하고 나면 곧바로 손을 놓기 때문에 기업 혹은 공공 기관에 취업한 후 실무에서 잘 활용하지 못하는 게 현실입니다.

실생활 데이터를 다뤄보며 SQL 핵심 개념과 원리를 익힙니다.

이 책은 일반인 및 IT 전공자가 SQL을 보다 수월하게 학습을 할 수 있도록 아래와 같은 내용을 담고 있습니다.

❶ 손쉽게 오라클 DBMS를 설치하고, 설치한 DBMS를 활용할 수 있는 DBMS 도구를 설치합니다.

❷ 우리의 일상 생활과 밀접하게 관련이 있는 공공 데이터를 기반으로 실습환경을 구축하였습니다.(전국의 상가, 지하철역승하차, 인구정보)

❸ 국가 공인 SQL 개발자(SQLD) 자격증의 커리큘럼과 동일한 이론 및 실습을 제공합니다.

❹ 공공 데이터를 기반으로 실습을 진행하고, 연습문제 풀이를 통해 이해의 깊이를 더합니다.

❺ 입문자가 헷갈리기 쉬운 SQL 패턴을 따로 정리하여 실무능력을 최대치로 배양합니다.

❻ 이 책의 구성을 따라 학습을 진행하면 SQL에 대한 기초부터 깊이 있는 응용력까지 키워 실무에 곧바로 활용할 수 있게 됩니다.

❼ 국가 공인 SQL 개발자(SQLD) 자격증 취득은 자연스레 따라오는 덤입니다.

지금까지 출간된 대부분의 SQL 관련 도서는 부서, 사원, 수강신청 등의 우리 일상 생활과는 거리가 먼 테스트용 데이터로 SQL 학습 및 실습을 제공했습니다. 하지만, 이 책은 공공 데이터를 활용하여 SQL이 실제 실무에서 어떻게 사용되고 있는지 명확하게 파악할 수 있습니다.

부디 많은 분들이 이 책을 통해서 SQL에 대한 심도 있는 이해를 바탕으로 실무에 활용하여 자신의 분야에서 좋은 성과를 낼 수 있으면 좋겠습니다.

2021년 9월

이경오

이경오 dbmsexpert@naver.com

광운대학교 컴퓨터소프트웨어학과를 졸업하고, 2009년 키움증권 전산실에서 IT 개발자 생활을 시작하였습니다. 지난 2012년부터 본격적으로 데이터 관련 학습을 시작했으며, 국내 1위 데이터 컨설팅 기업에서 민간/공공 데이터 관련 프로젝트를 완수해왔습니다. 이렇게 축적한 데이터 관련 기술 역량과 경험을 바탕으로 다수의 데이터 관련 국가 공인 자격증을 취득하였으며, 강의 및 집필 활동도 꾸준히 하고 있습니다.

현재는 국내 모바일 플랫폼 시장을 선도하고 있는 (주)에스브이의 데이터연구소에서 데이터 표준화, 데이터 모델링, DBMS 성능 개선 업무를 진행하고 있습니다.

· 보유 자격증

국가 공인 SQL 개발자(한국데이터산업진흥원)	국가 공인 SQL 전문가(한국데이터산업진흥원)
국가 공인 DA 준전문가(한국데이터산업진흥원)	국가 공인 DA 전문가(한국데이터산업진흥원)
리눅스 마스터 1급(한국정보통신진흥협회)	리눅스 마스터 2급(한국정보통신진흥협회)
정보처리기사(한국산업인력관리공단)	

이 책의 구성

┃ 연습문제와 해설 ┃

각 장의 학습 내용을 연습문제를 풀면서 다시 한번 체크하고, 정답과 해설을 살펴보며 더 깊이 이해합니다.

7.4 연습문제

문제 86

다음 중 비용 기반 옵티마이저의 구성요소로 부적절한 것은 무엇인가?
① 질의 변환기　　　　　② 대안계획 생성기
③ 비용 예측기　　　　　④ 파서

문제 87

옵티마이저가 생성하는 실행계획에 대한 설명으로 가장 적절한 것은 무엇인가?
① 실행계획은 SQL에서 요구한 사항을 처리하는 데 가장 최적화된 방법이며 실행계획대로 SC
행되면 성능상 문제가 발생하지 않는다.

문제 25

정답 ②

해설 DEPT_NO_CHAR에 4자리만 들어가는 경우 자동으로 끝에 공백 2개를 추가
'D001'로 입력해도 'D001 '로 저장된다.
DEPT_NO_VARCHAR2에 4자리만 들어가는 경우 정확히 4자리만 들
VARCHAR2는 공백도 문자로 취급하므로 뒤에 공백을 넣으면 'D001 '로
한다.
DEPT_NO_VARCHAR2에 끝에 공백 2자리를 넣은 데이터팀과 개발팀의 행이

문제 26

┃ 시험 직전 비밀노트 ┃

헷갈리기 쉬운 SQL 패턴과 핵심 내용만 따로 정리해두었습니다.

8.1 SELECT문

NOTE FROM절에서 테이블 앨리어스를 지정할 때 AS를 사용하지 못한다.

SQL문 작성 시 앨리어스 사용은 SQL문의 가독성 및 개발 생산성을 높이는 데 많은
니다.
아래와 같이 FROM절에서 테이블 앨리어스를 사용할 수 있습니다.

코드 8-1 FROM절에서 테이블 앨리어스를 사용한 SQL문

```
SELECT A.SUBWAY_STATN_NO AS "지하철역번호"
     , A.LN_NM AS "노선명"
     , A.STATN_NM AS "역명"
```

NOTE 비교 연산 시 비교 칼럼의 값이 NULL인 행은 결과집합에서 제외된다.

업종분류(TB_INDUTY_CL) 테이블에서 상위업종분류코드(UPPER_INDUTY_C
럼은 NULL 허용 칼럼입니다. 즉, NULL 값이 존재할 수 있습니다.
아래는 업종분류코드(INDUTY_CL_CD)가 'O'(알파벳 오)로 시작하는 모든 행
SQL문입니다.

코드 8-3 NULL 허용 칼럼의 출력

```
SELECT INDUTY_CL_CD
     , INDUTY_CL_NM
     , INDUTY_CL_SE_CD
```

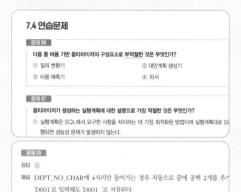

Part 1 실습환경 구축	Chapter 1 오라클 DBMS 실습환경 구축	PC에 오라클 DBMS를 설치, 확인하고 오라클 DBMS 접속 도구를 이용하여 오라클 DBMS에 접속합니다.
	Chapter 2 실습 데이터 구성	설치된 오라클 DBMS에 SQL문 실습에 사용할 실습 데이터를 구성합니다. 또한 실습 데이터가 어떠한 정보를 제공하는지도 안내합니다.
Part 2 데이터 모델링의 이해	Chapter 3 데이터 모델링의 이해	데이터 모델 설계에 관한 기본적인 내용(이론)을 학습합니다.
	Chapter 4 데이터 모델과 성능	데이터 모델이 IT 시스템 성능에 어떠한 영향을 미치는지 살펴보고, 성능을 고려한 데이터 모델링 기법에 대해 학습합니다.

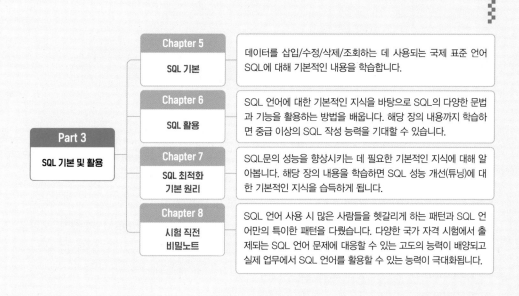

Part 3 SQL 기본 및 활용	Chapter 5 SQL 기본	데이터를 삽입/수정/삭제/조회하는 데 사용되는 국제 표준 언어 SQL에 대해 기본적인 내용을 학습합니다.
	Chapter 6 SQL 활용	SQL 언어에 대한 기본적인 지식을 바탕으로 SQL의 다양한 문법과 기능을 활용하는 방법을 배웁니다. 해당 장의 내용까지 학습하면 중급 이상의 SQL 작성 능력을 기대할 수 있습니다.
	Chapter 7 SQL 최적화 기본 원리	SQL문의 성능을 향상시키는 데 필요한 기본적인 지식에 대해 알아봅니다. 해당 장의 내용을 학습하면 SQL 성능 개선(튜닝)에 대한 기본적인 지식을 습득하게 됩니다.
	Chapter 8 시험 직전 비밀노트	SQL 언어 사용 시 많은 사람들을 헷갈리게 하는 패턴과 SQL 언어만의 특이한 패턴을 다뤘습니다. 다양한 국가 자격 시험에서 출제되는 SQL 언어 문제에 대응할 수 있는 고도의 능력이 배양되고 실제 업무에서 SQL 언어를 활용할 수 있는 능력이 극대화됩니다.

참고

이 책의 주 목적은 데이터 모델링 및 SQL에 대한 이론과 실습을 바탕으로 SQL을 실무에서 활용할 수 있는 능력을 기르고, 더 나아가서는 국가 공인 SQL 개발자 자격증을 취득하도록 돕는 것입니다. 이러한 책의 방향성에 따라 이 책에 나오는 이론적인 내용은 출제기관인 한국데이터산업진흥원에서 출간한 『SQL 전문가 가이드』(2020)를 참고하였으며, 해당 부분은 다음과 같이 표기해두었습니다.

데이터 모델링의 정의

- 현실 세계의 비즈니스를 IT 시스템으로 구현하기 위해 데...
- 현실 세계의 비즈니스를 약속된 표기법으로 표현하는 과정...
- IT 시스템의 근간이 되는 데이터베이스를 구축하기 위한 특...

표 3-4 데이터 모델이 중요한 이유

이유	
파급효과 (Leverage)	• 데이터 설계 과정에서 비효율적인... 터 실계를 한다면 개발/테스트/오... 수 있다.

아울러 책에 실린 '연습문제' 및 '시험 직전 비밀노트'는 저자가 수년간 SQL 분야를 연구하여, SQL 개발자 시험에 출제될 만한 문제 및 내용을 정리한 것임을 밝힙니다.

이 책의 실습환경 구성은 아래 표와 같습니다.

항목	버전
PC 운영체제	Windows 10 Pro 64bit
데이터베이스	Oracle Database Express Edition 11gR2 64bit

우리는 윈도우 운영체제가 설치되어 있는 자신의 PC에 오라클 데이터베이스 XE 11g 버전을 설치합니다. 윈도우 운영체제는 Windows 7 이상의 64bit 버전을 설치하도록 합니다. 설치가 완료된 오라클 DBMS를 활용하기 위해 DBeaver, SQL Developer를 추가적으로 설치하고 오라클 DBMS에 접속하여 SQL 언어에 대한 실습을 진행합니다. 오라클 DBMS의 설치, 오라클 DBMS 도구 설치, 실습 데이터 입력, 오라클 DBMS 도구를 이용한 오라클 DBMS 접속, 오라클 DBMS 도구 활용 등에 대해서도 자세히 다룹니다. 이 책은 데이터베이스 및 SQL 분야를 처음 접하는 초보자도 처음부터 쉽게 따라올 수 있도록 구성되어 있습니다.

아래의 설치 파일과 예제 파일은 한빛미디어 홈페이지에서 다운로드할 수 있습니다.

- **http://www.hanbit.co.kr/src/10436**

파일명	설명
OracleXE112_Win64.zip	오라클 DBMS 설치 파일
sqldeveloper-20.2.0.175.1842-x64.zip	오라클 DBMS 도구 설치 파일
dbeaver-ce-7.2.1-x86_64-setup.exe	오라클 DBMS 도구 설치 파일
EXPORT_SQLD.dmp	실습 데이터(오라클 덤프 형식)
EXPORT_SQLD_SQL_SCRIPT.sql	실습 데이터(오라클 SQL 스크립트 형식)
실습환경구축.zip	필자가 실습 데이터 환경을 구축한 과정을 정리한 파일 (학습 대상은 아니며 참고 자료임)
DAV5002006_OpenSetup.exe	데이터 모델링 도구 설치 파일
SQL스크립트.zip	SQL 실습 스크립트 파일

이 책의 모태 강의 소개

이 책의 모태인 '데이터베이스와 SQLD 합격패스 Online' 강의는 저자가 온라인 강의 사이트 패스트캠퍼스(https://www.fastcampus.co.kr/)에서 진행하고 있는 인기 강좌입니다.

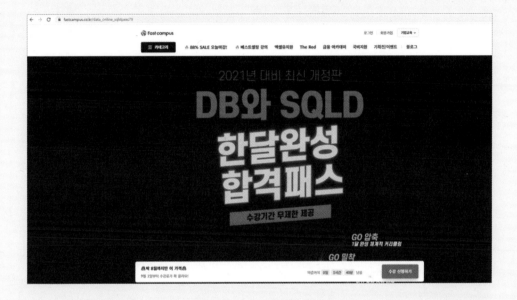

이 책의 시작은 온라인 강좌에서 시작되었지만, 새로운 내용과 예제를 기반으로 집필되었습니다. 동영상 강의와 책은 정보를 제공하는 방법이 다르므로 서로 상호보완적입니다.

따라서 이미 온라인 강좌로 SQL+SQLD를 학습했더라도 더욱 간결하게 정리된 콘텐츠를 제공하는 이 책이 독자 여러분의 실력을 더욱 향상시켜줄 수 있습니다. 책과 동영상 강좌 모두 효율적으로 활용해 개발자로 빠르게 성장하길 응원합니다.

목차

목차

Part 1

실습환경 구축

Part 1에서 다루는 내용

이번 파트에서는 윈도우 운영체제가 설치된 자신의 PC에 오라클 DBMS^{Database Management System}
와 오라클 DBMS의 활용을 편리하게 해주는 다양한 DBMS 도구를 설치합니다. 그 후 DBMS
도구를 이용하여 오라클 DBMS에 접속합니다. 또한 이 책에서 SQL문을 실습하는 데 사용할
상가/지하철역/인구 데이터에 대한 데이터 모델을 소개하고 테이블 생성 및 데이터를 입력할
것입니다.

본 파트의 내용을 마치면 윈도우 운영체제가 설치된 여러분의 PC에 오라클 DBMS가 설치되
고 접속이 가능해집니다. 또한 상가/지하철역/인구 데이터를 조회 및 활용할 수가 있습니다.
이로써 SQL문을 실습할 수 있는 모든 준비가 완료됩니다.

실습환경 구성은 아래와 같습니다.

항목	버전
PC 운영체제	Windows 10 Pro 64bit
데이터베이스	Oracle Database Express Edition 11gR2 64bit

가급적이면 PC를 포맷하고 Windows 10 Pro 64bit 버전을 재설치한 후, 실습환경 구축을 진
행하는 것을 권장합니다. 또한 윈도우 설치 시 사용자 계정명은 반드시 영문으로 해야 합니다.

Chapter 1
오라클 DBMS 실습환경 구축

1.1 오라클 DBMS 설치

오라클 DBMS 설치를 위해 아래의 URL 주소로 접속합니다.

오라클 홈페이지

```
https://login.oracle.com/
```

오라클 홈페이지에 접속 후 우측 상단의 [View Accounts] ▶ "Oracle Account"의 [Sign −In]을 클릭하여 로그인합니다.

계정이 없다면 [계정 만들기] 버튼을 클릭하여 계정을 생성합니다. 계정 생성은 무료입니다.

그림 1-1 오라클 홈페이지 접속 후 로그인

계정 생성이 완료되면 사용자 이름 및 암호를 입력하여 로그인합니다. 로그인 후 오라클 DBMS 및 DBMS 도구를 다운로드할 수 있습니다.

이 책을 집필하는 시점의(2021년 07월 기준) 오라클 DBMS의 최신 버전은 21c 버전입니다. 우리가 설치하려는 "Oracle Database Express Edition 11gR2" 버전은 구버전이라 다운로드가 지원되지 않을 수 있습니다. 이러한 이유로 "Oracle Database Express Edition 11gR2" 버전을 아래의 URL 주소로 접속하여 다운로드합니다.

Oracle Database Express Edition 11gR2 버전 다운로드

```
http://www.hanbit.co.kr/src/10436
```

다운로드가 완료되면 "OracleXE112_Win64.zip" 파일을 내 컴퓨터의 "C:\" 위치로 복사합니다. 복사가 완료되면 압축 파일을 아래 위치에 압축 해제합니다.

압축 파일 해제 위치

```
C:\OracleXE112_Win64
```

압축 파일의 압축이 해제된 후 아래의 파일을 "관리자 권한"으로 실행합니다.

오라클 DB 설치 파일 실행

```
C:\OracleXE112_Win64\DISK1\setup.exe
```

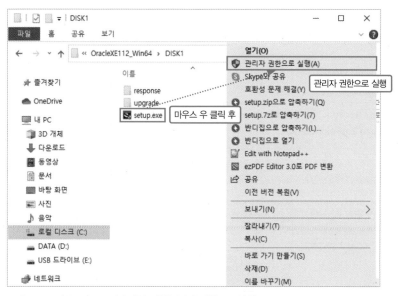

그림 1-2 오라클 DBMS 설치 파일 실행(관리자 권한으로 실행)

파일을 실행하여 오라클 인스톨러가 구동되면, 설치 창에서 [Next] 버튼을 클릭합니다.

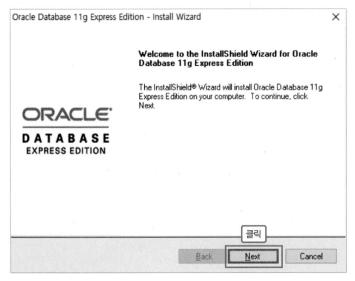

그림 1-3 오라클 DBMS 설치 시작

라이선스 계약에 동의한 후 [Next] 버튼을 클릭합니다.

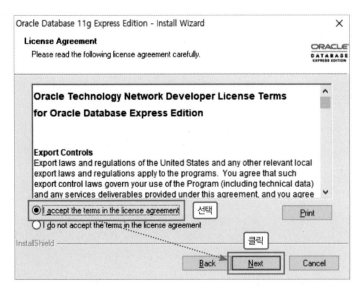

그림 1-4 라이선스 계약 동의

설치 대상 폴더(C:\oraclexe\)를 확인하고 [Next] 버튼을 클릭합니다.

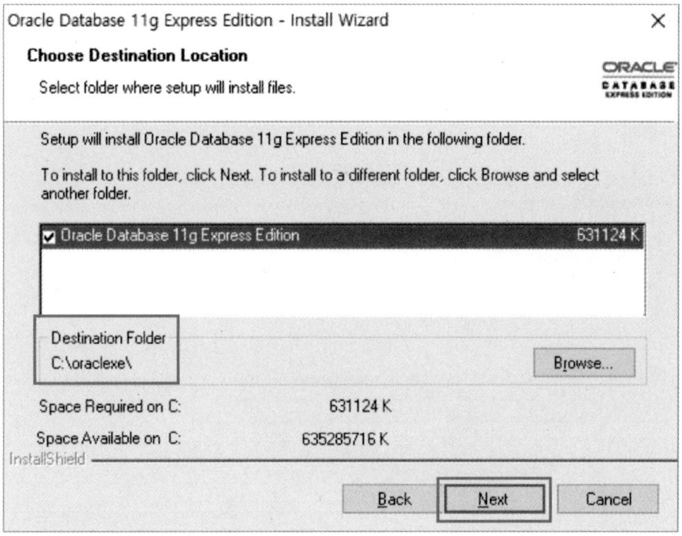

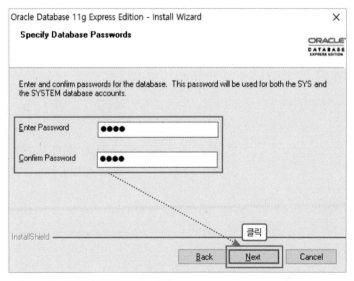

그림 1-5 오라클 DBMS 설치 위치 확인

SYS 및 SYSTEM 계정의 비밀번호를 "1234"로 설정 후, [Next] 버튼을 클릭합니다.

그림 1-6 오라클 DBMS 비밀번호 설정

오라클 DBMS 설치 대상 폴더를 최종적으로 확인한 후 [Install] 버튼을 클릭합니다.

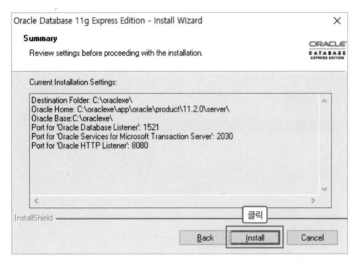

그림 1-7 오라클 DBMS 설치 시작

위의 그림에서와 같이 오라클 DBMS의 설치 폴더는 아래와 같습니다.

오라클 DBMS Home 위치

```
C:\oraclexe\app\oracle\product\11.2.0\server\
```

오라클 DBMS 설치가 진행중입니다. PC 사양에 따라 15~30분 정도 소요됩니다.

그림 1-8 오라클 DBMS 설치 작업 진행

오라클 DBMS 설치가 완료되었습니다. 접속 정보를 확인 후 [Finish] 버튼을 클릭합니다.

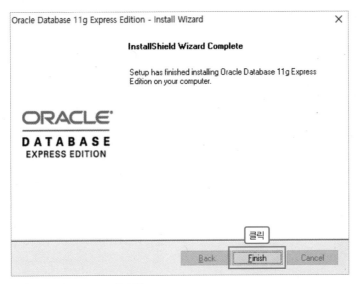

그림 1-9 오라클 DBMS 설치 완료

1.2 오라클 DBMS 리스너 확인

오라클 DBMS 설치가 완료되면 "SQL Developer", "DBeaver" 등의 DBMS 도구를 이용하여 오라클 DBMS에 접속할 수 있습니다. 이러한 DBMS 도구들은 오라클 DBMS 내에 존재하는(떠있는) 리스너를 통해 오라클 DBMS에 접속하게 됩니다.

오라클 DBMS 설치에 성공하면 리스너도 자동으로 설치 및 실행됩니다. 하지만 간혹 리스너가 실행되지 않는 경우가 있습니다. 이러한 경우를 대비하여 리스너 상태 확인 방법에 대해 알아보겠습니다.

바탕화면에서 [Windows]+[X]를 눌러 "Windows PowerShell (관리자)"를 클릭하여 다음과 같이 Windows PowerShell을 실행합니다.

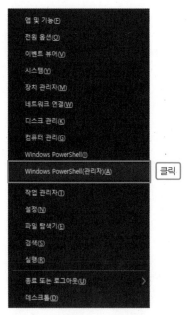

그림 1-10 `Windows` + `X` 실행

그림 1-11 Windows PowerShell 실행

아래의 명령으로 리스너 설정을 확인합니다.

리스너 상태 확인 명령

```
lsnrctl status
```

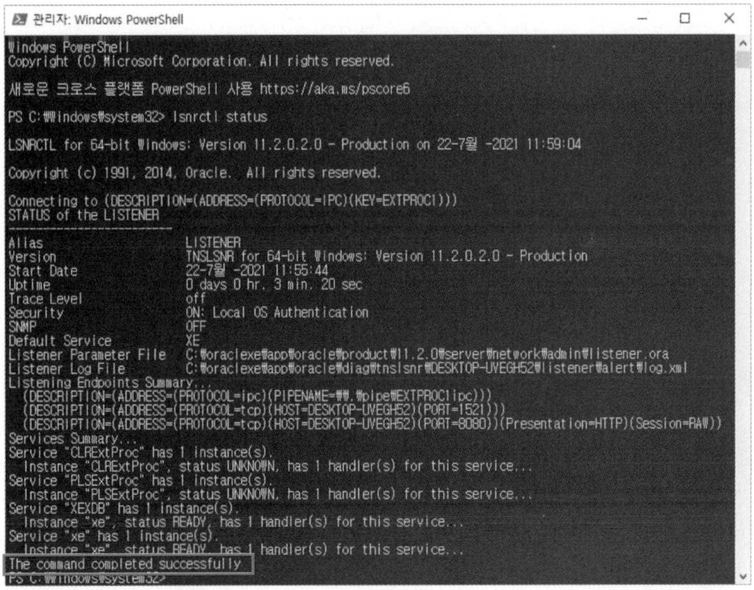

그림 1-12 리스너 상태 확인

위의 화면에서와 같이 "The command completed successfully" 메시지가 출력되면서 CLRExtProc, PLSExtProc, XEXDB, xe가 모두 존재하면 리스너 설정이 정상적으로 완료된 것입니다. 'HOST=DESKTOP-UVEGH52'은 해당 PC의 호스트 이름입니다.

만약 위와 같은 화면이 나오지 않는다면 오라클 DBMS 설치가 정상적으로 완료된 것이 아니므로 윈도우의 [제어판] ▶ [프로그램 및 기능]으로 들어가서 "Oracle Database 11g Express Edition"을 삭제 후 "C:\oraclexe" 폴더 전체를 삭제합니다. 그 후 PC를 재부팅하고, 오라클 DBMS를 다시 설치합니다.

필자의 PC에 설치된 오라클 DBMS의 설치 정보는 다음과 같습니다.

표 1-1 오라클 DBMS 설치 정보(필자의 PC)

항목	설명
오라클 엔진	Oracle Database 11g Express Edition Release 11.2.0.2.0-64bit Production
오라클 설치 위치	C:\oraclexe\app\oracle
오라클 DB명	XE
문자 집합	AL32UTF8

항목	설명
IP 주소	127.0.0.1
리스너명	LISTENER
리스너 포트	1521
시스템 계정 비밀번호	1234

1.3 SQL*Plus를 이용한 오라클 DBMS 접속

오라클 DBMS 설치 및 리스너 확인이 완료되었습니다. 이제 개인 PC가 오라클 DBMS 서버가 된 것입니다. 다른 말로 표현하면 "로컬 PC에 오라클 DBMS를 설치하였다"라고도 할 수 있습니다.

오라클 DBMS에 접속하기 위해서는 DBMS 도구가 필요합니다. 오라클 DBMS는 SQL*Plus라는 DBMS 도구를 기본적으로 제공합니다.

우선 Windows + X 를 눌러 "Windows PowerShell (관리자)"를 클릭하여 실행합니다.

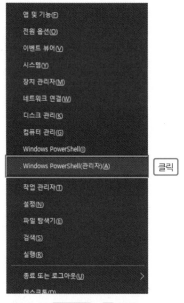

그림 1-13 Windows + X 실행

그림 1-14 Windows PowerShell 실행

실행이 완료되면 아래와 같은 명령어를 실행합니다.

cd 명령어를 입력하여 "C" 드라이브의 최상위 폴더로 이동합니다.

폴더 이동 명령

```
cd C:\
```

cd 명령어를 입력하여 폴더를 이동한 후, SQL*Plus를 이용하여 오라클 DBMS에 SYSDBA 권한으로 접속합니다.

SYSDBA 권한으로 접속

```
sqlplus "/as SYSDBA"
```

SYSDBA 권한은 오라클 DBMS에 접속하는 권한 중 최상위 권한입니다.

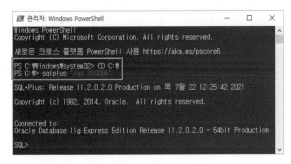

그림 1-15 오라클 DBMS 접속 성공 – SYSDBA

SQL*Plus를 이용하여 SYSDBA 권한으로 오라클 DBMS에 접속하고 아래 명령으로 SQL*Plus 의 기본 설정을 합니다.

SQL*Plus 기본 설정

```
set linesize 200
set timing on
set serveroutput on
```

그림 1-16 SQL*Plus 기본 설정

SQL*Plus 기본 설정에 대한 설명은 아래 표를 참고합니다.

표 1-2 SQL*Plus 기본 설정

항목	설명
linesize	한 화면에 표시되는 SQL 명령문의 출력 결과에 대한 행의 크기(가로 길이)를 설정한다. 기본 값은 80이며, 일반적으로 200으로 지정하여 사용한다.
timing	SQL 명령문을 실행하는 데 소요된 시간을 출력하기 위한 시스템 변수이다. 일반적으로 SQL 문의 실행 시간을 출력하는(on) 설정으로 지정한다.
serveroutput	PL/SQL문 실행 시 DBMS_OUTPUT.PUT_LINE( )으로 로그를 남길 경우, serverout put 설정을 on으로 지정해야 로그가 정상적으로 출력된다.

이외에도 다양한 SQL*Plus 명령어가 존재합니다. 다른 명령어는 실습을 진행하면서 필요 시 설명하겠습니다.

시험삼아 오라클 DBMS에서 기본적으로 제공하는 DUAL 테이블을 조회해서 접속이 잘 되었 는지 확인해보겠습니다. 아래와 같은 SQL문을 타이핑한 후 Enter 를 칩니다.

코드 1-1 DUAL 테이블 조회

```
SELECT *
  FROM DUAL
 ;
```

결과

```
DUMMY
------
X
```

DUAL 테이블에는 DUMMY 칼럼이 존재하고, 이 칼럼에는 'X' 값을 가진 단 1개의 행이 존재합니다.

지금까지 오라클 DBMS 설치 및 리스너 확인을 완료하였고, 오라클 DBMS에서 기본적으로 제공하는 DBMS 도구인 SQL*Plus를 이용해 오라클 DBMS의 최상위 계정인 SYSDBA 권한으로 접속하여 DUAL 테이블을 조회하였습니다.

그럼 지금부터 오라클 DBMS의 문자 집합을 변경해봅시다.[1]

우리가 설치한 오라클 DBMS 버전의 기본 문자 집합은 "UTF-8"입니다. 이로 인해, 윈도우의 cmd나 Windows PowerShell 등의 프로그램에서 작업을 할 때 한글 깨짐 현상이 발생할 수도 있습니다. 이러한 문제를 사전에 방지하기 위해서 문자 집합을 "UTF-8"에서 "MS949"로 변경하도록 하겠습니다.

우선 윈도우의 cmd 프로그램을 관리자 권한으로 실행하기 위해 ⎡Windows⎤+⎡S⎤를 누른 후 'cmd'를 검색하고, 우측 상단의 [관리자 권한으로 실행]을 클릭합니다.

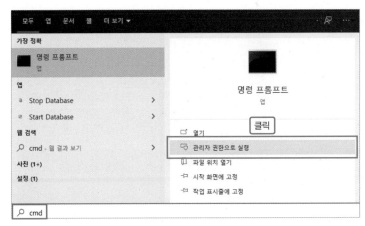

그림 1-17 cmd를 관리자 권한으로 실행

---

1 문자 집합 변경은 학습 시 반드시 필요한 작업은 아니므로 다음 절로 넘어가도 됩니다.

cmd 프로그램을 실행한 후 SQL*Plus를 이용해서 SYSDBA 계정으로 접속합니다.

SYSDBA 계정으로 접속

```
sqlplus "/as SYSDBA"
```

접속 후, 아래의 SQL 스크립트를 실행합니다. SQL 스크립트는 여러 개의 SQL문을 한번에 실행하는 것을 뜻합니다.

시스템 속성 변경 – 문자 집합 속성[2]

```
UPDATE SYS.PROPS$
   SET VALUE$='KO16MSWIN949'
 WHERE NAME='NLS_CHARACTERSET';

UPDATE SYS.PROPS$
   SET VALUE$='KO16MSWIN949'
 WHERE NAME='NLS_NCHAR_CHARACTERSET';

UPDATE SYS.PROPS$
   SET VALUE$='KOREAN_KOREA.KO16MSWIN949'
 WHERE NAME='NLS_LANGUAGE';

COMMIT;
```

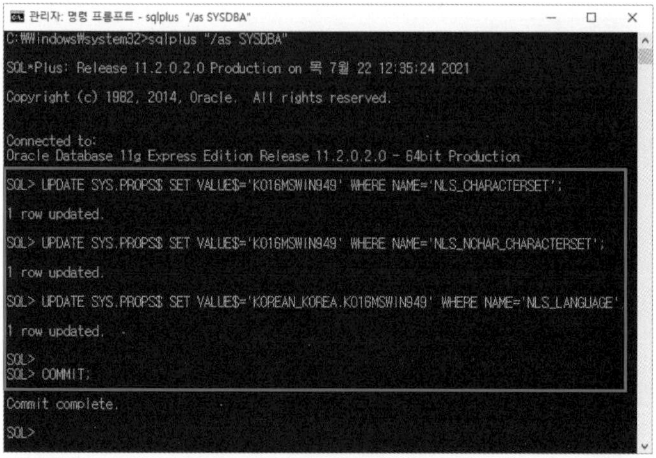

그림 1-18 시스템 속성 변경 – 문자 집합 속성

----

2 해당 스크립트의 'KO16'의 'O'는 '알파벳 대문자 오'입니다.

앞의 그림처럼 문자 집합에 대한 시스템 속성이 변경되었습니다. 이제 아래의 명령으로 오라클 DBMS의 실행을 중지시킵니다.

오라클 DBMS 중지

```
SHUTDOWN IMMEDIATE;
```

그림 1-19 오라클 DBMS 중지

아래의 명령으로 MOUNT 모드로 다시 오라클 DBMS를 시작합니다.

오라클 DBMS 시작(MOUNT 모드로 시작)

```
STARTUP MOUNT;
```

그림 1-20 오라클 DBMS 시작

이 상태에서 아래의 SQL 스크립트를 실행합니다.

문자 집합 설정

```
ALTER SYSTEM ENABLE RESTRICTED SESSION;
ALTER SYSTEM SET JOB_QUEUE_PROCESSES=0;
ALTER SYSTEM SET AQ_TM_PROCESSES=0;
ALTER DATABASE OPEN;
ALTER DATABASE CHARACTER SET KO16MSWIN949;
```

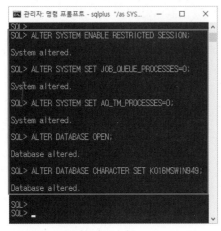

그림 1-21 문자 집합 설정

위 작업까지 완료하면 오라클 DBMS의 문자 집합이 "UTF-8"에서 "MS949"로 변경 완료됩니다. 이 상태에서 다음과 같이 오라클 DBMS를 중지합니다.

오라클 DBMS 중지

```
SHUTDOWN IMMEDIATE;
```

오라클 DBMS 중지가 완료되면 다시 오라클 DBMS를 시작합니다. (MOUNT 모드 아님)

오라클 DBMS 시작(MOUNT 모드 아님)

```
STARTUP;
```

그림 1-22 오라클 DBMS 문자 집합 설정 완료

오라클 DBMS가 정상적으로 시작되었습니다.

지금까지의 작업으로 오라클 DBMS의 문자 집합이 "MS949"로 변경되었습니다. 변경된 문자 집합에 대한 정보는 아래와 같습니다.

변경된 오라클 DBMS의 문자 집합
___

```
KOREAN_KOREA.KO16MSWIN949
```

___

오라클 DBMS의 문자 집합이 'KOREAN_KOREA.KO16MSWIN949'로 변경되었으므로 우리의 PC에도 문자 집합에 대한 설정을 해줘야 합니다.

PC에 사용자 환경 변수 "NLS_LANG"를 추가합니다. 그리고 바탕화면에서 [내 PC] 아이콘에 마우스를 대고 마우스 오른쪽 버튼을 클릭한 후, [속성]으로 들어갑니다. 좌측 상단에 [고급 시스템 설정]에 들어간 후, [고급] 탭에서 [환경 변수]를 클릭합니다.

상단의 "User에 대한 사용자 변수"에서 "NLS_LANG" 변수를 추가하고 값을 'KOREAN_KOREA.KO16MSWIN949'로 세팅합니다. (여기서 "User"는 필자 PC의 윈도우 계정명입니다.)

그림 1-23 환경 변수 설정

1.4 SQL Developer 설치

오라클 DBMS에서 기본적으로 제공하는 DBMS 도구인 SQL*Plus는 터미널 창 형식으로 되어 있습니다. 따라서 SQL*Plus 사용법뿐만 아니라 윈도우 혹은 유닉스/리눅스의 OS 명령어도 잘 알아야 하기 때문에 일반 사용자가 사용하기에는 어렵습니다.

이러한 이유로 SQL*Plus는 오라클 DBMS 엔지니어가 DBMS 시스템 관련 작업을 하거나, 데이터 개발자가 데이터 이관 등의 작업을 할 경우에만 제한적으로 사용합니다.

오라클에서는 일반 사용자(개발자 혹은 데이터 활용자)들이 오라클 DBMS 내부에서 수월하게 작업할 수 있도록 SQL Developer라는 UI User Interface 로 구현된 프로그램을 무료로 제공하고 있습니다.

아래의 절차에 따라 SQL Developer를 다운로드 및 설치해보겠습니다. 아래 URL로 오라클 홈페이지에 접속한 후 로그인합니다.

```
https://login.oracle.com/mysso/signon.jsp
```

로그인한 후 오라클 SQL Developer 다운로드 주소에 접속합니다.

```
https://www.oracle.com/tools/downloads/sqldev-downloads.html
```

우측의 [Download] 버튼을 클릭하여 "Windows 64-bit with JDK 8 included"를 다운로드합니다.

그림 1-24 SQL Developer 다운로드

오라클 라이선스 동의 후 하단의 [다운로드] 버튼을 클릭합니다.

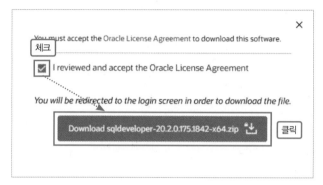

그림 1-25 SQL Developer 다운로드

홈페이지 접속 장애가 발생하거나 해당 파일을 더이상 제공하지 않을 경우 아래의 URL에 접속하여 "sqldeveloper-20.2.0.175.1842-x64.zip" 파일을 다운로드합니다.

SQL Developer 다운로드

```
http://www.hanbit.co.kr/src/10436
```

파일 다운로드가 완료되면 이 파일을 "C:\" 위치로 이동시킵니다.

압축 해제 위치

```
C:\sqldeveloper-20.2.0.175.1842-x64
```

위의 경로에 압축을 해제하고 SQL Developer 실행 파일을 실행합니다.

SQL Developer 실행 파일

```
C:\sqldeveloper-20.2.0.175.1842-x64\sqldeveloper\sqldeveloper.exe
```

그림 1-26 SQL Developer 실행

1.5 SQL Developer를 이용한 오라클 DBMS 접속

SQL Developer를 이용해서 로컬 PC에 설치한 오라클 DBMS에 접속해보겠습니다.

그림 1-27 SQL Developer 실행

프로그램 실행 후 좌측 상단의 접속 바로 아래 있는 ⊞ 버튼을 클릭합니다.

그림 1-28 오라클 DBMS 접속 정보 설정

 버튼을 클릭하면 아래와 같이 오라클 접속 정보를 입력하는 창이 실행됩니다. 접속 이름을
'ORACLE_XE_11G_SYSTEM'으로 지정하고, "사용자 이름"은 'SYSTEM'으로, "비밀번호"는
'1234'로 입력합니다. "호스트 이름"은 'localhost', "포트"는 '1521', "SID"는 'xe'로 입력한 후
하단의 [테스트] 버튼을 클릭합니다. 테스트 상태가 '성공'으로 출력되면 [접속] 버튼을 클릭합
니다.[3]

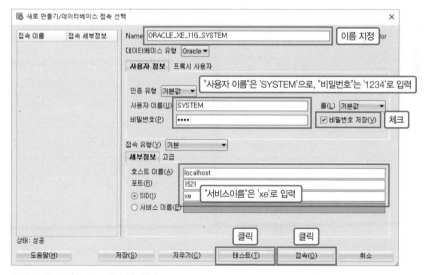

그림 1-29 오라클 DBMS 접속 완료

----

3 접속이 안 될 경우 '호스트 이름'을 'localhost'가 아닌 호스트 이름으로 기재합니다. 호스트 이름은 [바탕화면] → [내 PC] → [마우스 오
른쪽 버튼 클릭] → [정보]에서 '장치 이름' 항목입니다.

SQL Developer를 이용한 오라클 DBMS 접속에 성공하였습니다.

1.6 DBeaver 설치

DBeaver는 오픈소스로 제공되어 무료로 사용이 가능한 UI 환경의 DBMS 도구입니다. SQL Developer만큼 다양한 기능을 제공하지는 않지만, 프로그램 자체가 상대적으로 가벼워서 SQL문 실습을 하기에 적합합니다.

DBeaver 설치 파일을 다운로드하기 위해 아래 URL로 접속합니다.

```
https://dbeaver.io/download/
```

"Windows 64 bit (installer)"를 클릭하여 "dbeaver-ce-7.2.1-x86_64-setup.exe" 파일을 다운로드합니다. 다운로드를 완료한 후 파일을 실행시킵니다.

그림 1-30 DBeaver 다운로드

DBeaver는 지속적으로 신규 버전을 출시하므로 최신 버전을 다운로드합니다. 만약 해당 웹 사이트의 문제로 DBeaver 다운로드가 여의치 않을 경우 아래의 URL을 통해 "dbeaver-ce-7.2.1-x86_64-setup.exe" 파일을 다운로드합니다.

```
http://www.hanbit.co.kr/src/10436
```

다운로드한 "dbeaver-ce-7.2.1-x86_64-setup.exe" 파일을 실행하고, 설치 화면이 뜨면 [다음] 버튼을 클릭합니다.

그림 1-31 DBeaver 설치 파일 실행

[동의함] 버튼을 클릭합니다.

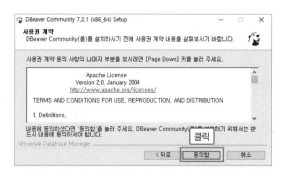

그림 1-32 DBeaver 설치 파일 실행

"For anyone who users this computer(all users)"를 선택한 후 [다음] 버튼을 클릭합니다.

그림 1-33 DBeaver 사용 권한 설정

"한국어"를 선택 후 [OK] 버튼을 클릭합니다.

그림 1-34 DBeaver 언어 선택

[다음] 버튼을 클릭합니다.

그림 1-35 DBeaver 설치 시작

[동의함]을 클릭합니다.

그림 1-36 DBeaver 사용권 계약 동의

"DBeaver Community"를 선택한 후 [다음] 버튼을 클릭합니다.

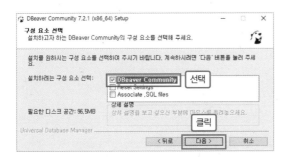

그림 1-37 DBeaver 구성 요소 선택

설치 폴더를 지정한 후 [다음] 버튼을 클릭합니다.

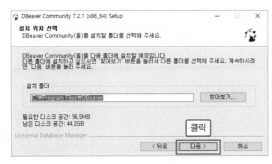

그림 1-38 DBeaver 설치 위치 선택

[설치] 버튼을 클릭합니다.

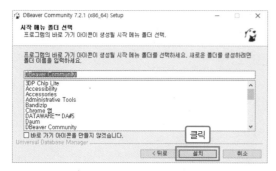

그림 1-39 DBeaver 시작 메뉴 폴더 선택

DBeaver 설치가 완료되었습니다.

그림 1-40 DBeaver 설치 완료

1.7 DBeaver를 이용한 오라클 DBMS 접속

DBeaver를 이용하여 로컬 PC에 설치한 오라클 DBMS에 접속해보겠습니다.

DBeaver를 실행하고 좌측 상단의 █ 버튼을 클릭합니다.

그림 1-41 DBeaver 실행

"Oracle"을 선택하고 [다음] 버튼을 클릭합니다.

그림 1-42 DB 제품 선택

"Database"명은 'xe', "Username"은 'SYSTEM', "Password"는 '1234'로 입력하고 "Client"는 'XE'로 선택한 후 [Test Connection] 버튼을 클릭합니다. 테스트에 성공하면 [완료] 버튼을 클릭합니다.[4]

----

4 접속이 안 될 경우 'Host'를 'localhost'가 아닌 호스트 이름으로 기재합니다. 호스트 이름은 [바탕화면] → [내 PC] → [마우스 오른쪽 버튼 클릭] → [정보]에서 '장치 이름' 항목입니다.

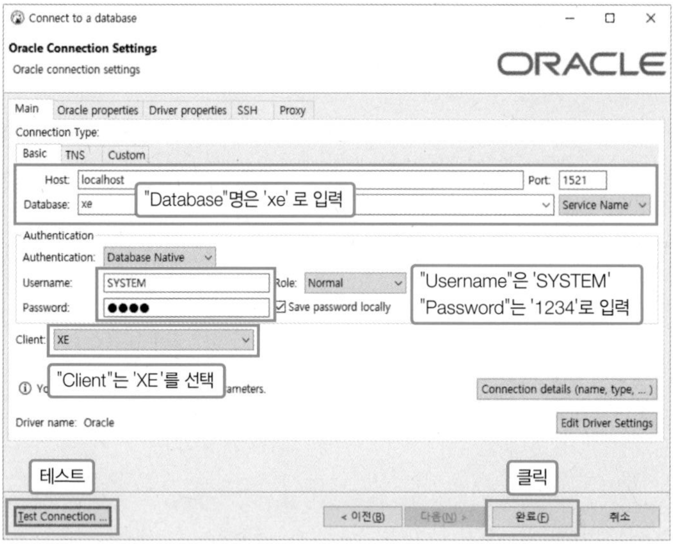

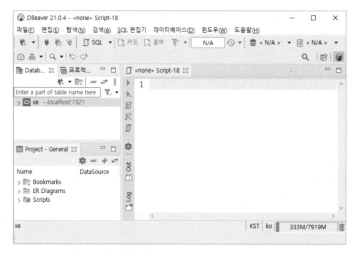

그림 1-43 오라클 DBMS 접속 정보 설정

DBeaver를 이용한 오라클 DBMS 접속이 완료되었습니다. 이 상태에서 상단 메뉴의 [SQL 편집기] ▶ [SQL 편집기]를 클릭하면 SQL문을 편집 및 실행할 수 있습니다.

SQL 편집기 창 안에서 SQL을 타이핑(입력)하고 상단 메뉴의 [SQL 편집기] ▶ [SQL문 실행]을 클릭하거나 Ctrl + Enter 를 누르면 SQL문이 실행됩니다.

그림 1-44 오라클 DBMS 접속 완료

Chapter 2
실습 데이터 구성

2.1 사용자 계정 및 테이블 스페이스 생성

SQL문 실습에 사용할 오라클 DBMS 사용자 계정 및 테이블 스페이스를 생성하는 SQL 스크립트를 실행해보겠습니다.(오라클 DBMS 접속 방법 및 SQL문 실행 방법은 〈1.7 DBeaver를 이용한 오라클 DBMS 접속〉에서 이미 다루었습니다.) SQL 스크립트는 SQL문을 한번에 여러 개 실행시킨다는 것을 의미합니다.

DBeaver를 이용하여 로컬 PC에 설치된 오라클 DBMS에 SYSTEM 계정으로 접속하여 아래의 SQL 스크립트를 실행합니다. DBeaver에서 SQL 스크립트를 선택한 후 단축키 Alt + X 를 누르면 선택한 여러 개의 SQL문이 한번에 실행됩니다.

코드 2-1 사용자 계정 생성 – SYSTEM 계정으로 로그인하여 실행

```
CREATE USER SQLD IDENTIFIED BY 1234;      --사용자 계정 생성
ALTER USER SQLD ACCOUNT UNLOCK;           --생성한 사용자 계정의 잠금 해제
GRANT RESOURCE, DBA, CONNECT TO SQLD;     --생성한 사용자 계정에게 권한 부여
```

관리자 권한의 계정인 SYSTEM 계정으로 접속하여 사용자 계정인 "SQLD" 계정을 생성하고, 비밀번호는 '1234'로 설정합니다. 또한 SQLD 계정의 계정 잠금을 해제하고 이 계정에게 "RESOURCE", "DBA", "CONNECT" 권한을 줍니다. 이렇게 하면 SQLD 계정은 DBA Database Administrator 의 권한을 가지게 됩니다.

사용자 계정 생성 후, 아래와 같이 테이블 스페이스 및 임시 테이블 스페이스를 생성합니다.

코드 2-2 테이블 스페이스 및 임시 테이블 스페이스 생성 – SYSTEM 계정으로 로그인하여 실행

```
CREATE TABLESPACE SQLD_DATA
DATAFILE 'C:\oraclexe\app\oracle\oradata\XE\SQLD_DATA.dbf' SIZE 4G
AUTOEXTEND ON NEXT 512M MAXSIZE UNLIMITED
LOGGING
ONLINE
PERMANENT
EXTENT MANAGEMENT LOCAL AUTOALLOCATE
BLOCKSIZE 8K
SEGMENT SPACE MANAGEMENT AUTO
FLASHBACK ON;

CREATE TEMPORARY TABLESPACE SQLD_TEMP
TEMPFILE 'C:\oraclexe\app\oracle\oradata\XE\SQLD_TEMP.dbf' SIZE 1G
AUTOEXTEND ON NEXT 100M MAXSIZE UNLIMITED;
```

위 SQL문에서 "DATAFILE" 및 "TEMPFILE" 경로를 보면 "C:\oraclexe\app\oracle\oradata\XE\" 위치에 데이터 파일 및 임시 파일이 생성 및 저장되도록 하였습니다.

위의 테이블 스페이스 및 임시 테이블 스페이스를 생성하는 명령문은 DBA 관점의 업무(기술)이므로 각 옵션에 대한 부연 설명은 하지 않습니다.

생성한 테이블 스페이스를 SQLD 계정의 디폴트 테이블 스페이스로 지정합니다.

코드 2-3 디폴트 및 임시 테이블 스페이스 지정 – SYSTEM 계정으로 로그인하여 실행

```
ALTER USER SQLD DEFAULT TABLESPACE SQLD_DATA;
ALTER USER SQLD TEMPORARY TABLESPACE SQLD_TEMP;
```

위와 같이 SQLD 계정의 디폴트 테이블 스페이스를 "SQLD_DATA" 및 "SQLD_TEMP"로 지정합니다. 위의 설정을 하면 SQLD 계정으로 접속하여 생성하는 테이블은 지정한 디폴트 DEFAULT 테이블 스페이스인 "SQLD_DATA" 내에 생성되고 SQLD 계정이 SQL 작업을 할 때는 지정한 임시TEMORARY 테이블 스페이스인 "SQLD_TEMP"의 저장공간을 이용하게 됩니다.

이제까지 진행한 작업은 SYSTEM 계정으로 접속한 상태에서 진행하였습니다.

지금부터는 SYSTEM 계정이 아닌 위에서 방금 전 신규로 생성한 사용자인 SQLD 계정으로 다시 재접속(재로그인)하여 작업을 진행합니다.

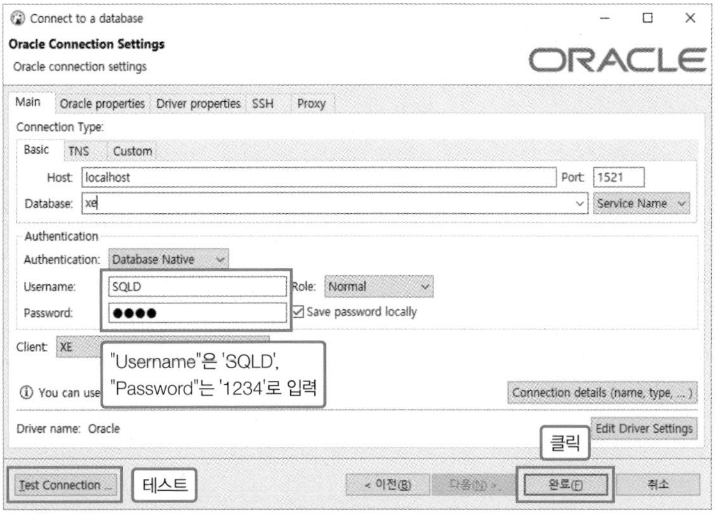

그림 2-1 DBeaver를 통한 SQLD 계정으로 접속

앞의 그림처럼 DBeaver를 종료한 후 재실행하여 SQLD 계정으로 오라클 DBMS에 접속합니다. "Database"명은 'xe', "Username"은 'SQLD', "Password"는 '1234'로 하고 "Client"는 'XE'로 선택합니다. 또한 SQL Developer를 사용하는 것을 대비하여 아래의 작업을 진행합니다.

SQL Developer를 실행하여 SQLD 계정으로 오라클 DBMS에 접속합니다. "SID"는 'xe', "사용자 이름"은 'SQLD', "비밀번호"는 '1234'로 설정합니다. 접속방법은 〈1.5 SQL Developer를 이용한 오라클 DBMS 접속〉을 참고합니다.

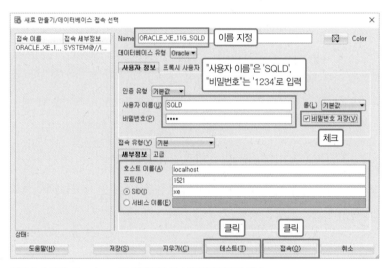

그림 2-2 SQL Developer를 통해 SQLD 사용자 계정으로 접속

2.2 실습 데이터 모델 소개

이번 절은 SQL문 실습을 위해 필요한 원천 데이터 및 데이터 모델에 대한 소개입니다. 이후 진행하게 될 SQL문 실습은 지금부터 소개하는 데이터 모델을 기반으로 진행합니다.

테이블 생성 및 데이터 입력 작업은 다음 절인 〈2.3 테이블 생성 및 데이터 입력〉에서 진행하므로 이번 절에서는 별도의 실습을 진행하지 않습니다. (파일 다운로드 등의 실습이 필요하지 않습니다.)

2.2.1 상가 데이터

소상공인시장진흥공단에서는 전국의 상가/업소 데이터인 상가 데이터를 제공하고 있습니다. 상가 데이터는 공공 데이터포털 사이트에서 다운로드할 수 있습니다.

상가 데이터는 전국에 존재하는 상가/업소에 대한 데이터입니다. 이 데이터는 상점명, 지점명, 주소(위도/경도), 업종코드 등의 항목으로 이루어져 있으며 상권 분석을 하는 데 매우 유용한 데이터입니다.

상가 데이터

```
https://www.data.go.kr/tcs/dss/selectFileDataDetailView.do?publicDataPk=15083033
```

위 URL 주소는 공공 데이터포털 사이트의 수정 및 변경에 의해 접속이 되지 않을 수 있습니다.

또한 소상공인시장진흥공단에서는 상가(상권) 정보를 지속적으로 업데이트하고 있으므로 이 책에 나오는 버전과 최신 파일의 버전이 다를 수 있습니다.

그림 2-3 공공 데이터포털 – 상권 데이터 제공

이 책에서는 위의 화면에서 나오는 2020년 09월 30일 기준의 파일을 다운로드하였습니다.

2.2.2 지하철역승하차 데이터

한국스마트카드에서는 지하철역승하차 데이터를 제공합니다. 이 데이터에는 지하철역의 시간 대별 승하차인원수 데이터가 있습니다.

아래의 URL로 접속하여 다운로드받을 수 있습니다.

지하철역승하차 데이터 URL 주소[5]

```
https://pay.tmoney.co.kr/index.dev
```

한국스마트카드 홈페이지에 접속하고 좌측 상단의 [이용안내]를 클릭한 후 [대중교통 통계자료]를 클릭하면 교통카드 통계자료 다운로드 게시판이 나옵니다.

그림 2-4 지하철역승하차 데이터 다운로드

그림 2-5 교통카드 통계자료 다운로드

---

5 위 URL 주소는 한국스마트카드 사이트의 수정 및 변경에 의해 접속이 되지 않을 수 있습니다.

이 책에서는 2020년 10월 교통카드 통계자료 데이터를 다운로드한 후 데이터를 구성하였습니다.

2.2.3 인구 데이터

행정안전부에서는 전국의 읍/면/동별, 성별, 연령별 인구수 데이터를 제공합니다.

아래의 URL로 접속하여 다운로드합니다.

행정안전부 홈페이지 접속 URL 주소[6]

```
https://www.mois.go.kr/frt/a01/frtMain.do
```

우측 메뉴의 [정책자료]를 클릭한 후 '통계'에서 '주민등록 인구통계'를 클릭합니다.

그림 2-6 행정안전부 주민등록 통계자료

좌측의 [연령별 인구현황]을 클릭하고 조회기간을 "2020년 10월~2020년 10월"로 설정한 후 [전체읍면동현황]을 클릭하고, [csv 파일 다운로드] 버튼을 클릭합니다. 인구 데이터는 상가 데이터와 결합하여 상권 분석을 하는 데 유용한 데이터로 이용됩니다.

---

6 행정안전부 사이트의 수정 및 변경에 의해 접속이 되지 않을 수 있습니다.

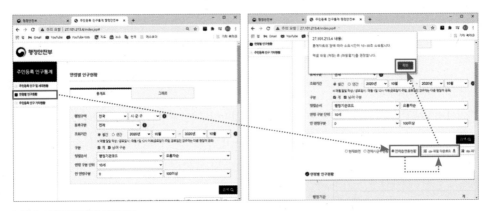

그림 2-7 인구 데이터 다운로드

2.2.4 데이터 모델 설계

수집이 완료된 상가/지하철역승하차/인구 데이터를 기반으로 실습환경에 사용될 데이터 모델을 설계하였습니다.

표 2-1 실습 데이터 모델 설계의 기반이 된 데이터셋

순번	항목	설명
1	상가 데이터	• 소상공인시장진흥공단에서는 전국의 상가/업소 데이터인 상가 데이터를 제공하고 있다. • 상점명, 지점명, 주소(위도/경도), 업종코드 등의 항목으로 이루어져 있다.
2	지하철역승하차 데이터	• 한국스마트카드에서 제공하는 지하철역승하차 데이터이다. • 지하철역의 시간대별 이용 인원수로 이루어져 있다.
3	인구 데이터	• 행정안전부에서 제공하는 주민등록 인구통계 데이터이다. • 전국의 읍/면/동별, 성별, 연령별 인구수로 이루어져 있다.

위 3가지의 데이터를 조합하면 우리 일상 생활과 밀접하게 관련되어 있는 수많은 정보를 알 수 있습니다. 예를 들면 "특정 동네는 인구수가 비슷한 다른 동네에 비해서 커피전문점이 적다"라는 등의 정보를 알아낼 수 있습니다. 지금까지 출판된 대부분의 SQL을 다루는 책은 일반적인 데이터셋(사원/부서, 학생/수강신청 등)을 사용하고 있습니다. 하지만 이 책은 우리의 일상 생활과 밀접하게 관련되어 있는 데이터를 활용합니다.

위 3가지 데이터셋을 이용하여 아래와 같은 논리 데이터 모델을 설계하였습니다.

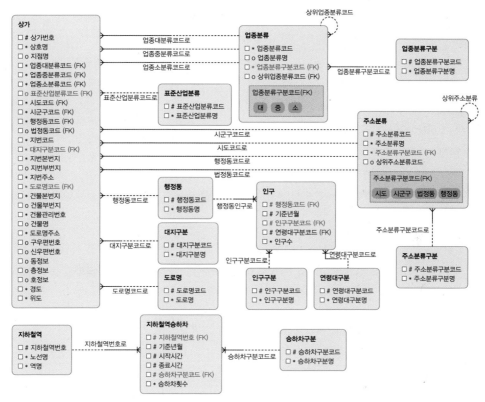

그림 2-8 논리 데이터 모델 설계

위 그림에서 각각의 네모(모서리가 둥근)는 엔터티를 의미합니다. 엔터티는 쉽게 생각해서 우리가 일상적으로 업무를 볼 때 엑셀에서 정리(생성)하는 표라고 생각하면 됩니다. 논리 데이터 모델링을 통해서 위 그림과 같은 논리 데이터 모델이 도출되었습니다.

도출된 논리 데이터 모델에 기반하여 물리 데이터 모델링 작업을 합니다. 물리 데이터 모델링을 통해서 물리 데이터 모델이 도출됩니다. 물리 데이터 모델에서는 엔터티를 테이블이라고 부릅니다.

실습 데이터 환경에서 가장 핵심이 되는 주요 테이블은 아래 표와 같습니다.

표 2-2 주요 테이블

순번	테이블명(물리)	엔터티명(논리)	설명
1	TB_BSSH	상가	전국의 상가/업소 정보를 저장한다.
2	TB_SUBWAY_STATN_TK_GFF	지하철역승하차	지하철역별 승하차인원수 데이터를 저장한다.
3	TB_POPLTN	인구	전국 읍/면/동 기준 인구수 데이터를 저장한다.

상가(TB_BSSH) 테이블에는 전국의 상가/업소 정보가 존재합니다. 인구(TB_POPLTN) 테이블과 결합하여 의미있는 정보를 도출할 수 있습니다.

지하철역승하차(TB_SUBWAY_STATN_TK_GFF) 테이블에는 각 역의 특정 시간대 승하차 인원수를 저장하고 있습니다. 이 데이터를 이용해 지하철역 주변의 유동인구 현황을 파악할 수 있습니다.

주요 테이블 외 기타 테이블에 대한 설명은 아래 표를 참고합니다.

표 2-3 기타 테이블

순번	테이블명	엔터티명	설명
1	TB_INDUTY_CL_SE	업종분류구분	업종분류구분코드를 저장한다.
2	TB_INDUTY_CL	업종분류	업종분류코드를 저장한다.
3	TB_STDR_INDUST_CL	표준산업분류	표준산업분류코드를 저장한다.
4	TB_ADRES_CL_SE	주소분류구분	주소분류구분코드를 저장한다.
5	TB_ADRES_CL	주소분류	주소분류코드를 저장한다.
6	TB_PLOT_SE	대지구분	대지구분코드를 저장한다.
7	TB_RN	도로명	도로명코드를 저장한다.
8	TB_TK_GFF_SE	승하차구분	승하차구분코드를 저장한다.
9	TB_ADSTRD	행정동	전국의 행정동코드를 저장한다.
10	TB_SUBWAY_STATN	지하철역	지하철역의 노선명, 역명 데이터를 저장한다.

논리 데이터 모델링, 물리 데이터 모델링, 테이블 생성, 데이터 입력 과정 등에 대한 구체적인 설명은 현 단계에서는 이해하기에 무리가 따르며, 이 책의 목적과도 부합되지 않으므로 생략합니다. 이 책의 주 목적은 이미 구축된 DBMS 시스템에서 SQL문을 이용하여 의미있는 데이터를 조회 및 조작하는 방법을 학습하는 것입니다.

2.3 테이블 생성 및 데이터 입력

필자는 실습환경 구축을 위해 아래 표와 같은 작업을 진행하였습니다. (간략하게 요약한 내용입니다.)

표 2-4 실습환경 구축 과정

순번	과정	설명
1	임시 테이블 생성	오라클 DBMS의 SQLD 계정에 원천 데이터 저장을 위한 임시 테이블을 생성한다.
2	원천 데이터 저장	원천 데이터 파일을 읽어서 원천 테이블에 원천 데이터를 저장한다.
3	테이블 생성	SQLD 계정에 실습 데이터 모델과 동일하게 테이블을 생성한다.
4	데이터 저장	원천 테이블의 데이터를 실습 데이터 모델에 맞게 가공하여 저장한다.
5	오라클 덤프 파일 생성	SQLD 계정에 있는 테이블 및 데이터를 Oracle Data Pump 유틸리티를 이용하여 오라클 덤프 파일로 생성한다.

우선 SQLD 계정에 임시 테이블을 생성한 후 생성한 임시 테이블에 원천 데이터를 저장하였습니다. 그런 후 실습 데이터 모델에 맞게 테이블을 생성하였습니다. 임시 테이블들을 조회 및 가공하여 실습 테이블에 데이터를 저장하였습니다. 실습 데이터 저장이 완료된 후에는 오라클 DBMS에서 제공하는 Oracle Data Pump 유틸리티를 이용하여, SQLD 계정에 저장되어 있는 테이블 및 데이터에 대한 오라클 덤프 파일을 생성하였습니다.

그럼 지금부터 필자가 생성한 오라클 덤프 파일을 각자의 PC에 적용하는 작업을 진행하겠습니다. 오라클 덤프 파일만 자신의 PC에 적용하면 실습 데이터 환경 구축이 완료됩니다.

먼저, 윈도우 cmd를 관리자 권한으로 실행합니다.

"C:\" 위치로 이동한 후, "SQLD"라는 폴더를 생성하고 생성한 폴더로 이동합니다.

폴더 생성

```
cd c:\
md SQLD
cd SQLD
```

SQL*Plus를 이용하여 SYSDBA 권한으로 오라클 DBMS에 접속합니다. DBeaver 혹은 SQL Developer를 사용하는 것이 아닌 SQL*Plus를 이용합니다.

SYSDBA 권한으로 오라클 DBMS 접속

```
sqlplus "/as SYSDBA"
```

오라클 DBMS에 접속 후 아래 SQL 스크립트를 실행합니다. 윈도우의 특정 폴더와 오라클 DBMS 간의 통신을 위해 사용될 오라클 디렉터리를 생성하고 해당 디렉터리에 실행, 쓰기, 읽기 권한을 줍니다.

코드 2-4 오라클 디렉터리 생성

```
CREATE OR REPLACE DIRECTORY D_SQLD AS 'C:\SQLD';
GRANT EXECUTE ON DIRECTORY D_SQLD TO SQLD WITH GRANT OPTION;
GRANT WRITE ON DIRECTORY D_SQLD TO SQLD WITH GRANT OPTION;
GRANT READ ON DIRECTORY D_SQLD TO SQLD WITH GRANT OPTION;
```

오라클 DBMS(SQL*Plus) 접속을 해제합니다.

SQL*Plus 접속 해제

```
quit
```

아래 주소로 접속하여 덤프 파일인 "EXPORT_SQLD.dmp" 파일을 다운로드합니다.

덤프 파일 다운로드

```
http://www.hanbit.co.kr/src/10436
```

다운로드받은 "EXPORT_SQLD.dmp" 파일을 "C:\SQLD" 폴더에 저장한 후 cmd 프로그램을 관리자 권한으로 실행합니다.

폴더 이동

```
cd C:\SQLD
```

impdp 명령을 이용하여 오라클 덤프 파일을 오라클 DBMS에 적용(임포트)

```
impdp SQLD/1234 schemas=SQLD directory=D_SQLD dumpfile=EXPORT_SQLD.dmp
logfile=EXPORT_SQLD.log
```

※ 위 명령어를 한 줄로 입력한 후 [Enter]를 눌러 실행합니다.

위의 명령어를 실행하여 오라클 덤프 파일을 자신의 PC에 적용합니다. 또한 명령어 실행 시에는 반드시 윈도우의 cmd창에서 실행합니다.

PC에 설치한 오라클 DBMS 내에 존재하는 SQLD 계정에 테이블을 생성하고, 생성한 테이블에 데이터를 적재(입력)하는 것입니다.

명령을 실행하면 아래와 같은 출력 결과를 볼 수 있습니다.

출력 결과

```
Microsoft Windows [Version 10.0.19041.1110]
(c) Microsoft Corporation. All rights reserved.

C:\Users\User>cd C:\SQLD

C:\SQLD>impdp SQLD/1234 schemas=SQLD directory=D_SQLD dumpfile=EXPORT_SQLD.dmp
logfile=EXPORT_SQLD.log

Import: Release 11.2.0.2.0 - Production on 목 7월 22 16:50:24 2021

Copyright (c) 1982, 2009, Oracle and/or its affiliates.  All rights reserved.

Connected to: Oracle Database 11g Express Edition Release 11.2.0.2.0 - 64bit
Production
Master table "SQLD"."SYS_IMPORT_SCHEMA_01" successfully loaded/unloaded
Starting "SQLD"."SYS_IMPORT_SCHEMA_01":  SQLD/******** schemas=SQLD directory=D_
SQLD dumpfile=EXPORT_SQLD.dmp logfile=EXPORT_SQLD.log
Processing object type SCHEMA_EXPORT/USER
ORA-31684: Object type USER:"SQLD" already exists
Processing object type SCHEMA_EXPORT/SYSTEM_GRANT
Processing object type SCHEMA_EXPORT/ROLE_GRANT
Processing object type SCHEMA_EXPORT/DEFAULT_ROLE
Processing object type SCHEMA_EXPORT/PRE_SCHEMA/PROCACT_SCHEMA
```

```
Processing object type SCHEMA_EXPORT/TABLE/TABLE
Processing object type SCHEMA_EXPORT/TABLE/TABLE_DATA
. . imported "SQLD"."TB_BSSH"                        656.8 MB 2569764 rows
. . imported "SQLD"."TB_RN"                          4.933 MB  107464 rows
. . imported "SQLD"."TB_POPLTN"                      3.562 MB  117678 rows
. . imported "SQLD"."TB_SUBWAY_STATN_TK_GFF"         1.087 MB   29040 rows
. . imported "SQLD"."TB_ADRES_CL"                    712.0 KB   20646 rows
. . imported "SQLD"."TB_ADSTRD"                      143.8 KB    3566 rows
. . imported "SQLD"."TB_ADRES_CL_SE"                   5.5 KB       4 rows
. . imported "SQLD"."TB_AGRDE_SE"                    5.617 KB      11 rows
. . imported "SQLD"."TB_INDUTY_CL"                   34.64 KB     855 rows
. . imported "SQLD"."TB_INDUTY_CL_SE"               5.476 KB       3 rows
. . imported "SQLD"."TB_PLOT_SE"                     5.445 KB       2 rows
. . imported "SQLD"."TB_POPLTN_SE"                   5.460 KB       3 rows
. . imported "SQLD"."TB_STDR_INDUST_CL"             11.61 KB     203 rows
. . imported "SQLD"."TB_SUBWAY_STATN"               21.08 KB     605 rows
. . imported "SQLD"."TB_TK_GFF_SE"                   5.453 KB       2 rows
Processing object type SCHEMA_EXPORT/TABLE/INDEX/INDEX
Processing object type SCHEMA_EXPORT/TABLE/CONSTRAINT/CONSTRAINT
Processing object type SCHEMA_EXPORT/TABLE/INDEX/STATISTICS/INDEX_STATISTICS
Processing object type SCHEMA_EXPORT/TABLE/COMMENT
Processing object type SCHEMA_EXPORT/TABLE/CONSTRAINT/REF_CONSTRAINT
Processing object type SCHEMA_EXPORT/TABLE/STATISTICS/TABLE_STATISTICS
Job "SQLD"."SYS_IMPORT_SCHEMA_01" completed with 1 error(s) at 16:50:45

C:\SQLD>
```

위 작업이 완료되면 DBeaver 혹은 SQL Developer를 이용하여 SQLD 계정으로 접속합니다.

아래 SQL문으로 테이블 생성 및 데이터 입력 결과를 확인합니다.

코드 2-5 실습 데이터 구성 확인

```
SELECT ROWNUM AS 순번
    , TABLE_NAME AS 테이블명
    , (SELECT L.COMMENTS
         FROM DBA_TAB_COMMENTS L
        WHERE L.OWNER = 'SQLD'
          AND L.TABLE_NAME = A.TABLE_NAME) AS 테이블한글명
    , DATA_CNT AS 테이블행수
    , COUNT(*) OVER() AS 총테이블수
    , SUM(DATA_CNT) OVER() AS 총행수
  FROM
```

```
(
SELECT TRIM('TB_ADRES_CL')              AS TABLE_NAME, COUNT(*) DATA_CNT
  FROM TB_ADRES_CL
UNION ALL
SELECT TRIM('TB_ADRES_CL_SE')           AS TABLE_NAME, COUNT(*) DATA_CNT
  FROM TB_ADRES_CL_SE
UNION ALL
SELECT TRIM('TB_ADSTRD')                AS TABLE_NAME, COUNT(*) DATA_CNT
  FROM TB_ADSTRD
UNION ALL
SELECT TRIM('TB_AGRDE_SE')              AS TABLE_NAME, COUNT(*) DATA_CNT
  FROM TB_AGRDE_SE
UNION ALL
SELECT TRIM('TB_PLOT_SE')               AS TABLE_NAME, COUNT(*) DATA_CNT
  FROM TB_PLOT_SE
UNION ALL
SELECT TRIM('TB_POPLTN')                AS TABLE_NAME, COUNT(*) DATA_CNT
  FROM TB_POPLTN
UNION ALL
SELECT TRIM('TB_POPLTN_SE')             AS TABLE_NAME, COUNT(*) DATA_CNT
  FROM TB_POPLTN_SE
UNION ALL
SELECT TRIM('TB_RN')                    AS TABLE_NAME, COUNT(*) DATA_CNT
  FROM TB_RN
UNION ALL
SELECT TRIM('TB_STDR_INDUST_CL')        AS TABLE_NAME, COUNT(*) DATA_CNT
  FROM TB_STDR_INDUST_CL
UNION ALL
SELECT TRIM('TB_SUBWAY_STATN')          AS TABLE_NAME, COUNT(*) DATA_CNT
  FROM TB_SUBWAY_STATN
UNION ALL
SELECT TRIM('TB_SUBWAY_STATN_TK_GFF') AS TABLE_NAME, COUNT(*) DATA_CNT
  FROM TB_SUBWAY_STATN_TK_GFF
UNION ALL
SELECT TRIM('TB_TK_GFF_SE')             AS TABLE_NAME, COUNT(*) DATA_CNT
  FROM TB_TK_GFF_SE
UNION ALL
SELECT TRIM('TB_BSSH')                  AS TABLE_NAME, COUNT(*) DATA_CNT
  FROM TB_BSSH
UNION ALL
SELECT TRIM('TB_INDUTY_CL')             AS TABLE_NAME, COUNT(*) DATA_CNT
  FROM TB_INDUTY_CL
UNION ALL
SELECT TRIM('TB_INDUTY_CL_SE')          AS TABLE_NAME, COUNT(*) DATA_CNT
```

```
    FROM TB_INDUTY_CL_SE
  ) A
;
```

결과

순번	테이블명	테이블한글명	테이블행수	총테이블수	총행수
1	TB_ADRES_CL	주소분류	20646	15	2849846
2	TB_ADRES_CL_SE	주소분류구분	4	15	2849846
3	TB_ADSTRD	행정동	3566	15	2849846
4	TB_AGRDE_SE	연령대구분	11	15	2849846
5	TB_PLOT_SE	대지구분	2	15	2849846
6	TB_POPLTN	인구	117678	15	2849846
7	TB_POPLTN_SE	인구구분	3	15	2849846
8	TB_RN	도로명	107464	15	2849846
9	TB_STDR_INDUST_CL	표준산업분류	203	15	2849846
10	TB_SUBWAY_STATN	지하철역	605	15	2849846
11	TB_SUBWAY_STATN_TK_GFF	지하철역승하차	29040	15	2849846
12	TB_TK_GFF_SE	승하차구분	2	15	2849846
13	TB_BSSH	상가	2569764	15	2849846
14	TB_INDUTY_CL	업종분류	855	15	2849846
15	TB_INDUTY_CL_SE	업종분류구분	3	15	2849846

테이블의 총 개수는 15개이며 모든 테이블에 존재하는 데이터 행은 총 2,849,846건입니다.

이 작업까지 모두 마치면 오라클 DBMS에서 SQL문 실습을 위한 모든 준비가 완료된 것입니다. 만약 impdp 작업을 하면서 어떠한 문제가 발생하여 실패하였다면 다음과 같이 해봅시다.

먼저, 이 책을 학습하는 분들의 PC를 다루는 지식, 경험이 모두 다르고 PC의 환경 또한 모두 다르기에 오라클의 impdp 작업에 실패하는 분들이 있을 수도 있습니다. impdp 작업을 실패하여 SQLD 계정에 테이블 생성 및 데이터 입력에 실패한 경우, 차선책으로 SQL 스크립트 자체를 돌려서 구축하는 방법이 있습니다.

필자는 실습환경 구축이 완료된 테이블과 데이터에 대한 SQL 스크립트를 추출하였습니다. 필자가 추출해낸 SQL 스크립트를 SQLD 계정으로 접속해서 실행시키면 impdp 작업을 성공한 것과 완전 동일하게 SQL 실습환경 구축을 할 수 있습니다.

우선 아래의 주소에 접속하여 SQL 스크립트를 다운로드합니다.

SQL 실습환경 구축을 위한 SQL 스크립트

```
http://www.hanbit.co.kr/src/10436
```

"EXPORT_SQLD_SQL_SCRIPT.sql" 파일을 다운받아서 이 파일을 아래의 위치에 저장합니다.

SQL 실습환경 구축을 위한 SQL 스크립트 파일 저장 위치

```
C:\SQLD
```

SQL 실습환경 구축을 위한 SQL 스크립트 파일을 "C:\SQLD" 위치에 저장하였습니다.

cmd를 열고 파일의 저장 위치로 이동합니다.

저장 위치로 이동

```
Microsoft Windows [Version 10.0.19041.1110]
(c) Microsoft Corporation. All rights reserved.

C:\Users\User>cd C:\SQLD

C:\SQLD>
```

SQL*Plus를 이용하여 오라클 DBMS에 SQLD 계정으로 접속합니다.

SQL*Plus로 SQLD 계정으로 접속

```
sqlplus SQLD/1234
```

접속 완료 후 아래와 같이 SQL문 실습환경 구축을 위한 SQL 스크립트를 실행합니다.

SQL문 실습환경 구축을 위한 SQL 스크립트를 실행

```
@EXPORT_SQLD_SQL_SCRIPT.sql
```

위와 같이 스크립트 파일명 앞에 "@"을 붙여서 SQL 스크립트를 실행할 수 있습니다.

SQL 스크립트 실행 모습

```
C:\SQLD>sqlplus SQLD/1234

SQL*Plus: Release 11.2.0.2.0 Production on 목 7월 22 16:56:52 2021

Copyright (c) 1982, 2014, Oracle.  All rights reserved.


Connected to:
Oracle Database 11g Express Edition Release 11.2.0.2.0 - 64bit Production

SQL> @EXPORT_SQLD_SQL_SCRIPT.sql
```

이렇게 하면 SQL문 실습환경 구축이 시작되며, 모든 작업이 완료되면 데이터 입력이 정상적으로 되었는지 확인하면 됩니다. 테이블 총 수(15개)와 데이터 총 건수(2,849,846건)를 확인합니다.

이로써 테이블 생성 및 데이터 입력 작업이 완료되었습니다. 오라클 DBMS 실습을 할 수 있는 모든 환경이 구축된 것입니다.

한편, 학습을 진행하다보면 오라클 DBMS 실습환경을 재구성하고 싶은 경우가 있습니다. 만약 오라클 DBMS 실습환경을 다시 재구축하고 싶다면 아래의 SQL 스크립트를 실행한 후 다시 테이블 생성 및 데이터 입력을 하면 됩니다.

우선 SQLD 계정으로 접속합니다.

SQL*Plus로 SQLD 계정으로 접속

```
sqlplus SQLD/1234
```

다음 SQL 스크립트를 실행하여 테이블을 제거합니다.

```
DROP TABLE TB_BSSH                    PURGE;
DROP TABLE TB_ADRES_CL                PURGE;
DROP TABLE TB_ADRES_CL_SE             PURGE;
DROP TABLE TB_RN                      PURGE;
DROP TABLE TB_STDR_INDUST_CL          PURGE;
DROP TABLE TB_INDUTY_CL               PURGE;
DROP TABLE TB_INDUTY_CL_SE            PURGE;
DROP TABLE TB_PLOT_SE                 PURGE;
DROP TABLE TB_POPLTN                  PURGE;
DROP TABLE TB_AGRDE_SE                PURGE;
DROP TABLE TB_POPLTN_SE               PURGE;
DROP TABLE TB_ADSTRD                  PURGE;
DROP TABLE TB_SUBWAY_STATN_TK_GFF     PURGE;
DROP TABLE TB_SUBWAY_STATN            PURGE;
DROP TABLE TB_TK_GFF_SE               PURGE;
```

이제 SQLD 계정의 테이블이 모두 제거되었습니다. 다시 테이블 생성 및 데이터 입력 작업을 합니다.

2.4 SQL 실습환경 구축 과정 소개

이번 절에서는 SQL 실습환경을 구축한 과정을 간략하게 소개합니다. 이번 절은 반드시 학습할 필요는 없으며 가볍게 한 번 읽고 넘어가도 됩니다.

이 책에서 사용되는 SQL문 실습환경 구축을 위한 데이터 파일, SQL 스크립트 파일, 작업 텍스트 파일 등은 아래의 주소로 접속하여 다운로드할 수 있습니다.

실습환경 구축 압축 파일 다운로드

```
http://www.hanbit.co.kr/src/10436
```

위의 주소로 접속하여 "실습환경구축.zip"이라는 파일을 다운로드한 후 압축을 해제하면 다음 표와 같은 폴더가 있고 그 밑에는 작업 파일들이 존재합니다.

표 2-5 실습환경구축.zip 파일 내용

순번	폴더명	내용
1	01.사용자계정및테이블스페이스생성	• 오라클 DBMS에 SQLD 계정을 생성하고 테이블 스페이스를 생성하였다.
2	02.공공 데이터다운로드	• 상가정보, 지하철역승하차정보, 인구정보 등의 공공 데이터를 다운로드하였다.
3	03.데이터모델	• 다운로드한 공공 데이터를 기준으로 데이터 모델 설계를 진행하였다. • 데이터 모델 파일은 확장자 "damx" 파일로 되어 있으며, 이 파일은 (주)엔코아에서 개발한 DA#을 이용하여 열 수 있다.
4	04.테이블생성및데이터입력	• 원천 테이블인 TB_BSSH_INFO, TB_SUBWAY_STATN_TK_GFF_INFO, TB_POPLTN_INFO 테이블을 생성 후, 각각의 테이블에 다운로드한 공공 데이터를 적재하였다. • 공공 데이터 테이블을 생성하고 데이터를 입력하였다. 데이터를 입력할 때는 원천 테이블을 참조하였다.
5	05.FK제약조건및인덱스설정	• 공공 데이터 테이블에 외래키 제약조건 및 인덱스 생성 작업을 하였다.
6	06.통계정보수집	• 공공 데이터 테이블 및 인덱스에 대한 통계정보를 생성하였다.
7	07.SQL계정_DATAPUMP추출	• 구축한 공공 데이터 테이블 및 인덱스를 오라클 덤프 파일로 생성하였다. 즉 생성한 오라클 덤프 파일에는 공공 데이터에 대한 테이블 및 인덱스가 저장된 것이다.

위 표에서와 같이 "실습환경구축.zip" 압축 파일의 압축을 풀면 실습환경을 구축한 전 과정을 확인할 수 있습니다. "실습환경구축.zip"의 모든 내용은 이 책의 모든 과정을 학습 완료한 후 보는 것을 추천드립니다. 또한 해당 내용은 실습환경을 구축하는 과정이며, 이 책의 주된 목적은 아니기 때문에 필수적으로 학습할 대상은 아닙니다.

또한 데이터 모델을 직접 확인하고 싶다면 아래의 주소로 접속하여 (주)엔코아에서 제공하는 DA#을 다운로드합니다. DA#은 학습용으로는 완전 무료입니다.

DA# 다운로드

```
http://www.hanbit.co.kr/src/10436
```

"DAV5002006_OpenSetup.exe" 파일을 다운로드한 후 윈도우에 설치하면 ".damx" 확장자로 되어 있는 데이터 모델 파일을 열 수 있고 편집(데이터 모델링 작업)도 가능합니다.

지면 관계상 DA# 설치 과정은 생략합니다.

Part 2

데이터 모델링의 이해

Part 2에서 다루는 내용

앞에서 실습 데이터 환경 구축을 진행하면서 오라클 DBMS에 테이블을 생성하고 데이터를 입력하였습니다. 지금부터 우리는 오라클 DBMS에 접속하고 SQL문을 실행하여 테이블에 대한 데이터를 입력/수정/삭제/조회할 수 있습니다.

데이터는 테이블에 저장되고, 테이블은 데이터 모델을 기반으로 하여 생성합니다. 데이터 모델이 있어야만 테이블도 존재할 수 있고 데이터도 존재할 수 있습니다. 물론 반드시 그렇다는 것은 아닙니다.

이러한 테이블 및 데이터의 근간이 되는 것이 데이터 모델이며, 데이터 모델을 설계하는 과정이 데이터 모델링입니다.

이번 파트에서는 데이터 모델링에 관한 내용을 다룹니다.

〈Chapter3. 데이터 모델링의 이해〉에서는 데이터 모델링의 기본 이론을 다루며, 〈Chapter 4. 데이터 모델과 성능〉에서는 데이터 모델이 데이터베이스 성능에 미치는 영향에 대해 다룹니다.

Chapter 3
데이터 모델링의 이해

3.1 데이터 모델의 이해

3.1.1 모델링의 정의 및 특징

일상 생활에서 자주 사용되는 단어인 모델링 Modeling 의 정의를 살펴봅시다.

모델링의 정의

- 우리가 살고 있는 3차원의 현실 세계를 단순화하여 표현하는 것을 말한다.
- 현실 세계를 추상화하여 그 구조를 표현한 것이다.
- 모델링이란 현실 세계에 존재하는 사물이나 사건에 관한 관점 및 양상을 연관된 주체(사람 혹은 그룹)를 위하여 명확하게 하는 것이다.

모델링에 대한 정의 중 가장 핵심이 되는 것은 복잡한 현실 세계를 단순화시켜 표현하는 것입니다.

다음 그림을 봅시다.

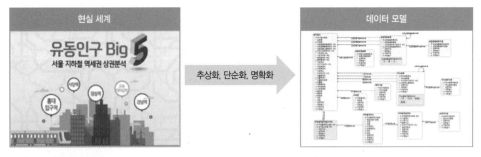

그림 3-1 모델링의 정의

서울 지하철 역세권 상권분석이라는, 현실 세계에 존재하는 주제에 대한 추상화, 단순화, 명확화를 통해 데이터 모델로 구축할 수 있습니다. 추상화, 단순화, 명확화는 모델링의 대표적인 특징입니다.

표 3-1 모델링의 특징

특징	설명
추상화	• 복잡한 현실 세계를 일정한 형식에 맞게 표현한다는 의미이다.
단순화	• 복잡한 현실 세계를 서로가 약속한 규약을 준수하는 표기법이나 언어로 표현한다는 의미이다.
명확화	• 복잡한 현실 세계를 명확하게 기술한다. • 모델을 보는 여러 관계자가 이해하기 쉽게 애매모호함을 제거하여 표현한다.

모델링의 특징을 기반으로 모델링을 최종적으로 정의하면 아래와 같습니다.

모델링의 정의 – 최종

모델링이란 복잡한 현실 세계를 추상화, 단순화, 명확화하기 위해 일정한 표기법으로 모델을 표현하는 기법이다.

3.1.2 모델링의 3가지 관점

IT 시스템의 대상이 되는 업무(비즈니스)를 분석하여 정보(IT) 시스템으로 구성하는 과정에서 업무의 내용과 IT 시스템의 모습을 적절한 표기법으로 표현하는 것을 모델링이라고 합니다.

모델링은 3가지 관점인 데이터 관점, 프로세스 관점, 데이터 VS 프로세스 상관 관점으로 구분할 수 있습니다.

표 3-2 모델링의 3가지 관점

관점	설명
데이터 관점 (Data, What)	비즈니스와 관련된 데이터는 무엇인지 또는 데이터 간의 관계는 무엇인지 즉 What에 대한 관점을 의미한다.
프로세스 관점 (Process, How)	해당 비즈니스로 인해 일어나는 일은 어떠한 일인지, 즉 How에 대한 관점을 의미한다.
상관 관점 (Data vs Process)	데이터 관점과 프로세스 관점 간 서로 어떠한 영향을 받는지에 대한 관점을 의미한다.

3.1.3 데이터 모델링의 정의

모델링Modeling 앞에 데이터Data라는 단어가 붙으면 데이터 모델링이 됩니다. 데이터 모델링의 정의는 다음과 같습니다.

데이터 모델링의 정의

- 현실 세계의 비즈니스를 IT 시스템으로 구현하기 위해 데이터 관점으로 업무를 분석하는 기법이다.
- 현실 세계의 비즈니스를 약속된 표기법으로 표현하는 과정이다.
- IT 시스템의 근간이 되는 데이터베이스를 구축하기 위한 분석 및 설계의 과정이다.

데이터 모델링Data Modeling은 현실 세계의 비즈니스를 IT 시스템으로 구축하기 위해 데이터 관점으로 업무를 분석하는 기법으로써, 약속된 표기법으로 데이터의 구조를 표현하는 과정입니다. 또한 IT 시스템의 근간이 되는 데이터베이스를 구축하기 위한 분석 및 설계의 과정이라고 할 수 있습니다.

대부분의 IT 시스템은 관계형 데이터베이스RDBMS, Relational DataBase Management System 기반으로 구축되어 있으며 데이터 모델링을 통해 정의된 데이터 모델Data Model을 기반으로 물리적인 데이터베이스가 구축되고, SQL문을 활용하여 데이터가 입력INSERT, 수정UPDATE, 삭제DELETE, 조회SELECT 되고 있습니다.

3.1.4 데이터 모델이 제공하는 기능 및 데이터 모델의 중요성

데이터 모델링 과정을 통해 데이터 모델을 도출하며, 데이터 모델은 다양한 기능을 제공합니다.

표 3-3 데이터 모델의 기능

항목	설명
가시화	IT 시스템의 모습을 가시화하는 기능을 제공한다.
명세화	IT 시스템의 구조와 발생하는 동작을 명세화하는 기능을 제공한다.
구조화된 틀 제공	IT 시스템을 구현하기 위해 필요한 구조화된 틀을 제공한다.
문서화	IT 시스템 구축 시 산출물(기록물)로 사용되는 문서를 제공한다.
다양한 관점 제공	다른 영역의 세부사항을 숨김으로써 다양한 영역에 집중할 수 있는 관점을 제공한다.
상세 수준의 표현 방법 제공	원하는 목표에 따라 구체화된 상세 수준의 표현 방법을 제공한다.

IT 시스템에서 데이터 모델이 제공하는 기능과 역할은 매우 중요합니다. 데이터 모델이 중요한 이유는 아래와 같습니다.

표 3-4 데이터 모델이 중요한 이유

이유	설명
파급효과 (Leverage)	• 데이터 설계 과정에서 비효율적인 데이터 설계 및 업무 요건을 충족하지 못하는 데이터 설계를 한다면 개발/테스트/오픈/운영의 전 과정에 걸쳐서 엄청난 비용이 발생할 수 있다.
복잡한 정보 요구사항의 간결한 표현 (Conciseness)	• 좋은 데이터 모델 설계를 통해 IT 시스템에서 구현해야 할 정보 요구사항을 명확하고, 간결하게 표현할 수 있다.
데이터 품질 (Data Quality)	• 데이터 모델의 잘못된 설계로 인해 데이터 중복, 비유연성, 비일관성이 발생할 수 있다. • 데이터 중복, 비유연성, 비일관성으로 인해 데이터 품질이 저하될 수 있다.

3.1.5 데이터 모델링의 3단계 진행

데이터 모델링은 3단계에 걸쳐서 진행됩니다.

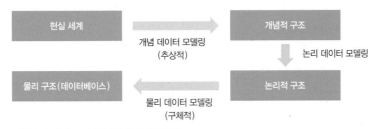

그림 3-2 데이터 모델링의 3단계 진행 절차

현실 세계에서부터 출발하여 개념 데이터 모델링 ▶ 논리 데이터 모델링 ▶ 물리 데이터 모델링을 통해 물리적인 구조(데이터베이스)가 생성됩니다.

생성된 데이터베이스에 접속하여 SQL문으로 DBMS에 명령을 내릴 수 있습니다.

표 3-5 데이터 모델링의 3단계

단계명	설명
개념적 데이터 모델링	• IT 시스템에서 구현하고자 하는 대상에 대해 포괄적 수준의 데이터 모델링을 진행한다. • 전사적 데이터 모델링 시 많이 사용하는 단계이다.
논리적 데이터 모델링	• IT 시스템에서 구현하고자 하는 비즈니스를 만족하기 위한 기본키, 속성, 관계, 외래키 등을 정확하게 표현하는 단계이다.
물리적 데이터 모델링	• 논리 데이터 모델을 기반으로 실제 물리 DB 구축을 위해 성능, 저장공간 등의 물리적인 특성을 고려하여 설계하는 단계이다.

개념적 데이터 모델링 단계에서는 포괄적인 수준의 모델링을 진행합니다.

논리적 데이터 모델링 단계는 IT 시스템에서 구현하고자 하는 비즈니스를 만족하기 위해 기본 키, 속성, 관계, 외래키 등을 정확하게 표현하는 단계입니다.

물리적 데이터 모델링 단계는 논리 데이터 모델을 기반으로, 실제 물리 DB 구축을 위해 성능, 저장공간 등의 물리적인 특성을 고려하여 설계하는 단계입니다. 이 단계에서 완성된 물리 데이터 모델로 물리 DB를 구축합니다.

3.1.6 프로젝트 생명 주기에서 데이터 모델링

대부분의 IT 시스템 구축은 프로젝트 생명 주기를 갖게 됩니다. 프로젝트 생명 주기 Life Cycle 의 각 단계는 정보전략계획 ▶ 분석 ▶ 설계 ▶ 개발 ▶ 테스트 ▶ 전환/이행 단계에 따라 진행됩니다. 데이터 모델링의 3단계 중 개념적 데이터 모델링 단계는 프로젝트 생명 주기의 정보전략계획 및 분석 단계에 포함되며, 논리적 데이터 모델링 단계는 분석 단계에 포함되고 물리적 데이터 모델링 단계는 설계 단계에 포함됩니다.

표 3-6 프로젝트 생명 주기와 데이터 모델링 단계

프로젝트 생명 주기	데이터 모델링 단계
정보전략계획	개념적 데이터 모델링
분석	개념적 데이터 모델링, 논리적 데이터 모델링
설계	물리적 데이터 모델링
개발	–
테스트	–
전환/이행	–

3.1.7 데이터 독립성의 필요성

데이터의 독립성은 하위 단계의 데이터 구조가 변경되더라도 상위 단계에는 영향을 미치지 않는 속성을 말합니다. 즉, 데이터 구조가 변경되더라도 응용 프로그램 단에는 아무런 영향을 미치지 않도록 하는 것입니다.

데이터 독립성이 출현하게 된 배경은 다음과 같습니다.

데이터 독립성이 출현하게 된 배경

- 보유한 데이터의 복잡도를 낮추고 중복된 데이터를 줄여서 시간의 흐름에 따라 증가하는 IT 시스템의 유지보수 비용을 절감하는 데 그 목적이 있다.
- 사용자의 요구사항은 지속적으로 신규/수정/삭제가 발생하고 있으며, 그에 따른 화면과 물리 DB 간 서로 독립성을 유지하기 위해 데이터 독립성이라는 개념이 출현하였다.

IT 시스템 유지보수 비용의 절감과 사용자 화면, 물리 DB 간 서로의 독립성을 유지하기 위해 데이터 독립성이 필요(출현)하게 되었습니다. 데이터 독립성을 확보하면 데이터 구조를 변경하더라도 다른 계층에는 영향을 주지 않게 됩니다.

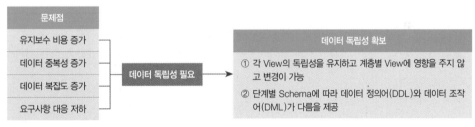

그림 3-3 데이터 독립성의 필요성

3.1.8 데이터베이스 3단계 구조

ANSI/SPARC[7] 3단계 구성의 데이터독립성 모델은 외부 단계와 개념적 단계, 내부적 단계로 구성된, 서로 간섭되지 않는 모델을 제시합니다.

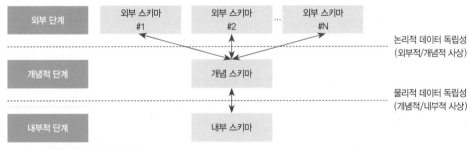

그림 3-4 데이터베이스 3단계 구조

---

7 American National Standards Institute/Standards Planning And Requirements Committee의 약어로, 1975년도에 처음 제안된 RDBMS의 추상화된 설계 표준이다.

내부 스키마가 변경되어도 개념 스키마에 영향을 미치지 않는 것이 물리적 데이터 독립성이고, 개념 스키마가 변경되어도 외부 스키마에 영향을 미치지 않는 것이 논리적 데이터 독립성입니다.

표 3-7 데이터베이스의 3단계 구조

단계명	설명	비고
외부 스키마 (External Schema)	• 각각의 사용자가 보는 DB 스키마이다. • 개인 사용자 혹은 응용 프로그램 개발자가 접근하는 DB 스키마이다.	사용자 관점
개념 스키마 (Conceptual Schema)	• 모든 사용자의 관점을 하나로 통합한 비즈니스 전체의 DB를 기술한 스키마이다. • 응용 프로그램 및 사용자들이 필요한 데이터를 통합한 전체 DB를 기술한 것으로, 실제 DB에 저장되는 데이터와 응용 프로그램 및 사용자들 간의 관계를 표현하는 스키마이다.	통합 관점
내부 스키마 (Internal Schema)	• DB가 물리적으로 저장된 형식을 표현한 스키마이다. • 물리적 하드웨어 장치에 데이터가 실제로 저장되는 방법을 표현한 스키마이다.	물리적 관점

데이터베이스 3단계 구조의 데이터 독립성에는 물리적 데이터 독립성과 논리적 데이터 독립성이 있습니다.

표 3-8 데이터베이스 3단계 구조에서의 2가지 데이터 독립성

독립성	설명	비고
논리적 데이터 독립성	• 개념 스키마가 변경되어도 외부 스키마에는 영향을 미치지 않도록 지원하는 것을 뜻한다. • 논리적 구조가 변경되어도 응용 프로그램에 영향을 미치지 않는다.	• 사용자 특성에 맞는 변경이 가능하다. • 통합 구조의 변경이 가능하다.
물리적 데이터 독립성	• 내부 스키마가 변경되어도 외부/개념 스키마는 영향을 받지 않도록 지원하는 것을 뜻한다. • 저장 장치의 구조 변경은 응용 프로그램/개념 스키마에 영향을 미치지 않는다.	• 물리 구조에 영향 없이 개념 구조의 변경이 가능하다. • 개념 구조에 영향 없이 물리 구조의 변경이 가능하다.

각 단계별 데이터 독립성의 보장이 가능한 이유는 각 단계와 단계 사이를 연결하는 사상(매핑)이 있기 때문입니다. 사상으로는 외부적/개념적 사상과 개념적/내부적 사상이 있습니다.

표 3-9 데이터베이스 3단계 구조에서의 2가지 사상(매핑)

사상	설명	비고
외부적/개념적 사상 (논리적 사상)	외부적 뷰와 개념적 뷰의 상호 호환성을 정의하는 사상이다.	사용자가 접근하는 형식에 따라 다른 타입의 필드를 가질 수 있다. 이러한 경우 개념적 뷰의 필드 타입은 변화가 없다.
개념적/내부적 사상 (물리적 사상)	개념적 뷰와 저장된 데이터베이스의 상호 관련성을 정의하는 사상이다.	저장된 데이터베이스 구조가 바뀐다면 개념적/내부적 사상이 바뀌어야 한다. 그래야 개념 스키마가 그대로 남아있게 된다.

외부적/개념적 사상은 논리적 데이터 독립성을 보장하기 위한 사상이고, 개념적/내부적 사상은 물리적 데이터 독립성을 보장하기 위한 사상입니다.

3.1.9 데이터 모델링의 3가지 요소와 데이터 모델링 용어

데이터 모델링의 3가지 요소는 아래와 같습니다.

데이터 모델링의 3가지 요소

- 업무가 관여하는 어떤 것(Things)
- 어떤 것이 가지는 성격(Attributes)
- 업무가 관여하는 어떤 것 간의 관계(Relationships)

데이터 모델링의 3가지 요소가 결합되어 데이터 모델이 탄생합니다. 데이터 모델링을 본격적으로 학습하기에 앞서 데이터 모델링 용어에 대해 알아보겠습니다.

표 3-10 데이터 모델링 용어

개념	복수/집합 개념 타입/클래스	개별/단수 개념 어커런스/인스턴스
어떤 것(Thing)	엔터티 타입(Entity Type)	엔터티(Entity)
	엔터티(Entity)	인스턴스(Instance) 어커런스(Occurrence)
어떤 것 간의 연관 (Association between Things)	관계(Relationship)	페어링(Pairing)
어떤 것의 성격 (Characteristic of a Thing)	속성(Attribute)	속성값(Attribute Value)

어떤 것의 전체를 지칭하는 것을 엔터티 타입이라고 표현합니다. 실무에서는 간단히 엔터티라고 표현하는 경우가 많습니다. 만약 직원 엔터티 내에 '이경오'라는 실제 직원이 추가되었을 경우, 그 '이경오'라는 직원을 인스턴스/어커런스라고 부릅니다. 직원 엔터티와 급여 엔터티는 "직원은 급여를 지급받는다"라는 관계를 가지게 됩니다. 관계에 포함된 개별 연관성을 페어링이라고 하기도 합니다. 그리고 직원 엔터티의 직원명과 같은, 어떤 것이 가지는 성격을 속성이라고 하며 '이경오', '이수지'와 같은 값들은 속성값이라고 합니다.

3.1.10 ERD를 그리는 작업 순서

ERD Entity Relationship Diagram는 데이터 모델을 표기하는 표기법입니다. ERD를 그린다는 것은 데이터 모델링 작업을 하는 것과 같다고 할 수 있습니다. ERD를 그리는 작업 순서는 다음과 같습니다.

ERD를 그리는 순서

① 비즈니스에 필요한 엔터티를 그린다.
② ①번에서 그린 엔터티를 적절하게 배치한다.
③ 각 엔터티 간의 관계를 설정한다.
④ 설정한 관계의 관계명을 기술한다.
⑤ 설정한 관계의 참여도를 기술한다.
⑥ 설정한 관계의 필수 여부를 기술한다.

ERD를 그리는 순서는 우선 엔터티를 그리고 엔터티를 적절한 위치에 배치합니다. 각 엔터티 간의 관계를 설정하고 관계명을 기술합니다. 관계의 참여도를 기술하고 필수 여부를 기술하면 완성됩니다.

3.1.11 데이터 모델링의 이해관계자

IT 시스템을 구축하는 모든 사람은 데이터 모델링 작업을 전문적으로 할 수 있거나 적어도 완성된 모델을 정확하게 해석할 수 있어야 합니다. 이는 IT 시스템 구축 프로젝트에 참여한 모든 IT 기술자들은 데이터 모델링에 대해 정확하게 알고 있어야 한다는 것을 의미합니다.

IT 기술 분야에 종사하거나 관련 학과 전공이 아니어도 업무에서 정보화를 추진하는 지위에 있는 사람이라면 데이터 모델링에 대한 개념 및 세부사항에 대해 어느 정도 지식을 가지고 있어야 합니다.

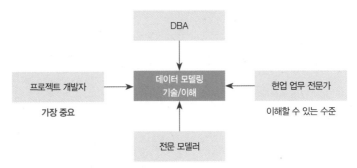

그림 3-5 데이터 모델링의 이해관계자

3.1.12 좋은 데이터 모델의 요소

IT 시스템의 성공적인 구축에 있어서 데이터 모델은 매우 중요한 역할을 합니다. 좋은 데이터 모델의 요소를 살펴봅시다.

표 3-11 좋은 데이터 모델의 요소

요소	설명
완전성	업무에 필요한 데이터가 모두 정의되어야 함을 뜻한다.
중복 배제	동일한 사실은 단 한번만 저장해야 한다.
업무 규칙	데이터 모델 분석만으로도 비즈니스 로직이 이해되어야 한다.
데이터 재사용	데이터 통합성과 독립성을 고려하여 재사용이 가능해야 한다.
의사소통	데이터 모델을 보고 이해 당사자들끼리 의사소통이 이루어질 수 있어야 한다.
통합성	동일한 데이터는 유일하게 정의해서 다른 영역에서 참조해야 한다.

3.2 엔터티

3.2.1 엔터티의 개념

엔터티Entity란 비즈니스 관점에서 IT 시스템을 통해 저장 및 관리해야 하는 집합적인 어떤 것Thing이라고 설명할 수 있습니다. 다음은 엔터티의 개념에 대한 설명입니다.

엔터티의 개념

- 엔터티는 사람, 사물, 사건, 개념 등의 명사에 해당한다.
- 엔터티는 비즈니스 관점에서 IT 시스템을 통해 관리가 필요한 관심사에 해당한다.
- 엔터티는 결국 비즈니스를 구현하기 위해 저장해야 하는 어떤 것(Thing)이라고 할 수 있다.

3.2.2 엔터티와 인스턴스

하나의 엔터티는 여러 개의 인스턴스를 가질 수 있으므로 엔터티는 인스턴스의 집합이라고 할 수 있습니다.

엔터티와 인스턴스의 관계를 ERD로 표현하면 아래 그림과 같습니다.

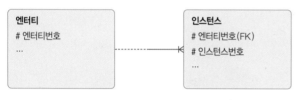

엔터티	인스턴스
상가	스타벅스 강남점
	이디야 역삼점
지하철역	2호선 강남역
	2호선 역삼역

엔터티는 인스턴스의 집합이다.

그림 3-6 엔터티와 인스턴스의 관계

상가 엔터티는 '스타벅스 강남점' 인스턴스와 '이디야 역삼점' 인스턴스를 가진다고 할 수 있고, 지하철역 엔터티는 '2호선 강남역' 인스턴스와 '2호선 역삼역' 인스턴스를 가진다고 할 수 있습니다.

엔터티(1)는 인스턴스(M)의 집합이며 엔터티와 인스턴스의 관계는 1:M 관계가 됩니다.

3.2.3 엔터티의 표기법

엔터티의 표기법은 모서리가 둥근 사격형(바커 표기법 기준)을 그린 후 맨 위에 엔터티명을 기재합니다.

그림 3-7 엔터티의 표기법

3.2.4 엔터티의 특징

데이터 모델링에서 엔터티가 가지는 특징을 살펴봅시다.

엔터티의 특징

- 비즈니스 요구 조건 만족을 위해 반드시 필요하고, 저장 및 관리하고자 하는 정보여야 한다.
  예 상가, 지하철역
- 유일한 식별자에 의해 식별이 가능해야 한다. 즉 집합 내에서 단 1건을 콕 짚어낼 수 있어야 한다.
  예 상가번호, 지하철역번호
- 영속적으로 존재하는 인스턴스(2개 이상)의 집합이어야 한다.
  예 상가는 여러 개이다, 지하철역은 여러 개이다
- 엔터티는 비즈니스 프로세스에 의해 반드시 이용되어야 한다.
- 엔터티는 반드시 속성을 가지고 있어야 한다.
  예 상가 ▶ 상점명, 지하철역 ▶ 역명
- 엔터티는 다른 엔터티와 최소 1개 이상의 관계가 있어야 한다.
  예 하나의 지하철역은 여러 개의 지하철역승하차 정보를 가진다.

엔터티의 특징을 모두 만족하면 엔터티로 도출될 수 있습니다. 하지만 IT 시스템 및 업무 특성에 따라 엔터티의 특징을 모두 만족하지 않아도 엔터티로 도출되는 경우도 있습니다.

표 3-12 엔터티의 특징

특징	설명
업무에서 필요로 하는 정보	• 비즈니스 요구 조건 만족을 위해 반드시 필요하고, 저장 및 관리하고자 하는 정보여야 한다. **예** 환자라는 엔터티는 병원에서는 반드시 필요하지만 일반회사에서는 필요하지 않을 수 있다.
식별가능해야 함	• 유일한 식별자에 의해 식별이 가능해야 한다. (집합 내에서 단 1건을 콕 짚어낼 수 있어야 한다.)
인스턴스의 집합	• 영속적으로 존재하는 2개 이상의 인스턴스 집합이어야 한다. **예** 상가는 여러 개이다, 지하철역은 여러 개이다.
업무 프로세스에 의해 이용	• 엔터티는 비즈니스 프로세스에 의해 반드시 이용되어야 한다. • 업무 프로세스에 의해 INSERT, SELECT, UPDATE, DELETE 등이 발생하지 않는 고립된 엔터티의 경우는 엔터티를 제거하거나 아니면 누락된 프로세스가 존재하는지 살펴보고 해당 프로세스를 추가해야 한다.
속성을 포함	• 엔터티에는 반드시 속성^{Attributes}이 포함되어야 한다. • 속성을 포함하지 않고 엔터티의 이름만 가지고 있는 경우는 관계가 생략되어 있거나, 업무 분석이 미진하여 속성 정보가 누락되는 경우에 해당한다.
관계의 존재	• 엔터티는 다른 엔터티와 최소 1개 이상의 관계가 있어야 한다.

아래 그림은 기본키 외 다른 속성을 포함하지 않는 엔터티를 표현하고 있습니다.

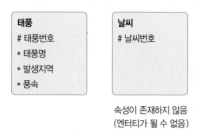

그림 3-8 속성을 포함하지 않은 경우

날씨 엔터티는 속성이 존재하지 않으므로 엔터티가 될 수 없습니다. 날씨번호는 식별자를 인위적으로 만든 것이기 때문에 업무적으로는 관리하고자 하는 속성이 없다고 할 수 있습니다.

아래 그림은 관계가 존재하지 않는 경우입니다.

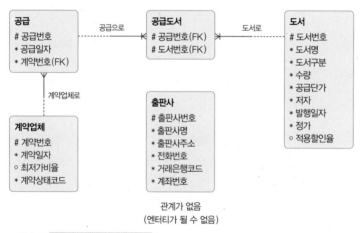

그림 3-9 관계가 존재하지 않는 경우

위 그림에서 출판사 엔터티는 데이터 모델 내에서 어떠한 엔터티와도 관계를 가지고 있지 않기 때문에 엔터티 성립 조건에 미달됩니다. 하지만 업무적 특성에 따라 관계가 없는 엔터티를 엔터티로 도출하기도 합니다.

3.2.5 엔터티의 분류

엔터티는 크게 유무(有無)형에 따른 분류와 발생시점에 따른 분류로 구분할 수 있습니다. 유무형에 따른 분류로는 유형 엔터티, 개념 엔터티, 사건 엔터티가 있고, 발생시점에 따른 분류로는 기본 엔터티, 중심 엔터티, 행위 엔터티가 있습니다.

표 3-13 엔터티의 분류

유무(有無)형에 따른 분류		
구분	예시	설명
유형	사원, 물품, 강사	• 실체가 존재하고 물리적인 형태가 있으며 안정적이고 지속적으로 활용되는 엔터티이다.
개념	조직, 보험상품	• 물리적인 형태가 존재하는 것은 아니지만 비즈니스적으로 관리해야 할 개념적 정보를 저장하는 엔터티이다.
사건	주문, 청구, 미납	• 비즈니스를 수행함으로써 발생되는 엔터티이다. • 유행/개념 엔터티에 비해 데이터 발생량이 많으며, 다양한 통계 자료에 이용될 수 있다.
발생시점에 따른 분류		
구분	예시	설명
기본	사원, 부서, 고객, 상품, 자재	• 비즈니스에서 스스로 태어난 존재에 대한 정보로서, 타 엔터티와의 관계에 의해서 생성되는 것이 아닌 독립적으로 생성이 가능한 엔터티이다. • 기본 엔터티는 타 엔터티의 부모 역할을 하게 된다.
중심	계약, 사고, 예금원장, 청구, 주문, 매출	• 기본 엔터티로부터 발생되며 비즈니스에 있어서 중심적인 역할을 하는 엔터티이다. • 데이터의 양이 많이 발생되고 타 엔터티와의 관계 속에서 많은 행위 엔터티를 도출시킨다.
행위	주문목록, 사원변경이력	• 2개 이상의 부모 엔터티로부터 발생되는 엔터티이다. • 다양하고 복잡한 비즈니스를 처리하는 과정에서 데이터양이 많아질 수 있다. • 상세 설계 단계 혹은 프로세스와 상관 모델링을 진행하면서 도출된다.

3.2.6 엔터티의 명명

엔터티명의 명명규칙은 다음과 같습니다.

엔터티의 명명규칙

- 가능한한 업무 담당자들이 사용하는 용어를 사용한다.

- 가능하면 약어를 사용하지 않는다.

- 엔터티는 단수명사여야 한다.

- 엔터티의 이름은 해당 모델 내에서 유일한 이름이어야 한다.

- 엔터티의 생성 의미에 맞게 이름을 부여한다.

3.3 속성

3.3.1 속성의 개념

속성Attribute은 고객 엔터티의 고객성별과 같이 비즈니스에서 필요로 하며, 인스턴스에서 관리하고자 하는 의미상 더 이상 분리되지 않는 최소의 데이터 단위를 말합니다.

속성의 개념에 대한 정리를 봅시다.

속성의 개념

- 비즈니스에서 필요로 한다. **예** 상가 엔터티의 상호명 속성

- 엔터티에 대한 설명이며 인스턴스의 구성요소가 된다.

- 의미상 더 이상 분리되지 않는 데이터 단위이다.

속성은 비즈니스에서 필요로 하고(상가 엔터티의 상호명 속성), 의미상 더 이상 분리되지 않으며(특정 상가의 상호명은 단 하나임), 엔터티를 설명하고 인스턴스의 구성요소가 됩니다(특정 상가의 상호명은 '스타벅스강남점').

3.3.2 엔터티, 인스턴스, 속성, 속성값의 관계

속성은 엔터티에 대한 자세하고 구체적인 정보를 나타내며, 각각의 속성은 구체적인 값을 갖게 됩니다. 예를 들면 지하철역 엔터티의 노선명, 역명과 같은 각각의 값을 대표하는 이름들을 속성이라 하고 '경의중앙'(노선명), '신촌'(역명)과 같이 각각의 이름에 대한 구체적인 값을 속성값Value이라고 합니다.

지하철역은 여러 개의 역이 있고(인스턴스), 지하철역에 대한 정보는 노선명, 역명이 있으며 (속성), '경의중앙'선의 '신촌'역이 있습니다(속성값).

엔터티, 인스턴스, 속성, 속성값의 관계를 ERD로 표현하면 아래와 같습니다.

그림 3-10 엔터티, 인스턴스, 속성, 속성값의 관계

1개의 엔터티는 여러 개의 인스턴스를 가질 수 있고 하나의 인스턴스는 여러 개의 속성을 가집니다. 또한 하나의 속성은 단 하나의 속성값을 가지게 됩니다.

엔터티, 인스턴스, 속성, 속성값의 관계

- 1개의 엔터티는 2개 이상의 인스턴스의 집합이어야 한다. 예 지하철역은 2개 이상의 역이 존재한다.
- 1개의 엔터티는 2개 이상의 속성을 갖는다. 예 각각의 지하철역은 역명과 노선명을 가지고 있다.
- 1개의 속성은 1개의 속성값을 갖는다. 예 각각의 지하철역의 역명은 단 하나이다. 즉 강남역은 강남역이다.

3.3.3 속성의 표기법

속성의 표기법은 엔터티 내의 속성 이름을 표현하면 됩니다.

그림 3-11 속성의 표기법

상가 엔터티에서 상가번호 속성은 특정 인스턴스를 구별할 수 있는 식별자입니다. 속성명에 "#"을 붙여 식별자임을 표시합니다. 또한 상가 엔터티의 식별자(PK)는 상가번호 속성 1개이므로 단일식별자(=단일PK)라고도 합니다. 또한 한 엔터티에는 2개 이상의 식별자 속성이 존재할 수 있는데 이를 복합식별자(=복합PK)라고 합니다.

상호명은 반드시 존재해야 하는 필수 값입니다. 속성명에 "*"을 붙여 필수 값임을 표시합니다. 지점명 속성은 반드시 존재해야 할 필요가 없는 선택값입니다. 속성명에 "○"를 붙여 표시합니다.

3.3.4 속성의 특징

속성은 아래와 같은 특징을 가집니다.

속성의 특징

- 엔터티와 마찬가지로 반드시 비즈니스에서 필요로 하고 IT 시스템에서 저장 및 관리하고자 하는 정보여야 한다. `예` 지하철역 엔터티의 역명 속성
- 정규화 이론에 따라 속성이 속해 있는 엔터티의 주식별자에 함수적 종속성을 가져야 한다. `예` 지하철역 엔터티의 식별자인 지하철역번호가 노선명과 역명을 결정한다.
- 하나의 속성에는 1개의 값만을 가진다. 하나의 속성에 여러 개의 값이 있는 다중 값일 경우 별도의 엔터티를 이용하여 분리한다. `예` 특정 지하철역의 노선명과 역명은 각각 하나씩이다.

3.3.5 속성의 분류

속성의 분류에는 특성에 따른 분류와 엔터티 구성 방식에 따른 분류가 있습니다. 속성의 특성에 따른 분류에는 기본 속성, 설계 속성, 파생 속성이 있습니다.

표 3-14 속성의 분류 – 특성에 따른 분류

특성	설명
기본 속성 (Basic Attribute)	비즈니스 분석을 통해 도출된 속성을 기본 속성이라고 한다. `예` 상가 엔터티의 상호명 속성은 기본 속성이라고 할 수 있다.
설계 속성 (Designed Attribute)	비즈니스 분석을 통해 도출된 것은 아니지만 데이터 모델 설계를 하면서 도출하는 속성을 설계 속성 Designed Attribute이라고 한다. `예` 상가 엔터티의 표준산업분류코드 속성은 설계 속성이라고 할 수 있다.
파생 속성 (Derived Attribute)	다른 속성에 의해서 계산이나 변형이 되어 생성되는 속성을 파생 속성 Derived Attribute이라고 한다. `예` 상가 엔터티의 주소정보를 기반으로 위도, 경도 속성의 값을 구한다고 가정하면, 위도, 경도 속성은 파생 속성이라고 할 수 있다.

엔터티 구성 방식에 따른 분류에는 PK 속성, FK 속성, 일반 속성이 있습니다.

표 3-15 속성의 분류 – 엔터티 구성 방식에 따른 분류

구성방식	설명
PK(Primary Key) 속성	엔터티에서 단 하나의 인스턴스를 식별할 수 있는 속성을 PK(기본키) 속성이라고 한다. **예** 상가 엔터티의 상가번호 속성은 PK 속성이라고 할 수 있다.
FK(Foreign Key) 속성	타 엔터티와의 관계를 통해 포함된 속성을 FK(외래키) 속성이라고 한다. **예** 지하철역승하차 엔터티의 지하철역번호 속성은 FK 속성이라고 할 수 있다.
일반 속성	엔터티 내에 존재하면서 PK 혹은 FK 속성이 아닌 속성을 일반 속성이라고 한다. **예** 상가 엔터티의 상호명 속성은 일반 속성이라고 할 수 있다.

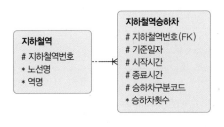

그림 3-12 속성의 분류 – 엔터티 구성 방식에 따른 분류

지하철역승하차 엔터티의 PK 속성은 지하철역번호, 기준일자, 시작시간, 종료시간, 승하차구분코드이며 이렇게 2개 이상의 PK 속성이 존재하는 것을 복합PK라고 합니다.

지하철역승하차 엔터티의 FK 속성은 지하철역번호 속성입니다. 지하철역승하차 엔터티는 지하철역 엔터티의 자식 엔터티입니다. 부모 엔터티인 지하철역 엔터티의 PK 속성을 물려 받았으므로 해당 속성은 FK 속성이 됩니다.

지하철역승하차 엔터티의 일반속성은 승하차횟수 속성입니다.

3.3.6 도메인

각 속성은 값의 범위 및 유형이 있으며, 이를 속성의 도메인Domain이라고 합니다. 도메인에 대한 설명을 살펴봅시다.

도메인(Domain)에 대한 설명

- 속성이 가질 수 있는 값의 범위를 도메인이라고 한다.
- 학생 엔터티의 학점 속성의 도메인은 0.0~4.5의 범위를 갖는 실수 값으로 정의할 수 있다.
- 학생 엔터티의 핸드폰번호 속성은 길이가 20자리 이내인 문자열로 정의할 수 있다.
- 각 속성의 속성값은 정의된 도메인 이외의 값을 가질 수 없다.

3.3.7 속성의 명명

속성의 명명 규칙은 아래와 같습니다.

속성의 명명

- 비즈니스에 사용하는 이름을 부여한다.
- 속성명을 서술식으로 명명하지 않는다.
- 속성 명명 시 약어 사용은 가급적 하지 않는다.
- 전체 데이터 모델 내에서 유일한 이름의 속성명으로 명명하는 것이 좋다.

3.4 관계

3.4.1 관계의 정의

관계는 엔터티끼리 상호 연관성이 있는 상태를 의미합니다. 관계는 데이터 모델 내에 존재하는 엔터티 간 논리적인 연관성을 의미합니다. 관계는 부서 엔터티와 사원 엔터티의 관계와 같이 존재에 의한 관계가 있고, 고객 엔터티와 주문 엔터티의 관계와 같이 행위에 의한 관계가 있습니다.

아래 그림은 지하철역 엔터티와 지하철역승하차 엔터티 간의 관계를 표현한 ERD입니다.

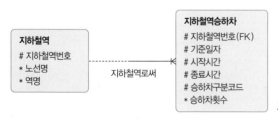

그림 3-13 관계의 정의

위 관계는 하나의 '지하철역'이 여러 개의 '지하철역승하차' 정보를 가지고 있는 것을 표현하고 있습니다.

3.4.2 관계의 페어링

관계는 엔터티 안에 인스턴스가 개별적으로 관계를 가지는 것(페어링)이고 이것의 집합을 관계로 표현한다는 것입니다. 개별 인스턴스가 각각 다른 종류의 관계를 가지고 있다면 두 엔터티 사이에 2개 이상의 관계가 형성될 수 있습니다.

엔터티 내의 인스턴스가 개별적으로 관계를 가지는 것을 관계 페어링 Relationship Pairing 이라고 하고, 관계는 이러한 관계 페어링을 논리적으로 표현한 것입니다.

다음 그림에서 관계 페어링에 대한 예시를 살펴봅시다.

그림 3-14 관계 페어링(Relationship Pairing)

강사 엔터티 내 각각의 인스턴스는 자신의 연관성을 가지고 있을 수 있습니다. 이것을 집합하여 "강의한다"라는 관계를 도출하였습니다.

강사인 '이경오'는 '이수지'와 '강윤희'에게 강의를 하는 형태로 관계가 표현되어 있고, 강사인 '김은정'은 '강윤희'에게 강의를 하는 형태로 표현되어 있습니다. 이러한 관계 페어링을 "강의한다"라는 관계로 도출한 것입니다.

3.4.3 관계의 표기법

관계의 표기 시에는 관계 차수 Cardinality 및 관계 선택사양을 명확하게 해야 합니다. 2개의 엔터티 간 관계에서 참여자의 수를 표현하는 것을 관계 차수라고 합니다. 가장 일반적인 관계 차수 표현방법에는 1:M, 1:1, M:M이 있습니다.

그림 3-15 관계 차수 – 1:1 관계

위 그림에서 관계에 참여하는 각각의 엔터티는 관계를 맺는 다른 엔터티에 대해 단지 하나의 관계만을 가지고 있습니다. 한 명의 사원은 단 1개의 병역사항을 가집니다.

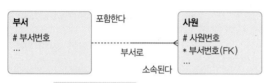

그림 3-16 관계 차수 – 1:M 관계

한 명의 사원은 한 부서에 소속되고 한 부서는 여러 사원을 포함합니다.

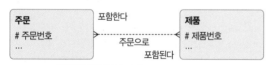

그림 3-17 관계 차수 – M:M 관계

관계에 참여하는 각각의 엔터티는 관계를 맺는 다른 엔터티에 대해 하나 혹은 두 개 이상의 관계를 가지고 있습니다. 주문은 여러 제품을 포함할 수 있고 제품도 여러 주문에 의해 주문될 수 있습니다.

이제, 관계의 표기법 중 관계 선택사양^{Optionality}에 대해 알아보겠습니다.

관계 선택사양(Optionality)

- 열차문이 완전히 닫혀야만 열차는 출발한다. 열차의 출발과 열차문의 완전한 닫힘은 필수^{Mandatory}적인 연관관계이다. 이러한 관계를 필수참여관계라고 한다.

- 열차의 출발을 알리는 출발 안내 방송은 열차의 출발과는 상관없이 언제든지 방송할 수 있다. 출발 안내가 제대로 되지 않아도 열차의 출발에는 영향을 주지 않는다. 이렇게 열차의 출발과 출발 안내 방송은 정보 안내로서의 관련은 있지만 서로가 필수적인 상황은 아니다. 선택적인Optional 관계가 되는 것이다. 이러한 관계를 선택참여관계라고 한다.

관계 선택사양은 필수적 관계와 선택적 관계가 있습니다.

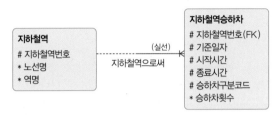

그림 3-18 관계 선택사양 – 필수적 관계

지하철역승하차 입장에서는 자신이 갖고 있는 지하철역의 승하차 정보가 어떤 지하철역인지 반드시 알아야 합니다. 즉 지하철역승하차는 지하철역번호가 반드시 존재해야 합니다(실선). 이러한 관계를 필수적 관계라고 합니다.

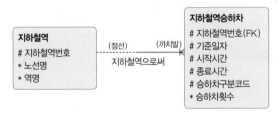

그림 3-19 관계 선택사양 – 선택적 관계

지하철역 입장에서는 여러 개(까치발)의 지하철역승하차 정보를 가질 수 있고, 단 1개의 지하철역승하차 정보도 갖지 않을 수 있습니다(점선). 즉 지하철역은 시하철역승하차가 존재하지 않을 수도 있습니다. 이러한 관계를 선택적 관계라고 합니다.

3.4.4 관계정의 시 체크 사항

엔터티 간의 관계를 정의할 때는 아래의 체크 사항을 만족하는지 확인해야 합니다.

관계정의 시 체크 사항

① 2개의 엔터티 사이에 관심 있는 연관 규칙이 존재하는가?

② 2개의 엔터티 사이에 정보의 조합이 발생되는가?

③ 업무기술서, 장표에 관계연결에 대한 규칙이 서술되어 있는가?

④ 업무기술서, 장표에 관계연결을 가능하게 하는 동사^{Verb}가 있는가?

3.4.5 관계읽기

기준 엔터티를 1개 혹은 각각으로 읽습니다. 대상 엔터티의 관계 참여도의 개수를 하나 혹은 하나 이상으로 읽고, 관계선택사양과 관계명을 읽습니다.

우선 아래 ERD는 한 고객이 어떠한 주문을 하는 관계를 표현하고 있습니다.

그림 3-20 고객/주문 엔터티

위 ERD의 주문한다라는 관계를 읽는 방법은 아래 표와 같습니다.

표 3-16 고객/주문 엔터티 관계 읽는 방법

각각의 혹은 하나의	기준 엔터티	관계 차수	대상 엔터티	필수/선택	관계명
각각의	고객은	여러 개의	주문을	때때로	주문한다
하나의	주문은	한 명의	고객을	반드시	가진다

관계 차수가 "여러 개"인 경우에는 까치발 표시를 하며, 필수/선택이 "때때로"인 경우에는 선택적 관계이므로 점선으로 표시하고, "반드시"인 경우에는 필수적 관계이므로 실선으로 표시합니다.

3.5 식별자

3.5.1 식별자 개념

엔터티는 인스턴스들의 집합입니다. 이러한 집합에서 단 하나의 인스턴스를 구별해 낼 수 있는 논리적인 이름이 필요하며 이러한 구분자를 식별자Identifier라고 합니다.

엔터티의 각 인스턴스를 개별적으로 식별하기 위해 사용되는 하나의 속성 혹은 속성들의 조합을 식별자라고 합니다. 엔터티 내에서 하나의 행을 콕 집어낼 때 사용하는 것입니다.

고객	사원	주문	상품
(고객번호)	(사원번호)	(주문번호)	(상품번호)

그림 3-21 식별자 예시

3.5.2 식별자의 특징

식별자는 주식별자에 의해 엔터티 내의 모든 인스턴스들이 유일하게 구분되어야 하고, 주식별자를 구성하는 속성의 수는 유일성을 만족하는 최소의 수가 되어야 합니다. 지정된 주식별자의 값은 자주 변하지 않는 것이어야 하고, 주식별자가 지정되면 반드시 값을 포함해야 합니다.

표 3-17 식별자의 특징

특징	내용	예시
유일성	• 엔터티 내에 존재하는 각각의 인스턴스 집합은 주식별자에 의해 유일하게 구분할 수 있다.	• 사원 엔터티의 사원번호 속성은 주식별자이다. 사원번호는 모든 직원들에 대해 개인별로 고유하게 부여된다.
최소성	• 유일성을 만족한다면 주식별자를 구성하는 속성의 수는 최소한의 수로 이루어져야 한다.	• 사원번호만으로도 고유한 구조인데, 사원분류코드+사원번호 조합으로 식별자가 구성될 경우 부적절한 주식별자 구조이다.
불변성	• 엔터티 내 특정 인스턴스에 주식별자가 한번 정해지면 그 값은 변하지 말아야 한다.	• 한번 정해진 사원번호의 값은 다른 값으로 변경되지 않아야 한다.
존재성	• 주식별자가 지정되면 반드시 데이터 값이 존재해야 한다.(NULL 허용 불가) • 주식별자로 정해진 속성은 반드시 데이터 값이 존재해야 한다. 주식별자는 NULL을 허용하지 않는다.	• 사원번호가 없는 회사직원은 있을 수 없다.

NULL이란 아직 정해지지 않은 미지의 값을 말합니다. 식별자의 값은 NULL일 수 없으며 반드시 값을 가져야 합니다.

3.5.3 식별자의 분류

식별자는 대표성 여부, 스스로 생성 여부, 속성의 수, 대체 여부로 분류할 수 있습니다.

표 3-18 식별자의 분류

분류	식별자	설명	예시
대표성 여부	주식별자	엔터티 내에서 각각의 행을 구분할 수 있는 구분자이다. 다른 엔터티와 참조관계를 가질 때 연결할 수 있는 식별자이다.	사원번호, 고객번호
	보조식별자	엔터티 내에서 각각의 행을 구분할 수 있다. 하지만 주식별자가 아니라서 대표성을 가지지 못하므로 다른 엔터티와 참조관계를 가질 때 연결할 수는 없다.	주민등록번호
스스로 생성 여부	내부식별자	엔터티 내부에서 스스로 만들어지는 식별자이다.	고객번호
	외부식별자	다른 엔터티와의 관계를 통해 다른 엔터티로부터 받아오는 식별자이다.	주문 엔터티의 고객번호
속성의 수	단일식별자	하나의 속성으로 구성된 식별자이다.	고객 엔터티의 고객번호
	복합식별자	둘 이상의 속성으로 구성된 식별자이다.	주문상세 엔터티의 주문번호+상세순번
대체 여부	본질식별자	비즈니스에 의해 만들어지는 식별자이다.	고객번호
	인조식별자	비즈니스적으로 만들어지지는 않지만, 본질식별자가 복잡한 구성을 가지고 있기 때문에 인위적으로 만든 식별자이다.	주문 엔터티의 주문번호(원래는 고객번호+주문순번)

아래 ERD를 참고하여 각 엔터티의 식별자가 어떤 식별자인지 알아보도록 하겠습니다.

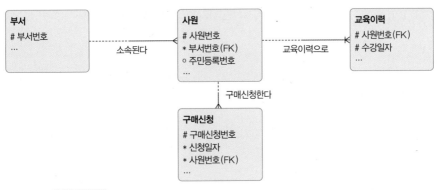

그림 3-22 식별자의 분류

위 ERD에 있는 각 엔터티의 식별자에 대한 분류는 아래 표와 같습니다.

표 3-19 식별자의 분류 작업 예시

엔터티	속성	식별자 분류
부서	부서번호	주식별자, 내부식별자, 단일식별자, 인조식별자
사원	사원번호	주식별자, 내부식별자, 단일식별자, 본질식별자
사원	주민등록번호	보조식별자
사원	부서번호	외부식별자
교육이력	사원번호+수강일자	주식별자, 복합식별자, 본질식별자
구매신청	구매신청번호	주식별자, 단일식별자, 인조식별자

3.5.4 식별자 도출 기준

식별자의 도출 기준은 아래와 같습니다.

식별자 도출 기준

- 비즈니스에서 자주 이용되는 속성을 주식별자로 지정한다.
- 명칭, 장소와 같이 이름으로 기술되는 속성은 가능하면 주식별자로 하지 않는다.
- 주식별자를 복합식별자로 할 경우 지나치게 많은 속성이 포함되지 않도록 한다.

다음 그림에서 직원 엔터티의 식별자는 직원번호 속성입니다.

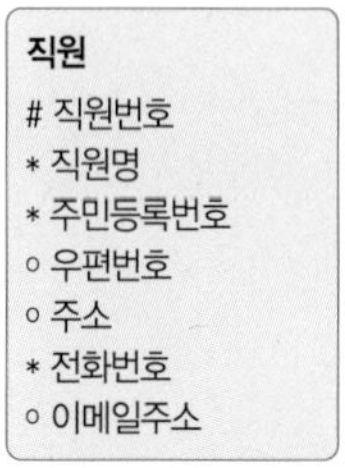

직원

\# 직원번호
* 직원명
* 주민등록번호
○ 우편번호
○ 주소
* 전화번호
○ 이메일주소

그림 3-23 식별자 도출 기준 – 직원 엔터티

직원 엔터티의 주민등록번호 속성도 식별자 후보가 될 수 있지만, 해당 업무에서 자주 사용하는 직원번호를 주식별자로 지정합니다.

직원명과 같은 이름은 주식별자로 지정하지 않습니다. 동명이인이 없다고 해도 지정하면 안 됩니다.

직원번호+주민등록번호 조합으로 복합식별자로 지정하면 유일성을 보장하지만, 최소성을 보장하지 않습니다. 최소성 보장을 위해 직원번호만으로도 충분하기 때문에 직원번호로만 지정합니다.

아래의 ERD를 살펴봅시다.

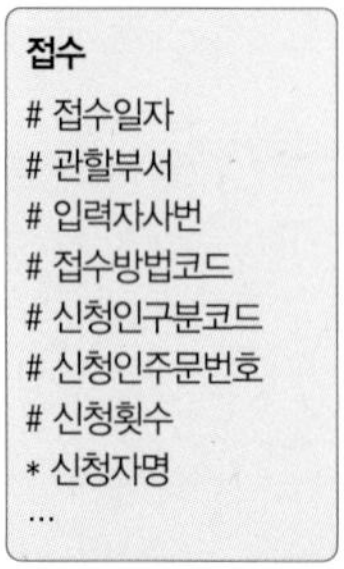

접수

\# 접수일자
\# 관할부서
\# 입력자사번
\# 접수방법코드
\# 신청인구분코드
\# 신청인주문번호
\# 신청횟수
* 신청자명
...

그림 3-24 식별자 도출 기준 – 접수 엔터티

접수 엔터티의 식별자는 복합식별자로 이루어져 있으며 식별자 속성의 개수가 7개입니다. 이러한 경우 접수 엔터티를 식별자 기준으로 조회하는 SQL문은 아래와 같습니다.

코드 3-1 식별자 기준으로 조회하는 SQL문

```
SELECT 계약금
  FROM 접수
 WHERE 접수.접수일자 = '20100715'
   AND 접수.관할부서 = '1001'
   AND 접수.입력자사번 = 'AB45588'
   AND 접수.접수방법코드 = 'E'
   AND 접수.신청인구분코드 = '01'
   AND 접수.신청인주민번호 = '7007171234567'
   AND 접수.신청횟수 = 1
 ;
```

단 1건의 데이터를 얻기 위해서 조건절(WHERE절)의 조건 수가 7개입니다. 이러한 경우 아래 그림의 ERD와 같이 인조식별자인 접수번호 속성을 추가합니다.

그림 3-25 식별자 도출 기준 – 접수 엔터티 – 인조식별자 사용

위 ERD에서 단 1건의 데이터를 조회하는 SQL문은 아래와 같습니다.

코드 3-2 식별자 기준으로 조회하는 SQL문 – 인조식별자 사용

```
SELECT 계약금
  FROM 접수
 WHERE 접수.접수번호 = '100120100715001'
 ;
```

인조식별자의 사용은 데이터 모델을 간편하고 알아보기 쉽게 하며 SQL문 작성에서도 간단 명료한 SQL문이 되게 합니다. 이러한 이유로 식별자 설계 시 과도한 복합식별자는 지양해야 합니다.

3.5.5 식별자 관계와 비식별자 관계의 결정

외부식별자는 자기 자신의 엔터티에서 필요한 속성이 아니라 다른 엔터티와의 관계를 통해 자식쪽 엔터티에 생성되는 속성을 말하며, 데이터베이스 생성 시에 외래키^{Foreign Key} 역할을 합니다.

자식 엔터티에서 부모 엔터티로부터 받은 외부식별자를 자신의 주식별자로 이용할 것인지(식별자 관계) 또는 부모와 연결이 되는 속성으로서만 이용할 것인지를 결정(비식별자 관계)해야 합니다. 식별자 관계를 사용할지 비식별자 관계를 사용할지는 업무 특징, 자식 엔터티의 주식별자 구성, SQL작성 전략에 의해 결정됩니다.

아래 ERD는 식별자 관계를 표현한 ERD입니다.

그림 3-26 식별자 관계

부모 엔터티의 식별자인 부모번호 속성을 자식 엔터티가 식별자로 사용하고 있습니다.

자식 입장에서 외부식별자(FK)를 자신의 식별자로 사용하고 있는 것을 식별자 관계라고 합니다. 다시 말해, 자식 엔터티의 주식별자로 부모 엔터티의 주식별자가 상속이 되는 경우를 식별자 관계^{Identifying Relationship}라고 지칭합니다.

부모로부터 받은 식별자를 자식 엔터티의 주식별자로 이용하는 경우는 NULL이 허용되지 않으므로, 반드시 부모 엔터티가 생성되어야 자식 엔터티가 생성되는 경우입니다.

최종적으로 식별자 관계를 정리하자면, 식별자 관계는 자식 엔터티에서 외부식별자가 주식별자 역할을 합니다. 부모 엔터티의 식별자가 자식 엔터티에서도 식별자 역할을 하는 것입니다.

아래 ERD는 비식별자 관계를 표현한 ERD입니다.

그림 3-27 비식별자 관계

부모 엔터티의 식별자인 부모번호 속성이 자식 엔터티의 식별자로 사용되지 않고 있습니다. 자식 엔터티의 식별자는 자식번호이고 부모번호 속성은 외부식별자(FK)로만 존재합니다.

자식 엔터티 입장에서 외부식별자(FK)를 자신의 식별자로 사용하고 있지 않은 것을 비식별자 관계라고 합니다. 즉, 비식별자 관계 Non-Identifying Relationship는 부모 엔터티로부터 속성을 물려 받았지만 자식 엔터티의 주식별자로 사용하지 않고 일반적인 속성으로만 사용하는 경우입니다.

비식별자 관계를 갖는 경우는 일반적으로 아래와 같습니다.

비식별자 관계를 갖는 경우

- 자식 엔터티에서 받은 속성이 반드시 필수가 아니어도 무방하기 때문에 부모 없는 자식이 생성될 수 있는 경우가 비식별자 관계이다.
- 부모 엔터티의 주식별자를 자식 엔터티의 주식별자 속성으로 사용해도 되지만, 자식 엔터티에서 별도의 주식별자를 생성하는 것이 더 유리하다고 판단될 때, 비식별자 관계에 의한 외부식별자로 표현한다.

아래 그림은 식별자 관계를 비식별자 관계로 변환한 모습을 표현하고 있습니다.

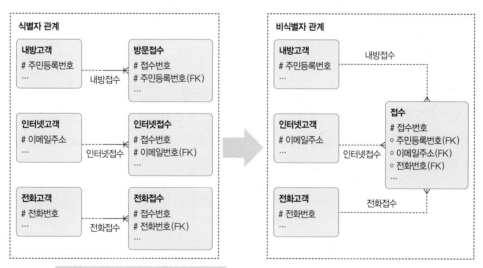

그림 3-28 식별자 관계를 비식별자 관계로 변환한 모습

식별자 관계 ERD에 방문접수, 인터넷접수, 전화접수 엔터티가 있습니다. 이 3개의 엔터티가 비식별자 관계 엔터티에서는 접수 엔터티로 통합되었습니다. 접수 엔터티로 통합되면서 비식별자 관계가 된 것을 알 수 있습니다.

3.5.6 식별자 관계로만 설정할 경우의 문제점

엔터티 간의 관계를 설정할 때 식별자 관계로만 설정할 경우 문제점을 살펴봅시다.

아래 ERD는 식별자 관계로만 설정한 경우입니다.

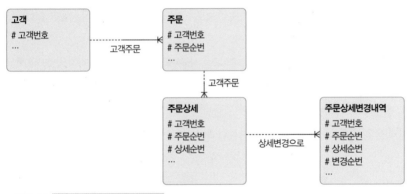

그림 3-29 식별자 관계로만 설정한 경우

식별자 관계로만 각각의 엔터티 간의 관계를 정의한 데이터 모델은 관계가 도출될 때마다 PK 속성의 수가 지속적으로 증가하게 됩니다. SQL문 개발 시 필연적으로 테이블 간의 조인을 하게 되며, 조인에 참여하는 식별자 속성의 개수가 많을 경우 SQL문의 복잡도가 올라가면서 간혹가다 조인 조건을 누락하는 실수가 발견되기도 합니다.

정리하자면, 식별자 관계로만 관계를 맺을 경우에 SQL문의 복잡성이 올라가고, 조인 조건이 누락되는 실수가 발생할 확률이 높아집니다.

다음 ERD는 고객 엔터티와 주문 엔터티의 관계를 비식별자 관계로 설정한 모습입니다.

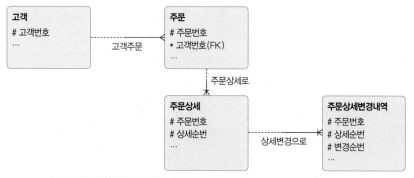

그림 3-30 고객/주문의 관계를 비식별자 관계로 설정한 경우

주문 엔터티 구성 시 주문번호를 식별자로 지정하고, 고객번호를 외부식별자로 하는 비식별자 관계를 설정함으로써 SQL 작성 시 복잡성과 오류 가능성을 줄여주게 됩니다.

식별자 관계만으로 연결된 데이터 모델은 주식별자 속성이 지속적으로 증가할 수밖에 없는 구조이므로, SQL 작성 시 복잡성과 오류 가능성을 유발시킬 수 있는 요인이 될 수 있다는 사실을 기억해야 합니다.

3.5.7 식별자 관계 VS 비식별자 관계

데이터 모델링 작업 시 식별자 관계와 비식별자 관계를 취사 선택하여 연결하는 것은 높은 수준의 내공을 필요로 하는 데이터 모델링 기술입니다.

따라서 식별자 관계에서 비식별자 관계를 파악하는 기술이 필요한데 아래 고려사항에 따라 비식별자 관계를 사용한다면 합리적으로 관계를 설정할 수 있습니다.

기본적으로 식별자 관계로 모든 관계를 연결하면서 아래 조건에 해당할 경우 비식별자 관계로 조정하면 됩니다.

비식별자 관계를 고려해야 할 경우를 봅시다.

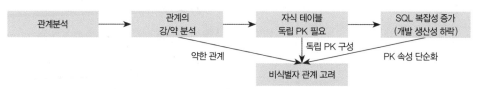

그림 3-31 비식별자 관계를 고려해야 하는 경우

관계의 강/약을 분석해서 약한 관계이거나 독립 PK 구성이 필요하거나 SQL의 복잡성을 증가시킬 수 있는 경우 비식별자 관계를 고려해야 합니다.

아래의 표는 식별자 관계 및 비식별자 관계에 대한 고려사항입니다.

표 3-20 식별자 관계/비식별자 관계 연결 고려사항

항목	식별자 관계	비식별자 관계
목적	• 강한 연결 관계를 표현한다.	• 약한 연결 관계를 표현한다.
자식 주식별자 영향	• 부모 엔터티의 주식별자 속성이 자식 엔터티의 주식별자의 구성에 포함된다.	• 부모 엔터티의 주식별자 속성이 자식 엔터티의 일반 속성이 된다.
연결 고려사항	• 부모 엔터티에 종속되는 경우에 사용한다. • 자식 엔터티의 주식별자 구성에 부모 엔터티의 주식별자 속성이 필요한 경우에 사용한다. • 부모 엔터티에게서 상속받은 주식별자 속성을 타 엔터티에 이전이 필요한 경우 사용한다.	• 부모/자식 간 약한 종속 관계인 경우에 사용한다. • 자식 엔터티의 주식별자 구성을 독립적으로 구성할 경우에 사용한다. • 부모 엔터티로부터 상속받은 주식별자 속성을 타 엔터티에게 이전하지 않도록 차단이 필요한 경우에 사용한다. • 부모 엔터티의 주식별자가 NULL이 허용되는(선택 관계) 경우에 사용한다.

3.6 연습문제

문제1

다음 중 모델링의 특징에 대한 설명으로 가장 올바르지 않은 것은 무엇인가?

① 추상화는 현실 세계를 일정한 형식에 맞추어 표현한다는 의미이다.

② 단순화는 복잡한 현실 세계를 약속된 규약에 의해 제한된 표기법이나 언어로 표현하여 쉽게 이해할 수 있도록 하는 개념을 의미한다.

③ 모델링은 현실 세계를 추상화, 단순화, 명확화하기 위해 일정한 표기법에 의해 표현하는 기법으로 정리할 수 있다.

④ 명확화는 누구나 이해하기 쉽게 하기 위해 대상에 대한 애매모호함을 제거하고 구체적으로 현상을 기술하는 것을 의미한다.

문제 2

일반적으로 엔터티는 유무형에 따라 유형, 개념, 사건 엔터티로 구분된다. 다음 중 엔터티명과 유무형에 따른 엔터티 구분명의 연결이 가장 타당하지 않은 것은 무엇인가?

① 교수 – 유형 엔터티

② 수강신청 – 사건 엔터티

③ 학부 – 유형 엔터티

④ 보유도서 – 개념 엔터티

문제 3

〈아래〉 그림은 엔터티, 인스턴스, 속성, 속성값의 관계를 표현한 그림이다. 이러한 관계에 대해 가장 올바르게 설명한 것은 무엇인가?

〈아래〉

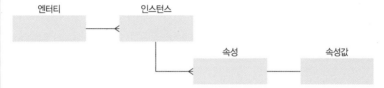

① 1개의 엔터티는 3개의 인스턴스 집합이어야 한다.

② 1개의 엔터티는 3개의 속성을 갖는다.

③ 1개의 속성은 1개 이상의 속성값을 갖는다.

④ 1개의 인스턴스는 2개 이상의 속성을 갖는다.

문제 4

식별자는 대표성 여부, 스스로 생성 여부, 단일 속성 여부, 대체 여부에 따라 분류할 수 있다. 다음 중 식별자의 분류가 잘못 짝지어진 것은 무엇인가?

① 대표성 여부 – 주식별자, 보조식별자

② 스스로 생성 여부 – 내부식별자, 보조식별자

③ 단일 속성 여부 – 단일식별자, 복합식별자

④ 대체 여부 – 본질식별자, 인조식별자

〈아래〉 그림은 부서와 직원 간의 관계를 표현한 그림이다. ㉠과 ㉡에 들어갈 알맞은 말의 조합을 고르시오.

〈아래〉

부서   사원

포함한다   소속된다

관계 읽기

각각의 부서는 여러 명의 사원이 ㉠ 소속된다.

각각의 사원은 한 부서에 ㉡ 속한다.

① ㉠ : 반드시 ㉡ : 때때로

② ㉠ : 때때로 ㉡ : 반드시

③ ㉠ : 반드시 ㉡ : 반드시

④ ㉠ : 때때로 ㉡ : 때때로

다음 중 데이터 독립성 구성요소에 대한 설명으로 가장 부적절한 것은 무엇인가?

① 외부 스키마(External Schema)는 DB의 사용자 및 응용 프로그램이 접근하는 스키마를 말한다.

② 개념 스키마(Conceptual Schema)는 모든 사용자 관점을 통합한 조직 전체의 DB를 기술하는 것을 말한다.

③ 내부 스키마(Internal Schema)는 물리적 장치에서 데이터가 실제적으로 저장되는 방법을 표현하는 것을 말한다.

④ 외부/개념/내부 스키마 모두 상호 독립적인 의미를 가지고 있지만, 고유한 기능을 가지고 있지는 않다.

다음 중 유형 엔터티면서 기본/키 엔터티이기도 한 엔터티는 무엇인가?

① 수강신청

② 교수

③ 학부

④ 수강신청이력

〈아래〉는 신규로 구축하는 시스템의 업무 내용 중 일부분이다. 〈아래〉의 설명에 부합하는 데이터 모델은 무엇인가?

〈아래〉

- 한 명의 고객은 여러 개의 증권계좌 개설이 가능하고, 하나의 증권계좌에는 여러 번에 걸쳐 입금이 가능하다.
- 증권계좌는 반드시 고객이 있어야 하고, 입금에는 반드시 증권계좌가 있어야 한다.
- 한 명의 고객은 증권계좌를 단 1개도 개설하지 않을 수 있다.
- 1개의 증권계좌는 단 한 번도 입금을 하지 않을 수 있다.

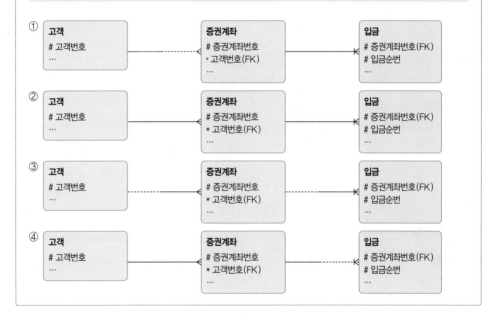

다음 중 주식별자의 4대 특징에 해당하지 <u>않는</u> 것은 무엇인가?

① 유일성

② 최소성

③ 가변성

④ 존재성

문제 10

〈아래〉는 식별자의 속성 수가 많아지지 않도록 하기 위해서 인조식별자를 사용한 모습이다. 인조식별자를 사용한 경우의 장점으로 가장 올바르지 않은 것은 무엇인가?

〈아래〉

인조식별자 미사용

접수
접수일자
관할부서
입력자사번
접수방법코드
신청인구분코드
신청인주문번호
신청횟수
신청자명
...

인조식별자 사용

접수
접수번호
* 신청자명
* 장소
* 계약금
* 접수일자
* 관할부서
* 입력자사번
* 접수방법코드
...

인조식별자

접수번호 = 관할부서 + 접수일자 + 일련번호

① 인조식별자를 사용함으로써 SQL문의 복잡성을 피할 수 있다.

② 인조식별자를 사용함으로써 애플리케이션 개발자가 SQL문 개발 시 복잡한 소스 구성을 피할 수 있다.

③ 인조식별자를 사용함으로써 데이터 모델을 단순하게 하는 데 기여한다.

④ 인조식별자를 사용함으로써 식별자의 유일성을 더욱 더 강화시킨다.

3.7 연습문제 해설

문제 1

정답 ④

해설 명확화는 누구나 이해하기 쉽게 하기 위해 대상에 대한 애매모호함을 제거하고 정확하게 현상을 기술하는 것을 의미한다.

문제 2

정답 ③

해설 학부라는 것은 물리적으로는 존재하지 않는다. 개념 엔터티라고 할 수 있다.

정답 ④

해설 ① 1개의 엔터티는 2개 이상의 인스턴스 집합이어야 한다.

② 1개의 엔터티는 2개 이상의 속성을 갖는다.

③ 1개의 속성은 1개의 속성값을 갖는다.

문제 4

정답 ②

해설 식별자는 스스로 생성 여부에 따라 내부식별자와 외부식별자로 분류할 수 있다.

내부식별자 : 엔터티 내부에서 스스로 만들어지는 식별자

외부식별자 : 타 엔터티와의 관계를 통해 타 엔터티로부터 받아오는 식별자

문제 5

정답 ②

해설 각각의 부서는 여러 명의 사원이 때때로 소속된다. (부서쪽이 점선)

각각의 사원은 한 부서에 반드시 속한다. (사원쪽이 실선)

문제 6

정답 ④

해설 데이터베이스 스키마 구조는 외부, 개념, 내부 스키마 3단계로 구분되고 각각은 상호 독립적인 의미를 가지고 고유한 기능을 가진다.

문제 7

정답 ②

해설 ① 수강신청은 사건 엔터티이면서 중심 엔터티이다.

③ 학부는 개념 엔터티이면서 기본/키 엔터티이다.

④ 수강신청이력은 사건 엔터티이면서 행위 엔터티이다.

유형 엔터티 (유무형에 따른 분류)	물리적인 형태가 있고, 안정적이며 지속적으로 활용되는 엔터티이다. 예 사원, 물품, 강사, 교수
기본/키 엔터티 (발생시점에 따른 분류)	그 업무에 원래 존재하는 정보로서 다른 엔터티와 관계에 의해 생성되지 않고, 독립적으로 생성이 가능한 엔터티이다. 예 사원, 부서, 고객, 교수

문제 8

정답 ③

해설 관계 선택 사양을 물어보는 문제이다. ③번 보기가 관계의 선택 사양을 정확하게 표현하고 있다.

문제 9

정답 ③

해설 가변성이라는 특징은 존재하지 않는다.

〈주식별자의 4대 특징〉

유일성	주식별자에 의해 엔터티 내의 모든 인스턴스들을 유일하게 구분할 수 있다.
최소성	주식별자를 구성하는 속성의 수는 유일성을 만족하는 최소의 수가 되어야 한다.
불변성	주식별자가 한 번 특정 엔터티에 지정되면 그 식별자의 값은 변하지 않아야 한다.
존재성	주식별자가 지정되면 반드시 데이터 값이 존재해야 한다.

문제 10

정답 ④

해설 ④ 인조식별자를 사용하는 것과 유일성을 강화시키는 것은 아무런 관련이 없다.

Chapter 4
데이터 모델과 성능

4.1 성능 데이터 모델링의 개요

4.1.1 성능 데이터 모델링의 정의

성능 데이터 모델링이란 데이터베이스의 성능 향상을 목적으로, 데이터 모델 설계 시점부터 정규화, 반정규화, 테이블 통합, 테이블 분할, 조인 구조, PK, FK 등 여러 가지 성능과 관련된 사항들이 데이터 모델링 작업에 반영될 수 있도록 하는 것입니다.

4.1.2 성능 데이터 모델링 수행 시점

IT 시스템 구축 시 분석/설계의 단계부터 성능 데이터 모델링을 수행한다면 성능 저하에 따른 비용을 최소화시킬 수 있습니다.

성능 데이터 모델링은 IT 시스템 구축 프로젝트 전체 일정에서 가장 앞 단계에서 할수록 성능 저하에 따른 비용을 감소시킵니다. 이러한 이유로 분석/설계 단계에서부터 데이터베이스의 처리 성능을 향상시킬 수 있는 방법을 주도면밀하게 고려해야 합니다.

아래 그림은 각 단계에 따른 성능 저하에 들어가는 비용의 추이를 나타냅니다.

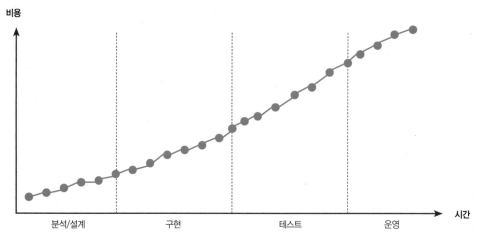

그림 4-1 각 단계별 비용 추이

각 단계가 진행됨에 따라 성능 저하에 따른 비용이 가파르게 증가하는 것을 알 수 있습니다.

4.1.3 성능 데이터 모델링 고려사항

성능 데이터 모델링 시 고려사항은 아래와 같습니다.

성능 데이터 모델링 시 고려사항

- 데이터 모델링 시 정규화 작업을 수행한다.
- 데이터베이스의 용량을 산정한다.
- 데이터베이스에 발생되는 트랜잭션의 유형을 파악한다.
- 데이터베이스 용량 및 트랜잭션의 유형에 따라 반정규화를 수행한다.
- 이력 데이터 모델의 조정, PK/FK 조정, 슈퍼/서브 타입 변환 조정 등을 수행한다.
- 성능 관점에서 데이터 모델을 검증한다.

데이터 모델링을 할 때 기본적으로 정규화(정규화에 대해서는 〈4.2 정규화와 성능〉에서 다룹니다.)를 완벽하게 수행해야 합니다. 정규화된 모델은 주요 관심사별로 데이터를 분산시키는 효과가 있기 때문에 그 자체로도 성능을 향상시키는 효과가 있습니다.

그 후 데이터베이스의 용량 산정을 수행하고, 데이터 모델에 발생되는 트랜잭션의 유형을 파악합니다. CRUD 매트릭스를 보고 파악하는 것도 좋은 방법이 될 수 있고, 객체지향 모델링을 적용한다면 시퀀스 다이어그램을 보면 트랜잭션의 유형을 파악하기에 용이합니다.

산정된 데이터베이스 용량과 파악된 트랜잭션 유형에 기반하여 테이블에 대해 반정규화(반정규화에 대해서는 〈4.3 반정규화와 성능〉에서 다룹니다.)를 수행합니다. 이때 테이블, 속성, 관계에 대해 포괄적인 반정규화 기법을 적용해야 합니다.

그 다음, 대용량 데이터가 처리되는 이력 모델에 대한 성능 고려 및 PK/FK 순서에 대한 성능 고려를 합니다. (PK/FK에 생성하는 인덱스 칼럼들의 순서를 검토하는 것입니다.)

4.2 정규화와 성능

4.2.1 정규화를 통한 성능 향상 전략

정규화를 수행한다는 것은 데이터를 결정하는 결정자에 의해 함수적 종속(함수적 종속에 대한 설명은 〈4.2.2 정규화 용어〉를 참고합니다.)을 가지고 있는 일반 속성을 의존자로 하여 입력/수정/삭제 이상현상을 제거하는 것입니다. (자세한 설명은 〈4.2.4 정규화 이론〉을 참고합니다.)

정규화 작업은 데이터의 중복 속성을 제거하고, 결정자에 의해 동일한 의미의 일반 속성이 하나의 테이블로 집약되므로 한 테이블의 데이터 용량이 최소화됩니다. 예를 들면 사원 테이블에서 사원번호가 '1001'인 직원의 사원명이 '이경오'라고 하면 사원명 칼럼은 사원 테이블에만 존재하면 됩니다. 또한 사원번호가 사원명을 결정할 수 있으므로 "사원명은 사원번호에 함수적으로 종속된다"라고 표현합니다.

정규화된 데이터 모델의 성능 향상 및 저하를 나타낸 그림을 봅시다.

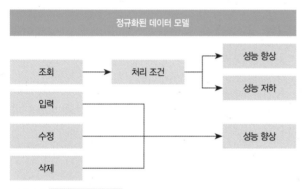

그림 4-2 정규화 모델과 성능

위 그림에서 보듯이 정규화된 테이블에 대한 데이터 조회 시에는 성능의 향상 혹은 저하가 일어나고, 입력, 수정, 삭제 시에는 성능이 향상됩니다.

4.2.2 정규화 용어
다음 표는 정규화 용어를 정리한 내용입니다.

표 4-1 정규화 용어

용어	설명
정규화 (Normalization)	함수적 종속성 FD, Functional Dependency 등과 같은 이론에 근거하여 관계형 데이터베이스 테이블의 삽입/삭제/갱신 이상 Anomaly 현상 발생을 최소화하기 위해 좀 더 작은 단위의 테이블로 설계하는 과정이다. 즉 정규화는 데이터 모델을 정규형에 맞도록 고치는 과정이라고 할 수 있다.
정규형 (NF : Normal Form)	정규화한 결과라고 할 수 있다. 정규화 결과에 의해 도출된 데이터 모델이 갖춰야 할 특성을 만족한 형태이다.
함수적 종속성 (FD : Functional Dependency)	테이블의 특정 칼럼 A의 값을 알면 다른 칼럼 B 값을 알 수 있을 때, 칼럼 B는 칼럼 A에 함수적 종속성이 있다고 한다. 예 주민번호를 알면 고객명을 알수 있을 때 "고객명은 주민등록번호에 함수적 종속성이 있다"라고 할 수 있다.
결정자 (Determinant)	위의 함수적 종속성 설명에서 칼럼 A를 결정자라고 한다. 즉 주민번호는 고객명을 결정하므로 주민번호는 고객명의 결정자이다.
다치종속 (MVD : MultiValued Dependency)	결정자 칼럼 A에 의해 칼럼 B의 값을 다수 개 알 수 있을 때, 칼럼 B는 칼럼 A에 다치종속되었다고 한다. 예 학번을 통해 해당 학생이 수강신청한 다수 개의 수강과목을 알 수 있을 때, "수강과목은 학번에 다치종속된다"라고 할 수 있다.

4.2.3 정규화 효과 및 장점

정규화는 상호 종속성이 강한 데이터 요소들을 분리, 독립된 개념(엔터티, 테이블)으로 정의하게 됨에 따라 높은 응집도 & 낮은 결합도 High Cohesion & Loose Coupling 원칙에 충실해지며, 이로 인해 유연성이 극대화됩니다.

정규화를 통해 개념이 좀 더 세분화됨에 따라 해당 개념에 대한 재활용 가능성이 높아집니다. (일반적으로 각종 참조 모델은 정규형을 만족하고 있습니다.)

정규화는 식별자가 아닌 속성이 한 번만 표현됨에 따라 중복이 최소화됩니다. 이에 따라 데이터 품질이 확보되고 저장공간이 절약되며, DML 처리 시 성능이 향상됩니다.

4.2.4 정규화 이론

1차, 2차, 3차, 보이스-코드 정규화는 함수 종속성에 근거하여 정규화를 수행하고, 4차 정규화는 속성의 값이 여러 개 발생하는 다치종속, 5차 정규화는 조인에 의해 발생하는 이상현상 제거로 정규화를 수행합니다.

표 4-2 정규화 이론

정규화 유형	설명
1차 정규화	• 한 속성에 여러 개의 속성값을 갖거나 같은 유형의 속성이 여러 개인 경우 해당 속성을 분리시킨다. • 1차 정규화 작업으로 속성의 원자성을 확보하게 된다.
2차 정규화	• 주식별자에 완전 함수 종속되지 않은 속성을 분리한다. • 2차 정규화 작업으로 부분 종속 속성Partial Dependency Attribute이 된 속성을 분리한다.
3차 정규화	• 일반 속성끼리 함수 종속이 발생한 속성을 분리한다. • 3차 정규화 작업으로 이행적 종속 속성Transitive Dependency Attribute을 분리한다.
보이스-코드 정규화	• 결정자 안에 함수 종속을 가진 주식별자 속성을 분리한다.
4차 정규화	• 다가 종속Multi-Valued Dependency 속성을 별도의 엔터티로 분리한다.
5차 정규화	• 결합 종속Join Dependency일 경우는 2개 이상의 엔터티로 분리한다.

일반적으로 3차 정규화까지 진행하므로 1차, 2차, 3차 정규화까지 정확히 이해하는 것이 중요합니다.

4.2.5 제1정규형

제1정규형은 한 속성에 여러 개의 속성값을 갖거나 같은 유형의 속성이 여러 개인 경우 해당 속성을 분리시켜야 함을 뜻합니다.

아래는 연락처 속성의 속성값에 전화번호와 이메일주소가 들어있습니다. 이러한 경우 제1정규형을 위반했다고 할 수 있습니다(한 속성에 여러 개의 속성값이 있는 유형입니다).

회원 엔터티				
#회원아이디	나이	성별	회원구분	연락처
sujilee	3	여	프리미엄	010-1234-1235, sujilee@naver.com
kolee	36	남	프리미엄	010-1234-1236, kolee@naver.com
yhyoon	34	여	일반	010-1234-1237, yhyoon@naver.com
boralee	38	여	일반	010-1234-1238, boralee@naver.com
ijlee	42	남	프리미엄	010-1234-1239, ijlee@naver.com

그림 4-3 제1정규형 위반

제1정규형을 만족하려면 회원연락처 엔터티를 추가해야 합니다. 아래는 제1정규형을 만족한 모습입니다.

회원 엔터티			
#회원아이디	나이	성별	회원구분
sujilee	3	여	프리미엄
kolee	36	남	프리미엄
yhyoon	34	여	일반
boralee	38	여	일반
ijlee	42	남	프리미엄

* 연락처 속성을 삭제

회원연락처 엔터티		
#회원아이디	#연락처구분	연락처
sujilee	휴대폰	010-1234-1235
sujilee	이메일	sujilee@naver.com
kolee	휴대폰	010-1234-1236
kolee	이메일	kolee@naver.com
yhyoon	휴대폰	010-1234-1237
yhyoon	이메일	yhyoon@naver.com
boralee	휴대폰	010-1234-1238
boralee	이메일	boralee@naver.com
ijlee	휴대폰	010-1234-1239
ijlee	이메일	ijlee@naver.com

* 회원연락처 엔터티 추가

그림 4-4 제1정규형 만족

기존의 회원 엔터티에 있었던 연락처 속성을 제거하고 회원연락처 엔터티를 추가해서 제1정규형을 만족하게 되었습니다.

4.2.6 제2정규형

제2정규형은 제1정규형을 만족하고 모든 PK가 아닌 칼럼은 PK 전체에 종속되어야 합니다. PK에 종속적이지 않거나 PK 중 일부 칼럼(들)에만 종속적인 칼럼은 분리되어야 합니다.

다음은 제2정규형을 위반한 모습입니다.

고객주문 엔터티				
#고객아이디	#주문순번	주문일자	고객명	고객등급
C00001	000001	20200505	이경오	프리미엄
C00001	000002	20200505	이경오	프리미엄
C00001	000003	20200505	이경오	프리미엄
C00002	000001	20200505	이수지	일반
C00002	000002	20200505	이수지	일반

그림 4-5 제2정규형 위반

고객주문 엔터티의 식별자(PK)는 고객아이디+주문순번입니다.

고객주문 엔터티에서 고객명과 고객등급 속성은 이 엔터티의 복합식별자에 완전 종속되지 않습니다. 고객주문 엔터티에서 고객명 및 고객등급 속성은 복합식별자 중 고객아이디 칼럼에만 종속되고 있습니다. 고객명과 고객등급의 값을 결정하는 기본키를 구성하는 칼럼은 고객아이디 단 하나이며 고객아이디+주문순번의 조합이 아닙니다.

이러한 경우, 갱신 시에 갱신 이상이 발생할 가능성이 존재하고 주문 시마다 고객정보를 중복으로 저장해야 합니다. 또한 고객정보를 모르면 주문 자체가 불가능한 구조가 됩니다.

이제, 제2정규형을 만족한 모습을 봅시다.

고객주문 엔터티		
#고객아이디	#주문순번 PK	주문일자
C00001	000001	20200505
C00001	000002	20200505
C00001	000003	20200505
C00002	000001	20200505
C00002	000002	20200505

고객 엔터티		
#고객아이디 PK	고객명	고객등급
C00001	이경오	프리미엄
C00002	이수지	일반

그림 4-6 제2정규형 만족

고객 엔터티를 추가하여, 고객아이디를 식별자(PK)로 하여 고객명과 고객등급 속성을 관리합니다. 2개의 엔터티 모두 모든 속성이 식별자만으로 함수 종속을 가지게 됩니다. 주문일자는 고객아이디+주문순번 속성의 조합이 결정하게 되고, 고객명과 고객등급은 고객아이디 속성이 결정하게 됩니다.

제2정규화 작업을 통해 복합식별자의 일부 칼럼에만 함수 종속하는 속성이 사라졌으며 제2정규형을 만족하게 되었습니다.

4.2.7 제3정규형

제3정규형은 제2정규형을 만족하고 일반 속성들 간에도 함수 종속 관계가 존재하지 않아야 합니다. 제3정규형을 만족하려면 일반 속성들 간 종속 관계가 존재하는 것들은 분리되어야 합니다.

아래는 제3정규형을 위반한 상황입니다.

고객 엔터티				
#고객아이디 PK	고객명	나이	직업코드	직업명
C00001	이경오	36	J001	SQL 개발자
C00002	이수지	27	J002	변호사
C00003	이나라	25	J003	미용사
C00004	이지수	24	J004	건축사
C00005	이효성	27	J005	용접공

그림 4-7 제3정규형 위반

고객 엔터티의 식별자는 고객아이디입니다. 고객아이디 속성을 제외하고 일반 속성인 직업코드와 직업명 속성 간에 함수 종속이 발생하였습니다. 직업명은 직업코드가 정하기 때문에 직업명은 직업코드에 함수 종속된다고 할 수 있습니다. 식별자를 제외한 일반 속성 간에 함수 종속이 발생하는 경우 제3정규형을 위반했다고 합니다.

제3정규형을 만족하려면 직업 엔터티를 추가해야 합니다. 다음은 제3정규형을 만족한 모습입니다.

고객 엔터티			
#고객아이디 PK	고객명	나이	직업코드
C00001	이경오	36	J001
C00002	이수지	27	J002
C00003	이나라	25	J003
C00004	이지수	24	J004
C00005	이효성	27	J005

직업 엔터티	
#직업코드 PK	직업명
J001	SQL 개발자
J002	변호사
J003	미용사
J004	건축사
J005	용접공

그림 4-8 제3정규형 만족

직업 엔터티를 추가하여 일반 속성끼리의 함수 종속을 제거한 모습입니다. 고객 엔터티의 고객 아이디 속성은 고객명과 나이를 결정하고, 직업 엔터티의 직업코드 속성은 직업명을 결정하게 됩니다.

4.2.8 정규화와 성능

정규화는 전체 데이터베이스 성능에 도움을 줍니다. 정규화가 성능에 도움을 주는 상황을 봅시다.

정규화와 성능

- 정규화를 수행한 후, 전에 없었던 조인이 발생하게 되더라도 효율적인 인덱스 사용을 통해 조인 연산을 수행하면 성능상의 단점은 거의 없다.
- 정규화를 수행한 후, 적은 용량의 테이블이 생성된다면 조인 연산 시 적은 용량의 테이블을 먼저 읽어 조인을 수행하면 되므로 성능상 유리하다.
- 정규화가 제대로 되지 않으면 비슷한 종류의 속성이 여러 개가 되어 과도하게 많은 인덱스가 만들어질 수 있다. 정규화를 한다면 하나의 인덱스만 만들어도 된다.

4.2.9 제1정규화를 통한 성능 개선 ❶

다음은 제1정규형을 위반할 경우 발생되는 성능 저하 사례입니다.

모델

\# 모델코드
* 모델명
* 제품분류코드
* 물품가
* 출하가
* A유형기능분류코드
* B유형기능분류코드
* C유형기능분류코드
* D유형기능분류코드
* E유형기능분류코드
* F유형기능분류코드
* G유형기능분류코드
* H유형기능분류코드
* I유형기능분류코드

```
CREATE IDX_모델_01 ON 모델(A유형기능분류코드);
CREATE IDX_모델_02 ON 모델(B유형기능분류코드);
CREATE IDX_모델_03 ON 모델(C유형기능분류코드);
CREATE IDX_모델_04 ON 모델(D유형기능분류코드);
CREATE IDX_모델_05 ON 모델(E유형기능분류코드);
CREATE IDX_모델_06 ON 모델(F유형기능분류코드);
CREATE IDX_모델_07 ON 모델(G유형기능분류코드);
CREATE IDX_모델_08 ON 모델(H유형기능분류코드);
CREATE IDX_모델_09 ON 모델(I유형기능분류코드);
```

* 30만 건

그림 4-9 제1정규형 위반

유형기능분류코드와 동일한 속성 형식을 2개 이상의 속성으로 나열하고 있습니다. 유형기능분류코드에 따라 데이터를 조회하는 경우가 많은 경우 성능 향상을 위해 인덱스를 생성하면 유형기능분류코드 각각에 대해 인덱스를 생성합니다. 각각의 유형기능분류코드별 9개의 인덱스를 생성합니다.

인덱스가 많아지면 DML 성능에 영향을 주게 되고, 기능분류코드의 유형이 추가될 때마다 추가적으로 인덱스를 생성해야 합니다.

아래는 제1정규형을 만족한 데이터 모델입니다.

모델

\# 모델코드
* 모델명
* 제품분류코드
* 물품가
* 출하가

———모델로써——<

모델유형기능분류

\# 모델코드
\# 유형코드
\# 기능분류코드

```
CREATE INDEX IDX_모델유형기능
분류_01 ON 모델유형기능분류
(유형코드, 기능분류코드, 모델
코드);
```

* 30만 건

그림 4-10 제1정규형 만족

모델유형기능분류라는 코드 값을 저장하는 코드성 엔터티를 추가하고 모델코드+유형코드+기능분류코드 속성(칼럼)을 식별자(PK)로 지정하였습니다. PK 생성 시 자동으로 인덱스가 생성됩니다.

또한 모델유형기능분류 엔터티(테이블)에는 "IDX_모델유형기능분류_01" 인덱스 단 하나만을 생성하였습니다. 정리하자면, 제1정규형을 만족한 위의 데이터 모델은 기존의 9개였던 인덱스의 개수가 1개로 줄었습니다.

4.2.10 제1정규화를 통한 성능 개선 ❷

이번에도 제1정규형이 되지 않은 데이터 모델에 대한 사례입니다. 우선 아래의 ERD를 살펴보겠습니다.

아래는 제1정규형을 만족하지 않은 데이터 모델입니다. 일별재고 엔터티 조회 시 인덱스를 생성해야 할 상황이 자주 발생합니다. 과도한 인덱스 생성은 관리의 어려움이 따를 수 있습니다.

일별재고
물류센터코드
재고일자
○ 월초재고수량
○ 장기재고1개월수량
○ 장기재고2개월수량
○ 장기재고3개월수량
○ 장기재고1개월주문수량
○ 장기재고2개월주문수량
○ 장기재고3개월주문수량
○ 장기재고1개월금액
○ 장기재고2개월금액
○ 장기재고3개월금액
○ 장기재고1개월주문금액
○ 장기재고2개월주문금액
○ 장기재고3개월주문금액

그림 4-11 제1정규형 위반

아래는 제 1정규형을 수행한 데이터 모델입니다.

일별재고
물류센터코드
재고일자
○ 월초재고수량

일별재고로써

일별재고상세
물류센터코드(FK)
재고일자(FK)
상세순번
○ 재고기간
○ 장기재고수량
○ 장기재고주문수량
○ 장기재고금액
○ 장기재고주문금액

그림 4-12 제1정규형 만족

일별재고상세 엔터티를 추가해서 과도한 인덱스 생성을 방지하고, 일별재고 엔터티에 집중된 조회를 분산시키는 효과를 낼 수 있습니다. 위와 같이 제1정규화를 수행하면 데이터베이스 성능 향상에 도움이 됩니다.

4.2.11 제2정규화를 통한 성능 개선 ❶

정규화되지 않은 데이터 모델은 다양한 상황에서 데이터베이스 성능 저하를 일으키게 됩니다.

아래는 정규화되지 않은 엔터티입니다.

정부보관금관서원장
관서번호
납부자번호
* 관리점번호
* 관서명
* 상태
* 관서등록일자
* 관서해제일자
* 관리공무원여부
* 직급코드
* 공무원명
* 통신번호
* 우편번호
* 주소

그림 4-13 정규화되지 않은 엔터티

관서번호 속성에만 함수 종속되는 관리점번호, 관서명, 상태, 관서등록일자, 관서해제일자 속성이 있는 것을 알 수 있습니다. 이 경우 제2정규화를 진행하여 제2정규형으로 만듭니다.

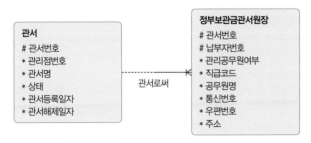

관서
관서번호
* 관리점번호
* 관서명
* 상태
* 관서등록일자
* 관서해제일자

관서로써

정부보관금관서원장
관서번호
납부자번호
* 관리공무원여부
* 직급코드
* 공무원명
* 통신번호
* 우편번호
* 주소

그림 4-14 제2정규형 만족

위의 그림과 같이 관서 엔터티를 추가하여 제2정규형을 만족하게 되었습니다. 이 경우에는 다음 내용처럼 성능상 유리한 점이 생깁니다.

제2정규형 만족 후 성능상 유리한 점

- 제2정규형을 위반한 정부보관금관서원장에서 데이터를 조회하는 것과 제2정규형을 만족한 관서와 정부보관금관서원장을 조인하여 데이터를 조회하는 것의 처리 성능은 사용자가 느끼기에는 거의 차이가 없다. 그 이유는 PK가 걸려있는 방향으로 조인이 걸려 Unique Index를 곧바로 찾아서 데이터를 조회하기 때문이다. 즉 효율적인 인덱스 스캔을 통한 조인 연산이 이루어진다면 하나의 테이블에서 조회하는 작업과 비교했을 때 미미하게 성능 차이가 날 뿐 사용자에게 크게 영향을 줄 만큼 성능이 저하되는 일은 없는 것이다.
- 만약 조회 조건을 "관서등록일자가 2020년 이후 관서를 모두 조회하라"로 한다면 제2정규화된 테이블이 훨씬 빠르다. 정규화되지 않은 모델에서는 불필요하게 납부자번호만큼 누적된 데이터를 읽어서 결과를 구분하여 보여주어야 하지만, 정규화된 모델에서는 관서수만큼만 존재하는 데이터를 읽어 곧바로 결과를 보여주기 때문이다. 즉 정규화를 통해 불필요한 중복 데이터의 저장이 사라지면서, 읽게 되는 데이터의 양도 적어지게 된 것이다.

제2정규형을 만족하는 데이터 모델에서는 조인이 발생하지만 유일 인덱스 스캔을 하기 때문에 성능상 문제가 발생할 가능성이 적고, 오히려 관서등록일자에 대해 기간 조건을 주는 SQL문은 제2정규형을 만족한 데이터 모델이 성능상 훨씬 유리한 것을 알 수 있습니다.

4.2.12 제2정규화를 통한 성능 개선 ❷

아래는 정규화되지 않은 데이터 모델입니다.

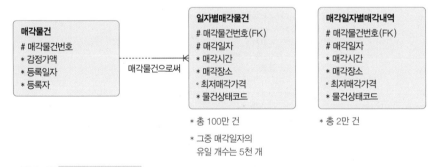

매각물건
- \# 매각물건번호
- * 감정가액
- * 등록일자
- * 등록자

매각물건으로써

일자별매각물건
- \# 매각물건번호(FK)
- \# 매각일자
- * 매각시간
- * 매각장소
- ◦ 최저매각가격
- * 물건상태코드

* 총 100만 건
* 그중 매각일자의
  유일 개수는 5천 개

매각일자별매각내역
- \# 매각물건번호(FK)
- \# 매각일자
- * 매각시간
- * 매각장소
- ◦ 최저매각가격
- * 물건상태코드

* 총 2만 건

그림 4-15 **정규화되지 않은 모델**

일자별매각물건 엔터티의 매각시간, 매각장소는 매각일자에 함수 종속됩니다. 제2정규형을 위반한 상태입니다.

또한 일자별매각물건에는 100만 건의 데이터가 있고, 그중 매각일자의 유일 개수는 5천 개라고 가정합니다. 이러한 경우 특정 매각장소에 대한 매각내역 정보를 조회하려면 아래와 같은 SQL문이 필요합니다.

코드 4-1 특정 매각장소의 매각내역 조회

```
SELECT B.총매각금액, B.총유찰금액
  FROM (SELECT DISTINCT 매각일자, 매각장소
          FROM 일자별매각물건
         WHERE 매각장소 = '서울 7호'
       ) A
     , 매각일자별매각내역 B
 WHERE A.매각일자 = B.매각일자
   AND A.매각장소 = B.매각장소;
```

위 SQL문을 보면 일자별매각물건 엔터티에서 매각장소가 '서울 7호'에 해당하는 매각일자의 유일값을 구한 후 매각일자별매각내역 엔터티와 조인하고 있습니다. 이러한 경우 매각일자를 구하기 위해서 100만 건이나 되는 일자별매각물건 엔터티를 전부 스캔해야 합니다. 즉 심각한 성능 저하를 일으키는 SQL문이 될 여지가 있습니다. 이를 해결하기 위해 아래와 같이 정규화를 수행합니다.

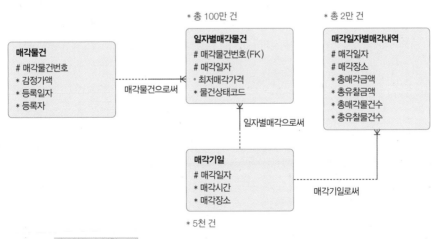

그림 4-16 정규화를 수행한 모델

매각기일 엔터티를 추가하여 매각일자를 식별자로 지정하고 매각시간, 매각장소 속성을 일반 속성으로 하였습니다. 또한 매각기일 엔터티와 매각일자별매각내역 엔터티 간에 관계가 생성되었습니다. 그럼 이 상태에서 매각장소가 '서울 7호'에 해당하는 매각내역 정보를 조회하는 SQL문을 봅시다.

코드 4-2 특정 매각장소의 매각내역 조회 - 정규화 작업 후

```
SELECT B.총매각금액
     , B.총유찰금액
  FROM 매각기일 A
     , 매각일자별매각내역 B
 WHERE A.매각장소 = '서울 7호'
   AND A.매각일자 = B.매각일자
   AND A.매각장소 = B.매각장소
 ;
```

100만 건이나 되는 일자별매각내역 엔터티를 조회할 필요가 없어졌으며, 5천 건에 불과한 매각기일 엔터티에서 매각장소가 '서울 7호'인 매각일자에 대한 일자별매각내역을 조회하고 있습니다.

즉, 성능상 훨씬 유리한 SQL문이 되었습니다. 정규화를 진행하면 업무흐름에 따른 효율적이고 정확한 데이터 모델이 되며, SQL문 성능이 개선되는 효과가 있습니다.

4.2.13 함수적 종속성에 근거한 정규화 수행 필요

함수적 종속성 Functional Dependency 은 데이터들이 어떤 기준값에 의해 종속되는 현상을 지칭하는 것입니다. 이때 기준값을 결정자 Determinant 라 하고 종속되는 값을 종속자 Dependent 라고 합니다.

아래 그림은 함수적 종속성을 설명하고 있습니다.

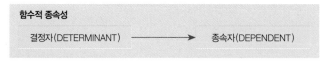

함수적 종속성

결정자(DETERMINANT) ──────→ 종속자(DEPENDENT)

그림 4-17 함수적 종속성

위 그림에서와 같이 종속자는 함수적으로 종속성을 가지게 되며, 종속자는 결정자에 의해서 결정되게 됩니다. 함수적 종속성에 대한 예시를 봅시다.

그림 4-18 함수적 종속성 예시

위 그림에서와 같이 이름, 출생지, 주소는 주민등록번호에 함수적 종속성을 가지고 있습니다. 다시 말해, "주민등록번호가 이름, 출생지, 주소를 함수적으로 결정한다"라고 할 수 있습니다.

정규화 작업은 이러한 함수적 종속성을 만족시키는 작업이라고 할 수 있습니다.

4.3 반정규화와 성능

4.3.1 반정규화의 정의

시스템의 성능 향상 및 개발^{Development}과 유지보수^{Maintenance}의 단순화를 위해 반정규화는 정규화된 데이터 모델을 분석하여 엔터티/속성/관계를 중복, 통합, 분리 등의 작업으로 수행하는 데이터 모델링 기법을 의미합니다.

일반적으로 반정규화는 데이터를 고의적으로 중복 저장하여 조회 성능을 향상시키기 위한 기법이라고 정의할 수 있습니다. 데이터를 중복 저장함으로써 조인 연산이 회피되어 성능이 향상됩니다.

더 넓은 의미의 반정규화는 조회 성능을 향상시키기 위해 정규화된 데이터 모델에서 중복, 통합, 분리 등을 수행하는 모든 과정을 의미합니다.

데이터 무결성이 깨질 수 있는 위험을 무릅쓰고 데이터를 중복하여 반정규화를 적용하는 상황은 데이터를 조회할 때 디스크 I/O량이 많아서 성능이 저하되는 경우, 테이블 간 경로가 너무 멀어 조인으로 인한 성능 저하가 예상되는 경우, 칼럼을 계산하여 읽을 때 성능이 저하될 것이 예상되는 경우입니다.

다음 그림은 반정규화된 데이터 모델이 조회 성능을 향상시키는 방법을 표현하고 있습니다. 반정규화는 중복성의 원리를 활용하여 데이터 조회 시 성능을 향상시키는 역할을 합니다.

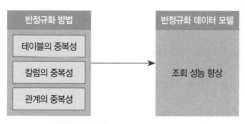

그림 4-19 반정규화 방법

4.3.2 반정규화의 절차

반정규화도 하나의 난이도 높은 데이터 모델링의 실무기술이라고 할 수 있습니다. 반정규화가 필요하다고 판단되면 칼럼의 반정규화, 테이블의 반정규화, 관계의 반정규화를 종합적으로 고려하여 적용해야 합니다.

아래 그림은 반정규화의 절차에 대한 설명입니다.

1. 반정규화 대상 조사	2. 다른 방법 유도 검토	3. 반정규화 적용
– 범위 처리 빈도수 조사 – 대량의 범위 처리 조사 – 통계성 프로세스 조사 – 테이블 조인 개수	– 뷰 테이블 – 클러스터링 적용 – 인덱스의 조정 – 응용 애플리케이션 변경	– 테이블 반정규화 – 속성의 반정규화 – 관계의 반정규화
* 반정규화의 대상을 조사한다.	* 반정규화의 대상에 대해 다른 방법으로 처리할 수 있는지 검토한다.	* 반정규화를 적용한다.

그림 4-20 반정규화 절차

반정규화 대상을 조사한 후, 무조건적인 반정규화가 아닌 다른 방법으로 유도할 수 있는지 검토해야 합니다. 다른 방법을 모두 검토한 후에도 다른 해결책이 없다면 반정규화를 적용하여 성능을 향상시킵니다.

4.3.3 반정규화 기법

반정규화 기법은 테이블 반정규화, 속성(칼럼)의 반정규화, 관계의 반정규화가 있습니다. 다음은 테이블 반정규화 기법에 대해 정리한 표입니다.

표 4-3 테이블 반정규화 기법

기법 분류	기법	설명
테이블 병합	1:1 관계 테이블 병합	• 1:1 관계를 통합하여 성능을 향상시키는 방법이다. • 2개의 테이블을 하나의 테이블로 병합하여 테이블 간 조인 연산을 제거한다.
	1:M 관계 테이블 병합	• 1:M 관계를 통합하여 성능을 향상시키는 방법이다. • 2개의 테이블을 하나의 테이블로 병합하여 테이블 간 조인 연산을 제거한다.
	슈퍼/서브 타입 테이블 병합	• 슈퍼/서브 관계를 통합하여 성능을 향상시키는 방법이다. • 슈퍼/서브 타입 관계를 하나의 테이블로 병합하여 조인 연산을 제거한다.
테이블 분할	수직 분할	• 칼럼 단위의 테이블을 디스크 I/O 분산 처리하기 위해 테이블을 1:1로 분리하여 성능을 향상시키는 방법으로, 트랜잭션이 처리되는 유형 파악이 선행되어야 한다. **예** 게시글 테이블의 조회수 칼럼은 업데이트가 빈번하게 일어나므로 게시글의 조회수 저장용 테이블을 하나 더 만들어서 관리한다.
	수평 분할	• 로우 단위로 집중 발생되는 트랜잭션을 분석하여 디스크 I/O 및 데이터 접근 효율을 높여 성능을 향상하기 위해 로우 단위로 테이블을 쪼개는 방법이다. **예** 요금납부 테이블을 각 년월별 요금납부 테이블로 분할한다.
테이블 추가	중복 테이블 추가	• 다른 업무이거나 서버가 다른 경우 동일한 테이블 구조를 중복하여 원격 조인을 제거하여 성능을 향상시킨다.
	통계 테이블 추가	• SUM, AVG 등을 미리 수행하여 계산해둠으로써 조회 시 성능을 향상시킨다.
	이력 테이블 추가	• 이력 테이블 중에서 마스터 테이블에 존재하는 레코드를 중복하여 이력 테이블에 저장하는 반정규화 기법이다.
	부분 테이블 추가	• 특정 테이블에서 전체 칼럼 중 자주 이용(조회)하는 집중화된 칼럼들이 있을 때, 디스크 I/O를 줄이기 위해 해당 칼럼들을 모아놓은 별도의 반정규화된 테이블을 생성한다.

테이블 반정규화 기법에는 테이블 병합, 테이블 분할, 테이블 추가가 있습니다.

테이블 병합은 여러 개의 테이블을 하나의 테이블로 합치는 것입니다. 테이블을 병합하면 데이터의 중복 저장이 발생하지만 조회 성능 향상을 위해서(조인 연산의 불필요 등) 테이블을 병합하는 것입니다.

테이블 분할은 특정 테이블을 여러 개의 테이블로 쪼개는 것을 말합니다.

테이블 추가는 특정 테이블을 추가하여 데이터의 중복 저장이라는 비효율이 발생하는 것을 감안하더라도 조회 성능을 높이기 위한 방법입니다.

이번에는 반정규화의 기법 중 칼럼의 반정규화에 대해서 알아봅시다.

표 4-4 칼럼 반정규화 기법

기법	설명
중복 칼럼 추가	• 조인 연산으로 인한 성능 저하를 예방하기 위해 중복 칼럼을 추가하여 조인 연산을 하지 않도록 한다. **예** 인사 테이블과 부서 테이블을 조인하여 부서 테이블에 있는 부서명 칼럼을 조회할 때, 부서명 칼럼을 인사 테이블에도 중복으로 관리하여 부서 테이블을 조인하지 않고 인사 정보를 조회한다.
파생 칼럼 추가	• 트랜잭션이 처리되는 시점에 계산에 의해 발생되는 값의 성능 저하를 예방하기 위해 미리 값을 계산하여 칼럼에 보관한다. **예** 총매출금액
이력 테이블 칼럼 추가	• 대량의 이력 데이터를 처리할 때 불특정한 날 조회나 최근 값을 조회할 때 나타날 수 있는 성능 저하를 예방하기 위해 이력 테이블에 칼럼을 추가한다. **예** 최근값여부, 시작일자, 종료일자
PK에 의한 칼럼 추가	• 복합의미를 갖는 PK를 단일 속성으로 구성하였을 경우 단일PK 안에서 특정 값을 별도로 조회하는 경우 성능 저하가 발생할 수 있다. • 이때 이미 PK 안에 데이터가 존재하지만 성능 향상을 위해 일반 속성으로 생성하는 방법이 PK에 의한 칼럼 추가 반정규화이다. **예** 주문번호 값의 구성이 "상품코드+주문일자(YYYYMMDD)+주문순번"으로 되어 있을 경우 주문번호 안에 존재하는 주문일자를 일반 속성으로 도출한 후 주문일자 칼럼을 인덱스로 생성한다.
응용 시스템의 오작동을 위한 칼럼 추가	• 비즈니스적으로 의미가 없지만 사용자가 데이터 처리를 하다가 잘못 처리하여 원래의 값으로 복구를 원하는 경우 이전 데이터를 임시적으로 중복하여 보관하는 기법이다. • 칼럼으로 이것을 보관하는 방법은 오작동 처리를 위한 임시적인 기법이지만, 이것을 이력 데이터 모델로 풀어내면 정상적인 데이터 모델의 기법이 될 수 있다.

칼럼의 반정규화는 특정 칼럼을 추가하여 데이터 모델 내에서 중복으로 데이터가 저장되지만, 조회 성능을 향상시킬 수 있는 방안입니다.

중복 칼럼을 추가해서 조인 연산을 제거하는 방법, 파생 칼럼을 추가해서 계산된 값을 미리 가지고 있고 보여주기만해서 연산을 제거하는 방법, 이력 테이블에 특정 칼럼을 추가해서 조회 성능을 향상시키는 방법, PK칼럼 내에 특정한 규칙에 의해 데이터가 저장되어 있지만 일반 칼럼으로 도출시키는 방법, 응용 시스템의 오작동을 위해 칼럼을 추가시키는 방법이 있습니다.

이번에는 반정규화의 기법 중 관계의 반정규화에 대해 알아보겠습니다.

표 4-5 관계 반정규화 기법

기법	설명
중복 관계 추가	데이터를 처리하기 위한 여러 경로를 거쳐 조인이 가능하지만, 이때 발생할 수 있는 성능 저하를 예방하기 위해 추가적인 관계를 맺는 방법이 관계의 반정규화이다.

위 표에서와 같이 중복 관계를 추가하는 방법이 있습니다. 여러 경로에 걸쳐서 조인하는 경우 조인 연산을 줄여주게 되어 조회 성능을 향상시키는 방법입니다. 예를 들어 A ▶ B ▶ C 조인을 A ▶ C 조인으로 만듭니다. 테이블과 칼럼의 반정규화는 데이터 무결성에 영향을 미치게 되나, 관계의 반정규화는 데이터 무결성을 깨뜨릴 위험을 갖지 않고서도 데이터 처리의 성능을 향상시킬 수 있는 반정규화 기법입니다.

4.4 대량 데이터에 따른 성능

4.4.1 대량 데이터 발생에 따른 테이블 분할 개요

대량의 데이터가 존재하는 테이블에 많은 트랜잭션이 발생하여 성능이 저하되는 테이블 구조는 수평/수직 분할 설계를 통해 성능 저하를 예방할 수 있습니다.

아래 그림을 통해 테이블의 수평/수직 분할을 살펴봅시다.

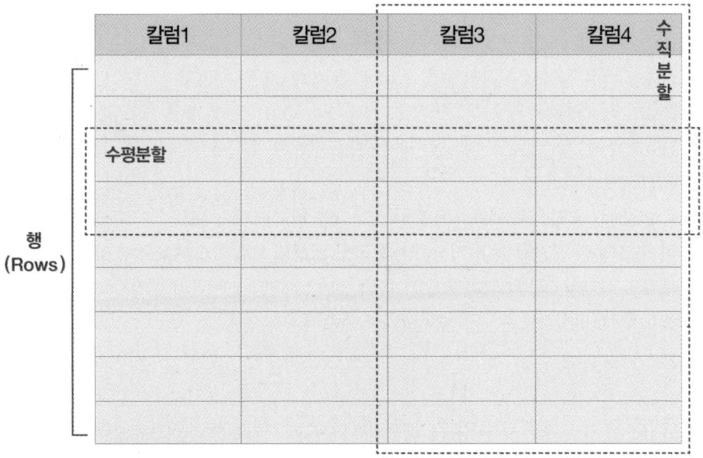

그림 4-21 테이블 수평/수직 분할

수평 분할은 행 단위로 분할하여 Input/Output [I/O]을 감소시키는 방법입니다. 만약 1년치 데이터가 대용량인 경우 월별로 분할하여 저장한다면 특정 월을 조회하는 경우에는 해당 월만 조회하면 됩니다.

수직 분할은 칼럼 단위로 분할하여 I/O를 감소시키는 방법입니다. 고객의 생년월일, 주소 등의 개인정보와 취미/특기 등의 기타정보를 별도로 저장할 수 있습니다.

I/O에 대한 추가 설명

- 테이블 내에 모든 행은 블록 Block 단위로 디스크에 저장된다.
- 오라클 DBMS 기준 1개의 블록은 8,192바이트(=8킬로바이트)이다. 하나의 블록마다 8,192바이트를 저장하고, 그러한 블록이 모여서 테이블의 데이터를 이루게 된다.
- 칼럼이 많아지게 되면 하나의 행을 저장 시 물리적인 디스크에 여러 블록에 걸쳐 데이터가 저장될 가능성이 높아진다. 이러한 경우 하나의 행을 읽더라도 여러 개의 블록을 읽어야 한다.
- 특정 테이블에서 한 행의 용량이 8,193바이트라고 가정하면 하나의 행을 읽더라도 2개의 블록을 읽게 된다. 2개의 블록을 읽었으니 총 16,384바이트를 읽게 되고 그중 8,191바이트는 버려진다.
- 자연스레 SQL문의 블록 I/O의 수가 많아지게 되어 성능 저하가 일어난다.

대용량 테이블에서 발생할 수 있는 성능 저하 현상에는 로우 체이닝과 로우 마이그레이션이 있습니다.

표 4-6 성능 저하 현상

현상	설명
로우 체이닝 (Row Chaining)	로우 길이가 너무 길어서 데이터 블록 하나에 데이터가 모두 저장되지 않고, 2개 이상의 블록에 걸쳐 하나의 로우가 저장되어 있는 형태이다. 하나의 행을 읽을 때 2개 이상의 데이터 블록을 읽게 될 수 있는 것이다. 절대적으로 읽어야 할 데이터 블록의 수가 늘어나면서 성능이 저하된다.
로우 마이그레이션 (Row Migration)	데이터 블록에서 수정이 발생하면 수정된 데이터를 해당 데이터 블록에서 저장하지 못하고, 다른 블록의 빈 공간을 찾아 저장하는 방식이다. 해당 현상이 일어나면서 하나의 행을 읽을 때 2개 이상의 데이터 블록을 읽게 된다. 로우 체이닝 현상과 마찬가지로 절대적으로 읽어야 할 데이터 블록의 수가 늘어나면서 성능이 저하된다.

로우 체이닝과 로우 마이그레이션이 발생하여 많은 블록에 데이터가 저장되면 데이터 조회 시 절대적인 블록 I/O의 횟수가 많아지게 됩니다. 블록 I/O의 횟수가 많아지면 디스크(Disk) I/

O를 할 가능성도 높아집니다. 디스크 I/O는 특정 블록을 데이터베이스 내 메모리에서 찾을 수 없어서 디스크를 읽게 되는 상황을 뜻합니다. 디스크 I/O는 고비용의 작업이므로 DBMS 성능의 급격한 저하를 유발합니다.

4.4.2 한 테이블에 많은 수의 칼럼을 가지는 경우의 성능 저하

도서정보 테이블은 한 테이블에 매우 많은 칼럼을 가지고 있습니다.

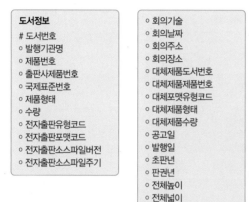

그림 4-22 한 테이블에 많은 수의 칼럼을 가지고 있는 도서정보 테이블

이 테이블에서 자주 조회되는 SQL문은 아래와 같습니다.

코드 4-3 한 테이블에 많은 수의 칼럼을 가지고 있는 테이블을 조회하는 SQL문

```
SELECT
        발행기관명
      , 수량
      , 공고일
      , 발행일
   FROM 도서정보
  WHERE 초판년 = '2002'
  ;
```

도서정보 테이블에서 발행기관명, 수량, 공고일, 발행일 칼럼을 조회하는 SELECT문입니다.

이 SQL문이 실행될 때마다 도서정보 테이블에 있는 모든 칼럼을 읽게 되고, 그중 조회대상이 아닌 칼럼은 버려지게 되어 불필요한 블록 I/O의 수가 많아집니다. 블록 I/O가 많아지면 자연스

레 디스크 I/O의 양도 증가됩니다. 디스크 I/O가 많아지면 DBMS의 전체 성능이 저하됩니다.

이 경우 도서정보 테이블을 수직 분할하면 성능이 향상될 수 있습니다. 아래는 도서정보 테이블을 수직 분할한 모습입니다.

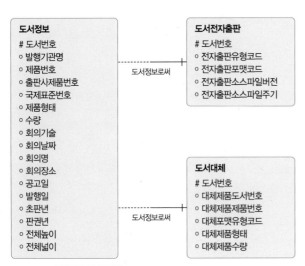

그림 4-23 테이블 수직 분할

도서정보 테이블을 도서정보, 도서전자출판, 도서대체 테이블로 수직 분할하였습니다. 이렇게 하면 동일한 SQL문(코드 4-3)을 호출 시 읽어들이는 블록 I/O의 수가 감소합니다.

도서정보 테이블과 도서전자출판 테이블 간의 관계는 1:1 관계입니다. 또한 도서정보 테이블과 도서대체 테이블 간의 관계도 1:1 관계입니다. 이것이 수직 분할의 특징입니다.

테이블 수직 분할

- 전자출판에 대한 트랜잭션이 독립적으로 발생되는 경우가 많아 1:1 관계로 수직 분할한다.
- 대체제품에 대한 트랜잭션이 독립적으로 발생되는 경우가 많아 1:1 관계로 수직 분할한다.
- 분리된 테이블은 칼럼의 수가 적어지므로, 1개의 행을 읽기 위해서 절대적으로 읽어야 할 데이터 블록의 수가 줄어들어 로우 마이그레이션과 로우 체이닝 현상이 감소한다.
- 마찬가지로 도서정보 테이블 조회 시에도 디스크 I/O가 줄어들어 성능이 좋아진다.

4.4.3 한 테이블에 많은 수의 행을 가지는 경우의 성능 저하

대형 통신사는 수천만 명의 고객이 매달마다 통신 요금을 납부합니다. 대형 통신사의 요금 테이블은 매월 수천만 건씩 저장되는 대용량 테이블입니다. 이 경우 요금 테이블은 행의 수가 많아서 SQL문의 성능이 저하될 수 있습니다.

테이블의 저장 건수가 매우 많을 때 수평 분할하여 성능을 향상시킬 수 있습니다. 수평 분할을 파티셔닝이라고 하며 특정 기간으로 분할하는 것을 범위 파티셔닝이라고 합니다.

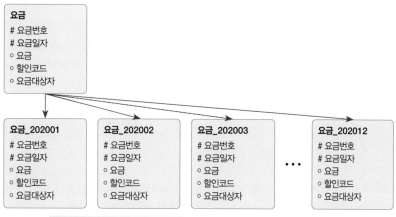

그림 4-24 테이블 수평 분할 – 범위 파티셔닝

요금 테이블에 PK가 요금일자+요금번호로 구성되어 있고 데이터 건수가 1억 2천만 건인 대용량 테이블의 경우, 하나의 테이블로는 너무 많은 데이터가 존재하여 성능이 저하된 경우에 해당합니다. 요금 테이블의 특성상 항상 월단위로 데이터 처리를 하는 경우가 많으므로 PK 구성칼럼인 요금일자 칼럼을 이용하여 월별로 12개의 파티션 테이블을 생성합니다.

이렇게 하면 데이터 보관 주기에 따라 테이블에 데이터를 쉽게 지우는 것이 가능하므로(파티션 테이블만 DROP하면 가능) 데이터 보관 주기에 따른 테이블 관리가 용이합니다. 특정 시점 기준으로 조회 시 테이블 스캔의 범위가 작으므로 동일한 SQL문이라도 성능이 좋아질 가능성이 높아지게 됩니다.

그럼 이번에는 리스트 파티셔닝을 알아봅시다.

아래 그림에서 고객 테이블은 행의 수가 매우 많은 대용량 테이블입니다. 각 지역의 사업소별로 고객을 관리한다고 했을 때, 다음과 같이 리스트 파티셔닝을 하여 테이블을 수평 분할할 수 있습니다.

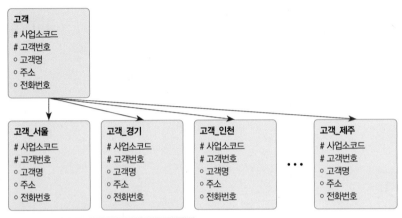

그림 4-25 테이블 수평 분할 – 리스트 파티셔닝

고객 테이블에 데이터가 1억 건이 있는데 하나의 테이블에서 데이터를 처리하기에는 SQL문의 성능이 저하되어 지역을 나타내는 사업소코드별로 리스트 파티셔닝을 적용합니다. 리스트 파티셔닝은 대용량 데이터를 특정 값에 따라 분리 저장할 수는 있으나 범위 파티셔닝과 같이 데이터 보관 주기에 따라 쉽게 삭제하는 기능은 제공하지 않습니다.

사업소코드가 인천인 고객만을 대상으로 데이터를 조회할 경우 고객_인천 파티션만 조회하면 되므로 SQL문의 성능이 향상될 가능성이 높아집니다.

앞에서 설명한 범위 파티셔닝, 리스트 파티셔닝 외에도 해시 파티셔닝 방법이 있습니다.

해시 파티셔닝

- 해시 파티셔닝은 지정된 HASH 조건에 따라 해싱 알고리즘을 적용하여 테이블을 분리한다.
- 해싱 알고리즘에 의해 각각의 해시 파티션에 분리되어 데이터가 입력되므로 기존에 1개의 테이블에만 데이터를 입력하는 방식보다 입력 시의 경합 부하가 줄어든다.
- 설계자 및 데이터 입력자는 특정 데이터가 어떤 파티션에 저장되는지 정확하게 예측할 수 없다.
- 데이터 입력 시 경합에 의한 성능 부하를 해소하기 위해 사용한다.
- 데이터 보관 주기에 따라 쉽게 삭제하는 기능을 제공할 수 없다.

해시 파티셔닝은 주문번호 혹은 주민등록번호와 같은 (변별력이 좋은) 칼럼을 기준으로 테이블을 분할하는 기법입니다.

특정 데이터를 입력할 때 파티션 키 칼럼(주문번호 혹은 주민등록번호)의 값을 해시함수의 입력값으로 하여 해시함수가 출력하는 출력값에 따라 해당 행이 저장되는 파티션이 결정됩니다. (예를 들면 주문번호 1번은 1번째 해시 파티션에, 주문번호 2번은 2번째 해시 파티션에 저장됩니다.) 그러므로 사용자는 특정 데이터가 어디 파티션에 들어갈지 예측할 수 없습니다. 이러한 이유로 데이터 보관 주기에 따라 쉽게 삭제할 수 없습니다.

하지만 해시 파티셔닝 기법은 불특정 다수의 데이터를 자동으로 여러 개의 파티션으로 분할해서 저장하게 됩니다. 이러한 이유로 특정 테이블에 데이터 처리가 집중적으로 발생될 때 일어날 수 있는 경합을 해소시킬 수 있습니다.

4.4.4 테이블에 대한 수평/수직 분할의 절차

테이블의 수평/수직 분할 절차는 아래와 같습니다.

테이블의 수평/수직 분할 절차

① 데이터 모델링을 완성한다.
② 데이터베이스(각 테이블의) 용량을 산정한다.
③ 대량의 데이터가 처리되는 테이블에 대해서 트랜잭션 처리 패턴을 분석한다.
④ 칼럼 단위로 집중화된 처리가 발생하는지, 로우 단위로 집중화된 처리가 발생되는지 분석하여 처리 작업이 집중화된 단위로 테이블을 분리하는 것을 검토한다.

4.5 데이터베이스 구조와 성능

4.5.1 슈퍼/서브 타입 모델

슈퍼/서브 타입 모델은 업무를 구성하는 데이터의 특징을 분석하여 공통점과 차이점을 고려하여 효과적으로 표현할 수 있습니다.

공통의 부분을 슈퍼 타입 엔터티로 도출하고 공통으로부터 상속받아 다른 엔터티와 차이가 있는 속성에 대해서는 별도의 서브 타입 엔터티로 구분하는 방식입니다.

이는 비즈니스의 모습을 정확하게 표현하면서 물리적인 데이터 모델로 변환할 때 선택의 폭을 넓힐 수 있는 장점이 있습니다.

논리 데이터 모델링에서 슈퍼/서브 타입을 구성하면, 해당 논리 데이터 모델을 물리 데이터 모델로 변환할 경우 아래의 3가지 방식에 따라서 변환하게 됩니다.

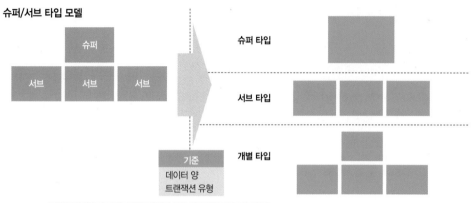

그림 4-26 슈퍼/서브 타입 모델의 물리 데이터 모델 변환 유형 3가지

논리 데이터 모델링 시 정의한 슈퍼/서브 타입 모델은, 물리 데이터 모델로 변환 시 슈퍼 타입 기준, 서브 타입 기준, 개별 타입 기준으로 변환될 수 있습니다.

표 4-7 슈퍼/서브 타입 모델 변환 방법

방법	설명
슈퍼 타입 (Single 타입, All in One 타입) 기준	• 슈퍼/서브 타입 모델을 하나의 테이블로 변환한 것이다. 예 고객 테이블 하나로만 구성한다. • Single 타입 기준 혹은 All in One 타입 기준이라고도 한다.
서브 타입 (Plus 타입, Super+Sub 타입) 기준	• 슈퍼/서브 타입을 서브 타입 테이블들로 변환한 것이다. 예 개인고객, 법인고객 테이블로 구성한다. • 도출된 각각의 서브 타입에는 변환 전 슈퍼 엔터티에 있던 칼럼들을 공통적으로 가지고 있다. • Plus 타입 기준 혹은 Super+Sub 타입 기준이라고도 한다.
개별 타입 (OneToOne 타입, 1:1 타입) 기준	• 슈퍼/서브 타입을 슈퍼 타입과 서브 타입의 각각 개별 테이블로 변환한 것이다. 예 고객, 개인고객, 법인고객 테이블로 구성한다. • 슈퍼 테이블, 서브 테이블 모두 생성한 것이다. • OneToOne 타입 기준 혹은 1:1 타입 기준이라고도 한다.

4.5.2 슈퍼/서브 타입 모델 변환의 중요성

논리 데이터 모델링 시 정의한 슈퍼/서브 타입을 물리 모델로 변환하는 것은 다음과 같은 이유로 성능상 중요합니다.

슈퍼 타입/서브 타입 모델 변환의 중요성

- 트랜잭션은 항상 슈퍼 타입 기준으로 처리하는데 테이블은 개별 타입으로 유지되어 UNION 연산에 의해 성능이 저하될 수 있다.(슈퍼 타입 기준으로 테이블을 구성하는 것이 유리한 경우이다.)
- 트랜잭션은 항상 서브 타입을 기준으로 처리하는데 슈퍼 타입으로 되어 있는 경우 성능이 저하되는 경우가 있다.(서브 타입 기준으로 테이블을 구성하는 것이 유리한 경우이다.)
- 트랜잭션은 항상 개별 타입 기준으로 처리하는데, 테이블은 슈퍼 타입으로 되어 있어서 불필요하게 많은 양의 데이터가 집약되어 성능이 저하되는 경우가 있다.(개별 타입으로 테이블을 구성하는 것이 유리한 경우이다.)

따라서 논리 데이터 모델링 시 정의한 슈퍼/서브 타입을 물리 데이터 모델로 변환 시 항상 슈퍼 타입, 서브 타입, 개별 타입 기준 중에서 적절하게 선택을 할 필요가 있습니다.

4.5.3 슈퍼/서브 타입 논리 데이터 모델

아래 그림은 논리 데이터 모델 시 도출한 슈퍼/서브 타입 모델입니다. 논리 데이터 모델 단계이므로 아직 어떠한 형태로든 변환하지 않은 상태입니다.

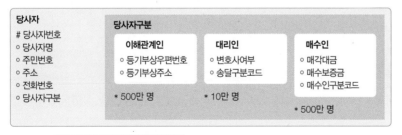

그림 4-27 슈퍼/서브 타입 논리 데이터 모델

이해관계인 500만 건, 대리인이 10만 건, 매수인 500만 건의 데이터가 존재한다고 가정합니다. 그럼 지금부터 위 모델을 기준으로 슈퍼/서브 타입 변환에 대해 설명하도록 하겠습니다.

4.5.4 슈퍼/서브 타입(논리)을 슈퍼 타입(물리)으로 변환

논리 데이터 모델의 슈퍼/서브 타입을 물리 데이터 모델로 변환 시 슈퍼 타입으로 변환하는 것은 슈퍼/서브 타입 전체를 하나의 테이블로 구성하는 것을 뜻합니다.

슈퍼/서브 타입의 데이터를 처리 시 항상 통합하여 처리한다고 가정하면 하나의 테이블로 구성하는 것이 성능상 유리할 수 있습니다. 데이터를 처리할 때 항상 통합하여 처리하는데, 개별로 분리하게 되면 조인 연산 혹은 UNION ALL 연산 등이 빈번해져서 오히려 성능에 부담을 줄수 있기 때문입니다.

이러한 경우 하나의 테이블로 통합하여 테이블을 구축합니다. 슈퍼/서브 타입(논리)을 슈퍼 타입(물리)으로 변환하는 기법입니다. 아래 그림과 같이 당사자 테이블 하나에 모든 데이터를 저장하는 것입니다.

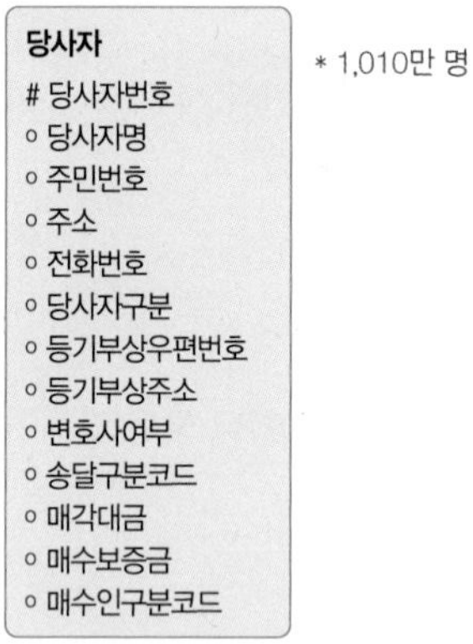

당사자
당사자번호
o 당사자명
o 주민번호
o 주소
o 전화번호
o 당사자구분
o 등기부상우편번호
o 등기부상주소
o 변호사여부
o 송달구분코드
o 매각대금
o 매수보증금
o 매수인구분코드

* 1,010만 명

그림 4-28 슈퍼/서브 타입(논리)을 슈퍼 타입(물리)으로 변환

4.5.5 슈퍼/서브 타입(논리)을 서브 타입(물리)으로 변환

이번에는 슈퍼/서브 타입(논리)을 서브 타입(물리)으로 변환하는 과정을 설명하도록 하겠습니다.

슈퍼/서브 타입의 데이터 처리 시 10만 건인 대리인에 대해서 개별로 처리하는 일이 빈번하다고 가정합니다.

만약 슈퍼 타입(물리)으로 변환하여 하나의 테이블로 구성하였다면 10만 건인 대리인의 데이터를 처리하기 위해서 이해관계인(500만 건) 및 매수인(500만 건)의 데이터까지 모두 처리해야 합니다. 10만 건의 대리인에 대한 데이터를 처리하려고 할 때 1,010만 건의 데이터를 모두 처리해야 하는 비효율이 발생하는 것입니다.

이러한 비효율을 제거하기 위해서 서브 타입 기준으로 테이블을 변환합니다.

그림 4-29 슈퍼/서브 타입(논리)을 서브 타입(물리)으로 변환

[그림 4-29]는 서브 타입 기준으로 테이블을 변환한 것으로 각각의 서브 타입으로만 테이블을 설계한 모습입니다. 각각의 서브 타입 테이블에는 기존의 슈퍼 타입 엔터티의 속성들(당사자번호, 당사자명, 주민번호, 주소, 전화번호)이 모두 들어가 있습니다.

대리인 테이블에는 10만 건만 저장되어 있고, 대리인에 대한 데이터를 처리 시 대리인 테이블만 조회하면 되므로 자연스레 SQL문 성능이 향상될 가능성이 높아집니다.

4.5.6 슈퍼/서브 타입(논리)을 개별 타입(물리)으로 변환

이번에는 슈퍼/서브 타입(논리)을 개별 타입(물리)으로 변환하는 과정을 알아봅시다.

대부분의 업무 처리가 각각 개별로 발생한다고 가정합니다. 당사자, 이해관계인, 대리인, 매수인 각각에 대해 독립적으로 트랜잭션이 발생하면 당사자에 꼭 필요한 칼럼들만을 가지게 하고 이해관계인, 대리인, 매수인에도 꼭 필요한 칼럼들만을 가지도록 합니다. 즉, 기존의 슈퍼/서브(논리) 타입을 모두 개별 테이블로 변환한 것입니다.

아래는 슈퍼/서브 타입(논리)을 개별 타입(물리)으로 변환한 모습입니다.

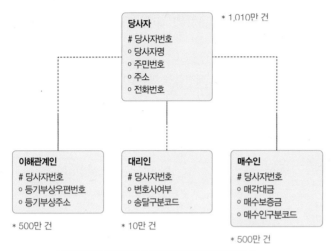

그림 4-30 슈퍼/서브 타입(논리)을 개별 타입(물리)으로 변환

4.5.7 슈퍼/서브 타입 변환 기법 비교

논리 데이터 모델상의 슈퍼/서브 타입을 물리 데이터 모델로 변환하는 기법을 비교해서 살펴봅시다.

표 4-8 논리 데이터 모델의 슈퍼/서브 타입을 물리 데이터 모델로 변환하는 3가지 기법 비교

구분	슈퍼 타입	서브 타입	개별 타입
특징	하나의 테이블	각각의 서브 타입 테이블	슈퍼, 서브 각각의 테이블
확장성	나쁨	보통	좋음
조인 성능	우수함	나쁨	나쁨
I/O 성능	나쁨	좋음	좋음
관리 용이성	좋음	좋지 않음	좋지 않음
트랜잭션 유형에 따른 선택 방법	전체를 일괄적으로 처리하는 경우 선택한다.	각각의 서브 타입을 기준으로 처리하는 경우 선택한다.	각각의 슈퍼, 서브 타입을 기준으로 처리하는 경우 선택한다.

4.5.8 PK칼럼 순서와 성능

테이블에는 기본키(PK)가 존재하고 PK는 단 1개의 칼럼으로 이루어져 있을수 있고(단일PK), 2개 이상의 칼럼으로 이루어져 있을 수도 있습니다(복합PK).

복합PK인 경우 PK칼럼의 순서에 따라 SQL문의 성능이 빨라질 수도 있고 느려질 수도 있습니다.

인구 테이블의 PK가 "행정동코드+기준년월+인구구분코드+연령대구분코드"로 되어 있고, 인구 테이블을 조회할 때 대부분 "기준년월+인구구분코드+연령대구분코드"로만 조건값을 준다고 가정합니다. 이러한 경우 PK칼럼 맨 앞에 존재하는 행정동코드 칼럼에 대해서는 조건값이 들어오지 않기 때문에 테이블 전체 내용을 모두 읽어야만 조회 결과를 가져올 수 있게 됩니다. 테이블 풀 스캔이 발생하는 것입니다.

이러한 경우 인구 테이블의 PK를 "기준년월+인구구분코드+연령대구분코드+행정동코드"순으로 변경하면 극적인 성능 향상 효과를 누릴수 있습니다.

이러한 방식으로 테이블에 발생되는 트랜잭션 조회 패턴에 따라 복합PK칼럼의 순서를 조정해야 합니다.

논리 데이터 모델링 시 식별자(PK)가 여러 개의 속성으로 구성된 복합식별자(복합PK)일 때, PK순서에 대해 성능적으로 고민하지 않고 물리 데이터 모델에 그대로 적용하는 경우 비효율적인 복합PK의 칼럼 순서로 인해 성능 저하가 발생하는 경우가 많습니다.

정리하자면, 테이블 생성 시 PK는 DBMS에서 자동으로 인덱스도 같이 생성되기 때문에 PK가 복합PK일 경우 복합PK의 칼럼 순서가 성능에 영향을 미치게 됩니다.

복합PK는 인덱스이고 인덱스의 구성 칼럼이 2개 이상인 인덱스입니다. 이 경우 인덱스 구성 칼럼 중 맨 앞에 위치하는 칼럼이 가능한 한 조건절에서 "=" 조건으로 들어와야 합니다. 만약 인덱스 선두 칼럼에 대한 조건이 들어오지 않는 경우 일반적으로 인덱스 전체를 읽거나 테이블 전체를 읽게 됩니다. 전체 데이터를 스캔(검색)하게 되면서 성능 저하가 발생하는 것입니다.

여기서 이야기하고 있는 테이블 풀 스캔 혹은 인덱스 스캔에 의한 SQL 성능은 〈Chapter7. SQL 최적화 기본 원리〉에서 다시 자세하게 다룹니다.

4.5.9 PK순서를 잘못 지정하여 성능이 저하된 경우 ❶

PK순서가 비효율적으로 구성되어 성능이 저하되는 상황을 알아봅시다.

입시마스터
수험번호
년도
학기
◦ 대학원구분코드
◦ 학위구분코드
◦ 등기부상주소

* 200만 건

그림 4-31 입시마스터 테이블 PK순서(수험번호+년도+학기)

입시마스터 테이블의 PK는 "수험번호+년도+학기" 칼럼으로 구성되어 있습니다. 이러한 테이블 및 복합PK 구성에서 아래의 SQL문이 가장 빈번하게 호출된다고 가정합니다.

코드 4-4 입시마스터 테이블 기준 가장 빈번하게 조회되는 SQL문

```
SELECT COUNT(수험번호)
  FROM 입시마스터
 WHERE 년도 = '2008'
   AND 학기 = '1'
;
```

"수험번호+년도+학기" 중 수험번호 칼럼에 대한 조건값이 WHERE절에 들어오지 않으므로 테이블 풀 스캔이 발생하여 200만 건의 데이터를 모두 읽게 되어 성능이 저하됩니다.

이러한 상황에서 복합PK에 대한 인덱스 스캔을 유도하여 SQL문의 성능을 개선시키기 위해 아래와 같이 복합PK의 칼럼 순서를 변경합니다.

입시마스터
년도
학기
수험번호
◦ 대학원구분코드
◦ 학위구분코드
◦ 등기부상주소

* 200만 건

그림 4-32 입시마스터 테이블 PK순서(년도+학기+수험번호)

복합PK의 순서를 "년도+학기+수험번호"순으로 변경하였습니다. 순서를 변경한 후, 위 SQL 문과 동일한 SQL을 다시 실행합니다.

코드 4-5 입시마스터 테이블 기준 가장 빈번하게 조회되는 SQL문 – 복합PK순서 변경 후 실행

```
SELECT COUNT(수험번호)
  FROM 입시마스터
 WHERE 년도 = '2008'
   AND 학기 = '1'
;
```

년도, 학기 칼럼 모두 "=" 조건으로 들어오고 있어서 복합PK에 대한 인덱스 스캔을 하게 되므로 테이블 풀 스캔이 사라지고 성능이 개선됩니다.

4.5.10 PK순서를 잘못 지정하여 성능이 저하된 경우 ❷

이번에는 좀 더 복잡한 상황을 만들어봅시다.

아래는 현금출금기실적 테이블입니다.

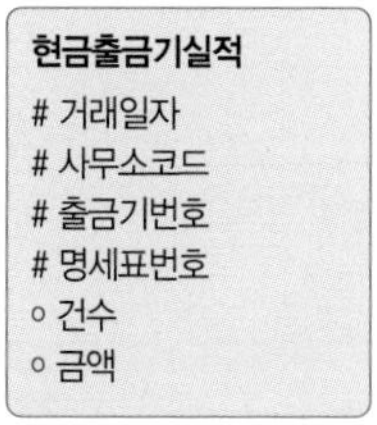

현금출금기실적
거래일자
사무소코드
출금기번호
명세표번호
○ 건수
○ 금액

그림 4-33 현금출금기실적 테이블

현금출금기실적 테이블의 복합PK는 "거래일자+사무소코드+출금기번호+명세표번호"입니다. 이 테이블을 기준으로 가장 빈번하게 호출되는 SQL문은 사무소코드 칼럼이 "=" 조건으로 들어오고 거래일자 칼럼을 BETWEEN 조건으로 조회하는 SQL문입니다.

SQL문은 아래와 같습니다.

코드 4-6 현금출금기실적 테이블 기준 가장 빈번하게 조회되는 SQL문

```
SELECT
        건수
      , 금액
```

```
   FROM 현금출금기실적
   WHERE 거래일자 BETWEEN '20040701' AND '20040702'
     AND 사무소코드 = '000368'
  ;
```

위 SQL문은 정상적으로 복합PK로 이루어진 인덱스를 이용할 수 있습니다. 하지만 거래일자 조건이 BETWEEN 조건으로 들어오기 때문에 인덱스 스캔 효율이 떨어져 성능이 저하됩니다.

성능 향상을 위해 아래와 같이 PK순서를 조정합니다.

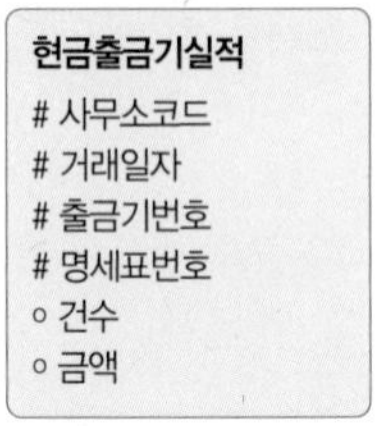

현금출금기실적
사무소코드
거래일자
출금기번호
명세표번호
○ 건수
○ 금액

그림 4-34 현금출금기실적 테이블 – PK순서 변경

현금출금기실적 테이블의 복합PK의 순서를 "사무소코드+거래일자+출금기번호+명세표번호"로 변경하였습니다.

사무소코드 칼럼이 PK칼럼 중 가장 앞에 위치합니다. 또한 바로 뒤에는 거래일자 칼럼이 위치하고 있습니다. 이 상태에서 아래의 SQL문을 호출합니다.

코드 4-7 현금출금기실적 테이블 기준 가장 빈번하게 조회되는 SQL문 – 복합PK순서 변경 후 실행

```
SELECT
       건수
     , 금액
  FROM 현금출금기실적
  WHERE 거래일자 BETWEEN '20040701' AND '20040702'
    AND 사무소코드 = '000368'
  ;
```

복합PK에서 맨 앞에 위치한 사무소코드 칼럼을 "=" 조건으로 조회하고, 바로 뒤에 위치하는 거래일자 칼럼을 BETWEEN 조건으로 스캔하게 되므로 최적화된 인덱스 스캔이 가능하게 됩니다.

4.5.11 외래키(FK) 칼럼에 대한 인덱스 생성의 중요성

논리 데이터 모델상으로 관계에 의한 외래키(FK) 제약이 걸린 경우, 해당 FK 제약(논리 데이터 모델에서의 관계)이 실제 물리 데이터베이스에 적용될지 안될지는 물리 데이터 모델 설계자의 몫입니다.

관계가 있어도 FK 제약조건을 생성하지 않는 경우도 있고, FK 제약조건을 생성했다고 하더라도 해당 FK칼럼에 인덱스를 미생성하는 경우도 있습니다.

물리적인 외래키(FK)의 생성 여부와는 상관없이 논리적이든 물리적이든 FK 제약조건이 있다면 (관계가 있다면) 외래키 칼럼에 대해 인덱스를 생성하는 것이 성능상 유리한 경우가 많습니다.

학사기준 및 수강신청 테이블 간의 관계를 봅시다.

그림 4-35 학사기준 및 수강신청 테이블의 관계 – 학사기준번호(FK)

필연적으로 학사기준 테이블과 수강신청 테이블을 조인하는 경우가 많습니다. 이때, 학사기준 테이블에서 특정 행을 읽은 후, 학사기준번호 칼럼으로 수강신청 테이블에서 매칭되는 결과를 조회합니다.

수강신청 테이블에 학사기준번호 칼럼에 대한 인덱스가 없을 경우, 조인 연산 시 수강신청 테이블에 대한 테이블 풀 스캔을 학사기준 테이블의 대상 건수만큼 하게 되어 성능 저하가 발생할 수 있습니다.

이런 경우 수강신청 테이블에 학사기준번호 칼럼으로 이루어진(학사기준번호 칼럼을 선두로 하는) 인덱스를 생성하면 성능 저하를 미연에 방지할 수 있습니다.

4.6 분산 데이터베이스와 성능

4.6.1 분산 데이터베이스의 개요

분산 데이터베이스는 여러 곳으로 분산되어 있는 데이터베이스를 하나의 가상 시스템으로 사용할 수 있도록 한 데이터베이스입니다. 논리적으로 동일한 시스템에 속하지만, 컴퓨터 네트워크를 통해 물리적으로 분산되어 있는 데이터들의 모임입니다. 물리적 위치가 분산되지만, 논리적으로는 여러 사용자가 공유할 수 있습니다.

4.6.2 분산 데이터베이스의 투명성

분산 데이터베이스의 투명성 Transparency 은 해당 데이터베이스를 사용하는 사용자가 데이터베이스 시스템이 분산되어 있는 것을 인식하지 못하고 자신만의 데이터베이스 시스템을 사용하는 것으로 인식하도록 만드는 것입니다.

표 4-9 분산 데이터베이스의 투명성

투명성	설명
분할 투명성 (단편화)	하나의 논리적 Relation(테이블)이 여러 단편으로 분할되어 각 단편의 사본이 여러 Site에 저장된다. 하지만 사용자는 한 곳에 위치하는 것으로 인식해야 한다.
위치 투명성	사용하려는 데이터의 저장 장소를 명시할 필요가 없다. 위치정보가 System Catalog에 유지되어야 한다. 사용자는 데이터가 어디에 위치하는지에 대해 신경 쓸 필요가 없는 것이다.
지역 사상 투명성	지역 DBMS와 물리적 DB 사이의 Mapping을 보장한다. 각 지역 시스템 이름과 무관한 이름을 사용 가능하다. 사용자가 해당 데이터 어느 지역에 위치하는지를 신경 쓸 필요가 없어야 한다.
중복 투명성	DB 객체가 여러 Site에 중복되어 있는지 사용자는 전혀 알 필요가 없는 성질이다.
장애 투명성	구성요소(DBMS, Computer)의 장애에 무관한 Transaction의 원자성을 유지한다. 분산 DB의 장애상황과는 무관하게 원자성을 유지해야 한다.
병행 투명성	다수 Transaction이 동시에 수행 시 결과의 일관성을 유지해야 한다.(Locking과 Time Stamp 방법을 주로 이용한다.)

4.6.3 분산 데이터베이스의 적용 방법

분산 환경의 데이터베이스를 우수한 성능으로 현장에서 가치있게 사용하는 방법은 업무의 흐름을 보고 업무구성에 따른 아키텍처 특징에 따라 데이터베이스를 구성하는 것입니다. 단순히 분산 환경에서 데이터베이스를 구축하는 것이 목적이 아니라, 업무의 특징에 따라 데이터베이스 분산구조를 선택적으로 설계하는 능력이 필요합니다.

4.6.4 분산 데이터베이스의 장단점

아래는 분산 데이터베이스의 장단점을 정리한 표입니다.

표 4-10 분산 데이터베이스의 장단점

장점	단점
• 지역자치성, 점증적 시스템 용량 확장	• 소프트웨어 개발 비용
• 신뢰성과 가용성	• 오류의 잠재성 증대
• 효용성과 융통성	• 처리 비용의 증대
• 빠른 응답 속도와 통신비용 절감	• 설계 및 관리의 복잡성과 비용
• 데이터의 가용성과 신뢰성 증가	• 불규칙한 응답 속도
• 시스템 규모의 적절한 조절	• 통제의 어려움
• 각 지역 사용자의 요구 수용 증대	• 데이터 무결성에 대한 위협

4.6.5 분산 데이터베이스의 활용 방향성

우선 과거의 분산 데이터베이스의 방식을 살펴보겠습니다. 과거에는 위치 중심의 분산 설계였습니다. 서버가 지역별로 나눠져있고 서로 간의 네트워크로 연결하는 방식입니다.

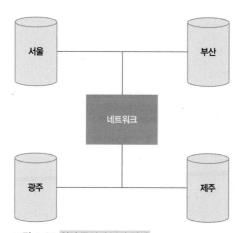

그림 4-36 위치 중심의 분산 설계

하지만 최근에는 업무 특성에 맞게 내부 및 외부를 나눠서 설계하고 있습니다.

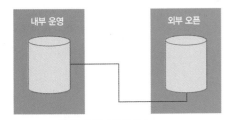

그림 4-37 내부 운영 및 외부 오픈

내부 운영 서버가 있고 외부에 오픈된 서버가 있어서 업무에 따라서 내/외부를 분산합니다. 이 방식은 통합된 데이터베이스에서 제공할 수 없는 빠른 성능을 제공합니다. 또한, 원거리 또는 다른 서버에 접속하여 발생되는 네트워크 부하 및 트랜잭션 집중에 따른 성능 저하의 원인을 분석하여 분산 데이터베이스 환경을 구축함으로써 성능 문제 발생 원인을 제거할 수 있습니다.

4.6.6 분산 데이터베이스의 적용 기법

[표 4-11]과 같이 분산 데이터베이스의 적용 기법은 테이블 위치 분산, 테이블 분할 분산, 테이블 복제 분산, 테이블 요약 분산 4가지가 있습니다.

표 4-11 분산 데이터베이스의 적용 기법

기법	설명
테이블 위치 (Location) 분산	• 설계된 테이블의 위치를 각각 다르게 위치시키는 것이다.(자재품목은 본사 DB에 위치시키고 생산제품은 지사 DB에 위치시킨다.)
테이블 분할 (Fragmentation) 분산	• 각각의 테이블을 쪼개어 분산하는 방법이다. • 수평 분할 : 지사^{Node}에 따라 테이블을 특정 칼럼의 값을 기준으로 로우^{Row}를 분리한다. • 수직 분할 : 지사^{Node}에 따라 테이블 칼럼을 기준으로 칼럼^{Column}을 분리한다. 로우^{Row} 단위로는 분리되지 않는다.
테이블 복제 (Replication) 분산	• 동일한 테이블을 다른 지역이나 서버에서 동시에 생성하여 관리하는 유형이다. • 부분복제 : 통합된 테이블을 한 군데(본사)에 가지고 있으면서 각 지사별로는 지사에 해당된 로우^{Row}를 가지고 있는 형태이다. • 광역복제 : 통합된 테이블을 한 군데(본사)에 가지고 있으면서 각 지사에도 본사와 동일한 데이터를 모두 가지고 있는 형태이다.

기법	설명
테이블 요약 (Summarization) 분산	• 지역 간에 또는 서버 간에 데이터가 비슷하지만 서로 다른 유형으로 존재하는 경우이다. • 분석요약 : 각 지사별로 존재하는 요약정보를 본사에 통합하여 다시 전체에 대해서 요약 정보를 산출하는 분산방법이다. • 통합요약 : 각 지사별로 존재하는 다른 내용의 정보를 본사에 통합하여 다시 전체에 대해서 요약정보를 산출하는 분산방법이다.

4.6.7 분산 데이터베이스를 적용하여 성능이 향상된 사례

아래와 같은 성능이 저하된 분산 환경이 있습니다.

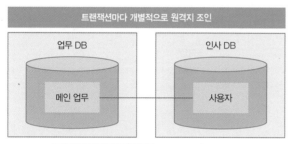

그림 4-38 성능이 저하된 분산 환경

메인 업무를 처리할 때 원격지에 있는 인사 DB에서 사용자의 정보를 원격 조회해야 합니다. 메인 업무의 처리 요청이 들어올 때마다 원격지의 DB에 접속해서 데이터를 가져와야 하는 것입니다. 원격지에 있는 테이블과의 빈번한 조인 연산으로 네트워크 부하 및 조인 연산 자체의 부하로 인해 성능이 저하됩니다.

이러한 상황을 해결하기 위해서 아래와 같은 분산 환경을 구축할 수 있습니다.

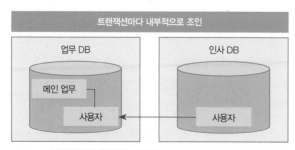

그림 4-39 성능을 향상시킨 분산 환경

인사 DB에 있는 사용자 정보를 업무 DB로 복제해서 관리합니다. 메인 업무를 처리할 때 인사 DB와의 빈번한 조인 연산(네트워크 통신)이 일어나지 않고 업무 DB 내부에서 처리하게 됩니다.

4.7 연습문제

> **문제 11**
>
> 함수적 종속성은 데이터들이 어떤 기준값에 의해 종속되는 현상을 지칭하는 것이다. 〈아래〉와 같은 함수적 종속성을 가질 때 〈아래〉 ERD의 주문상품 엔터티는 몇 정규형이고 몇 정규화 대상인가?
>
> 〈아래〉
>
> **함수적 종속성**
>
> 주문번호, 상품번호 ▶ (주문수량, 주문금액)
>
> 상품번호 ▶ (상품명)
>
> **ERD**
>
> **주문상품**
> \# 주문번호
> \# 상품번호
> * 주문수량
> * 주문금액
> * 상품명
>
> ① 제1정규형, 제2정규화 대상   ② 제2정규형, 제3정규화 대상
>
> ③ 제3정규형, 보이스-코드 정규화 대상   ④ 정답없음

> **문제 12**
>
> 반정규화의 기법 중 칼럼의 반정규화에 대한 설명 중 가장 올바르지 <u>않은</u> 것은 무엇인가?
>
> ① 중복칼럼 추가 : 중복 칼럼을 추가하여 각각의 엔터티별로 별도의 값을 가지는 중복 칼럼을 가지게 하여 조회 성능을 향상시킨다.
>
> ② 파생칼럼 추가 : 트랜잭션이 처리되는 시점에 추후 계산 작업에서의 성능 저하를 예방하기 위해 미리 값을 계산하여 보관한다.
>
> ③ 이력테이블칼럼 추가 : 대량의 이력데이터를 처리할 때, 불특정한 날 조회나 최근값을 조회할 경우 나타날수 있는 성능 저하를 예방하기 위해 이력 테이블에 기능성 칼럼을 추가한다.
>
> ④ PK에 의한 칼럼 추가 : 복합적인 의미를 갖는 PK를 단일 속성으로 구성하였을 경우 발생한다. PK 안에 데이터가 존재하지만 성능 향상을 위해 일반 속성으로 포함하는 방법이다.

문제 13

테이블에 많은 양의 데이터가 있을 것이라고 예상될 경우 파티셔닝을 적용하는 방법을 고려할 수 있다. 다음 중 파티션의 종류가 <u>아닌</u> 것은? (단, 오라클을 기준으로 한다.)

① RANGE 파티션   ② LIST 파티션

③ HASH 파티션   ④ CODE 파티션

문제 14

논리적인 데이터 모델에서 슈퍼/서브 타입 모델을 설계했을 때 물리적인 데이터 모델로 전환시 사용하는 방법 중 하나가 개별 타입이다. 다음 중 개별 타입에 대한 설명 중 <u>부적절한</u> 것을 <u>모두</u> 고르시오.

① 개별 타입은 개별 테이블을 유지한다.

② 개별 타입은 하나의 테이블을 유지한다.

③ 개별 타입은 관리 용이성이 좋지 않다.

④ 개별 타입은 관리 용이성이 좋다.

문제 15

〈아래〉 그림은 업무 DB와 인사 DB가 따로 물리적으로 분리되어 있는 것을 표현하고 있다. 메인 업무를 처리 시 인사 DB에 접속하여 인사 정보를 가져와야 하는 상황이다. 이러한 상황 속에서 네트워크 통신에 의한 과부하가 발생하는 경우 이에 대한 성능 개선 방법으로 가장 타당한 것은 무엇인가? (단, 사용자 정보는 자주 바뀌지 않아서 거의 실시간 업무 처리도 무방하다.)

〈아래〉

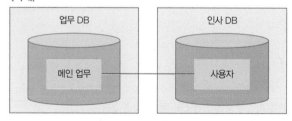

① 업무 DB와 인사 DB를 통합한 새로운 DB를 구축하여 네트워크 과부하를 제거한다.

② 사용자 DB의 사용자 정보를 파일 데이터로 관리하여 파일 송수신을 통한 업무 처리를 한다.

③ 인사 DB의 사용자 정보를 복제하여 업무 DB에 위치시킨다. 이로 인해 인사 DB와의 통신없이 업무를 처리한다.

④ 인사 DB의 사용자 정보를 복제하여 업무 DB에 위치시킨 후 메인업무 DB와 사용자 DB 사이에 별도의 통신 프로그램을 두어 실시간으로 동기화시킨다.

〈아래〉의 일자별매각물건 엔터티는 아래와 같은 함수적 종속성을 갖는다. 이러한 경우에 해당 엔터티는 몇 정규형인가? 또한 몇 정규화 대상인가?

〈아래〉

ERD

일자별매각물건
매각물건번호
매각일자
* 매각시간
* 매각장소
* 최저매각가격
* 물건상태코드

함수적 종속성

매각물건번호 ▶ (최저매각가격, 물건상태코드)

매각일자 ▶ (매각시간, 매각장소)

① 제2정규형, 제3정규화 대상

② 제1정규형, 제2정규화 대상

③ 제3정규형, 보이스-코드 정규화 대상

④ 반정규형, 제2정규화 대상

반정규화는 중복성의 원리를 활용하여 데이터 조회 시 성능을 향상시키는 역할을 한다. 다음 중 반정규화의 중복성의 유형이 <u>아닌</u> 것은 무엇인가?

① 속성의 중복성

② 테이블의 중복성

③ 관계의 중복성

④ 칼럼의 중복성

다음 중 슈퍼/서브 타입 데이터 모델의 변환 타입에 대한 설명으로 가장 알맞은 것은 무엇인가?

① 서브 타입은 서브 타입별로 테이블을 유지하기 때문에 관리 용이성이 뛰어나다.

② 개별 타입은 슈퍼 및 서브 타입 테이블로 변환하기 때문에 관리 용이성이 뛰어나다.

③ 슈퍼 타입은 하나의 테이블로 통합하기 때문에 관리 용이성이 좋지 않다.

④ 슈퍼 타입은 하나의 테이블로 통합하기 때문에 향후 확장성이 떨어진다.

〈아래〉데이터 모델에서 '부서' 및 '접수' 엔터티는 원격지 데이터베이스에 존재하는 엔터티이다. 제시된 SQL문은 이 시스템(원격지가 아닌 '연계' 테이블을 가지고 있는)에서 빈번하게 수행되는 SQL문이다. 이 SQL문의 성능을 향상시키기 위한 방법으로 가장 알맞은 것은 무엇인가?

〈아래〉

ERD

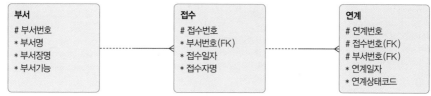

SQL문

```
  SELECT A.부서명
       , C.연계일자
       , C.연계상태코드
    FROM 부서@원격지 A
       , 접수@원격지 B
       , 연계 C
   WHERE C.연계일자 BETWEEN '20200801' AND '20200831'
     AND C.부서번호 = B.부서번호
     AND B.부서번호 = A.부서번호
     AND C.접수번호 = B.접수번호
   ;
```

① 부서 테이블을 원격 서버로 이동시켜 원격지에서 부서와 연계 테이블을 조인한다.

② 부서 테이블에 연계일자, 연계상태코드 칼럼을 추가하여 연계 테이블과 조인을 제거한다.

③ 연계 테이블에 부서명 칼럼을 추가하여 연계 테이블만을 조회한다.

④ 접수 테이블에 부서명 칼럼을 추가하여 접수와 연계 테이블을 조인한다.

〈아래〉 데이터 모델은 학사기준과 수강신청 업무를 정의한 것이다. 수강신청 엔터티의 학사기준번호 칼럼은 논리 데이터상으로 FK 관계이지만 물리 구축을 하면서 FK 지정을 하지 않았다. 〈아래〉와 같은 SQL문이 빈번하게 호출되는 경우 성능을 향상시키는 방법 중 가장 타당한 것은 무엇인가?

〈아래〉

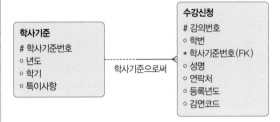

SQL문

```
SELECT COUNT(B.학생번호)
  FROM 학사기준 A
     , 수강신청 B
 WHERE A.학사기준번호 = B.학사기준번호
   AND A.년도 >= '2018'
   AND A.학기 = '1'
 ;
  ;
```

① 학사기준 테이블에 년도+학기로 이루어진 인덱스를 생성한다.

② 학사기준 테이블에 학기+년도로 이루어진 인덱스를 생성한다.

③ 수강신청 테이블에 학사기준번호로 이루어진 인덱스를 생성한다.

④ 수강신청 테이블의 PK순서를 학번+강의번호 순으로 변경하여 생성한다.

4.8 연습문제 해설

문제 11

정답 ①

해설 상품명은 상품번호에만 함수 종속된다. 즉 상품명 속성은 복합PK 속성 중 단 하나의 속성에만 종속되고 있다. 부분함수 종속이 일어난 것이므로 제2정규형 위반이다. 제2정규형 위반을 다시 표현하면 제1정규형이고 제2정규화 대상이 된다.

문제 12

정답 ①

해설 중복칼럼 추가는 조인에 의해 처리할 때 성능 저하를 예방하기 위해 사용한다. 즉 조인을 감소시키기 위해 중복된 칼럼을 위치시킨다.

문제 13

정답 ④

해설 오라클 기준 파티셔닝의 종류는 RANGE 파티션, LIST 파티션, HASH 파티션, COMPOSITE 파티션 등이 있다.

문제 14

정답 ②, ④

해설 개별 타입은 슈퍼/서브 타입 모델을 각각의 개별 테이블로 유지한다. 테이블의 개수가 많아지면서 관리 용이성이 좋지 않다.

문제 15

정답 ③

해설 ① 새로운 DB를 구축하면 네트워크 부하는 제거되지만 ③번보다는 좋은 해결책이 아니다.
② 파일 데이터로 관리하면 데이터베이스 시스템의 사용 목적(동시성, 무결성, 일관성 등)에 어긋난다.
③ 사용자 정보만 업무 DB에 복제 분산하면 업무 처리 시 네트워크 부하가 사라지게 된다. 가장 타당안 해결책이다.
④ 사용자 정보는 자주 바뀌지 않아 거의 실시간으로 해도 무방하므로 ③번보다는 좋은 해결책이 아니다.

정답 ②

해설 일자별매각물건 엔터티는 제1정규형을 만족하며 제2징규화 대상이다. 매각일자가 PK 속
성 중 하나이므로 부분 함수 종속이 발생하였다.

정답 ①

해설 속성의 중복성은 존재하지 않는다.

반정규화의 종류

테이블 반정규화	테이블 병합, 테이블 분할, 테이블 추가
관계의 반정규화	중복관계 추가
칼럼 반정규화	중복칼럼 추가, 파생칼럼 추가, 이력테이블칼럼 추가, PK에 의한 칼럼 추가, 응용 시 스템 오작동을 위한 칼럼 추가

정답 ④

해설 ① 서브 타입은 관리 용이성이 좋지 않다. (테이블 여러 개)
② 개별 타입은 관리 용이성이 좋지 않다. (테이블 여러 개)
③ 슈퍼 타입은 관리 용이성이 좋다. (테이블 1개)

논리 데이터 모델의 슈퍼/서브 타입을 물리 데이터 모델로 변환하는 3가지 기법 비교

구분	슈퍼 타입	서브 타입	개별 타입
특징	하나의 테이블	각각의 서브 타입 테이블	슈퍼, 서브 각각의 테이블
확장성	나쁨	보통	좋음
조인 성능	우수함	나쁨	나쁨
I/O 성능	나쁨	좋음	좋음
관리 용이성	좋음	좋지 않음	좋지 않음
트랜잭션 유형에 따른 선택 방법	전체를 일괄적으로 처리하는 경우 선택한다.	각각의 서브 타입을 기준으로 처리하는 경우 선택한다.	각각의 슈퍼, 서브 타입을 기준으로 처리하는 경우 선택한다.

문제 19

정답 ③

해설 부서 테이블에 있는 부서명을 연계 테이블에 위치시킨다. (칼럼의 반정규화) 서버 간 통
신에 의한 조인 연산이 일어나지 않으므로 성능이 향상된다.

문제 20

정답 ③

해설 논리적으로 FK인 수강신청 테이블의 학사기준번호 칼럼으로 이루어진 인덱스를 생성하
여 조인 성능을 향상시킨다.

Part 3

SQL 기본 및 활용

Part 3에서 다루는 내용

이번 파트에서는 SQL 기본 및 활용에 대해서 학습합니다.

〈Chapter 5. SQL 기본〉에서는 SQL문의 기초 이론 및 실습을 다루며 〈Chapter 6. SQL 활용〉에서는 SQL문의 기본 이론을 바탕으로 하여 다양한 데이터를 조회하는 방법을 배웁니다. 〈Chapter 7. SQL 최적화 기본 원리〉에서는 SQL문의 성능 향상(튜닝)을 위한 기초적인 내용을 다루게 됩니다. 마지막으로 〈Chapter 8. 시험 직전 비밀노트〉에서는 SQL문에서 헷갈리는 패턴과 특이한 패턴 등에 대해서 배웁니다.

이번 파트는 SQL문을 직접 타이핑하고 실행한 후, 결과를 확인하면서 학습을 진행해 나가는 것이 가장 효율적입니다.

지금부터 실습하는 모든 SQL문은 우리가 설치한 오라클 DBMS 내에 SQLD 계정으로 접속하여 실습합니다. 아래 주소로 접속하여 이번 파트에서 실습할 SQL 스크립트 파일을 다운로드합니다.

SQL 스크립트 다운로드 URL 주소

```
http://www.hanbit.co.kr/src/10436
```

"SQL스크립트.ZIP" 파일을 다운로드한 후, 압축을 해제하면 이번 파트 내의 각 Chapter별 SQL 스크립트 파일이 존재합니다. SQL문 실습 시 사용하도록 합니다.

Chapter 5
SQL 기본

5.1 관계형 데이터베이스 개요

5.1.1 데이터베이스와 데이터베이스 관리 시스템

넓은 의미에서의 데이터베이스는 일상적인 정보들을 모아 놓은 것 자체를 의미합니다. 일반적으로 DB라고 말할 때는 특정 기업이나 조직 또는 개인이 필요한 데이터를 일정한 형태로 저장해 놓은 것을 의미합니다.

사용자들은 보다 효율적인 데이터 관리뿐만 아니라 예기치 못한 사건으로 인한 데이터의 손상을 피하고, 필요할 때 데이터를 복구하기 위한 강력한 기능의 소프트웨어를 필요로 합니다. 이러한 기본적인 요구사항을 만족시켜주는 시스템을 데이터베이스 관리 시스템DataBase Management System, DBMS이라고 합니다.

5.1.2 관계형 데이터베이스와 관계형 데이터베이스 관리 시스템

관계형 데이터베이스Relational DataBase, RDB는 정규화 이론에 근거한 합리적인 데이터 모델링을 통해 데이터 이상Anomaly 현상 및 불필요한 데이터 중복 현상을 피할 수 있습니다. 이러한 RDB를 관리하는 시스템 소프트웨어를 관계형 데이터베이스 관리 시스템Relational DataBase Management System, RDBMS이라고 합니다.

RDBMS가 제공하는 주요 기능은 아래와 같습니다.

RDBMS의 주요 기능

- 동시성 관리 및 병행 제어를 통해 많은 사용자들이 동시에 데이터를 공유 및 조작할 수 있는 기능을 제공한다.
- 메타 데이터를 총괄 관리할 수 있기 때문에 데이터의 성격, 속성 또는 표현 방법 등을 체계화할 수 있고, 데이터 표준화를 통한 데이터 품질을 확보할 수 있는 장점이 있다.
- 인증된 사용자만이 참조할 수 있도록 보안 기능을 제공하고, 테이블 생성 시에 사용할 수 있는 다양한 제약 조건을 이용하여 사용자 실수로 인한 잘못된 데이터 입력 및 관계성이 있는 중요 데이터의 삭제를 방지하여 데이터 무결성Integrity을 보장한다.
- 시스템의 갑작스러운 장애로부터 사용자가 입력/수정/삭제하는 데이터가 데이터베이스에 제대로 반영될 수 있도록 보장해주는 기능과, 시스템 ShutDown, 재해 등의 상황에서도 데이터를 회복/복구할 수 있는 기능을 제공한다.

5.1.3 SQL

SQL Structured Query Language 은 관계형 데이터베이스에서 데이터 정의, 데이터 조작, 데이터 제어를
하기 위해 사용하는 언어입니다. 특정 데이터들의 집합에서 필요로 하는 데이터를 꺼내서 조회
하고, 새로운 데이터를 입력/수정/삭제하는 행위를 통해서 사용자는 데이터베이스와 대화(통
신)하게 됩니다. 사용자는 SQL문으로 하고자 하는 작업을 요청하고 DBMS는 데이터베이스에
서 사용자가 요청한 데이터를 제공하거나 작업 성공 여부를 리턴해줍니다.

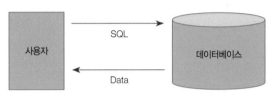

그림 5-1 SQL문의 역할

5.1.4 SQL문의 종류

SQL문은 데이터 조작어, 데이터 정의어, 데이터 제어어, 트랜잭션 제어어로 구분할 수 있습니다.

표 5-1 SQL문의 종류

종류	명령어	설명
데이터 조작어 (DML : Data Manipulation Language)	SELECT	• 데이터베이스에 들어있는 데이터를 조회하거나 검색하기 위한 명령어이다.
	INSERT UPDATE DELETE	• 데이터베이스에 들어있는 데이터에 변형을 가하는 데 사용하는 명령어이다.
데이터 정의어 (DDL : Data Definition Language)	CREATE ALTER DROP RENAME	• 테이블/인덱스 등과 같은 데이터베이스 객체(Object)의 구조를 정의하는 데 사용하는 명령어이다. • 즉 데이터 구조를 생성/변경/삭제하거나 이름을 바꾸는 데 사용하는 명령어들을 DDL이라고 부른다.
데이터 제어어 (DCL : Data Control Language)	GRANT REVOKE	• 데이터베이스에 접근하고 객체들을 사용하도록 권한을 부여하고 회수하는 명령어이다.
트랜잭션 제어어 (TCL : Transaction Control Language)	COMMIT ROLLBACK	• 논리적인 작업 단위를 묶어서 DML에 의해 조작된 결과를 작업 단위별로 적용 및 취소하는 명령어이다.

5.1.5 테이블

데이터는 관계형 데이터베이스의 기본 단위인 테이블Table 의 형태로 저장됩니다. 모든 데이터는 테이블에 저장되고, 테이블에서 원하는 자료를 조회할 수 있습니다.

테이블은 데이터를 저장하는 객체Object 로서 RDB의 기본 단위입니다. RDB에서는 모든 데이터를 칼럼과 행의 2차원 구조로 나타냅니다. 세로 방향을 칼럼Column, 열, 가로 방향을 행Row, 로우이라고 하고, 칼럼과 행이 겹치는 하나의 공간을 필드Field 라고 합니다.

아래 그림은 테이블 구조를 살펴봅시다.

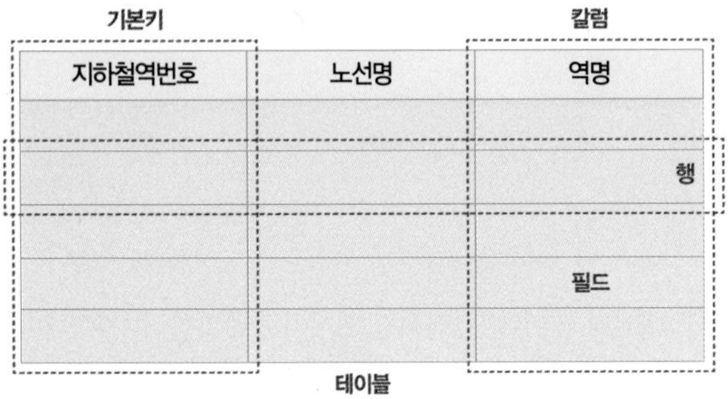

그림 5-2 테이블 구조

테이블은 칼럼과 행으로 이루어져 있고 칼럼 중에서 기본키를 지정합니다. 위에서는(그림 5-2) 지하철역번호 칼럼이 기본키로 지정되었습니다. 또한 특정 행의 칼럼값이 들어가는 위치를 필드라고 합니다.

5.1.6 테이블 용어

다음 표에서 테이블 용어와 설명을 살펴봅시다.

표 5-2 테이블 용어

종류	설명
테이블	칼럼과 행의 2차원 구조(면적)를 가진 데이터의 저장소이다.
칼럼	테이블에서 세로 방향으로 이루어진 하나하나의 속성을 말한다. 칼럼은 더이상 나눌 수 없는 것이다.
행	테이블에서 가로 방향으로 이루어진 데이터이다.

종류	설명
정규화	테이블을 분할하여 데이터의 정합성을 확보하고, 불필요한 중복을 줄이는 프로세스이다.
기본키	테이블에 존재하는 각 행을 한 가지 의미로 특정할 수 있는 1개 이상의 칼럼이다. **예** 주문 테이블의 기본키는 주문번호이다. 고객 테이블의 기본키는 고객번호이다.
외래키	다른 테이블의 기본키로 사용되고 있는 관계를 연결하는 칼럼이다. **예** 주문 테이블의 고객번호 칼럼은 주문 테이블이 가지고 있는 FK이고, 고객번호 칼럼은 고객 테이블의 기본키이기도 하다.

5.1.7 ERD

테이블 간 서로의 상관 관계를 그림으로 도식화한 것을 ERD ^{Entity Relationship Diagram}라고 합니다. ERD의 구성요소는 엔터티^{Entity}, 관계^{Relationship}, 속성^{Attribute} 3가지이며 현실 세계에서 발생하는 데이터는 이 3가지 구성요소로 모두 표현이 가능합니다.

다음은 이 책에서 진행하는 SQL문에 대한 실습에 기반이 되는 ERD입니다.

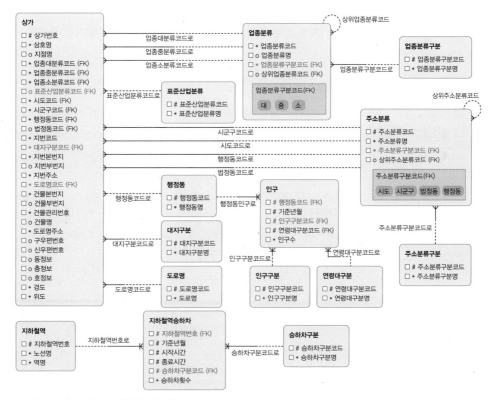

그림 5-3 SQL문 실습에 기반이 되는 ERD

위 ERD를 기반으로 SQL문에 대한 실습을 진행합니다. 별도의 테이블이 필요한 경우에는 새로운 실습용 테이블을 생성합니다.

5.2 DDL

5.2.1 DDL의 정의

DDL^{Data Definition Language}은 SQL문의 한 종류입니다. DB를 구성하고 있는 다양한 객체(사용자, 테이블, 인덱스, 뷰, 트리거, 프로시저, 사용자 정의 함수 등)를 정의/변경/제거하는 데 사용합니다. 즉, DDL은 이처럼 물리적 DB 객체의 구조를 정의하는 데 사용됩니다.

5.2.2 주요 데이터형(타입) 정리

DDL의 가장 대표적인 기능 중 하나가 테이블을 생성하는 일입니다. 테이블 생성 시 테이블 내에 사용될 칼럼을 정의합니다. 각각의 칼럼은 어떤 유형의 데이터가 저장될 것인지를 결정해야 합니다.

대표적인 데이터형 4가지를 봅시다.

표 5-3 대표적인 4가지 데이터형[8]

데이터형	설명
CHAR(L)	• 고정길이 문자열이다. • 고정길이를 가지고 있으므로 저장되는 값의 길이가 L값보다 작을 경우 그 차이만큼 공백으로 채워진다. • 만약 CHAR(5)인데 '1234'를 저장한다면 끝에 공백 하나가 자동으로 채워진 '1234 '로 저장된다.
VARCHAR2(L) 혹은 VARCHAR(L)	• 가변길이 문자열이다. • L값만큼의 최대 길이를 가진다. • L값보다 작을 경우 입력하는 값만큼만 공간을 차지한다. • 만약 VARCHAR2(5)인데 '1234'를 저장한다면 그대로 '1234'만 저장된다. • VARCHAR2는 공백도 문자로 취급한다. • 만약 VARCHAR2(5)인데 '1234 '를 저장한다면 그대로 '1234 '가 저장된다.

---

8 오라클 DBMS에서 VARCHAR2와 VARCHAR는 동일한 데이터 유형을 의미합니다.

NUMBER(L, D)	• 정수 및 실수를 저장한다. • L값은 전체 자릿수, D값은 소수점 자릿수이다. • 만약 NUMBER(12, 2)이면 9999999999.99까지 저장할 수 있다.
DATE	• 날짜와 시각정보를 저장한다. • 즉, 년월일시분초를 저장한다.

데이터 유형은 테이블에 특정 자료를 입력할 때, 그 자료를 받아들일 공간을 데이터 유형별로 나누는 기준입니다. 선언한 유형이 아닌 다른 종류의 데이터가 들어오려고 하면 DBMS는 에러를 발생시킵니다.

5.2.3 CREATE TABLE

[코드 5-1]은 신규 테이블을 생성하는 CREATE TABLE문으로 TB_RN_TMP(도로명임시) 테이블을 생성하는 SQL문입니다.

코드 5-1 테이블 생성 실습

```
CREATE TABLE TB_RN_TMP          --도로명임시
(
  RN_CD VARCHAR2(12) NOT NULL  --도로명코드
, RN VARCHAR2(150) NOT NULL    --도로명
);
```

테이블 생성 시 주의 사항

- 테이블명은 단수형을 사용할 것을 권고한다.
- 테이블명은 특정 사용자가 가지고 있는 테이블 내에서 다른 테이블과 중복되면 안 된다.
  예 SQLD라는 사용자는 TB_RN_TMP 이름의 테이블을 단 하나만 가질 수 있다
- 한 테이블 내에서 동일한 칼럼명이 존재하면 안 된다.
- 테이블 생성문 끝은 ';'으로 끝나야 한다.
- 칼럼의 데이터형은 반드시 지정해야 한다.
- 테이블명과 칼럼명은 반드시 문자로 시작해야 한다.
- 테이블명에 사용하는 문자는 A-Z, a-z, 0-9, _(언더바), $(달러), #(샵) 문자만 허용한다.

5.2.4 제약조건

제약조건Constraint은 테이블에 입력되는 데이터가 사용자가 원하는 조건을 만족하는 데이터만 입력되는 것을 보장합니다. 제약조건은 데이터의 무결성을 유지하기 위한 DBMS의 보편적인 방법으로, 테이블의 특정 칼럼(하나 혹은 그 이상)에 설정하는 제약입니다.

표 5-4 제약조건

제약조건	설명
기본키	• 테이블에 저장된 행들 중에서 특정 행을 고유하게 식별하기 위해서 사용한다. • 하나의 테이블에 단 하나의 기본키만 정의할 수 있다. • 기본키 생성 시 DBMS는 유일 인덱스Unique Index를 자동으로 생성한다. • 기본키 칼럼에는 NULL 입력이 불가능하다. • 기본키는 UNIQUE 제약조건과 NOT NULL 제약조건을 만족해야 한다. (UNIQUE+NOT NULL)
고유키	• 테이블에 저장된 행들 중에서 특정 행을 고유하게 식별하기 위해 생성한다. • 기본키와의 차이점은 고유키는 NULL 입력이 가능하다는 것이다. • 고유키는 UNIQUE 제약조건만 만족하면 NULL 입력이 가능하다.(UNIQUE+NULL)
NOT NULL	• 해당 칼럼에는 NULL 입력을 금지하므로 어떤 값이라도 들어와야 한다. • 이 칼럼은 필수 값 칼럼이 된다.
CHECK	• 입력할 수 있는 값의 종류 혹은 범위를 제한한다.
외래키	• 다른(부모 혹은 참조) 테이블의 기본키를 외래키로 지정하는 경우 생성한다. • 참조 무결성 제약조건이라고도 한다.
디폴트 값(=기본값)	• 해당 칼럼에 아무런 값도 입력하지 않았을 때 지정한 디폴트 값으로 데이터가 입력된다.

위 표에서 설명하고 있는 사항 중 NULL(ASCII 코드 00번)은 공백(Blank, ASCII 코드 32번)이나 숫자0(Zero, ASCII 48)과는 전혀 다른 값입니다. 또한 조건에 맞는 데이터가 없을 때의 공집합과도 다릅니다. NULL은 아직 정의되지 않은 미지의 값이거나, 현재 데이터를 입력하지 못하는 경우를 의미합니다.

제약조건과는 별도로 데이터 입력 시에 칼럼의 값이 지정되어 있지 않을 경우 디폴트 값Deafult Value을 사전에 설정할 수 있습니다.

특정 칼럼에 데이터 입력 시 아무런 값도 넣지 않은 경우에는 NULL이 입력됩니다. 만약 해당 칼럼이 디폴트 값을 지정한 칼럼이라면 NULL이 입력되지 않고 디폴트 값으로 입력됩니다. 예를 들어 이체금액 칼럼의 디폴트 값이 0인 경우 해당 칼럼에 아무런 값도 넣지 않으면 DBMS가 자동으로 디폴트 값인 0으로 입력합니다.

5.2.5 테이블 생성 및 제약조건 생성 실습

부모 테이블 및 자식 테이블을 생성하고 제약조건을 생성해보겠습니다. 아래와 같이 지하철역임시(TB_SUBWAY_STATN_TMP) 테이블을 생성합니다.

코드 5-2 부모 테이블 생성

```
CREATE TABLE TB_SUBWAY_STATN_TMP    --지하철역임시
(
  SUBWAY_STATN_NO CHAR(6) NOT NULL --지하철역번호
, LN_NM VARCHAR2(50) NOT NULL      --노선명
, STATN_NM VARCHAR2(50) NOT NULL   --역명
  --지하철역번호를 PK로 지정
, CONSTRAINT PK_TB_SUBWAY_STATN_TMP PRIMARY KEY(SUBWAY_STATN_NO)
);
```

지하철역번호(SUBWAY_STATN_NO) 칼럼을 기본키로 지정했습니다. 지하철역번호 칼럼을 기본키(PK)로 지정했기 때문에 해당 칼럼은 UNIQUE+NOT NULL 제약조건 및 인덱스가 자동으로 생성됩니다.

지하철역번호(SUBWAY_STATN_NO) 칼럼은 반드시 값이 들어가야 하며 그 값은 해당 테이블 내 지하철역번호 중에서 유일한 값이어야 합니다. 또한 인덱스가 자동으로 생성되었기 때문에 지하철역번호를 가지고 빠르게 조회할 수 있습니다. 노선명(LN_NM) 칼럼과 역명(STATN_NM) 칼럼은 일반 칼럼이며 NOT NULL 제약조건을 주었습니다.

지하철역임시(TB_SUBWAY_STATN_TMP) 테이블은 노선명(LN_NM) 및 역명(STATN_NM) 칼럼을 가지고 있습니다.

[코드 5-3]은 자식 테이블인 지하철역승하차임시(TB_SUBWAY_STATN_TK_GFF_TMP) 테이블을 생성하는 SQL문입니다.

코드 5-3 자식 테이블 생성

```
CREATE TABLE TB_SUBWAY_STATN_TK_GFF_TMP --지하철역승하차임시
(
  SUBWAY_STATN_NO CHAR(6) NOT NULL    --지하철역번호
, STD_YM CHAR(6) NOT NULL             --기준년월
, BEGIN_TIME CHAR(4) NOT NULL         --시작시간
, END_TIME CHAR(4) NOT NULL           --종료시간
, TK_GFF_SE_CD VARCHAR2(6) NOT NULL  --승하차구분코드
, TK_GFF_CNT NUMBER(15) NOT NULL      --승하차횟수
, CONSTRAINT PK_TB_SUBWAY_STATN_TK_GFF_TMP PRIMARY KEY
  (SUBWAY_STATN_NO, STD_YM, BEGIN_TIME, END_TIME, TK_GFF_SE_CD)
);
```

하나의 지하철역은 여러 개의 지하철역승하차 정보를 가지게 됩니다. 이 경우 지하철역임시 (TB_SUBWAY_STATN_TMP) 테이블은 부모 테이블이 되고, 지하철역승하차임시(TB_ SUBWAY_STATN_TK_GFF_TMP) 테이블은 자식 테이블이 됩니다.

지하철역승하차임시 테이블의 기본키는 지하철역번호(SUBWAY_STATN_NO)+기준년월 (STD_YM)+시작시간(BEGIN_TIME)+종료시간(END_TIME)+승하차구분코드(TK_ GFF_SE_CD)로 지정하였습니다. 2개 이상의 칼럼이 기본키(PK)를 구성하고 있으므로 복합 PK입니다.

부모 테이블인 지하철역임시(TB_SUBWAY_STATN_TMP) 테이블의 기본키인 지하철역번 호(SUBWAY_STATN_NO) 칼럼은 자식 테이블인 지하철역승하차임시(TB_SUBWAY_ STATN_TK_GFF_TMP) 테이블의 기본키 칼럼 중 하나로 사용하였으므로 식별자 관계가 됩 니다.

지하철역임시(TB_SUBWAY_STATN_TMP) 테이블과 지하철역승하차임시(TB_SUBWAY _STATN_TK_GFF_TMP) 테이블 간에 부모/자식 관계를 설정합니다. 외래키(FK)를 생성하 는 것이며 참조 무결성 제약조건이라고도 합니다.

코드 5-4 외래키 생성

```
ALTER TABLE TB_SUBWAY_STATN_TK_GFF_TMP        --지하철역승하차임시 테이블에
ADD CONSTRAINT FK_TB_SUBWAY_STATN_TK_GFF_TMP1  --참조 무결성 제약조건을 생성
FOREIGN KEY (SUBWAY_STATN_NO)   --지하철역승하차임시 테이블의 지하철역번호 칼럼은
--지하철역임시 테이블의 지하철역번호를 참조
REFERENCES TB_SUBWAY_STATN_TMP (SUBWAY_STATN_NO);
```

지하철역승하차임시(TB_SUBWAY_STATN_TK_GFF_TMP) 테이블에 데이터 입력 시 지하철역번호(SUBWAY_STATN_NO) 칼럼의 값은 지하철역임시(TB_SUBWAY_STATN_TMP) 테이블의 지하철역번호(SUBWAY_STATN_NO) 칼럼으로 존재해야만 입력이 가능합니다. 만약 지하철역임시(TB_SUBWAY_STATN_TMP) 테이블에 존재하지 않는 지하철역번호(SUBWAY_STATN_NO)를 입력하려고 하면 참조 무결성 제약조건 위반이므로 DBMS에서 입력을 허용하지 않습니다.

5.2.6 ALTER TABLE

ALTER TABLE은 칼럼 및 제약조건을 추가/수정/제거하는 데 이용합니다. ALTER TABLE을 이용해서 실습해봅시다.

우선 ALTER TABLE ~ ADD문을 이용하여 지하철역임시(TB_SUBWAY_STATN_TMP) 테이블에 운영여부(OPER_YN) 칼럼을 추가합니다.

코드 5-5 칼럼 추가

```
ALTER TABLE TB_SUBWAY_STATN_TMP ADD (OPER_YN CHAR(1));  --운영여부 칼럼 추가
```

이제 ALTER TABLE ~ DROP문을 이용하여 추가한 운영여부(OPER_YN) 칼럼을 제거합니다.

코드 5-6 칼럼 제거

```
ALTER TABLE TB_SUBWAY_STATN_TMP DROP COLUMN OPER_YN;
```

이번에는 운영여부(OPER_YN) 칼럼을 추가한 후 데이터형 및 제약조건을 변경해보겠습니다.

운영여부(OPER_YN) 칼럼 데이터형을 CHAR(1), NULL 허용으로 추가 생성하고, 운영여부(OPER_YN) 칼럼의 데이터형을 NUMBER(1), 디폴트 값은 0, NULL 허용 불가로 변경합니다.

코드 5-7 데이터형 및 제약조건 변경

```
--운영여부 칼럼 추가생성 (NULL 허용)
ALTER TABLE TB_SUBWAY_STATN_TMP ADD (OPER_YN CHAR(1) NULL);
--운영여부 칼럼 변경
ALTER TABLE TB_SUBWAY_STATN_TMP MODIFY(OPER_YN NUMBER(1)
                            DEFAULT 0 NOT NULL
                            NOVALIDATE) ;
```

제약조건 MODIFY 작업 시 NOT NULL 제약조건 설정 시 NOVALIDATE 옵션을 주면 MODIFY하려고 하는 칼럼의 값 중에서 NULL인 칼럼이 있어도 NOT NULL 제약조건을 줄 수 있습니다. 단, 이후에 들어오는 데이터는 운영여부(OPER_YN) 칼럼이 반드시 NOT NULL이어야 합니다. 실무에서 매우 유용하게 사용하는 기능입니다.

그리고 ALTER TABLE~RENAME문을 이용하여 운영여부(OPER_YN) 칼럼의 칼럼명을 OPERATION_YN으로 변경(RENAME)합니다.

코드 5-8 칼럼명 변경

```
ALTER TABLE TB_SUBWAY_STATN_TMP
RENAME COLUMN OPER_YN TO OPERATION_YN;
```

ALTER TABLE~DROP문으로 지하철역승하차임시(TB_SUBWAY_STATN_TK_GFF_TMP) 테이블의 외래키(FK_TB_SUBWAY_STATN_TK_GFF_TMP1)를 제거합니다.

코드 5-9 외래키 제거

```
ALTER TABLE TB_SUBWAY_STATN_TK_GFF_TMP
DROP CONSTRAINT FK_TB_SUBWAY_STATN_TK_GFF_TMP1;
```

ALTER TABLE ~ ADD문으로 외래키를 생성해봅시다.

코드 5-10 외래키 생성

```
ALTER TABLE TB_SUBWAY_STATN_TK_GFF_TMP          --지하철역승하차임시 테이블에
ADD CONSTRAINT FK_TB_SUBWAY_STATN_TK_GFF_TMP1   --참조 무결성 제약조건을 생성
FOREIGN KEY ( SUBWAY_STATN_NO )  --지하철역승하차임시 테이블의 지하철역번호 칼럼은
--지하철역임시 테이블의 지하철역번호를 참조
REFERENCES TB_SUBWAY_STATN_TMP (SUBWAY_STATN_NO );
```

RENAME문을 이용하여 TB_SUBWAY_STATN_TK_GFF_TMP 테이블명을 TB_SUBWAY_STATN_TK_GFF_TMP_2로 변경합니다.

코드 5-11 테이블명 변경

```
RENAME TB_SUBWAY_STATN_TK_GFF_TMP TO TB_SUBWAY_STATN_TK_GFF_TMP_2;
```

TRUNCATE문으로 테이블에 저장된 데이터를 제거할 수 있습니다. 테이블 객체는 그대로 두고 내부의 데이터만 영구적으로 제거합니다. TRUNCATE 작업은 ROLLBACK문을 이용한 복구가 불가능합니다.

코드 5-12 테이블 내 데이터 제거

```
TRUNCATE TABLE TB_SUBWAY_STATN_TK_GFF_TMP_2;
```

DROP TABLE 명령으로 테이블 객체를 제거해보겠습니다.

코드 5-13 테이블 제거

```
DROP TABLE TB_SUBWAY_STATN_TK_GFF_TMP_2;
DROP TABLE TB_SUBWAY_STATN_TMP;
DROP TABLE TB_RN_TMP;
```

데이터베이스 내에서 테이블이 완전히 제거되었습니다. 테이블 내부의 데이터뿐만 아니라 객체까지도 모두 제거된 것입니다. 자식 테이블인 TB_SUBWAY_STATN_TK_GFF_TMP_2를 먼저 제거한 후, 부모 테이블인 TB_SUBWAY_STATN_TMP 테이블을 제거하였습니다.

5.3 DML

5.3.1 DML의 정의

DML^{Data Manipulation Language}은 테이블의 데이터를 입력/수정/삭제/조회하는 역할을 합니다. DML의 종류에는 입력^{INSERT}, 수정^{UPDATE}, 삭제^{DELETE}, 조회^{SELECT}가 있습니다. 입력, 수정, 삭제는 SQL문 실행 후 영구적으로 저장하거나^{COMMIT, 커밋} SQL문의 수행을 취소^{ROLLBACK, 롤백}할 수 있습니다.

[코드 5-14]와 같이 DML 실습을 진행하기 위한 테스트용 테이블을 생성합니다.

코드 5-14 테스트용 테이블 생성

```
CREATE TABLE TB_SUBWAY_STATN_TMP    --지하철역임시
(
  SUBWAY_STATN_NO CHAR(6) NOT NULL --지하철역번호
, LN_NM VARCHAR2(50) NOT NULL      --노선명
```

```
, STATN_NM VARCHAR2(50) NOT NULL    --역명
  --기본키 제약조건 설정
, CONSTRAINT PK_TB_SUBWAY_STATN_TMP PRIMARY KEY (SUBWAY_STATN_NO)
);
```

5.3.2 INSERT문

INSERT문은 테이블에 데이터를 신규로 입력할 때 사용합니다.

다음은 지하철역임시(TB_SUBWAY_STATN_TMP) 테이블에 데이터를 신규로 입력하는 SQL문입니다.

코드 5-15 신규 데이터 입력

```
INSERT INTO TB_SUBWAY_STATN_TMP T
(
  T.SUBWAY_STATN_NO
, T.LN_NM
, T.STATN_NM
)
VALUES
(
  '000032'
, '2호선'
, '강남'
)
;

COMMIT; --DB에 최종적으로 적용(커밋)
```

데이터 입력 후 커밋 완료하였습니다. 이제 입력한 데이터를 조회해봅시다.

코드 5-16 입력한 데이터 조회

```
SELECT A.SUBWAY_STATN_NO
     , A.LN_NM
     , A.STATN_NM
  FROM TB_SUBWAY_STATN_TMP A
 WHERE A.STATN_NM = '강남'
  ;
```

```
SUBWAY_STATN_NO|LN_NM|STATN_NM
---------------|-----|--------
000032         |2호선|강남
```

5.3.3 UPDATE문

UPDATE문은 테이블 내 행의 칼럼값을 수정합니다. 한 번의 UPDATE문 실행으로 여러 개의 행에 대한 여러 개의 칼럼을 수정할 수 있습니다.

[코드 5-17]은 지하철역임시(TB_SUBWAY_STATN_TMP) 테이블에서 지하철역번호 (SUBWAY_STATN_NO) 칼럼의 값이 '000032'인 행의 노선명(LN_NM) 칼럼의 값을 '녹색선'으로, 역명(STATN_NM) 칼럼의 값을 '강남스타일'로 수정하는 UPDATE문입니다.

코드 5-17 데이터 수정

```sql
UPDATE TB_SUBWAY_STATN_TMP A
   SET A.LN_NM = '녹색선'
     , A.STATN_NM = '강남스타일'
 WHERE A.SUBWAY_STATN_NO = '000032' --역명이 '강남'인 행
 ;

 COMMIT; --DB에 최종적으로 적용(커밋)
```

데이터 수정 후 커밋 완료하였습니다. 이제 수정한 데이터를 조회해보겠습니다.

코드 5-18 수정한 데이터 조회

```sql
SELECT A.SUBWAY_STATN_NO
     , A.LN_NM
     , A.STATN_NM
  FROM TB_SUBWAY_STATN_TMP A
 WHERE A.SUBWAY_STATN_NO = '000032'
 ;
```

결과

```
SUBWAY_STATN_NO|LN_NM  |STATN_NM
---------------|-------|----------
000032         |녹색선 |강남스타일
```

5.3.4 DELETE문

DELETE문으로 테이블 내의 행을 삭제할 수 있습니다. 한 번의 DELETE문 실행으로 여러 개의 행을 삭제할 수 있습니다. 또한 조건에 부합하는 행을 삭제할 수 있으며 수행 후 커밋 혹은 롤백할 수 있습니다. 하지만 TRUNCATE TABLE문은 테이블 전체를 삭제하며, 한 번 실행하면 롤백이 불가능합니다.

지하철역임시(TB_SUBWAY_STATN_TMP) 테이블에서 지하철역번호(SUBWAY_STATN _NO) 칼럼의 값이 '000032'인 행을 삭제하는 DELETE문을 봅시다.

코드 5-19 데이터 삭제

```
DELETE
  FROM TB_SUBWAY_STATN_TMP A
 WHERE A.SUBWAY_STATN_NO = '000032'
;

COMMIT; --DB에 최종적으로 적용(커밋)
```

데이터 삭제 후 커밋 완료하였습니다. 이제 삭제한 데이터를 조회해보겠습니다.

코드 5-20 삭제한 데이터 조회

```
SELECT A.SUBWAY_STATN_NO
     , A.LN_NM
     , A.STATN_NM
  FROM TB_SUBWAY_STATN_TMP A
 WHERE A.SUBWAY_STATN_NO = '000032'
 ;
```

결과

```
SUBWAY_STATN_NO|LN_NM|STATN_NM
--------------|-----|--------
```

데이터 삭제가 완료되어 결과집합의 건수가 0건입니다. 결과집합의 건수가 단 1건도 존재하지 않는 0건인 상태를 공집합이라고 합니다.

5.3.5 SELECT문

SELECT문은 테이블에서 데이터를 조회하는 데 사용합니다.

[코드 5-21]은 업종분류(TB_INDUTY_CL) 테이블에서 업종분류구분코드(INDUTY_CL_SE_CD) 칼럼의 값이 'ICS001'인 행을 출력하는 SELECT문입니다.

코드 5-21 SELECT문

```
SELECT A.INDUTY_CL_CD
     , A.INDUTY_CL_NM
     , A.INDUTY_CL_SE_CD
     , NVL(A.UPPER_INDUTY_CL_CD, '(Null)') AS UPPER_INDUTY_CL_CD
  FROM TB_INDUTY_CL A
 WHERE INDUTY_CL_SE_CD = 'ICS001' --대
 ;
```

결과

INDUTY_CL_CD	INDUTY_CL_NM	INDUTY_CL_SE_CD	UPPER_INDUTY_CL_CD
D	소매	ICS001	(Null)
F	생활서비스	ICS001	(Null)
L	부동산	ICS001	(Null)
N	관광/여가/오락	ICS001	(Null)
O	숙박	ICS001	(Null)
P	스포츠	ICS001	(Null)
Q	음식	ICS001	(Null)
R	학문/교육	ICS001	(Null)

업종분류구분코드(INDUTY_CL_SE_CD)가 'ICS001'('대')인 행을 출력하였습니다. 총 8개의 행이 출력되었으며, 우리나라의 상가 업종은 크게 8개로 분류할 수 있습니다.

5.3.6 DISTINCT

SQL문의 결과집합이 중복된 행이 존재하는 상황에서 SELECT절 맨 앞에 DISTINCT를 쓰면 중복된 행이 제거되어 유일한 값을 가진 행만을 출력합니다.

1개의 칼럼을 출력하면서 DISTINCT를 써서 중복행을 제거하는 SQL문을 작성해봅시다.

코드 5-22 DISTINCT - 1개 칼럼

```
SELECT
      DISTINCT A.INDUTY_CL_SE_CD
  FROM TB_INDUTY_CL A
;
```

결과

```
INDUTY_CL_SE_CD      |
---------------------|
ICS003               |
ICS001               |
ICS002               |
```

업종분류(TB_INDUTY_CL) 테이블에서 업종분류구분코드(INDUTY_CL_SE_CD) 칼럼을 출력합니다. 칼럼명에 DISTINCT를 붙여서 업종분류구분코드(INDUTY_CL_SE_CD) 칼럼의 값 기준 중복인 행을 제거하고 유일값만 출력되었습니다.

업종분류(TB_INDUTY_CL) 테이블에는 총 855건의 데이터가 존재하는데 업종분류구분코드(INDUTY_CL_SE_CD) 칼럼의 값을 기준으로 유일값 3건만 출력되었습니다.

코드 5-23 DISTINCT - 2개 칼럼

```
SELECT DISTINCT A.POPLTN_SE_CD, A.AGRDE_SE_CD
  FROM TB_POPLTN A
;
```

[코드 5-23]은 2개의 칼럼을 출력하면서 DISTINCT를 써서 중복 행을 제거하는 SELECT문입니다.

결과

```
POPLTN_SE_CD|AGRDE_SE_CD|
------------|-----------|
M           |060        |
F           |020        |
M           |080        |
F           |070        |
```

```
T           |040         |
M           |050         |
M           |090         |
F           |030         |
F           |040         |
F           |050         |
...생략
```

인구(TB_POPLTN) 테이블에서 인구구분코드(POPLTN_SE_CD)+연령대구분코드(AGRDE_SE_CD) 칼럼 조합의 결과 값 기준 중복 행을 제거한 후, 유일값을 출력하고 있습니다. 인구구분코드의 유일값이 3개이고 연령대구분코드의 유일값이 11개이므로 총 33개의 유일값이 출력됩니다.

5.3.7 SELECT *

SELECT문에서 SELECT절에 "*"을 쓰면 FROM절 내 테이블(들)이 가지고 있는 모든 칼럼을 출력합니다. 업종분류구분(TB_INDUTY_CL_SE) 테이블의 모든 칼럼의 값을 출력해보겠습니다.

코드 5-24 SELECT *

```
SELECT *
  FROM TB_INDUTY_CL_SE A
;
```

결과

```
INDUTY_CL_SE_CD     |INDUTY_CL_SE_NM     |
--------------------|--------------------|
ICS001              |대                  |
ICS002              |중                  |
ICS003              |소                  |
```

5.3.8 앨리어스

테이블 및 칼럼에 앨리어스Alias를 지정할 수 있습니다. 테이블 및 칼럼 이외에도 뷰 혹은 인라인뷰에도 사용 가능합니다.

```
SELECT A.INDUTY_CL_CD AS 업종분류코드
     , A.INDUTY_CL_NM AS 업종분류명
     , A.INDUTY_CL_SE_CD AS 업종분류구분코드
     , NVL(A.UPPER_INDUTY_CL_CD, '(Null)') AS 상위업종분류코드
  FROM TB_INDUTY_CL A
 WHERE INDUTY_CL_SE_CD = 'ICS001' --대
 ;
```

업종분류(TB_INDUTY_CL) 테이블의 앨리어스를 A로 지정하였으므로 업종분류(TB_INDUTY_CL) 테이블은 A로 접근할 수 있습니다. 칼럼에 접근 시 "A."으로 시작합니다.

칼럼 뒤에는 AS를 이용하여 앨리어스를 지정합니다. 칼럼에 지정한 앨리어스대로 SQL문의 헤더 값이 출력됩니다.

결과

업종분류코드	업종분류명	업종분류구분코드	상위업종분류코드	
D	소매	ICS001	(Null)	
F	생활서비스	ICS001	(Null)	
L	부동산	ICS001	(Null)	
N	관광/여가/오락	ICS001	(Null)	
O	숙박	ICS001	(Null)	
P	스포츠	ICS001	(Null)	
Q	음식	ICS001	(Null)	
R	학문/교육	ICS001	(Null)	

앨리어스의 사용은 SQL문의 개발 생산성을 향상시켜주고 유지보수에 도움을 줍니다.

5.3.9 합성 연산자의 사용

SELECT절에 여러 개의 칼럼을 출력하는 경우 합성 연산자인 "||"로 연결하면 결과 값은 하나의 칼럼으로 출력됩니다. 여러 개의 칼럼값을 합쳐서 하나의 칼럼값으로 출력합니다.

코드 5-26 합성 연산자의 사용

```
SELECT SUBWAY_STATN_NO || '-' || STATN_NM ||'('||LN_NM ||')'
       AS "지하철역번호-역명(노선명)"
  FROM TB_SUBWAY_STATN
```

```
    WHERE LN_NM = '9호선'
  ;
```

[코드 5-26]은 합성 연산자를 이용한 SELECT문입니다.

결과

```
지하철역번호-역명(노선명)              ¦
--------------------------------¦
000601-개화(9호선)                  ¦
000602-김포공항(9호선)              ¦
000603-공항시장(9호선)              ¦
000604-신방화(9호선)                ¦
000605-마곡나루(서울식물원)(9호선)¦
000606-양천향교(9호선)              ¦
000607-가양(9호선)                  ¦
000608-증미(9호선)                  ¦
000609-등촌(9호선)                  ¦
000610-염창(9호선)                  ¦
...생략
```

지하철역(TB_SUBWAY_STATN) 테이블에서 지하철역번호(SUBWAY_STATN_NO), 역명(STATN_NM), 노선명(LN_NM) 칼럼을 조회하였습니다. 각 칼럼을 합성 연산자인 "||"로 연결하여 단 하나의 칼럼값으로 결과를 출력하였습니다.

5.3.10 DUAL 테이블을 이용한 연산 수행

오라클 DB를 설치하면 기본적으로 DUAL 테이블이 존재합니다. 이 테이블에는 단 1건의 데이터가 저장되어 있고, 칼럼은 DUMMY 칼럼 단 1개만 있습니다. 저장되어 있는 DUMMY 칼럼값은 'X'입니다.

이 DUAL 테이블을 이용해서 다양한 연산을 할 수 있습니다. 다음은 DUAL 테이블을 이용해 SELECT절 내에서 연산을 수행하고 있는 SELECT문입니다.

코드 5-27 DUAL 테이블

```
SELECT ( (1+1)*3 ) / 6 AS "연산결과 값"
  FROM DUAL
;
```

결과

```
연산결과 값|
-----------|
          1|
```

소괄호"( )"로 묶여있는 연산부터 수행합니다. 1+1을 한 후, 3을 곱하면 6이 나옵니다. 그 후 다시 6으로 나눕니다. 결과는 1입니다.

5.4 TCL

5.4.1 TCL의 정의

DML문의 입력, 수정, 삭제를 실행하면 DB에 곧바로 적용되지 않고 커밋COMMIT 명령을 실행해야만 DB에 최종 적용됩니다. 데이터를 변경한 후, 커밋 명령을 실행하지 않은 상태라면 롤백ROLLBACK 명령으로 데이터의 변경을 취소할 수 있습니다.

TCL Transaction Control Language은 데이터의 입력/수정/삭제 후 커밋 혹은 롤백을 하는 데 사용하는 SQL문입니다.

5.4.2 트랜잭션의 특성

트랜잭션은 DB의 논리적 연산 단위로, 1개의 트랜잭션에는 1개 이상의 SQL문이 포함됩니다. 또한 트랜잭션은 분할할 수 없는 최소의 단위로, 전부 적용하거나 전부 취소하는 ALL OR NOTHING의 개념입니다.

영화예매 시스템에서 사용자가 극장, 영화관, 상영시간, 좌석을 모두 선택하고 최종 결제를 해야 영화예매가 완료됩니다. 여기서 극장 선택부터 최종 결제까지가 하나의 트랜잭션이라고 할 수 있습니다. 만약 좌석까지만 선택하고 예매를 취소한다면 이전에 작업한 내용까지 모두 취소되어야 합니다. 그래야 해당 좌석을 다른 누군가가 다시 예매할 수 있습니다.

정리하자면, DB에서 처리되는 논리적인 연산 단위를 트랜잭션이라고 합니다. 트랜잭션의 4가지 대표적인 특성을 알아봅시다.

표 5-5 트랜잭션의 특성

특성	설명
원자성(Atomicity)	트랜잭션에서 정의된 연산들은 모두 성공적으로 끝나거나 모두 실패해야 한다.(ALL OR NOTHING)
일관성(Consistency)	트랜잭션이 실행되기 전, 데이터베이스의 내용이 잘못되어 있지 않다면 실행된 이후에도 데이터베이스의 내용에 잘못이 있으면 안 된다.
고립성(Isolation)	트랜잭션이 실행되는 도중에 다른 트랜잭션의 영향을 받아 잘못된 결과를 만들어서는 안 된다.
지속성(Durability)	트랜잭션이 성공적으로 수행되면 그 트랜잭션이 갱신한 데이터베이스의 내용은 영구적으로 저장된다.

은행 시스템에서 계좌이체 업무는 A라는 계좌에서 현금이 인출된 후에 B라는 계좌로 입금시키는 업무입니다. 이것을 하나의 트랜잭션이라고 표현합니다. 계좌이체 업무가 시작되면 A계좌의 잔액은 변경되지 않도록 잠금설정을 해야 합니다. A계좌에서 인출 후 B계좌에 입금까지 완벽히 완료되면 A계좌의 잔액에 대해서 잠금설정을 해제합니다. 이러한 상황을 일반적으로 문에 자물쇠를 채우는 것에 비유하여 락킹 Locking 이라고 표현합니다.

5.4.3 COMMIT과 ROLLBACK

입력/수정/삭제한 자료에 대해서 문제가 전혀 없다고 판단되었을 경우 커밋 COMMIT 명령어로 트랜잭션을 완료할 수 있습니다. 또는 입력/수정/삭제한 자료에 대해서 문제가 있다고 판단되었을 경우 롤백 ROLLBACK 명령어를 통해서 트랜잭션을 취소할 수 있습니다.

5.4.4 COMMIT이나 ROLLBACK 이전의 데이터 상태

데이터를 입력/수정/삭제 후 커밋 혹은 롤백을 실행하기 전 데이터 상태는 다음과 같습니다.

데이터 입력/수정/삭제 후 커밋 혹은 롤백 전 데이터 상태

- 최종 적용된 상태가 아니고 메모리에만 적용된 상태이므로 변경 이전 상태로 복구가 가능하다.
- 입력/수정/삭제를 실행한 사용자(작업자)는 SELECT문으로 입력/수정/삭제 결과를 확인할 수 있다.
- 입력/수정/삭제를 실행한 사용자(작업자) 외 다른 사용자는 (작업자가 작업 내용이 커밋하지 않는 이상) SELECT문으로 입력/수정/삭제 결과를 확인할 수 없다.
- 변경된 행은 락이 설정되므로 다른 사용자가 변경할 수 없다.

커밋 혹은 롤백 전에는 데이터 입력/수정/삭제에 대한 롤백이 가능합니다. 롤백 전까지 데이터를 입력/수정/삭제한 변경 사용자(작업자)는 자신이 변경한 데이터를 SELECT문으로 확인할 수 있습니다. 변경 사용자(작업자)를 제외한 다른 사용자는 입력/수정/삭제를 수행하기 전의 데이터를 보게 됩니다. 변경 사용자(작업자)가 커밋을 하면 그제서야 다른 사용자는 입력/수정/삭제한 데이터를 보게 됩니다.

또한 변경 사용자(작업자)가 데이터를 수정하면 해당 행에 락이 설정되고 다른 사용자가 그 행을 변경하거나 삭제할 수 없게 됩니다. 변경 사용자(작업자)가 커밋을 해야만 다른 사용자가 그 행을 변경하거나 삭제할 수 있게 됩니다.

5.4.5 COMMIT 이후의 상태

데이터를 입력/수정/삭제 후 커밋을 실행하면 아래와 같은 상황이 됩니다.

데이터 입력/수정/삭제 후 커밋 실행 후 상황

- 데이터의 입력/수정/삭제 내역이 DB에 완전히 반영된다.
- 이전 데이터는 영원히 잃어버리게 된다.
- 변경 사용자(작업자) 및 변경 사용자가 아닌 다른 모든 사용자는 SELECT문으로 입력/수정/삭제 결과를 볼 수 있다.
- 관련된 행에 대한 락이 풀리고, 모든 사용자들이 행을 조작할 수 있게 된다.

데이터를 입력/수정/삭제 후 커밋을 실행하면 입력/수정/삭제한 내역이 DB에 반영되어 이전 데이터는 영원히 잃어버리게 되고, 변경 사용자(작업자)가 아닌 다른 모든 사용자도 SELECT문으로 입력/수정/삭제 결과를 볼 수 있습니다. 관련된 행에 대한 락이 풀려서 다른 사용자들이 해당 행을 수정/삭제할 수 있습니다.

5.4.6 TCL 실습 전 준비

DBeaver에서 TCL문 실습 준비를 해보겠습니다. 아래 그림과 같이 트랜잭션 처리 설정을 수동커밋 모드로 변경합니다.

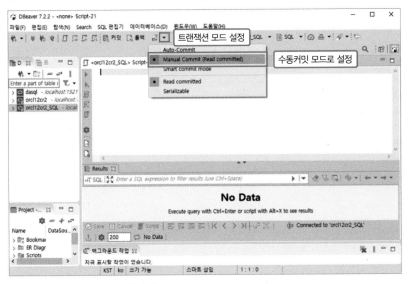

그림 5-4 트랜잭션의 처리 설정 변경

DBeaver는 기본적으로 자동커밋^{Auto-Commit} 모드로 되어 있어 데이터의 입력, 수정, 삭제를 실행하면 자동으로 커밋 명령이 실행됩니다. 위 그림은 TCL문의 실습을 위해서 해당 설정을 수동커밋^{Manual Commit} 모드로 설정한 것입니다.

5.4.7 COMMIT

지금부터 커밋^{COMMIT} 문에 대한 실습을 진행하도록 하겠습니다.

우선 아래와 같은 UPDATE문을 실행합니다.

코드 5-28 UPDATE문 실행

```
UPDATE TB_SUBWAY_STATN
   SET STATN_NM = '역삼역'
 WHERE STATN_NM = '역삼'
 ;
```

역명(STATN_NM)이 '역삼'인 행의 역명을 '역삼역'으로 변경하는 UPDATE문입니다. UPDATE 문을 실행한 상태일 뿐이며 커밋은 실행하지 않은 상태입니다.

위 UPDATE문을 실행하여 데이터에 대한 변경을 요청한 사용자는 아래의 SELECT문으로 변경한 데이터를 확인할 수 있습니다. 하지만 다른 사용자들은 위와 같은 결과를 볼 수 없습니다.

코드 5-29 변경한 데이터 확인

```
SELECT SUBWAY_STATN_NO
     , LN_NM
     , STATN_NM
  FROM TB_SUBWAY_STATN
 WHERE STATN_NM = '역삼역'
;
```

결과

```
SUBWAY_STATN_NO|LN_NM  |STATN_NM|
--------------|-------|--------|
000031        |2호선  |역삼역  |
```

아래와 같이 커밋 명령을 실행합니다.

코드 5-30 커밋 실행

```
COMMIT;
```

커밋을 실행하면 수정 내용이 DB에 최종 적용됩니다.

이제 아래의 UPDATE문 및 커밋 명령을 실행하여 데이터를 수정 전 상태로 복구해보겠습니다. 즉 데이터를 다시 수정합니다.

코드 5-31 수정 전 상태로 재수정

```
UPDATE TB_SUBWAY_STATN
   SET STATN_NM = '역삼'
 WHERE STATN_NM = '역삼역'
;

COMMIT;
```

역명(STATN_NM)이 '역삼역'인 행의 역명(STATN_NM) 칼럼을 '역삼'으로 변경한 후, 커밋 명령으로 최종 적용하였습니다.

5.4.8 ROLLBACK

테이블에 데이터를 입력/수정/삭제한 후 커밋을 실행하기 전에는 변경사항을 취소할 수 있습니다. 변경 내용을 취소하는 데 사용하는 TCL문 중 하나가 바로 롤백ROLLBACK 명령입니다.

롤백을 하면 데이터의 변경 내용이 취소되어 이전 상태로 복구됩니다. 또한 관련된 행에 대한 락이 해제되어 다른 사용자들이 데이터 변경을 할 수 있게 됩니다.

지하철역(TB_SUBWAY_STATN) 테이블에서 역명(STATN_NM) 칼럼의 값이 '역삼'인 행의 역명(STATN_NM) 칼럼의 값을 '역삼역'으로 수정해보겠습니다.

코드 5-32 데이터 수정 작업

```
UPDATE TB_SUBWAY_STATN
   SET STATN_NM = '역삼역'
 WHERE STATN_NM = '역삼'
 ;
```

이제 아래와 같이 롤백 명령을 수행합니다.

코드 5-33 롤백 실행

```
ROLLBACK;
```

롤백을 실행한 후 데이터를 확인합니다.

코드 5-34 롤백 후 데이터 확인

```
SELECT A.SUBWAY_STATN_NO
     , A.LN_NM
     , A.STATN_NM
  FROM TB_SUBWAY_STATN A
 WHERE A.STATN_NM = '역삼'
 ;
```

결과

```
SUBWAY_STATN_NO  |LN_NM  |STATN_NM|
-----------------|-------|--------|
 000031          |2호선  |역삼    |
```

지하철역(TB_SUBWAY_STATN) 테이블의 역명(STATN_NM) 칼럼의 값이 '역삼역'으로 바뀌지 않고 그대로 '역삼'인 것을 확인하였습니다.

5.4.9 SAVEPOINT

하나의 트랜잭션에서 여러 개의 입력/수정/삭제가 발생할 수 있습니다. 커밋과 롤백으로 여러 개의 변경된 내용을 취소하거나 최종 적용할 수 있습니다. 즉, 여러 개가 전부 커밋되거나 롤백 되는 둘 중 하나의 상황이 발생합니다.

SAVEPOINT는 롤백 시 트랜잭션에 포함된 모든 입력/수정/삭제를 취소하는 것이 아니라 현 시점에서 SAVEPOINT 지점까지의 데이터 변경만 취소할 수 있습니다. SAVEPOINT를 사용 하면 복잡한 대규모 트랜잭션에서 에러가 발생했을 때, SAVEPOINT까지의 트랜잭션만 취소 하고 실패한 부분부터 다시 실행할 수 있습니다.

아래는 SAVEPOINT를 이용한 트랜잭션 처리입니다.

코드 5-35 SAVEPOINT의 사용

```
SAVEPOINT SVPT1; --첫 번째 SAVEPOINT

UPDATE TB_SUBWAY_STATN
   SET STATN_NM = '역삼역'
 WHERE STATN_NM = '역삼'
 ;

SAVEPOINT SVPT2; --두 번째 SAVEPOINT

UPDATE TB_SUBWAY_STATN
   SET STATN_NM = '강남역'
 WHERE STATN_NM = '강남'
 ;

SAVEPOINT SVPT3; --세 번째 SAVEPOINT

UPDATE TB_SUBWAY_STATN
   SET STATN_NM = '방배역'
 WHERE STATN_NM = '방배'
 ;
```

총 3개의 UPDATE문이 있으며 각각의 UPDATE문을 실행하기 전 SAVEPOINT를 지정하였습니다.

이제 SAVEPOINT SVPT3까지 롤백해보겠습니다.

코드 5-36 SAVEPOINT SVPT3까지 롤백

```
ROLLBACK TO SVPT3;
```

역명(STATN_NM)이 '방배'인 행을 '방배역'으로 수정한 UPDATE문이 롤백됩니다.

코드 5-37 롤백 결과 확인

```
SELECT A.SUBWAY_STATN_NO, A.LN_NM, A.STATN_NM
  FROM TB_SUBWAY_STATN A
 WHERE A.STATN_NM IN ('역삼', '역삼역', '강남', '강남역', '방배', '방배역')
 ;
```

결과

```
SUBWAY_STATN_NO|LN_NM |STATN_NM|
--------------|-------|--------|
  000031       |2호선  |역삼역   |
  000032       |2호선  |강남역   |
  000035       |2호선  |방배     |
```

역명(STATN_NM)이 '방배'인 행을 '방배역'으로 수정한 UPDATE문이 롤백되어 그대로 역명(STATN_NM)이 '방배'가 되었습니다.

이번에는 SAVEPOINT SVPT2까지 롤백해보겠습니다.

코드 5-38 SAVEPOINT SVPT2까지 롤백

```
ROLLBACK TO SVPT2;
```

역명(STATN_NM)이 '강남'인 행을 '강남역'으로 수정한 UPDATE문이 롤백됩니다.

```
SELECT A.SUBWAY_STATN_NO, A.LN_NM, A.STATN_NM
  FROM TB_SUBWAY_STATN A
 WHERE A.STATN_NM IN ('역삼', '역삼역', '강남', '강남역', '방배', '방배역')
;
```

결과

```
SUBWAY_STATN_NO|LN_NM  |STATN_NM|
---------------|-------|--------|
  000031       |2호선  |역삼역  |
  000032       |2호선  |강남    |
  000035       |2호선  |방배    |
```

역명(STATN_NM)이 '강남'인 행을 '강남역'으로 수정한 UPDATE문이 롤백되어 그대로 역명
(STATN_NM)이 '강남'이 되었습니다.

이번에는 마지막으로 SAVEPOINT SVPT1까지 롤백합니다.

코드 5-40 SAVEPOINT SVPT1까지 롤백

```
ROLLBACK TO SVPT1;
```

역명(STATN_NM)이 '역삼'인 행을 '역삼역'으로 수정한 UPDATE문이 롤백됩니다.

코드 5-41 롤백 결과 확인

```
SELECT A.SUBWAY_STATN_NO, A.LN_NM, A.STATN_NM
  FROM TB_SUBWAY_STATN A
 WHERE A.STATN_NM IN ('역삼', '역삼역', '강남', '강남역', '방배', '방배역')
;
```

결과

```
SUBWAY_NO|LN_NM  |STATN_NM|
---------|-------|--------|
  000031 |2호선  |역삼    |
  000032 |2호선  |강남    |
  000035 |2호선  |방배    |
```

역명(STATN_NM)이 '역삼'인 행을 '역삼역'으로 수정한 UPDATE문이 롤백되어 그대로 역명 (STATN_NM)이 '역삼'이 되었습니다.

이로써 모든 데이터의 수정 사항이 취소되었습니다. SAVEPOINT를 사용하면 미리 지정한 특정 지점으로 데이터의 변경 사항을 취소할 수 있습니다.

5.4.10 트랜잭션의 요점

트랜잭션의 요점을 정리해봅시다.

트랜잭션의 요점

- 테이블 내에서 데이터의 변경을 발생시키는 입력/수정/삭제 수행 시 그 변경되는 데이터의 무결성을 보장하는 것이 커밋과 롤백의 목적이다.
- 커밋은 "변경된 데이터를 테이블에 영구적으로 반영하라"라는 의미이다.
- 롤백은 "변경 전으로 복구하라"라는 의미이다.
- SAVEPOINT는 "데이터 변경 사항의 취소를 지정한 지점까지만 취소하라"는 의미이다.
- 오라클 DBMS의 트랜잭션은 트랜잭션의 대상이 되는 SQL문을 실행하면 자동으로 시작되고, 커밋 또는 롤백을 실행한 시점에서 종료된다.

5.4.11 커밋/롤백과는 상관없이 트랜잭션 적용 처리가 일어나는 상황

오라클 DBMS를 기준으로 CREATE, ALTER, DROP, RENAME, TRUNCATE TABLE 등 DDL 문장을 실행하면 그 실행 전과 실행 후 시점에 자동으로 커밋됩니다.

DML문(INSERT, UPDATE, DELETE)을 실행 후 커밋을 하지 않고 DDL문을 실행하면 DDL문 실행 전에 DML문의 변경 사항이 자동으로 커밋됩니다. 만약 UPDATE문을 실행한 후 커밋을 하지 않고 CREATE문을 실행하면 UPDATE문이 자동으로 커밋됩니다. 만약 UPDATE한 내용을 롤백할 예정이었다면 엄청난 낭패를 보게 되는 것입니다.

또한 DB에 대한 접속을 종료하면 자동으로 이전 DML의 변경사항이 커밋됩니다. UPDATE 문 실행 후, 정상적으로 DBMS에 대한 접속을 종료하면 UPDATE문이 자동으로 커밋됩니다.

애플리케이션의 이상 동작으로 인해 DBMS에 대한 접속이 단절되었을 때는 데이터의 변경 사항이 자동으로 롤백됩니다.

지금까지 언급한 상황은 비정상적인 트랜잭션 처리가 될 위험이 있으므로 데이터베이스 사용 시 주의해야 합니다.

5.5 WHERE절

5.5.1 WHERE 조건절 개요

SELECT문을 이용하여 테이블에 존재하는 데이터를 조회할 수 있습니다.

코드 5-42 SELECT문

```
SELECT A.INDUTY_CL_CD
     , A.INDUTY_CL_NM
     , A.INDUTY_CL_SE_CD
     , A.UPPER_INDUTY_CL_CD
  FROM TB_INDUTY_CL A
;
```

업종분류(TB_INDUTY_CL) 테이블을 조회하여 존재하는 모든 행을 출력합니다. 테이블에 존재하는 모든 데이터를 조회하는 경우도 있지만, 대부분의 경우는 필요한 데이터만을 조회, 추출하게 됩니다. 이 경우에 WHERE절을 이용하여 추출되는 행을 제한할 수 있습니다.

아래는 WHERE절을 이용한 SELECT문입니다.

코드 5-43 SELECT문 – WHERE절 사용

```
SELECT A.INDUTY_CL_CD
     , A.INDUTY_CL_NM
     , A.INDUTY_CL_SE_CD
     , A.UPPER_INDUTY_CL_CD
  FROM TB_INDUTY_CL A
 WHERE INDUTY_CL_NM LIKE '%커피%'
;
```

※ 결과집합의 정렬 순서는 별도의 정렬작업(ORDER BY절)을 하지 않았기 때문에 PC 환경에 따라 달라질 수 있습니다.

결과

```
INDUTY_CL_CD    |INDUTY_CL_NM         |INDUTY_CL_SE_CD     |UPPER_INDUTY_CL_CD     |
----------------|---------------------|--------------------|-----------------------|
```

```
Q12              ¦커피점/카페        ¦ICS002          ¦Q              ¦
Q12A01           ¦커피전문점/카페/다방 ¦ICS003          ¦Q12            ¦
```

업종분류(TB_INDUTY_CL) 테이블에서 업종분류명(INDUTY_CL_NM) 칼럼의 값이 '커피'
라는 단어를 포함하는 행을 출력합니다. WHERE절을 사용함으로써 테이블에 존재하는 모든
행이 출력되지 않고 업종분류명(INDUTY_CL_NM) 칼럼의 값이 '커피'라는 단어를 포함하고
있는 행만을 출력하였습니다.

'커피'로 시작하거나 '커피'로 끝나거나 중간에 '커피'가 있거나 하면 모두 결과로 출력됩니다.
LIKE 연산자를 이용하였고, 와일드 카드인 "%"를 '커피' 전/후에 붙였습니다. (LIKE 연산자와
"%"에 대한 내용은 〈5.5.2 연산자의 종류〉에서 더 자세히 다룹니다.)

SELECT문 사용 시 사용자들은 대부분의 경우 자신이 원하는 자료만을 검색하기 위해
WHERE절을 이용하여 출력 데이터의 행을 제한(필터처리)합니다. WHERE절 사용 시 일반
적으로 조회 대상이 되는 칼럼은 좌측에 위치하며 입력값은 우측에 위치합니다. 또한 대상 칼
럼과 입력값 사이에는 "LIKE", "=", "<", ">"과 같은 연산자를 이용합니다.

5.5.2 연산자의 종류

연산자는 WHERE절에서 대상 칼럼과 입력값을 비교하는 데 사용합니다. 연산자의 종류에는
비교 연산자, SQL 연산자, 논리 연산자, 부정 연산자가 있습니다.

| 비교 연산자 |

비교 연산자는 숫자 값 혹은 문자 값의 크기를 비교하는 데 사용합니다.

표 5-6 비교 연산자

연산자	연산자의 의미
=	~와 같다
>	~보다 크다
>=	~보다 크거나 같다
<	~보다 작다
<=	~보다 작거나 같다

"=" 연산자를 이용하여 지하철역(TB_SUBWAY_STATN) 테이블에서 역명(STATN_NM) 칼럼의 값이 '서울역'인 행을 조회합니다.

코드 5-44 "=" 연산자의 사용

```
SELECT A.SUBWAY_STATN_NO, A.LN_NM, A.STATN_NM
  FROM TB_SUBWAY_STATN A
 WHERE A.STATN_NM = '서울역'
 ;
```

※ 결과집합의 정렬 순서는 별도의 정렬작업(ORDER BY절)을 하지 않았기 때문에 PC 환경에 따라 달라질 수 있습니다.

결과

```
SUBWAY_STATN_NO|LN_NM         |STATN_NM|
---------------|--------------|--------|
    000001     |1호선         |서울역  |
    000112     |4호선         |서울역  |
    000121     |경부선        |서울역  |
    000198     |경의선        |서울역  |
    000639     |공항철도 1호선|서울역  |
```

'서울역'에는 '1호선', '4호선', '경부선', '경의선', '공항철도 1호선'이 지나간다는 것을 알 수 있습니다. 이렇게 비교 연산자 "="을 이용하여 칼럼값의 비교를 통한 데이터 조회가 가능합니다.

| SQL 연산자 |

SQL 연산자는 SQL문에서 사용하도록 기본적으로 예약[Reserved]되어 있는 연산자로서 아래와 같이 4가지가 있습니다.

표 5-7 SQL 연산자

연산자	의미
BETWEEN A AND B	A와 B 사이에 있으면 된다.
IN (리스트)	리스트에 있는 값 중 하나라도 있으면 된다.
LIKE '비교문자열'	비교문자열의 형태와 일치하면 된다.(와일드카드 사용)
IS NULL	값이 NULL이면 된다.
IS NOT NULL	값이 NULL이 아니면 된다.

SQL 연산자를 이용하여 지하철역승하차 테이블에서 데이터를 조회해봅시다.

조회 조건

- 지하철역 강남역(2호선)에서 2020년 10월 한 달 동안 승차 및 하차한 인원수를 조회한다.

- 시작시간은 18시로 한다.

- 종료시간은 19시로 한다.

위 조회 조건을 만족하는 SQL문은 아래와 같습니다.

코드 5-45 지하철역승하차 조회

```
SELECT A.SUBWAY_STATN_NO
     , A.STD_YM
     , A.BEGIN_TIME
     , A.END_TIME
     , A.TK_GFF_SE_CD
     , A.TK_GFF_CNT
  FROM TB_SUBWAY_STATN_TK_GFF A
 WHERE A.SUBWAY_STATN_NO = '000032' --2호선 강남
   AND A.STD_YM = '202010' --2020년 10월
   AND A.BEGIN_TIME LIKE '18%'
   AND A.END_TIME LIKE '19%'
   AND A.TK_GFF_SE_CD IN ('TGS001', 'TGS002') --TGS001:승차, TGS002:하차
 ;
```

※ 결과집합의 정렬 순서는 별도의 정렬작업(ORDER BY절)을 하지 않았기 때문에 PC 환경에 따라 달라질 수 있습니다.

결과

SUBWAY_STATN_NO	STD_YM	BEGIN_TIME	END_TIME	TK_GFF_SE_CD	TK_GFF_CNT
000032	202010	1800	1900	TGS001	317292
000032	202010	1800	1900	TGS002	178032

2호선 강남역의 2020년 10월 한 달 동안 18시~19시 시간대의 승차 및 하차인원수를 조회하였습니다. 해당 시간대의 승차인원이 하차인원에 비해서 많은 것으로 보아, 강남역 부근 사무실에서 근무 후 집으로 귀가하는 사람들이 많은 것을 유추할 수 있습니다.

위 SQL문은 다음과 같이 LIKE 연산자를 사용하였습니다.

LIKE 연산자 – 퍼센트 사용

```
AND A.BEGIN_TIME LIKE '18%'
```

LIKE 연산자 사용 시 퍼센트(%)라는 와일드카드를 이용해서 시작시간 칼럼의 값이 '18'로 시작하는 행을 조회합니다. 첫 시작을 '18'로만 한다면 뒷부분은 어떤 문자가 오든지 상관없이 조회합니다. 또한 아무런 문자가 오지 않아도 추출합니다. "%"와 같은 것을 와일드카드라고 합니다.

표 5-8 **와일드카드**

와일드카드	설명
%(퍼센트)	0개 이상의 어떤 문자를 의미한다.
_(언더바)	1개의 단일 문자를 의미한다.

다음은 와일드카드 "_"를 이용한 조건입니다.

LIKE 연산자 – 언더바 사용

```
AND A.BEGIN_TIME LIKE '18__'  --'18'로 시작하면서 뒤에 문자가 단 2개만 존재하면 추출
```

시작시간(BEGIN_TIME) 칼럼의 값이 '18'로 시작하면서 '18' 뒤에는 2개의 문자가 존재하면 조회합니다. 시작시간(BEGIN_TIME) 칼럼의 값은 4자리인 '1800'입니다. 이 조건을 사용하더라도 기존과 동일하게 데이터가 조회됩니다.

아래는 와일드카드 "_" 및 "%"를 이용한 조건입니다.

LIKE 연산자 – 언더바 및 퍼센트 사용

```
AND A.BEGIN_TIME LIKE '18__%'  --'18'로 시작하면서 뒤에 문자가 2개 이상만 되면 추출
```

'18' 뒤에 언더바 2개를 붙이고 퍼센트까지 뒤에 붙인다면 '18'로 시작하면서 '18'뒤에 2개의 문자만 존재하고, 그 뒤에는 어떠한 문자가 오든지 안 오든지 상관없이 데이터가 조회됩니다.

[코드 5-46]은 IS NULL 연산자를 이용하여 칼럼이 NULL인 행을 조회하는 SQL문입니다. 주

소분류(TB_ADRES_CL) 테이블에서 상위주소분류코드(UPPER_ADRES_CL_CD)의 칼럼이 NULL인 행을 조회하고 있습니다.

코드 5-46 IS NULL 연산자

```
SELECT
       A.ADRES_CL_CD
     , A.ADRES_CL_NM
     , A.ADRES_CL_SE_CD
     , NVL(A.UPPER_ADRES_CL_CD, '(Null)') UPPER_ADRES_CL_CD
  FROM TB_ADRES_CL A
 WHERE A.UPPER_ADRES_CL_CD IS NULL
 ;
```

※ 결과집합의 정렬 순서는 별도의 정렬작업(ORDER BY절)을 하지 않기 때문에 PC 환경에 따라 달라질 수 있습니다.

결과

```
ADRES_CL_CD¦ADRES_CL_NM    ¦ADRES_CL_SE_CD¦UPPER_ADRES_CL_CD¦
-----------¦---------------¦--------------¦-----------------¦
    11     ¦서울특별시      ¦ACS001        ¦(Null)           ¦
    26     ¦부산광역시      ¦ACS001        ¦(Null)           ¦
    27     ¦대구광역시      ¦ACS001        ¦(Null)           ¦
    28     ¦인천광역시      ¦ACS001        ¦(Null)           ¦
    29     ¦광주광역시      ¦ACS001        ¦(Null)           ¦
    30     ¦대전광역시      ¦ACS001        ¦(Null)           ¦
    31     ¦울산광역시      ¦ACS001        ¦(Null)           ¦
    36     ¦세종특별자치시  ¦ACS001        ¦(Null)           ¦
    41     ¦경기도          ¦ACS001        ¦(Null)           ¦
    42     ¦강원도          ¦ACS001        ¦(Null)           ¦
    43     ¦충청북도        ¦ACS001        ¦(Null)           ¦
    44     ¦충청남도        ¦ACS001        ¦(Null)           ¦
    45     ¦전라북도        ¦ACS001        ¦(Null)           ¦
    46     ¦전라남도        ¦ACS001        ¦(Null)           ¦
    47     ¦경상북도        ¦ACS001        ¦(Null)           ¦
    48     ¦경상남도        ¦ACS001        ¦(Null)           ¦
    50     ¦제주특별자치도  ¦ACS001        ¦(Null)           ¦
```

특정 칼럼의 값이 NULL인 데이터를 추출할 경우 IS NULL 연산자를 사용합니다.

'서울특별시', '부산광역시' 등은 대한민국의 행정구역상 상위주소분류코드(UPPER_ADRES_CL_CD)가 존재하지 않습니다. IS NULL 연산을 이용하여 상위주소분류코드(UPPER_ADRES_CL_CD)의 값이 존재하지 않는 행들이 출력됩니다.

다음 조건은 NULL 비교 시 "=" 연산자를 사용하였습니다.

잘못된 NULL 비교 조건

```
WHERE A.UPPER_ADRES_CL_CD = NULL
```

결과

```
ADRES_CL_CD¦ADRES_CL_NM¦ADRES_CL_SE_CD¦UPPER_ADRES_CL_CD¦
-----------¦-----------¦--------------¦-----------------¦
```

데이터가 1건도 나오지 않은 공집합이 리턴되었습니다. SQL문 실행 자체에는 문제가 없지만 공집합이 리턴된 것을 알 수 있습니다. 이러한 이유로 특정 칼럼의 값이 NULL인 행을 조회하려면 "IS NULL" 연산자를 이용해야 합니다.

아래 조건은 NULL 비교 시 "< >" 연산자를 사용하였습니다.

잘못된 NULL 부정 비교 조건

```
WHERE A.UPPER_ADRES_CL_CD <> NULL
```

결과

```
ADRES_CL_CD¦ADRES_CL_NM¦ADRES_CL_SE_CD¦UPPER_ADRES_CL_CD¦
-----------¦-----------¦--------------¦-----------------¦
```

이것도 마찬가지로 데이터가 1건도 나오지 않은 공집합이 리턴되었습니다. SQL문 실행 자체에는 문제가 없지만 공집합이 리턴됐습니다. 따라서 특정 칼럼의 값이 NULL이 아닌 행을 조회하려면 "IS NOT NULL" 연산자를 이용해야 합니다. 즉 NULL에 대한 부정 비교는 "< >" 연산자로 불가능하며 "IS NOT NULL" 연산자를 이용해야 합니다.

그럼 지금부터 "IS NOT NULL" 연산자를 이용해서 상위주소분류코드(UPPER_ADRES_CL_CD)가 NULL이 아닌 행을 조회해보겠습니다.

코드 5-47 IS NOT NULL 연산자

```
SELECT
        A.ADRES_CL_CD
     , A.ADRES_CL_NM
     , A.ADRES_CL_SE_CD
```

```
      , NVL(A.UPPER_ADRES_CL_CD, '(Null)') UPPER_ADRES_CL_CD
   FROM TB_ADRES_CL A
  WHERE A.UPPER_ADRES_CL_CD IS NOT NULL
  ;
```

※ 결과집합의 정렬 순서는 별도의 정렬작업(ORDER BY절)을 하지 않았기 때문에 PC 환경에 따라 달라질 수 있습니다.

결과

```
ADRES_CL_CD│ADRES_CL_NM│ADRES_CL_SE_CD│UPPER_ADRES_CL_CD│
-----------│-----------│--------------│-----------------│
11110      │종로구      │ACS002        │11               │
11140      │중구        │ACS002        │11               │
11170      │용산구      │ACS002        │11               │
11200      │성동구      │ACS002        │11               │
11215      │광진구      │ACS002        │11               │
11230      │동대문구    │ACS002        │11               │
11260      │중랑구      │ACS002        │11               │
11290      │성북구      │ACS002        │11               │
11305      │강북구      │ACS002        │11               │
11320      │도봉구      │ACS002        │11               │
중간생략…
```

정리하자면 NULL 비교 시에는 "IS NULL" 연산자를 사용하고, NULL에 대한 부정 비교 시에는 "IS NOT NULL" 연산자를 사용해야 합니다.

| 논리 연산자 |

논리 연산자는 비교 연산자 혹은 SQL 연산자로 이루어진 여러 개의 조건들을 논리적으로 조합하기 위해서 사용하는 연산자입니다. AND도 논리 연산자의 한 종류입니다.

표 5-9 논리 연산자

연산자	의미
AND	앞 조건과 뒤 조건이 모두 참이어야 한다.
OR	앞 조건과 뒤 조건 중 하나라도 참이어야 한다.
NOT	조건이 거짓이면 된다.

논리 연산자인 "AND", "OR", "NOT"을 이용한 SELECT문 실습을 진행해봅시다.

조회 조건

- 서울특별시에 존재하는 커피전문점 중 스타벅스, 이디야, 파스쿠찌 매장을 찾는다.

- 강남구에 존재하는 매장은 집합에서 제외한다.

상가(TB_BSSH) 테이블에서 지번주소(LNM_ADRES) 칼럼의 값이 '서울'로 시작하고 상호명
(CMPNM_NM) 칼럼의 값이 '스타벅스', '이디야', '파스쿠찌'를 포함하는 매장을 조회하면서,
지번주소(LNM_ADRES) 칼럼이 '강남구'인 곳을 결과에서 제외하는 SQL문입니다.

코드 5-48 논리 연산자의 사용

```
SELECT A.BSSH_NO
     , A.CMPNM_NM
     , A.LNM_ADRES
  FROM TB_BSSH A
 WHERE A.LNM_ADRES LIKE '서울%'
   AND
       (   A.CMPNM_NM LIKE '%스타벅스%'
        OR A.CMPNM_NM LIKE '%이디야%'
        OR A.CMPNM_NM LIKE '%파스쿠찌%'
       )
   AND NOT A.LNM_ADRES LIKE '%강남구%'
;
```

※ 결과집합의 정렬 순서는 별도의 정렬작업(ORDER BY절)을 하지 않았기 때문에 PC 환경에 따라 달라질 수 있습니다.

결과

```
 BSSH_NO │CMPNM_NM  .│LNM_ADRES                          │
 ────────│──────────.│───────────────────────────────────│
 25222901│스타벅스   .│서울특별시 마포구 서교동 395-166번지 │
 25226029│이디야커피.│서울특별시 관악구 봉천동 955-57번지   │
 25232683│이디야커피.│서울특별시 송파구 방이동 89-11번지    │
 25233075│스타벅스오.│서울특별시 양천구 목동 404-13번지 ...│
 25238580│스타벅스   .│서울특별시 광진구 화양동 5-47번지     │
 25240856│스타벅스강.│서울특별시 강북구 수유동 174-13번지   │
 25241869│스타벅스천.│서울특별시 강동구 천호동 453-14번지   │
 25251520│이디야커피.│서울특별시 은평구 불광동 357-14번지   │
 25262324│이디야커피.│서울특별시 구로구 신도림동 399번지    │
 25269178│이디야커피.│서울특별시 성동구 도선동 14번지       │
 생략...
```

※ 이 책의 분량 및 페이지 크기에 맞게 일부 값을 생략하였습니다.

| 부정 연산자 |

비교 연산자의 부정표현은 부정 비교 연산자로 할 수 있고, SQL 연산자의 부정표현은 부정 SQL 연산자로 할 수 있습니다.

표 5-10 부정 비교 연산자

연산자	의미
!=	같지 않다.
<>	같지 않다.
^=	같지 않다.
NOT 칼럼명 =	~칼럼의 값이 ~와 같지 않다.
NOT 칼럼명 >	~칼럼의 값이 ~보다 크지 않다.
NOT 칼럼명 <	~칼럼의 값이 ~보다 작지 않다.

[코드 5-49]는 부정 비교 연산자를 이용하여 '강남'역 기준 2020년 10월 1달 동안 승하차횟수가 100,000명보다 작지 않은 행, 즉 100,000명 이상인 행을 조회하는 SQL문입니다.

코드 5-49 부정 비교 연산자의 사용

```
SELECT A.SUBWAY_STATN_NO
     , A.STD_YM
     , A.BEGIN_TIME
     , A.END_TIME
     , CASE
         WHEN A.TK_GFF_SE_CD = 'TGS001' THEN '승차'
         WHEN A.TK_GFF_SE_CD = 'TGS002' THEN '하차'
       END AS 승하차구분
     , A.TK_GFF_CNT
  FROM TB_SUBWAY_STATN_TK_GFF A
 WHERE A.SUBWAY_STATN_NO = '000032' --2호선 강남
   AND A.STD_YM = '202010'
   AND A.TK_GFF_SE_CD IN ('TGS001', 'TGS002') --승차, 하차
   AND NOT A.TK_GFF_CNT < 100000
 ;
```

※ 결과집합의 정렬 순서는 별도의 정렬작업(ORDER BY절)을 하지 않았기 때문에 PC 환경에 따라 달라질 수 있습니다.

```
SUBWAY_STATN_NO│STD_YM│BEGIN_TIME│END_TIME│승하차구분│TK_GFF_CNT│
───────────────│──────│──────────│────────│──────────│──────────│
000032         │202010│0700      │0800    │하차      │   133646│
000032         │202010│0800      │0900    │하차      │   289569│
000032         │202010│0900      │1000    │하차      │   296332│
000032         │202010│1000      │1100    │하차      │   135038│
000032         │202010│1300      │1400    │하차      │   120630│
000032         │202010│1400      │1500    │하차      │   103334│
000032         │202010│1500      │1600    │승차      │   122743│
000032         │202010│1600      │1700    │승차      │   142216│
000032         │202010│1600      │1700    │하차      │   101373│
000032         │202010│1700      │1800    │승차      │   216067│
000032         │202010│1700      │1800    │하차      │   125814│
000032         │202010│1800      │1900    │승차      │   317292│
000032         │202010│1800      │1900    │하차      │   178032│
000032         │202010│1900      │2000    │승차      │   199463│
000032         │202010│1900      │2000    │하차      │   120029│
000032         │202010│2000      │2100    │승차      │   148834│
000032         │202010│2100      │2200    │승차      │   173262│
000032         │202010│2200      │2300    │승차      │   175770│
```

하차인원수는 08시~10시 시간대에 집중되고, 승차인원수는 18시~19시 시간대에 집중되고 있습니다. 하차인원은 강남역 부근 사무실로 출근하는 사람들이고 승차인원은 출근 후 퇴근하는 인원인 것으로 판단됩니다.

아래는 부정 SQL 연산자에 대해 정리한 표입니다.

표 5-11 부정 SQL 연산자

연산자	의미
NOT BETWEEN A AND B	A와 B의 값 사이에 있지 않다.
NOT IN (LIST)	같지 않다.
IS NOT NULL	NULL 값이 아니다.

[코드 5-50]은 부정 SQL 연산자를 이용한 SQL문입니다.

코드 5-50 부정 SQL 연산자의 사용

```sql
SELECT A.SUBWAY_STATN_NO
     , A.STD_YM
     , A.BEGIN_TIME
     , A.END_TIME
     , CASE
          WHEN A.TK_GFF_SE_CD = 'TGS001' THEN '승차'
          WHEN A.TK_GFF_SE_CD = 'TGS002' THEN '하차'
       END AS 승하차구분
     , A.TK_GFF_CNT
  FROM TB_SUBWAY_STATN_TK_GFF A
 WHERE A.SUBWAY_STATN_NO = '000032' --2호선 강남
   AND A.STD_YM = '202010'
   AND A.TK_GFF_SE_CD NOT IN ('TGS001') --승차는 포함하지 않음
   AND A.TK_GFF_CNT NOT BETWEEN 0 AND 99999 --0~99999 사이가 아닌 것
;
```

※ 결과집합의 정렬 순서는 별도의 정렬작업(ORDER BY절)을 하지 않았기 때문에 PC 환경에 따라 달라질 수 있습니다.

결과

SUBWAY_STATN_NO	STD_YM	BEGIN_TIME	END_TIME	승하차구분	TK_GFF_CNT
000032	202010	0700	0800	하차	133646
000032	202010	0800	0900	하차	289569
000032	202010	0900	1000	하차	296332
000032	202010	1000	1100	하차	135038
000032	202010	1300	1400	하차	120630
000032	202010	1400	1500	하차	103334
000032	202010	1600	1700	하차	101373
000032	202010	1700	1800	하차	125814
000032	202010	1800	1900	하차	178032
000032	202010	1900	2000	하차	120029

"NOT IN" 연산을 이용하여 승차는 결과에 포함하지 않았습니다. 또한 "NOT BETWEEN" 연산을 이용하여 승하차횟수가 0~99999인 데이터는 결과에 포함하지 않았습니다.

지하철 2호선 강남역은 출근시간대인 08시~10시 사이에 하차인원이 가장 많습니다.

5.5.3 CHAR VS VARCHAR2

SQL문 사용 시 문자열 비교를 많이 합니다. 오라클 DBMS에서 문자열을 저장하는 대표적인

데이터형은 CHAR, VARCHAR2가 있습니다. 그 외 대량의 문자열을 저장하는 용도로 사용하는 데이터형인 CLOB가 있습니다.

CHAR 타입과 VARCHAR2 타입을 비교해봅시다.

표 5-12 CHAR VS VARCHAR2

항목	설명	차이점
CHAR	고정 길이 문자열	• CHAR(5)에 'SQLD'만 저장할 경우 자동으로 뒤에 공백 1개가 붙어서 'SQLD '가 저장된다. • CHAR(5) 끝에 공백을 하나 붙인 'SQLD '를 저장할 경우 그대로 'SQLD '로 저장된다.
VARCHAR2 (=VARCHAR)	가변 길이 문자열	• VARCHAR2(5)에 'SQLD'만 저장할 경우 'SQLD'만 저장된다. • VARCHAR2(5) 끝에 공백을 하나 붙인 'SQLD '를 저장할 경우 그대로 'SQLD '로 저장된다.

CHAR은 고정 길이 문자열이고 VARCHAR2는 가변 길이 문자열입니다. 위 표에서 설명한 차이점으로 인해 CHAR와 VARCHAR2 타입을 비교 시 사용자가 예상하지 못한 결과가 나올 수도 있습니다.

따라서 다음과 같은 사항을 주의해야 합니다.

| 양쪽이 모두 CHAR 타입인 경우 |

비교 대상이 모두 CHAR 타입인 경우 CHAR의 길이가 서로 다르다면 데이터 비교 시 주의해야 합니다.

표 5-13 양쪽이 모두 CHAR 타입인 경우

상황	설명
양쪽이 모두 CHAR 타입인 경우	• 길이가 서로 다르면 작은 쪽에 공백을 추가하여 길이를 같게 한다. • 서로 다른 문자가 나올 때까지 비교한다. • 달라진 첫 번째 값에 따라 크기를 결정한다. • 공백의 수만 다르다면 같은 값으로 결정한다.

원활한 실습을 위해 다음 테이블을 생성합니다.

```
CREATE TABLE TB_CHAR
(
  CHAR_NO CHAR(4)
, CHAR_4 CHAR(4)
, CHAR_5 CHAR(5)
, CONSTRAINT PK_TB_CHAR PRIMARY KEY (CHAR_NO)
)
;
```

CHAR_4 칼럼은 4자리로 생성했고, CHAR_5 칼럼은 5자리로 생성하였습니다.

아래와 같이 길이 5자리 CHAR_5 칼럼에 4자리 길이의 문자열을 저장하는 테스트 데이터를
입력해보겠습니다.

코드 5-52 테스트용 데이터 입력

```
INSERT INTO TB_CHAR (CHAR_NO, CHAR_4, CHAR_5)
    VALUES ('1001', 'SQLD', 'SQLD');

INSERT INTO TB_CHAR (CHAR_NO, CHAR_4, CHAR_5)
    VALUES ('1002', 'SQLD', 'SQLP');

COMMIT;
```

이제 데이터를 조회합니다.

코드 5-53 데이터 조회

```
SELECT
      REPLACE(CHAR_4, ' ', '_') AS CHAR_4 --공백이 있는 경우 '_'로 치환
    , REPLACE(CHAR_5, ' ', '_') AS CHAR_5 --공백이 있는 경우 '_'로 치환
  FROM TB_CHAR
;
```

※ 결과집합의 정렬 순서는 별도의 정렬작업(ORDER BY절)을 하지 않았기 때문에 PC 환경에 따라 달라질 수 있습니다.

결과

```
CHAR_4|CHAR_5|
------|------|
SQLD  |SQLD_ |
SQLD  |SQLP_ |
```

CHAR_5 칼럼은 5자리인데 4자리 길이의 문자열을 저장하였으므로 자동으로 공백 1자리가 추가되었습니다.

[코드 5-54]는 CHAR_4 칼럼과 CHAR_5 칼럼을 비교하는 SELECT문입니다. CHAR_4 칼럼의 값이 'SQLD'인 행의 CHAR_4와 CHAR_5 칼럼을 비교합니다.

코드 5-54 CHAR 데이터형 간 비교 – "=" 연산자

```
SELECT CHAR_NO
     , REPLACE(CHAR_4, ' ', '_') AS CHAR_4 --공백이 있는 경우 '_'로 치환
     , REPLACE(CHAR_5, ' ', '_') AS CHAR_5 --공백이 있는 경우 '_'로 치환
  FROM TB_CHAR
 WHERE CHAR_4 = 'SQLD'
   AND CHAR_4 = CHAR_5
;
```

※ 결과집합의 정렬 순서는 별도의 정렬작업(ORDER BY절)을 하지 않았기 때문에 PC 환경에 따라 달라질 수 있습니다.

결과

```
CHAR_NO¦CHAR_4¦CHAR_5¦
-------¦------¦------¦
1001   ¦SQLD  ¦SQLD_ ¦
```

CHAR_NO 칼럼이 '1001'인 행이 출력되었습니다. **CHAR 데이터 칼럼끼리 비교할 때 길이가 서로 달라도 공백만 다르다면 같다고 판단합니다.**

이번에는 "<" 연산자를 이용하여 비교해보도록 하겠습니다.

코드 5-55 CHAR 데이터형 간 비교 – "<" 연산자

```
SELECT CHAR_NO
     , REPLACE(CHAR_4, ' ', '_') AS CHAR_4 --공백이 있는 경우 '_'로 치환
     , REPLACE(CHAR_5, ' ', '_') AS CHAR_5 --공백이 있는 경우 '_'로 치환
  FROM TB_CHAR
 WHERE CHAR_NO = '1002'
   AND CHAR_4 < CHAR_5
;
```

CHAR_NO 칼럼이 '1002'인 행의 CHAR_4 칼럼과 CHAR_5 칼럼을 비교합니다.

```
CHAR_NO|CHAR_4|CHAR_5|
-------|------|------|
 1002  |SQLD  |SQLP_ |
```

두 칼럼의 문자열은 'SQL'까지는 동일하다가 4번째 문자에서 서로 다릅니다. 알파벳 순으로 'D'보다 'P'가 더 크기 때문에 데이터가 위와 같이 출력되었습니다. 즉 **'SQLP' 뒤에 있는 공백은 결과집합에 영향을 주지 않았습니다.**

| 비교 연산자 중 한쪽이 VARCHAR2인 경우 |

비교 연산자 중 한쪽이 VARCHAR2인 경우입니다. 다음과 같은 사항을 주의해야 합니다.

표 5-14 비교 연산자 중 한쪽이 VARCHAR2 타입인 경우

상황	설명
비교 연산자 중 한쪽이 VARCHAR2인 경우	• 서로 다른 문자가 나올 때까지 비교한다. • 길이가 다르다면 짧은 것이 끝날 때 까지만 비교한 후 길이가 긴 것이 크다고 판단한다. • 길이가 같고 다른 것이 없다면 같다고 판단한다. • VARCHAR2는 공백도 문자로 판단한다.

실습을 위해 아래 테이블을 생성합니다.

코드 5-56 테스트용 테이블 생성

```
CREATE TABLE TB_VARCHAR2
(
  VARCHAR_NO CHAR(4)
, CHAR_4 CHAR(4)
, VARCHAR2_5 VARCHAR2(5)
, CONSTRAINT PK_TB_VARCHAR2 PRIMARY KEY (VARCHAR_NO)
)
;
```

CHAR_4 칼럼은 4자리 CHAR 타입이고 VARCHAR2_5 칼럼은 5자리 VARCHAR2 타입입니다.

아래와 같이 테스트 데이터를 입력해봅시다.

코드 5-57 테스트용 데이터 입력

```
INSERT INTO TB_VARCHAR2(VARCHAR_NO, CHAR_4, VARCHAR2_5) VALUES ('1001', 'SQLD',
'SQLD ');
INSERT INTO TB_VARCHAR2(VARCHAR_NO, CHAR_4, VARCHAR2_5) VALUES ('1002', 'SQLD',
'SQLP ');
COMMIT;
```

VARCHAR2_5 칼럼에 4자리 문자열 끝에 공백 1자리를 붙여서 저장하였습니다('SQLD ', 'SQLP '). VARCHAR2 데이터형은 공백도 문자로 판단하기 때문에 해당 칼럼에는 공백까지 문자로 저장됩니다.

이제 아래와 같이 데이터를 조회해보도록 하겠습니다.

코드 5-58 데이터 조회

```
SELECT
        REPLACE(CHAR_4, ' ', '_') AS CHAR_4        --공백이 있는 경우 '_'로 치환
      , REPLACE(VARCHAR2_5, ' ', '_') AS VARCHAR_5 --공백이 있는 경우 '_'로 치환
   FROM TB_VARCHAR2
 ;
```

※ 결과집합의 정렬 순서는 별도의 정렬작업(ORDER BY절)을 하지 않았기 때문에 PC 환경에 따라 달라질 수 있습니다.

결과

```
CHAR_4|VARCHAR_5|
------|---------|
SQLD  |SQLD_    |
SQLD  |SQLP_    |
```

VARCHAR2_5 칼럼 뒤에 공백 1자리가 그대로 저장된 것을 확인할 수 있습니다. 즉 VARCHAR2 데이터형은 공백도 문자로 판단합니다.

이제, SQL문으로 좀 더 자세히 알아보도록 하겠습니다. 다음 SQL문은 CHAR형 'SQLD'와 VARCHAR2형 'SQLD '를 비교합니다.

코드 5-59 CHAR 타입과 VARCHAR2 타입의 비교

```
SELECT
        REPLACE(CHAR_4, ' ', '_') AS CHAR_4
      , REPLACE(VARCHAR2_5, ' ', '_') AS VARCHAR2_5
  FROM TB_VARCHAR2
 WHERE VARCHAR_NO = '1001'
   AND CHAR_4 = VARCHAR2_5
;
```

결과

```
CHAR_4|VARCHAR2_6|
------|----------|
```

공집합이 리턴되었습니다. CHAR와 VARCHAR2 타입을 비교 시 VARCHAR2는 공백도 문자로 판단하기 때문에 서로 다른 문자라고 판단합니다. 다음과 같이 VARCHAR2_5 칼럼에 TRIM 함수를 이용하여 문자열 비교를 한다면 의도한 대로 결과집합이 출력됩니다.

코드 5-60 VARCHAR2 타입에 TRIM함수 사용

```
SELECT
        REPLACE(CHAR_4, ' ', '_') AS CHAR_4
      , REPLACE(VARCHAR2_5, ' ', '_') AS VARCHAR2_5
  FROM TB_VARCHAR2
 WHERE VARCHAR_NO = '1001'
   AND CHAR_4 = TRIM(VARCHAR2_5) --TRIM 함수로 VARCHAR2_5 뒤에 공백을 삭제
;
```

결과

```
CHAR_4|VARCHAR2_5|
------|----------|
SQLD  |SQLD_     |
```

VARCHAR2_5 칼럼 뒤에 있는 공백 2자리를 TRIM한 후 CHAR_4 칼럼과 비교하여 결과가 출력되었습니다.

| 상수 값과 비교 |

CHAR 타입에 상수 값을 비교하는 것과 VARCHAR2 타입에 상수 값을 비교할 때의 차이점에 대해 알아봅니다.

표 5-15 CHAR 타입과 상수 값 비교 VS VARCHAR2 타입과 상수 값 비교

상황	설명
상수 값과 비교	• 상수 쪽을 칼럼의 데이터형과 동일하게 바꾸고 비교한다. • 칼럼이 CHAR이면 CHAR 타입인 경우를 적용한다.(공백은 문자로 판단하지 않는다.) • 칼럼이 VARCHAR2이면 VARCHAR2 타입인 경우를 적용한다.(공백도 문자로 판단한다.)

상수 값과 비교 시에는 비교 대상이 되는 칼럼의 데이터형의 특성을 따라가게 됩니다. 즉 칼럼의 데이터형이 CHAR라면 CHAR 데이터형의 특성을 따라가며 VARCAHR2인 경우에는 VARCHAR2 데이터형의 특성을 따라가게 됩니다.

해당 실습은 별도의 테이블을 만들지 않고 기존의 TB_VARCHAR2 테이블을 활용하겠습니다.

우선 아래와 같이 CHAR 데이터형의 칼럼과 상수를 비교해보도록 하겠습니다. CHAR_4 칼럼 뒤에 공백 1자리에 붙어있는 'SQLD ' 문자열과 비교한 SELECT문입니다.

코드 5-61 CHAR 타입과 상수 값 비교

```
SELECT
        REPLACE(CHAR_4, ' ', '_') AS CHAR_4
     , REPLACE(VARCHAR2_5, ' ', '_') AS VARCHAR2_5
  FROM TB_VARCHAR2
 WHERE VARCHAR_NO = '1001'
   AND CHAR_4 = 'SQLD '
 ;
```

결과

```
CHAR_4¦VARCHAR2_5¦
------¦----------¦
SQLD  ¦SQLD_     ¦
```

CHAR 데이터형은 공백을 문자로 취급하지 않으므로 데이터 행이 출력된 것을 알 수 있습니다.

이번에는 아래와 같이 VARCHAR2 데이터형의 칼럼과 상수를 비교해보도록 하겠습니다. VARCHAR2 칼럼 뒤에 공백이 없는 'SQLD' 문자열을 비교한 SELECT문입니다.

코드 5-62 VARCHAR2 타입과 상수 값 비교

```
SELECT
       REPLACE(CHAR_4, ' ', '_') AS CHAR_4
     , REPLACE(VARCHAR2_5, ' ', '_') AS VARCHAR2_5
  FROM TB_VARCHAR2
 WHERE VARCHAR_NO = '1001'
   AND VARCHAR2_5 = 'SQLD'
;
```

결과

```
CHAR_4¦VARCHAR2_5¦
------¦----------¦
```

공집합이 리턴되었습니다. VARCHAR2 타입은 공백도 문자로 취급하므로 공백이 없는 'SQLD' 문자열은 공백이 있는 'SQLD ' 문자열과 다르다고 판단한 것입니다.

5.5.4 WHERE절에 사용하는 ROWNUM

오라클에서는 ROWNUM이라는 SQL 예약어가 존재합니다. ROWNUM은 특정 테이블에서 데이터가 조회될 때 출력되는 행의 순번을 의미하는 Pseudo 칼럼입니다. 이러한 ROWNUM 을 WHERE절의 조건으로 이용하여 결과 행의 건수를 제한할 수 있습니다. SQL문을 작성하다 보면 대용량 테이블에서 특정 건수의 데이터만 추출해보는 일이 많습니다. 이러한 경우 WHERE절에 ROWNUM을 이용하여 결과 행의 건수를 제한할 수 있습니다.

상가(TB_BSSH) 테이블은 수백만 건이 저장되어 있는 대용량 테이블이며 해당 테이블 조회 시 결과 행의 수를 제한하지 않는다면 수백만 건이 모두 출력될 때까지 기다려야 합니다. 이처럼 모든 데이터를 출력할 필요가 없는 경우 WHERE절에서 ROWNUM 조건을 이용하여 결과 행의 건수를 제한할 수 있습니다.

해당 사항의 확인을 위해서 다음과 같이 WHERE절에 ROWNUM 조건을 줘서 수백만 건의 대용량 테이블에서 10건만 출력하는 SQL문을 실행합니다.

코드 5-63 WHERE절에 ROWNUM 이용

```
SELECT ROWNUM AS RNUM
     , A.BSSH_NO
     , A.CMPNM_NM
     , NVL(A.BHF_NM, '(Null)') AS BHF_NM
     , A.LNM_ADRES
  FROM TB_BSSH A
 WHERE ROWNUM <= 10
;
```

※ 결과집합의 정렬 순서는 별도의 정렬작업(ORDER BY절)을 하지 않았기 때문에 PC 환경에 따라 달라질 수 있습니다.

결과

```
RNUM¦BSSH_NO  ¦CMPNM_NM        .¦BHF_NM¦LNM_ADRES                               ¦
----¦--------¦----------------.¦------¦----------------------------------------¦
   1¦25052672¦흥부네갈비       .¦(Null)¦경기도 수원시 장안구 영화동 424-36번지    ¦
   2¦25052673¦핑크분식         .¦(Null)¦경기도 수원시 영통구 원천동 550-1번지     ¦
   3¦25052674¦한방정력곱찬곱창.¦(Null)¦경기도 안양시 만안구 안양동 1355-3        ¦
   4¦25052676¦다마시서         .¦(Null)¦강원도 홍천군 홍천읍 갈마곡리 231-6번지   ¦
   5¦25052684¦몬테로사         .¦(Null)¦경기도 수원시 영통구 원천동 352-9번지     ¦
   6¦25052686¦24시만화방식당  .¦(Null)¦경기도 의정부시 의정부동 197-13           ¦
   7¦25052691¦싱싱탐라횟집     .¦(Null)¦제주특별자치도 제주시 아라이동 3008-5번지¦
   8¦25052693¦아이러브피씨방내.¦(Null)¦경기도 부천시 괴안동 30-3                 ¦
   9¦25052696¦고흥친환경참다래.¦(Null)¦전라남도 고흥군 동강면 오월리 산130-1번지¦
  10¦25052697¦곡도            .¦(Null)¦전라남도 신안군 증도면 증동리 210-1번지   ¦
```

※ 이 책의 분량 및 페이지 크기에 맞게 일부 값을 생략하였습니다.

5.6 함수

5.6.1 단일행 함수의 주요 특징

오라클 DBMS 엔진 내부에 구현되어 있는 내장 함수Function가 있습니다. 내장 함수 중 입력값에 대해서 단 하나의 출력값을 리턴하는 함수를 단일행 함수라고 합니다. 단일행 함수를 이용하면 다양한 데이터 처리가 가능합니다.

단일행 함수

- SELECT, WHERE, ORDER BY 절에 사용 가능하다.

- 각 행Row들에 대해 개별적으로 작용하여 데이터 값들을 조작하고, 각각의 행에 대한 조작 결과를 리턴한다.

- 여러 인자Argument를 입력해도 단 하나의 결과만 리턴한다.

- 함수의 인자Argument로 상수, 변수, 표현식이 사용 가능하고, 하나의 인수를 가지는 경우도 있지만 여러 개의 인수를 가질 수도 있다.

- 함수의 인자Argument로 함수 호출 자체를 사용하는 함수의 중첩도 가능하다.(함수 안에서 함수를 호출하는 것이 가능하다.)

5.6.2 단일행 함수의 종류

단일행 함수의 종류에는 문자형, 숫자형, 날짜형, 변환형, NULL 관련 함수가 있습니다. 종류를 살펴봅시다.

표 5-16 단일행 함수의 종류

종류	설명	주요 단일행 함수
문자형 함수	문자를 입력하면 문자나 숫자 값을 반환한다.	LOWER, UPPER, SUBSTR, LENGTH, LTRIM, RTRIM, TRIM, ASCII
숫자형 함수	숫자를 입력하면 숫자 값을 반환한다.	ABS, MOD, ROUND, TRUNC, SIGN, CHR, CEIL, FLOOR, EXP, LOG, LN, POWER, SIN, COS, TAN
날짜형 함수	DATE 타입의 값을 연산한다.	SYSDATE, EXTRACT, TO_NUMBER
변환형 함수	문자, 숫자, 날짜형의 데이터형을 다른 데이터형으로 형변환한다.	TO_NUMBER, TO_CHAR, TO_DATE, CONVERT
NULL 관련 함수	NULL을 처리하기 위한 함수이다.	NVL, NULLIF, COALESCE

5.6.3 단일행 문자형 함수 사용 예시

다음은 대표적인 단일행 문자형 함수에 대한 사용 예시를 정리한 내용입니다. 오라클 DBMS에서 기본적으로 주어지는 DUAL 테이블을 이용하였습니다.

표 5-17 단일행 문자형 함수 사용 예시

SQL		결과	설명
SELECT			
	LOWER('SQL Developer')	[sql developer]	소문자로 변환한다.
,	UPPER('SQL Developer')	[SQL DEVELOPER]	대문자로 변환한다.
,	ASCII('A')	[65]	알파벳 'A'의 아스키 코드값을 반환한다.
,	CHR('65')	[A]	아스키 코드 65의 문자를 반환한다.
,	CONCAT('SQL', 'Developer')	[SQLDeveloper]	2개의 문자열을 합친다.(붙인다.)
,	SUBSTR('SQL Developer', 1, 3)	[SQL]	문자열의 첫 번째 문자부터 세 번째 문자까지만 출력한다.(잘라낸다.)
,	LENGTH('SQL')	[3]	문자열의 길이를 구한다.
,	LTRIM(' SQL')	[SQL]	왼쪽에 있는 공백을 제거한다.
,	RTRIM('SQL ')	[SQL]	오른쪽에 있는 공백을 제거한다.
FROM DUAL;			

5.6.4 단일행 숫자형 함수 사용 예시

대표적인 단일행 숫자형 함수에 대한 사용 예시를 봅시다.

표 5-18 단일행 숫자형 함수 사용 예시

SQL		결과	설명
SELECT			
	ABS(−15)	[15]	절대 값을 반환한다.
,	SIGN(1)	[1]	입력값이 양수면 1, 음수면 −1, 0이면 0을 리턴한다.
,	MOD(8,3)	[2]	8을 3으로 나눴을 때 나머지 값을 반환한다.
,	CEIL(38.1)	[39]	무조건 올림한다.
,	FLOOR(38.9)	[38]	무조건 내림한다.
,	ROUND(38.678, 2)	[38.68]	소수점 2번째 자리에서 반올림한다.
,	ROUND(38.678, 1)	[38.7]	소수점 1번째 자리에서 반올림한다.
,	ROUND(38.678, 0)	[39]	1의 자리에서 반올림한다.

SQL		결과	설명
,	ROUND(38.678, −1)	[40]	10의 자리에서 반올림한다.
,	TRUNC(38.678)	[38]	0의 자리에서 자른다.
,	TRUNC(38.678, 1)	[38.6]	소수점 1의 자리에서 자른다.
,	TRUNC(38.678, 2)	[38.67]	소수점 2의 자리에서 자른다.
FROM DUAL;			

5.6.5 날짜형 데이터 변환 예시

아래는 단일행 함수를 이용한 날짜형 데이터 변환 예시를 정리한 표입니다.

표 5-19 단일행 함수를 이용한 날짜형 데이터 변환 예시

SQL		결과	설명
SELECT			
	SYSDATE	2020/10/25 10:14:59	현재 년월일시분초 출력
,	EXTRACT(YEAR FROM SYSDATE)	2020	년 출력
,	EXTRACT(MONTH FROM SYSDATE)	10	월 출력
,	EXTRACT(DAY FROM SYSDATE)	25	일 출력
,	TO_NUMBER(TO_CHAR(SYSDATE, 'YYYY'))	2020	년 출력
,	TO_NUMBER(TO_CHAR(SYSDATE, 'MM'))	10	월 출력
,	TO_NUMBER(TO_CHAR(SYSDATE, 'DD'))	25	일 출력
,	TO_NUMBER(TO_CHAR(SYSDATE, 'HH24'))	10	시 출력
,	TO_NUMBER(TO_CHAR(SYSDATE, 'MI'))	14	분 출력
,	TO_NUMBER(TO_CHAR(SYSDATE, 'SS'))	59	초 출력
,	TO_CHAR(SYSDATE, 'YYYY')	2020	년 출력(문자열)
,	TO_CHAR(SYSDATE, 'MM')	10	월 출력(문자열)
,	TO_CHAR(SYSDATE, 'DD')	25	일 출력(문자열)
,	TO_CHAR(SYSDATE, 'HH24')	10	시 출력(문자열)
,	TO_CHAR(SYSDATE, 'MI')	14	분 출력(문자열)
,	TO_CHAR(SYSDATE, 'SS')	59	초 출력(문자열)
FROM DUAL;			

SYSDATE는 현재 시점의 년월일시분초를 리턴합니다. EXTRACT, TO_NUMBER, TO_CHAR 함수로 SYSDATE에서 원하는 항목의 날짜 데이터를 가져올 수 있습니다.

5.6.6 날짜형 데이터 연산 예시

SYSDATE를 통해 각종 연산을 수행해서 시간 계산을 할 수 있습니다. SYSDATE를 이용한 날짜형 데이터의 연산 예시를 봅시다.

표 5-20 날짜형 데이터 연산 예시

SQL		결과	설명
SELECT			
	SYSDATE	2020/10/25 10:24:00	현재 년월일시분초 출력
,	SYSDATE − 1	2020/10/24 10:24:00	현재에서 하루 빼기
,	SYSDATE − (1/24)	2020/10/25 09:24:00	현재에서 1시간 빼기
,	SYSDATE − (1/24/60)	2020/10/25 10:23:00	현재에서 1분 빼기
,	SYSDATE − (1/24/60/60)	2020/10/25 10:23:59	현재에서 1초 빼기
,	SYSDATE − (1/24/60/60) * 10	2020/10/25 10:23:50	현재에서 10초 빼기
,	SYSDATE − (1/24/60/60) * 30	2020/10/25 10:23:30	현재에서 30초 빼기
FROM DUAL;			

SYSDATE에서 1을 빼면 24시간 전의 시간을 보여주게 됩니다. 이 원칙을 응용하면 다양한 시간 계산이 가능합니다.

5.6.7 데이터 형변환의 방식

모든 데이터는 자신만의 데이터형(숫자형, 문자형, 날짜형 등)을 가지고 있습니다. 데이터형은 다른 말로 데이터 타입이라고도 합니다. 데이터의 형을 변환하는 것을 데이터 형변환이라고 합니다. 숫자형에서 문자형으로 변환 가능하고 문자형에서 숫자형으로도 변환할 수 있습니다. 또한 문자형에서 날짜형으로 변환 가능하고 날짜형에서 문자형으로도 변환이 가능합니다.

데이터 형변환이 일어나는 방식에는 명시적 형변환과 암시적 형변환이 있습니다.

표 5-21 데이터 형변환의 방식

종류	설명
명시적 형변환	데이터 형변환 함수로 데이터형을 변환하도록 명시해 주는 경우이다.
암시적 형변환	DBMS가 자동으로 데이터형을 변환하는 경우이다.

명시적 형변환은 TO_CHAR, TO_NUMBER, TO_DATE 등의 함수를 이용해서 명시적으로 데이터 형을 변환하는 것을 말하고, 암시적 형변환은 DBMS가 자동으로 데이터형을 변환하는 것을 말합니다.

암시적 형변환의 한 예로 SQL문 작성 시 문자형과 숫자형을 서로 비교할 때 명시적으로 형변환을 하지 않으면 DBMS 내부에서 자동으로 2개의 각기 다른 데이터형을 동일한 데이터형으로 변환한 후 연산을 처리하게 됩니다. 이러한 상황을 "암시적 형변환이 일어났다"라고 합니다.

암시적 형변환은 SQL문 작성자가 의도하지 않은 데이터 형변환이 자동으로 발생한 것입니다. 암시적 형변환의 발생으로 인해 칼럼에 존재하는 인덱스를 정상적으로 스캔하지 못하여 SQL문의 성능이 현저하게 느려지기도 합니다. 이러한 이유로 SQL문 작성 시 가급적 명시적 형변환을 하여 데이터형을 동일하게 설정하는 것이 좋습니다.

5.6.8 명시적 형변환 예시

다음은 TO_CHAR, TO_NUMBER, TO_DATE 함수를 이용하여 명시적 형변환을 한 경우입니다.

표 5-22 명시적 형변환

SQL		결과	설명
SELECT			
	TO_CHAR(SYSDATE, 'YYYY/MM/DD')	2020/10/25	날짜형을 문자형으로 변환
,	TO_CHAR(SYSDATE, 'YYYY/MM/DD HH24:MI:SS')	2020/10/25 10:41:06	날짜형을 문자형으로 변환
,	TO_CHAR(10.25, '$999,999,999.99')	$10.25	숫자형을 문자형으로 변환
,	TO_CHAR(12500, 'L999,999,999')	$12,500	숫자형을 문자형으로 변환

SQL	결과	설명
´ TO_NUMBER('100') + TO_NUMBER('100')	200	문자형을 숫자형으로 변환
´ TO_DATE(TO_CHAR(SYSDATE, 'YYYYMMDD'), 'YYYYMMDD')	2020/10/25 00:00:00	날짜형을 문자형으로 변환한 후 그 문자형을 다시 날짜형으로 변환
FROM DUAL;		

5.6.9 단일행 CASE 표현의 종류

특정 값에 대해서 조건에 따라 각기 다른 값을 리턴하도록 하는 것을 CASE 표현이라고 합니다. 이러한 CASE 표현은 CASE문의 사용 혹은 DECODE 함수를 이용하여 구현할 수 있습니다.

표 5-23 CASE 표현의 종류

종류	설명
CASE WHEN 조건 　　THEN 값 혹은 SQL문 　　ELSE 값 혹은 SQL문 　　END	조건이 맞으면 THEN절을 수행하고 그렇지 않으면 ELSE절을 수행한다.
DECODE(조건1, 값1, 조건2, 값2, 디폴트 값)	조건1이 TRUE이면 값1을 가져오고, 그렇지 않고 조건2가 TRUE이면 값2를 가져오고, 그렇지 않으면 디폴트 값을 가져온다.

아래는 CASE문을 이용한 SQL문입니다. CASE WHEN문을 이용하여 업종분류구분코드(INDUTY_CL_SE_CD)로 업종분류구분명을 구하고 있습니다.

코드 5-64 CASE WHEN문을 이용한 CASE 표현

```
SELECT
      CASE WHEN A.INDUTY_CL_SE_CD = 'ICS001'
          THEN '대'
          WHEN A.INDUTY_CL_SE_CD = 'ICS002'
          THEN '중'
          WHEN A.INDUTY_CL_SE_CD = 'ICS003'
          THEN '소'
          ELSE ''
```

```
            END AS "업종분류구분명"
  FROM TB_INDUTY_CL_SE A
  ;
```

※ 결과집합의 정렬 순서는 별도의 정렬작업(ORDER BY절)을 하지 않았기 때문에 PC 환경에 따라 달라질 수 있습니다.

결과

업종분류구분명
대
중
소

또한 아래와 같이 DECODE 함수를 이용한 처리도 가능합니다.

코드 5-65 DECODE 함수를 이용한 CASE 표현

```
SELECT DECODE( A.INDUTY_CL_SE_CD
             , 'ICS001'
             , '대'
             , 'ICS002'
             , '중'
             , 'ICS003'
             , '소'
             , '' ) AS "업종분류구분명"
  FROM TB_INDUTY_CL_SE A
  ;
```

※ 결과집합의 정렬 순서는 별도의 정렬작업(ORDER BY절)을 하지 않았기 때문에 PC 환경에 따라 달라질 수 있습니다.

결과

업종분류구분명
대
중
소

5.6.10 NULL 연산 결과

NULL이란 "어떠한 값도 가지고 있지 않다"라는 뜻입니다. NULL 값이라고도 합니다. NULL은 빈칸과 같은 개념으로서 이용할 수 없는, 할당되지 않은, 적용 불가능을 의미합니다. NULL

이 포함된 산술식의 결과는 언제나 NULL이 됩니다.

아래는 NULL과 어떠한 연산을 수행하면 결과도 NULL인 것을 정리한 표입니다.

표 5-24 NULL과 숫자의 연산 결과는 NULL

연산	결과
NULL+2	NULL
NULL−2	NULL
NULL*2	NULL
NULL/2	NULL

5.6.11 NULL 관련 함수 사용 예시

위에서 설명한 것처럼 NULL이 가지는 특수성으로 인해 적절한 NULL 처리는 SQL문 작성 시 매우 중요합니다. NULL 관련 함수를 사용하면 적절한 NULL 처리가 가능합니다.

아래는 업종분류(TB_INDUTY_CL) 테이블에서 NULL 허용 칼럼인 상위업종분류코드 (UPPER_INDUTY_CL_CD) 칼럼을 조회하는 SQL문입니다. NVL 함수를 이용하여 상위업 종분류코드(UPPER_INDUTY_CL_CD)의 값이 NULL인 경우 '최상위'로 출력합니다. NVL 함수는 첫 번째 인자로 들어오는 값 혹은 표현식이 NULL인 경우 두 번째 인자의 값이나 표현 식을 리턴해주는 함수입니다.

코드 5-66 NVL 함수를 이용한 NULL 처리

```
SELECT A.INDUTY_CL_CD
     , A.INDUTY_CL_NM
     , A.INDUTY_CL_SE_CD
     , NVL(UPPER_INDUTY_CL_CD, '최상위') AS "UPPER_INDUTY_CL_CD"
  FROM TB_INDUTY_CL A
 --상위업종분류코드가 NULL인 것, 상위가 존재 안 하는 것
 WHERE A.UPPER_INDUTY_CL_CD IS NULL
 ;
```

※ 결과집합의 정렬 순서는 별도의 정렬작업(ORDER BY절)을 하지 않았기 때문에 PC 환경에 따라 달라질 수 있습니다.

결과

```
INDUTY_CL_CD      |INDUTY_CL_NM     |INDUTY_CL_SE_CD     |UPPER_INDUTY_CL_CD      |
------------------|-----------------|--------------------|------------------------|
D                 |소매             |ICS001              |최상위                  |
F                 |생활서비스       |ICS001              |최상위                  |
L                 |부동산           |ICS001              |최상위                  |
N                 |관광/여가/오락   |ICS001              |최상위                  |
O                 |숙박             |ICS001              |최상위                  |
P                 |스포츠           |ICS001              |최상위                  |
Q                 |음식             |ICS001              |최상위                  |
R                 |학문/교육        |ICS001              |최상위                  |
```

[표 5-25]에 정리한 NVL, NULLIF, COALESCE 함수가 대표적인 NULL 관련 함수입니다.

표 5-25 NULL 처리 함수 사용 예시

SQL		결과	설명
SELECT			
,	NULLIF('SQLD', 'SQLP')	SQLD	두 문자열이 다르면 첫 번째 문자열 출력
,	NULLIF('SQLD', 'SQLD')	(NULL)	두 문자열이 같다면 NULL을 출력
,	NVL(NULLIF('SQLD', 'SQLD'), '같음')	같음	두 문자열이 같아서 NULL을 출력한 후 NVL 함수로 NULL이면 '같음' 이라고 출력
,	COALESCE(NULL, NULL, 'SQLD')	SQLD	NULL이 아닌 첫 번째 인자를 출력
,	COALESCE(NULL, ' SQLP', 'SQLD')	SQLP	NULL이 아닌 첫 번째 인자를 출력
,	COALESCE('SQL', ' SQLP', 'SQLD')	SQL	NULL이 아닌 첫 번째 인자를 출력
FROM DUAL;			

5.7 GROUP BY, HAVING절

5.7.1 집계 함수

총 100건의 데이터(행)가 존재하는 테이블에서 100건의 데이터를 각각 20건씩 5개의 A, B, C, D, E 그룹으로 나누었다고 가정합니다. 이러한 경우 집계 함수를 이용하여 각각의 그룹별로 단 하나의 행을 리턴할 수 있습니다.

집계 함수는 각각의 그룹별로 단 하나의 행을 리턴해주는 함수입니다. 각각의 그룹별로 리턴되는 단 하나의 행은 집계 결과입니다. 즉 집계 함수란 여러 행들의 그룹이 모여서 그룹당 단 하나의 결과 행을 되돌려주는 함수입니다.

집계 함수는 GROUP BY절에 기재한 칼럼을 기준으로 그룹으로 모인 상태에서 각 그룹의 집계를 계산하는 데 사용됩니다.

집계 함수는 SELECT절, HAVING절, ORDER BY절에 사용할 수 있습니다.

5.7.2 ALL과 DISTINCT

SELECT문 내 SELECT절에 ALL 혹은 DISTINCT를 기재할 수 있습니다. ALL은 디폴트 설정이며, 아무것도 기재하지 않으면 자동으로 ALL로 설정이 됩니다. DISTINCT를 기재하면 해당 SELECT문의 결과집합에서 유일한 행만을 출력하게 됩니다.

아래는 ALL과 DISTINCT에 대해 정리한 표입니다.

표 5-26 ALL과 DISTINCT

항목	결과
ALL	DEFAULT 옵션으로 생략이 가능하다.
DISTINCT	유일한 값을 출력한다.

만약 T라는 테이블에서 A라는 단 1개의 칼럼을 조회한다고 가정합니다. T 테이블에는 3건의 행이 저장되어 있고 A 칼럼의 값은 1, 2, 2,라고 가정합니다. 이러한 경우 ALL은 1, 2, 2가 전부 출력되지만 DISTINCT는 중복이 제거된 1, 2만 출력됩니다. (DISTINCT문은 〈5.3.6 DISTINCT〉에서 이미 실습을 하였습니다.)

5.7.3 집계 함수의 종류

대표적인 집계 함수를 살펴보면 다음과 같습니다.

표 5-27 대표적인 집계 함수

항목	결과
COUNT(*)	NULL 값을 포함한 행의 수를 출력한다.
COUNT(표현식)	표현식의 값이 NULL이 아닌 행의 수를 출력한다.
SUM(표현식)	표현식이 NULL 값인 것을 제외한 합계를 출력한다.
AVG(표현식)	표현식이 NULL 값인 것을 제외한 평균을 출력한다.
MAX(표현식)	표현식이 NULL 값인 것을 제외한 최대값을 출력한다.
MIN(표현식)	표현식이 NULL 값인 것을 제외한 최소값을 출력한다.
STDDEV(표현식)	표현식이 NULL 값인 것을 제외한 표준편차를 출력한다.
VARIAN(표현식)	표현식이 NULL 값인 것을 제외한 분산을 출력한다.

COUNT(*)은 NULL 값을 포함한 행의 수를 출력합니다. 그 외의 함수는 모두 표현식이 NULL 값인 것을 제외한 집계 결과를 되돌려줍니다.

5.7.4 집계 함수 사용 예시

상가(TB_BSSH) 테이블을 조회하여 전체상가수와 최대경도, 최소경도, 최대위도, 최소위도를 구하는 SQL문입니다. 상가(TB_BSSH) 테이블을 조회할 때 집계 함수인 COUNT, MAX, MIN 함수를 이용하고 있습니다.

코드 5-67 집계 함수 사용 예시

```
SELECT
      COUNT(*) AS "전체상가수"
    , MAX(LO) AS "최대경도"
    , MIN(LO) AS "최소경도"
    , MAX(LA) AS "최대위도"
    , MIN(LA) AS "최소위도"
FROM TB_BSSH
;
```

결과

```
전체상가수 |최대경도         |최소경도         |최대위도         |최소위도        |
-----------|-----------------|-----------------|-----------------|----------------|
2569764    |131.865624117911 |124.618884809722 |38.5846489212189 |33.11413564657  |
```

집계 함수를 사용해서 결과 1건이 나왔습니다. 즉 테이블 전체의 집계 결과는 1건의 행이 리턴됩니다.

5.7.5 공집합과 MAX 함수

공집합이란 SELECT문의 결과가 단 1건도 나오지 않은 경우를 말합니다. 공집합이 리턴된 SELECT문을 살펴봅시다.

코드 5-68 공집합 리턴

```
SELECT A.SUBWAY_STATN_NO
     , A.LN_NM
     , A.STATN_NM
  FROM TB_SUBWAY_STATN A
 WHERE A.STATN_NM = '평양역'
 ;
```

결과

```
SUBWAY_STATN_NO｜LN_NM｜STATN_NM
---------------｜-----｜--------
```

역명(STATN_NM) 칼럼의 값이 '평양역'인 행을 조회하고 있습니다. 지하철역(TB_SUBWAY_STATN) 테이블에 '평양역'이라는 역은 존재하지 않기 때문에 공집합이 리턴되었습니다.

간혹 이러한 경우에 공집합이 아닌 '지하철역없음', '노선명없음', '역명없음'과 같은 정보를 출력하고 싶을 때가 있습니다. 이때 아래(코드 5-69)와 같이 집계 함수인 MAX 함수와 단일행 내장 함수인 NVL 함수를 사용해서 해결할 수 있습니다.

집계 함수인 MAX 함수는 공집합일 경우라도 어떻게든 행을 리턴하며, 리턴되는 값은 NULL 입니다. 이러한 MAX 함수의 특성을 이용하여 조회대상 칼럼을 MAX 함수로 감싼 후, NVL 함수를 이용하여 NULL이면 지정한 값으로 출력합니다. 이렇게 하면 공집합인 경우에도 우리가 원하는 정보의 값으로 결과를 리턴할 수 있습니다.

코드 5-69 MAX 함수를 이용한 공집합 정보 출력

```sql
SELECT NVL(MAX(A.SUBWAY_STATN_NO), '지하철역없음') AS SUBWAY_NO
     , NVL(MAX(A.LN_NM), '노선명없음') AS LN_NM
     , NVL(MAX(A.STATN_NM), '역명없음') AS STATN_NM
  FROM TB_SUBWAY_STATN A
 WHERE A.STATN_NM = '평양역'
;
```

결과

```
SUBWAY_NO       |LN_NM       |STATN_NM
--------------|-----------|--------
지하철역없음      |노선명없음    |역명없음
```

공집합이 아닌 1건의 데이터를 출력하였습니다.

5.7.6 GROUP BY절

GROUP BY절은 일반적으로 FROM절 아래에 위치합니다. GROUP BY절에 기재한 칼럼을 기준으로 결과집합을 그룹화합니다.

예를 들어, 일자별매출집계를 출력하고 싶다면 일자 칼럼을 GROUP BY절에 기재하고, 매출액을 MAX, MIN 등의 함수로 계산할 수 있습니다.

아래는 GROUP BY절에 대한 정리입니다.

GROUP BY절

- GROUP BY절을 통해 소그룹별 기준 칼럼을 정한 후, SELECT절에서는 집계 함수를 사용한다.
- 집계 함수의 결과는 NULL 값을 가진 행을 제외하고 수행한다.
- GROUP BY절에서는 SELECT절과는 달리 ALIAS명을 사용할 수 없다.
- GROUP BY절보다 WHERE절이 먼저 수행되므로 집계 함수는 WHERE절에 올 수 없다.
- WHERE절은 전체 데이터를 GROUP으로 나누기 전에 행들을 필터 처리한다. 즉 WHERE절에 의해 리턴되는 행들을 대상으로 GROUP BY를 한다. 그러므로 집계 함수는 WHERE절에는 올 수가 없는 것이다.

아래는 인구(TB_POPLTN) 테이블에서 인구구분코드(POPLTN_SE_CD)별 인구수(POPLTN _CNT) 칼럼의 합계를 구하는 SQL문입니다. 기준년월(STD_YM) 칼럼은 '202010'(2020년 10월)로 하였습니다.

코드 5-70 GROUP BY절의 사용

```
SELECT A.POPLTN_SE_CD
     , SUM(A.POPLTN_CNT) "인구수합계"
  FROM TB_POPLTN A
 WHERE A.STD_YM = '202010'
 GROUP BY A.POPLTN_SE_CD
;
```

※ 결과집합의 정렬 순서는 별도의 정렬작업(ORDER BY절)을 하지 않았기 때문에 PC 환경에 따라 달라질 수 있습니다.

결과

```
POPLTN_SE_CD¦인구수합계
-----------¦----------
M           ¦25847719
T           ¦51838016
F           ¦25990297
```

2020년 10월 기준 남성인구, 여성인구, 전체인구의 합계를 출력하였습니다. 이처럼 GROUP BY절과 집계 함수를 이용하면 원하는 정보를 얻을 수 있습니다.

5.7.7 HAVING절

이번에는 GROUP BY절과 함께 사용되는 경우가 많은 HAVING절을 학습합니다.

HAVING절

- WHERE절에서는 집계 함수를 쓸 수 없다.
- 집계된 결과집합을 기준으로 특정 조건을 주고 싶은 경우 HAVING절을 이용한다.
- HAVING절은 WHERE절과 비슷하지만 그룹을 나타내는 결과집합의 행에 조건이 적용된다는 점에서 차이가 있다.
- HAVING절에 들어가는 조건은 GROUP BY절의 기준 항목이나 소그룹의 집계 함수가 사용된다.
- GROUP BY절에 의한 소그룹별로 만들어진 집계 데이터 중, HAVING 절에서 제한 조건을 두어 조건을 만족하는 내용만 출력한다.

- HAVING절은 일반적으로 GROUP BY절 뒤에 위치한다.
- HAVING절이 GROUP BY절 앞에 나와도 결과는 동일하다.

HAVING절은 WHERE절과 유사한 기능을 하지만, WHERE절이 테이블에서 추출할 행을 제한한다고 하면 HAVING절은 그룹핑한 결과집합에 대한 조건을 주어 추출할 집계 데이터를 제한(필터링)하는 역할을 합니다.

HAVING절을 사용한 SQL문을 봅시다.

인구(TB_POPLTN) 테이블에서 인구구분코드(POPLTN_SE_CD)+연령대구분코드(AGRDE_SE_CD) 칼럼 조합별 인구수(POPLTN_CNT) 칼럼의 합계를 구하고 있습니다. HAVING절에 집계 함수를 이용한 조건을 주어 인구수합계가 100만 명 미만인 인구구분코드(POPLTN_SE_CD)+연령대구분코드(AGRDE_SE_CD) 조합별 인구수합계를 구하고 있습니다.

코드 5-71 HAVING절의 사용

```
SELECT A.POPLTN_SE_CD
     , A.AGRDE_SE_CD
     , SUM(A.POPLTN_CNT) AS "인구수합계"
  FROM TB_POPLTN A
 WHERE A.STD_YM = '202010'
 GROUP BY A.POPLTN_SE_CD, A.AGRDE_SE_CD
 HAVING SUM(A.POPLTN_CNT) < 1000000
;
```

※ 결과집합의 정렬 순서는 별도의 정렬작업(ORDER BY절)을 하지 않았기 때문에 PC 환경에 따라 달라질 수 있습니다.

결과

POPLTN_SE_CD	AGRDE_SE_CD	인구수합계
M	080	601436
M	090	56511
F	100	16415
M	100	5284
T	090	250335
F	090	193824
T	100	21699

80대 남성, 90대 남성, 100세 이상 남성, 90대 여성, 100세 이상 여성, 90대 전체, 100세 이상 전체의 인구가 100만 명 미만인 것을 알 수 있습니다.

5.7.8 CASE WHEN문 사용

CASE WHEN문을 이용하여 결과집합을 출력할 때 사용자가 원하는 조건에 따라 분기처리하여 결과집합을 출력할 수 있습니다.

[코드 5-72]는 CASE WHEN문을 이용하여 다양한 관점의 합계를 출력하는 SELECT문입니다.

지하철역승하차(TB_SUBWAY_STATN_TK_GFF) 테이블에서 지하철역번호(SUBWAY_STATN_NO) 칼럼으로 GROUP BY합니다. HAVING절에 조건을 주어 승차인원수합계 혹은 하차인원수합계가 100만 명 이상인 결과집합만을 출력하도록 합니다.

SELECT절에서는 CASE WHEN문을 이용하여 지하철번호, 승차인원수합계, 하차인원수합계, 출근시간대승차인원수합계, 퇴근시간대승차인원수합계, 출근시간대하차인원수합계, 퇴근시간대하차인원수합계, 승하차인원수합계를 구하였습니다. CASE WHEN문을 이용하여 특정 조건에 대한 합계를 계산한 것입니다.

코드 5-72 **CASE WHEN문을 사용**

```
SELECT A.SUBWAY_STATN_NO
    , SUM(CASE WHEN A.TK_GFF_SE_CD = 'TGS001'
              THEN A.TK_GFF_CNT  ELSE 0 END) AS "승차인원수합계"
    , SUM(CASE WHEN A.TK_GFF_SE_CD = 'TGS002'
              THEN A.TK_GFF_CNT  ELSE 0 END) AS "하차인원수합계"
    , SUM(CASE WHEN A.BEGIN_TIME = '0800'
               AND A.END_TIME = '0900'
               AND A.TK_GFF_SE_CD = 'TGS001'
              THEN A.TK_GFF_CNT
              ELSE 0 END) AS "출근시간대승차인원수합계"
    , SUM(CASE WHEN A.BEGIN_TIME = '0800'
               AND A.END_TIME = '0900'
               AND A.TK_GFF_SE_CD = 'TGS002'
              THEN A.TK_GFF_CNT
              ELSE 0 END) AS "출근시간대하차인원수합계"
    , SUM(CASE WHEN A.BEGIN_TIME = '1800'
               AND A.END_TIME = '1900'
               AND A.TK_GFF_SE_CD = 'TGS001'
              THEN A.TK_GFF_CNT
```

```
                    ELSE 0 END) AS "퇴근시간대승차인원수합계"
        , SUM(CASE WHEN A.BEGIN_TIME = '1800'
                    AND A.END_TIME = '1900'
                    AND A.TK_GFF_SE_CD = 'TGS002'
                    THEN A.TK_GFF_CNT
                    ELSE 0 END) AS "퇴근시간대하차인원수합계"
        , SUM(TK_GFF_CNT) AS "승하차인원수합계"
    FROM TB_SUBWAY_STATN_TK_GFF A
    WHERE A.STD_YM = '202010'
    GROUP BY A.SUBWAY_STATN_NO
    HAVING SUM(CASE WHEN A.TK_GFF_SE_CD = 'TGS001' --승차인원수
                    THEN A.TK_GFF_CNT  ELSE 0 END) >= 1000000
        OR SUM(CASE WHEN A.TK_GFF_SE_CD = 'TGS002' --하차인원수
                    THEN A.TK_GFF_CNT  ELSE 0 END) >= 1000000
    ;
```

※ 결과집합의 정렬 순서는 별도의 정렬작업(ORDER BY절)을 하지 않았기 때문에 PC 환경에 따라 달라질 수 있습니다.

결과

SSUBWAY_ STATN_NO	.	출근시간대승 차인원수합계	출근시간대하 차인원수합계	퇴근시간대승 차인원수합계	퇴근시간대하 차인원수합계	승하차인 원수합계
000063	.	145940	32775	49089	127543	1947010
000081	.	35999	66807	120985	101373	2302568
000036	.	91587	60956	85223	149365	2067270
000044	.	122304	103230	121432	153179	2557059
000026	.	139059	142711	187707	189591	3446110
000042	.	167507	229960	207237	152855	3007885
000029	.	18650	282475	255905	51814	2424267
000032	.	54804	289569	317292	178032	4193290
000038	.	170405	59210	85711	160444	2462868
000001	.	55416	166935	170618	65953	2111954
000030	.	27600	246775	253512	50708	2419812
000261	.	57024	66570	91750	105579	2105467
000040	.	279951	56301	84279	228967	3247893
000084	.	39529	218385	181196	66262	1920464
000126	.	49525	110027	138340	109270	2174236
000514	.	21626	338709	288224	33331	2089827
000022	.	81666	57087	80858	142196	1961948
000031	.	21532	280902	239858	48599	2296284
000049	.	67545	87707	150985	179876	2977449

※ 이 책의 분량 및 페이지 크기에 맞게 일부 값을 생략하였습니다.

출근시간대승차인원수합계를 기준으로 설명하자면 시작시간 08시부터 09시까지가 출근시간대이고 승하차구분코드가 승차인 행의 승하차인원수 칼럼의 값을 더한 결과를 출력하였습니다. 즉 출근시간대승차인원수의 합계가 구해진 것입니다.

GROUP BY, HAVING, 집계 함수(SUM), CASE WHEN문을 활용하여 위와 같은 의미 있는 정보를 추출할 수 있습니다. 위의 결과집합을 살펴보면 지하철역번호(SUBWAY_STATN_NO) 칼럼의 값이 '000040'인 역은 출근시간대승차인원수합계가 279,951명으로 매우 많습니다. 하지만 퇴근시간대승차인원수합계는 56,301명입니다. 이러한 결과로 봤을 때 해당 역의 주변 지역은 사람들이 거주하는 집은 많지만 사무실이 적어서 이 지역에서 다른 지역으로 출퇴근하는 사람이 많다는 것을 유추할 수 있습니다.

아래의 SQL문으로 지하철역번호(SUBWAY_STATN_NO) 칼럼의 값 '000040'이 무슨 역인지 조회합니다.

코드 5-73 지하철 테이블 조회

```
SELECT A.SUBWAY_STATN_NO
     , A.LN_NM
     , A.STATN_NM
  FROM TB_SUBWAY_STATN A
 WHERE A.SUBWAY_STATN_NO = '000040'
 ;
```

결과

```
SUBWAY_STATN_NO¦LN_NM¦STATN_NM
---------------¦-----¦--------
000040         ¦2호선¦신림
```

'2호선' '신림'역인 것으로 조회되었습니다. 신림역 주변에는 사무실(직장)의 수는 적으나 거주지(집)의 수는 매우 많다는 것을 유추할 수 있습니다. 즉 지하철역승하차(TB_SUBWAY_STATN_TK_GFF) 테이블 조회 결과로 미루어 볼 때 신림역 주변은 주거지역인 것을 알 수 있습니다.

5.7.9 집계 함수와 NULL

집계 함수를 이용한 집계 연산 시 칼럼의 값이 NULL인 경우에 대해 학습합니다. NULL은 집계 함수의 계산에 포함되지 않습니다. 즉 집계 대상에서부터 제외됩니다.

아래와 같이 테이블을 생성해봅시다.

코드 5-74 테스트 테이블 생성

```
CREATE TABLE TB_AGG_NULL_TEST
(
    NUM NUMBER(15, 2)
);

INSERT INTO TB_AGG_NULL_TEST (NUM) VALUES (NULL);
INSERT INTO TB_AGG_NULL_TEST (NUM) VALUES (10);
INSERT INTO TB_AGG_NULL_TEST (NUM) VALUES (20);
INSERT INTO TB_AGG_NULL_TEST (NUM) VALUES (30);
INSERT INTO TB_AGG_NULL_TEST (NUM) VALUES (40);

COMMIT;
```

TB_AGG_NULL_TEST 테이블을 생성하고 NUM 칼럼에 각각 NULL, 10, 20, 30, 40을 입력하였습니다.

[코드 5-75]와 같이 집계 함수를 이용한 SELECT문을 실행합니다.

코드 5-75 집계 함수 이용

```
SELECT SUM(NUM) AS "NUM의합계"
     , AVG(NUM) AS "NUM의평균"
     , MAX(NUM) AS "NUM의최대"
     , MIN(NUM) AS "NUM의최소"
     , COUNT(NUM) AS "NUM의개수"
  FROM TB_AGG_NULL_TEST
;
```

집계 함수인 SUM, AVG, MAX, MIN, COUNT를 이용해서 NUM 칼럼에 대한 집계 연산을 수행하고 있습니다.

결과

NUM의합계	NUM의평균	NUM의최대	NUM의최소	NUM의개수
100	25	40	10	4

NUM의 합계는 100이 나왔습니다. 즉 NULL인 행을 제외하고 10+20+30+40=100이 나온 것입니다. NUM의 평균값은 25가 나왔습니다. NUM이 NULL인 행은 평균을 구하는 대상에서 제외한 것입니다. 즉 100/4=25가 평균으로 나왔습니다. NUM의 최대값은 40이고 NUM의 최소값은 10이며 마지막으로 NUM의 개수는 NULL인 행을 제외하고 4가 나왔습니다.

그럼 이번에는 COUNT(NUM) 대신 COUNT(*)을 이용하여 NUM의 개수를 구해보도록 하겠습니다.

코드 5-76 집계 함수 이용 - COUNT(*)

```
SELECT SUM(NUM) AS "NUM의합계"
     , AVG(NUM) AS "NUM의평균"
     , MAX(NUM) AS "NUM의최대"
     , MIN(NUM) AS "NUM의최소"
     , COUNT(*) AS "NUM의개수_COUNT(*)"
  FROM TB_AGG_NULL_TEST;
```

결과

NUM의합계	NUM의평균	NUM의최대	NUM의최소	NUM의개수_COUNT(*)
100	25	40	10	5

COUNT(*)로 구하면 5가 나온 것을 알 수 있습니다. 즉 COUNT(*)은 칼럼값이 NULL인 것도 카운트(집계)에 포함시킵니다. 존재하는 모든 행을 구한 것입니다.

정리하자면, COUNT(NUM)은 4가 나오고 COUNT(*)은 5가 나옵니다.

5.8 ORDER BY절

5.8.1 ORDER BY절의 개요

ORDER BY절은 SELECT문에서 조회한 데이터 집합을 특정 칼럼 기준으로 정렬한 후 데이터를 출력하는 역할을 합니다.

ORDER BY절에 대한 설명

- ORDER BY절은 SQL문장으로 조회된 데이터(Rows)를 다양한 목적에 맞게, 특정 칼럼을 기준으로 정렬하여 출력하는 데 사용한다.

- ORDER BY절에 칼럼명 대신에 SELECT 절에서 사용한 앨리어스명이나 칼럼 순서를 나타내는 정수도 사용 가능하다.

- ORDER BY절에 기재한 칼럼 뒤에 정렬 방식을 기재할 수 있으며 오름차순(ASC), 내림차순(DESC) 이 있다. 정렬방식을 지정하지 않으면 기본적으로 오름차순(ASC)으로 적용된다.

- 숫자형 데이터형은 오름차순으로 정렬했을 경우에 가장 작은 값부터 출력, 날짜형 데이터형은 오름차순으로 정렬했을 경우 가장 빠른 값이 먼저 출력된다.

- NULL 값을 가장 큰 값으로 간주하여 오름차순으로 정렬했을 경우에는 가장 마지막에, 내림차순으로 정렬했을 경우에는 가장 먼저 위치한다.(오라클 DBMS 기준)

5.8.2 ORDER BY절 실습

ORDER BY절을 이용한 실습을 진행하도록 하겠습니다. [코드 5-77]은 ORDER BY절을 이용한 SQL문입니다.

업종분류(TB_INDUTY_CL) 테이블에서 업종분류구분코드(INDUTY_CL_SE_CD) 칼럼의 값이 'ICS001'인 행을 조회합니다. 결과 출력 시 업종분류코드(INDUTY_CL_CD) 칼럼 기준으로 오름차순으로 정렬하여 출력합니다. ORDER BY절에 칼럼을 기재할 때 칼럼 바로 뒤에 ASC(오름차순) 혹은 DESC(내림차순)를 지정할 수 있으며, 아무것도 기재하지 않을 경우 디폴트로 ASC 정렬을 하게 됩니다. 아래의 SQL문은 업종분류코드(INDUTY_CL_CD)로 정렬하면서 ASC 혹은 DESC 둘 중 아무것도 기재하지 않았기 때문에 디폴트 설정인 ASC로 정렬됩니다.

코드 5-77 ORDER BY절의 사용 – 오름차순 정렬

```
SELECT A.INDUTY_CL_CD
     , A.INDUTY_CL_NM
     , A.INDUTY_CL_SE_CD
     , NVL(A.UPPER_INDUTY_CL_CD, '(Null)') AS UPPER_INDUTY_CL_CD
  FROM TB_INDUTY_CL A
 WHERE A.INDUTY_CL_SE_CD = 'ICS001' --대
 ORDER BY A.INDUTY_CL_CD
;
```

결과

```
INDUTY_CL_CD│INDUTY_CL_NM │INDUTY_CL_SE_CD│UPPER_INDUTY_CL_CD│
------------│-------------│---------------│------------------│
D           │소매         │ICS001         │(Null)            │
F           │생활서비스   │ICS001         │(Null)            │
L           │부동산       │ICS001         │(Null)            │
N           │관광/여가/오락│ICS001        │(Null)            │
O           │숙박         │ICS001         │(Null)            │
P           │스포츠       │ICS001         │(Null)            │
Q           │음식         │ICS001         │(Null)            │
R           │학문/교육    │ICS001         │(Null)            │
```

업종분류코드(INDUTY_CL_CD) 기준으로 데이터 집합이 오름차순 정렬된 것을 확인할 수 있습니다. 오름차순으로 정렬했기 때문에 작은 것이 위에 위치하고 큰 것이 아래에 위치했습니다.

그럼 이번에는 내림차순 정렬로 데이터를 조회해봅시다.

업종분류(TB_INDUTY_CL) 테이블에서 업종분류구분코드(INDUTY_CL_SE_CD) 칼럼의 값이 'ICS001'인 집합을 출력하면서 업종분류코드(INDUTY_CL_CD) 칼럼을 기준으로 내림차순 정렬하고 있습니다. ORDER BY절에 업종분류코드(INDUTY_CL_CD) 칼럼을 기재하면서 바로 뒤에 DESC를 붙였습니다. 업종분류코드(INDUTY_CL_CD) 칼럼을 기준으로 내림차순으로 정렬된 집합이 출력됩니다.

코드 5-78 ORDER BY절의 사용 - 내림차순 정렬

```sql
SELECT A.INDUTY_CL_CD
     , A.INDUTY_CL_NM
     , A.INDUTY_CL_SE_CD
     , NVL(A.UPPER_INDUTY_CL_CD, '(Null)') AS UPPER_INDUTY_CL_CD
  FROM TB_INDUTY_CL A
 WHERE A.INDUTY_CL_SE_CD = 'ICS001' --대
 ORDER BY A.INDUTY_CL_CD DESC
;
```

결과

```
INDUTY_CL_CD│INDUTY_CL_NM │INDUTY_CL_SE_CD│UPPER_INDUTY_CL_CD│
------------│-------------│---------------│------------------│
R           │학문/교육    │ICS001         │(Null)            │
Q           │음식         │ICS001         │(Null)            │
```

P	스포츠	ICS001	(Null)	
0	숙박	ICS001	(Null)	
N	관광/여가/오락	ICS001	(Null)	
L	부동산	ICS001	(Null)	
F	생활서비스	ICS001	(Null)	
D	소매	ICS001	(Null)	

5.8.3 NULL의 정렬

오라클은 ORDER BY절에 기재한 칼럼의 값이 NULL이면 가장 큰 값이라고 인식합니다.

ORDER BY절에서 NULL 값이 존재하는 칼럼을 기재하고 내림차순 정렬을 한다면 해당 행의 칼럼값이 NULL인 행이 결과집합의 맨 위로 올라오게 됩니다. [코드 5-79]는 NULL 값이 존재하는 칼럼으로 내림차순 정렬하는 SELECT문입니다.

업종분류코드(INDUTY_CL_CD) 칼럼의 값이 'Q'로 시작하면서 업종분류명(INDUTY_CL_NM) 칼럼에 '음식'이라는 문자를 포함하는 집합을 조회 시 상위업종분류코드(UPPER_INDUTY_CL_CD)를 기준으로 내림차순(DESC) 정렬하고 있습니다. 상위업종분류코드(UPPER_INDUTY_CL_CD) 칼럼이 NULL인 행이 결과집합에서 맨 위로 올라왔습니다. 업종분류코드(INDUTY_CL_CD)가 'Q'인 행은 업종분류구분코드(INDUTY_CL_SE_CD)가 'ICS001'('대')이므로 상위업종분류코드(UPPER_INDUTY_CL_CD)가 NULL입니다. (최상위업종코드)

코드 5-79 NULL이 존재하는 칼럼의 역순 정렬

```
SELECT A.INDUTY_CL_CD AS "업종분류코드"
     , A.INDUTY_CL_NM AS "업종분류명"
     , A.INDUTY_CL_SE_CD AS "업종분류구분코드"
     , NVL(A.UPPER_INDUTY_CL_CD, '(NULL)') AS "상위업종분류코드"
  FROM TB_INDUTY_CL A
 WHERE A.INDUTY_CL_CD LIKE 'Q%'
   AND A.INDUTY_CL_NM LIKE '%음식%'
 ORDER BY A.UPPER_INDUTY_CL_CD DESC
 ;
```

결과

```
업종분류코드│업종분류명              │업종분류구분코드│상위업종분류코드│
-----------│---------------------│--------------│--------------│
Q          │음식                 │ICS001        │(NULL)        │
Q14A01     │구내식당/자급식음식점  │ICS003        │Q14           │
Q13A03     │음식출장조달          │ICS003        │Q13           │
Q10A04     │퓨전음식전문          │ICS003        │Q10           │
Q10A08     │동남아음식전문점       │ICS003        │Q10           │
Q06A07     │기타전문서양음식점     │ICS003        │Q06           │
Q03A03     │음식점-초밥전문        │ICS003        │Q03           │
Q03A02     │음식점-일식           │ICS003        │Q03           │
Q03A99     │수산물전문음식점-종합  │ICS003        │Q03           │
Q02A00     │중국음식/중국집        │ICS003        │Q02           │
Q14        │기타음식업            │ICS002        │Q             │
Q13        │음식배달서비스         │ICS002        │Q             │
```

5.8.4 SELECT문의 실행 순서

ORDER BY절까지 학습함으로써 SELECT문(SQL문)을 구성하는 모든 문법을 배웠습니다. 즉 SELECT, FROM, WHERE, GROUP BY, HAVING, ORDER BY까지 배운 것입니다. 그럼 이러한 SELECT문을 실행 시 오라클 DBMS 내부에서 어떤 순서로 해당 SELECT문을 수행하는지 알아보겠습니다. 우선 아래의 표를 참고합니다.

표 5-28 SELECT문의 실행 순서

순서	절	설명
1	FROM절	조회 테이블을 참조한다.
2	WHERE절	조회 대상 행을 조회한다.
3	GROUP BY절	대상 행을 그룹화한다.
4	HAVING절	그룹화한 값에서 조건에 맞는 것을 출력한다.
5	SELECT절	SELECT절에 기재한 칼럼이나 식을 계산한다.
6	ORDER BY절	출력되는 결과집합을 정렬한다.

SELECT문을 실행하면 우선 FROM절에서 조회대상 테이블을 참조한 후 WHERE절에 기재되어 있는 대로 조회대상 행을 조회합니다. 그 후 GROUP BY절에 기재한 칼럼(들)을 기준으

로 대상 집합을 그룹화한 후 HAVING절에 있는 조건으로 그룹화한 집합에서 조건에 맞는 집합을 추출합니다. 그 후 SELECT절에 기재한 칼럼을 출력하고 표현식을 계산한 후 최종적으로 ORDER BY절에 기재한 칼럼 혹은 표현식을 기준으로 정렬한 데이터를 사용자에게 리턴하게 됩니다. 즉 FROM절 ▶ WHERE절 ▶ GROUP BY절 ▶ HAVING절 ▶ SELECT절 ▶ ORDER BY절 순으로 실행하게 됩니다.

5.8.5 SELECT절에 존재하지 않는 칼럼으로 정렬

ORDER BY절을 수행할 때 SELECT절에 기재하지 않은 칼럼을 기준으로도 정렬이 가능합니다. 우선 아래의 SQL문을 실행합니다.

코드 5-80 SELECT문에 존재하지 않는 칼럼 기준으로 정렬

```
SELECT A.SUBWAY_STATN_NO
     , A.LN_NM
  FROM TB_SUBWAY_STATN A
 WHERE A.LN_NM = '9호선'
 ORDER BY A.STATN_NM
;
```

결과

```
SUBWAY_STATN_NO|LN_NM  |
---------------|-------|
000607         |9호선  |
000601         |9호선  |
000623         |9호선  |
000603         |9호선  |
000621         |9호선  |
000614         |9호선  |
000602         |9호선  |
000618         |9호선  |
000617         |9호선  |
000613         |9호선  |
...생략
```

지하철역(TB_SUBWAY_STATN) 테이블에서 노선명(LN_NM)이 '9호선'인 집합을 출력하고 있습니다. ORDER BY절에 기재한 역명(STATN_NM) 칼럼은 지하철역(TB_SUBWAY_STATN) 테이블에는 존재하지만 SELECT절에는 기재하지 않았습니다. 이렇게 한 경우에도

정상적으로 SQL문이 실행되며 결과집합은 역명(STATN_NM) 칼럼을 기준으로 정렬됩니다.

맨 위로 올라온 지하철역번호(SUBWAY_STATN_NO) 칼럼의 값이 '000607'인 행의 역명 (STATN_NM) 칼럼을 조회해보겠습니다.

코드 5-81 지하철역번호 기준 역명 조회

```
SELECT A.SUBWAY_STATN_NO
     , A.LN_NM
     , A.STATN_NM
  FROM TB_SUBWAY_STATN A
 WHERE A.SUBWAY_STATN_NO  = '000607'
   ;
```

결과

```
SUBWAY_STATN_NO|LN_NM|STATN_NM|
---------------|-----|--------|
000607         |9호선|가양    |
```

지하철역번호(SUBWAY_STATN_NO) '000607'의 역명은 '가양'입니다.

5.8.6 GROUP BY절 사용 시 정렬작업

ORDER BY절을 사용할 때 SELECT문에 GROUP BY절을 사용한 경우 반드시 SELECT절에 기재한 칼럼 혹은 표현식을 ORDER BY절에 기재해야 합니다.

[코드 5-82]는 ORDER BY절 사용 시 SELECT문에 GROUP BY절을 사용한 경우 SELECT절에 기재한 표현식을 ORDER BY절에 사용한 SELECT문입니다.

인구(TB_POPLTN) 테이블을 조회하면서 연령대구분코드(POPLTN_SE_CD) 칼럼 기준으로 GROUP BY한 후 인구수(POPLTN_CNT) 칼럼의 합계가 많은 순으로 정렬한 결과를 출력하는 SELECT문입니다.

코드 5-82 인구 테이블 조회

```
SELECT A.AGRDE_SE_CD
     , SUM(A.POPLTN_CNT) AS SUM_POPLTN_CNT
  FROM TB_POPLTN A
 WHERE A.STD_YM = '202010' --2020년 10월 기준
   AND A.POPLTN_SE_CD IN ('M', 'F') --'남', '여'
```

```
GROUP BY A.AGRDE_SE_CD
ORDER BY SUM(A.POPLTN_CNT) DESC
;
```

결과

```
AGRDE_SE_CD¦SUM_POPLTN_CNT¦
-----------¦--------------¦
050        ¦     8655292¦
040        ¦     8312221¦
030        ¦     6900752¦
020        ¦     6802784¦
060        ¦     6669780¦
010        ¦     4818481¦
000        ¦     4005030¦
070        ¦     3687451¦
080        ¦     1714191¦
090        ¦      250335¦
100        ¦       21699¦
```

조회 결과로 50대의 인구수가 가장 많은 것을 알 수 있습니다. 00대(0세부터 9세) 및 10대의
인구수로 보아 저출산 문제가 매우 심각한 것을 알 수 있습니다.

만약 GROUP BY절을 이용한 SELECT문에서 ORDER BY절에 기재하는 칼럼이 SELECT절
에 존재하는 칼럼이나 표현식이 아니라면 아래와 같은 에러가 발생합니다.

코드 5-83 GROUP BY + ORDER BY문에서 ORDER BY절에 기재한 칼럼이 SELECT절 혹은 GROUP BY절에
　　　　 없는 경우

```
SELECT A.AGRDE_SE_CD
     , SUM(A.POPLTN_CNT) AS SUM_POPLTN_CNT
  FROM TB_POPLTN A
 WHERE A.STD_YM = '202010' --2020년 10월 기준
   AND A.POPLTN_SE_CD IN ('M', 'F') --'남', '여'
GROUP BY A.AGRDE_SE_CD
ORDER BY A.POPLTN_SE_CD DESC
 ;
```

SELECT절에서는 연령대별구분코드(AGRDE_SE_CD) 칼럼 및 인구수(POPLTN_CNT) 칼
럼의 합계를 구하고 있습니다. 하지만 ORDER BY절에는 인구구분코드(POPLTN_SE_CD)
칼럼 기준으로 정렬을 시도하고 있습니다. 이럴 경우 아래와 같은 에러가 발생합니다.

에러 발생

ORA-00979: not a GROUP BY expression

5.8.7 ORDER BY절과 부분 범위 처리

1억 건의 데이터를 가진 대용량 테이블이 있다고 가정합시다. 이 테이블을 조회할 때마다 1억 건의 데이터를 모두 조회한다면 시간이 매우 오래 걸리고 데이터베이스 서버에 부하를 주게 됩니다.

이러한 경우에 조회를 원하는 데이터 집합이 특정 칼럼의 정렬 기준에 따라 부분적으로 10건만 조회하는 거라면 딱 10건만 조회하고 조회 연산을 멈추게 할 수 있습니다. 이러한 SQL문 조회 처리를 부분 범위 처리라고 합니다. ORDER BY절과 ROWNUM 조건을 결합하면 상위 10건을 출력할 수 있습니다.

[코드 5-84]는 10건의 행만을 출력하는 SELECT문입니다. 상가(TB_BSSH) 테이블에 ROWNUM 조건을 줘서 10건만 출력한 후 그 10건을 경도(LO) 칼럼값을 기준으로 정렬하였습니다. ROWNUM은 오라클 DBMS에서 관리하는 Pesudo 칼럼으로서 테이블에는 존재하지 않지만 결과집합의 순번을 관리하고 있습니다.

코드 5-84 10건의 행만을 출력하는 SELECT문

```
SELECT A.BSSH_NO
     , A.CMPNM_NM
     , A.BHF_NM
     , A.LNM_ADRES
     , A.LO
     , A.LA
  FROM TB_BSSH A
 WHERE ROWNUM <= 10
 ORDER BY A.LO
;
```

※ 결과집합의 정렬 순서는 별도의 정렬작업(ORDER BY절)을 하지 않았기 때문에 PC 환경에 따라 달라질 수 있습니다.

결과

```
BSSH_NO |CMPNM_NM      .|.|LNM_ADRES              .|LO         .|LA          .|
--------|-------------.|.|-----------------------.|------------.|------------.|
10001879|이정민헤어모드.|.|서울특별시 서초구 서초동.|127.00907786.|37.483361141.|
10001594|이자까야류    .|.|서울특별시 강남구 논현동.|127.02227221.|37.516395601.|
10001271|이은기양복점  .|.|전라북도 전주시 덕진구  .|127.07749056.|35.869287285.|
10000982|이웃사촌      .|.|전라북도 전주시 완산구  .|127.11786679.|35.793015308.|
10001341|이은실음악학원.|.|전라남도 여수시 소호동 3.|127.65355157.|34.745667416.|
10001099|이원해장국    .|.|강원도 춘천시 퇴계동 977.|127.73480392.|37.858906079.|
10002470|이조숯불갈비  .|.|경상남도 남해군 미조면  .|128.04480210.|34.713192744.|
10001526|이인영선산곱창.|.|경상북도 구미시 봉곡동 2.|128.31461650.| 36.15234654.|
10002525|이조식당      .|.|대구광역시 북구 동천동 9.|128.55903258.|35.937496013.|
10000193|이엘씨외국어학.|.|부산광역시 해운대구 반여.|129.11597603.|35.204662307.|
```

※ 이 책의 분량 및 페이지 크기에 맞게 일부 값을 생략하였습니다.

위 SQL문은 SQL 작성자의 의도에 따라 중대한 문제가 있을 수 있습니다. 왜냐하면 상가(TB_BSSH) 테이블에서 무작위로 10건을 추출한 후, 그 10건의 집합을 경도(LO) 칼럼을 기준으로 정렬하여 보여주는 것이기 때문입니다.

만약 모든 상가(TB_BSSH) 데이터 중 경도(LO) 칼럼을 기준으로 정렬한 결과 중에서 상위 10건을 출력하는 것을 의도했던 것이라면 이 SQL문은 작성자가 의도하지 않은 결과집합을 출력한 것이 됩니다.

이러한 경우 아래와 같은 SQL문을 호출하여 전체 상가(TB_BSSH) 데이터 중에서 경도(LO) 칼럼 기준으로 상위 10건의 데이터를 추출할 수 있습니다.

[코드 5-85]를 살펴보면 SELECT문 자체를 FROM절 안으로 밀어 넣고 소괄호 "( )"로 감싼 것을 알 수 있습니다. 그런 후 "WHERE ROWNUM <= 10" 조건으로 전체 정렬 결과 중에서 상위 10건을 출력하는 SELECT문입니다. 이처럼 FROM절 내부에 들어가는 SELECT문을 인라인뷰 서브쿼리[9]라고 합니다.

---

9 인라인뷰 서브쿼리는 서브쿼리의 한 종류로서 〈Chapter 6. SQL활용의 6.4 서브쿼리〉에서 학습합니다.

```
SELECT A.BSSH_NO
     , A.CMPNM_NM
     , A.BHF_NM
     , A.LNM_ADRES
     , A.LO
     , A.LA
  FROM
    (
      SELECT A.BSSH_NO
           , A.CMPNM_NM
           , A.BHF_NM
           , A.LNM_ADRES
           , A.LO
           , A.LA
        FROM TB_BSSH A
        ORDER BY A.LO
    ) A
  WHERE ROWNUM <= 10
;
```

결과

```
BSSH_NO │CMPNM_NM    │.│LNM_ADRES             .│LO          .│LA          .│
────────┼────────────┼.┼──────────────────────.┼────────────.┼────────────.┼
16004542│청정횟집     │.│인천광역시 옹진군 백령면.│124.618884809.│37.9748245761.│
28484621│선대횟집     │.│인천광역시 옹진군 백령면.│124.619011863.│37.9747832004.│
19917904│퓨전빠       │.│인천광역시 옹진군 백령면.│124.619120936.│37.9743900608.│
24494554│양덕2호       │.│인천광역시 옹진군 백령면.│124.619291374.│37.9743949647.│
20634273│제주해녀회집  │.│인천광역시 옹진군 백령면.│124.619636180.│37.9745669984.│
11852301│제2영광호      │.│인천광역시 옹진군 백령면.│124.621525043.│37.9705954954.│
24933280│영광호         │.│인천광역시 옹진군 백령면.│124.621525043.│37.9705954954.│
26179043│백학민박       │.│인천광역시 옹진군 백령면.│124.621525043.│37.9705954954.│
26308925│영덕수산       │.│인천광역시 옹진군 백령면.│124.641507896.│37.9472833962.│
24464884│해당화관광호   │.│인천광역시 옹진군 백령면.│124.643193963.│37.9479710179.│
```

※ 이 책의 분량 및 페이지 크기에 맞게 일부 값을 생략하였습니다.

사용자가 의도한 대로 상가(TB_BSSH) 테이블에서 경도(LO) 칼럼을 기준으로 정렬한 데이터 중 상위 10건이 출력되었습니다. 상가 중에서 가장 서쪽에 위치하는 상가들이 출력된 것을 알 수 있습니다.

5.9 조인

5.9.1 조인이란?

2개 이상의 테이블을 연결 또는 결합하여 데이터를 출력하는 것을 조인Join이라고 하며 일반적으로 사용되는 SQL문의 상당수가 조인으로 이루어져 있습니다.

정규화된 데이터 모델은 데이터를 저장할 때 여러 개의 테이블에 나누어 저장하게 되고, 저장된 데이터를 기반으로 우리가 찾고자 하는 정보를 조회하려면 조인이 필연적으로 발생할 수밖에 없습니다.

일반적인 경우 기본키와 외래키의 값 연관에 의해 조인이 이루어지며 기본키, 외래키 관계와는 별도로 일반 칼럼끼리 조인이 이루어지는 경우도 있습니다.

5.9.2 2개의 테이블 조인

조인은 2개 이상의 테이블을 연결(결합)하여 데이터를 출력한 것입니다. 그럼 지금부터 2개의 테이블을 조인한 SQL문을 실습해보겠습니다.

지하철역(TB_SUBWAY_STATN) 테이블과 지하철역승하차(TB_SUBWAY_STATN_TK_GFF) 테이블을 조인하였습니다. "하나의 지하철역은 여러 개의 승하차정보를 가진다"라는 관계에 의해서 지하철역승하차(TB_SUBWAY_STATN_TK_GFF) 테이블에는 지하철역번호(SUBWAY_STATN_NO)가 외래키(FK)로 존재하고 있습니다.

아래 SQL문은 강남역을 기준으로 2020년 10월 1달 동안 출근시간대인 08시부터 09시까지 이 역에서 승하차한 인원수를 구하는 SQL문입니다.

코드 5-86 2개의 테이블 조인

```
SELECT A.SUBWAY_STATN_NO
     , A.LN_NM
     , A.STATN_NM
     , B.BEGIN_TIME
     , B.END_TIME
     , CASE WHEN TK_GFF_SE_CD = 'TGS001' THEN '승차'
            WHEN TK_GFF_SE_CD = 'TGS002' THEN '하차'
            END TK_GFF_SE_NM
     , B.TK_GFF_CNT
  FROM TB_SUBWAY_STATN A
```

```
       , TB_SUBWAY_STATN_TK_GFF B
 WHERE A.SUBWAY_STATN_NO = B.SUBWAY_STATN_NO
   AND A.SUBWAY_STATN_NO = '000032' --2호선 강남
   AND B.STD_YM = '202010'
   AND B.BEGIN_TIME = '0800'
   AND B.END_TIME = '0900'
 ;
```

※ 결과집합의 정렬 순서는 별도의 정렬작업(ORDER BY절)을 하지 않았기 때문에 PC 환경에 따라 달라질 수 있습니다.

결과

SUBWAY_STATN_NO	LN_NM	STATN_NM	BEGIN_TIME	END_TIME	TK_GFF_SE_NM	TK_GFF_CNT
000032	2호선	강남	0800	0900	승차	54804
000032	2호선	강남	0800	0900	하차	289569

출근시간대 강남역에 승차하는 인원보다 하차하는 인원이 훨씬 더 많은 것을 알 수 있습니다. 이러한 결과로 유추해봤을 때 강남역 주변은 직장(사무실)이 매우 많다는 것을 추측할 수 있습니다.

5.9.3 3개의 테이블 조인

3개의 테이블을 조인한 SELECT문을 실습해봅시다.

지하철역승하차(TB_SUBWAY_STATN_TK_GFF) 테이블의 승하차구분코드(TK_GFF_SE_CD) 칼럼에 들어가는 값의 유형은 승하차구분(TB_TK_GFF_SE) 테이블에 저장됩니다.

승하차구분(TB_TK_GFF_SE) 테이블에는 승하차구분코드(TK_GFF_SE_CD) 및 승하차구분명(TK_GFF_SE_NM) 칼럼이 존재합니다.

승하차구분코드(TK_GFF_SE_CD) 칼럼의 값이 ' TGS001'('승차')인지 ' TGS002'('하차')인지 알기 위해 승하차구분(TB_TK_GFF_SE) 테이블을 조인하여 승하차구분명(TK_GFF_SE_NM) 칼럼까지 조회해야 합니다.

아래는 지하철역(TB_SUBWAY_STATN), 지하철역승하차(TB_SUBWAY_STATN_TK_GFF), 승하차구분(TB_TK_GFF_SE) 3개의 테이블을 조인한 SQL문입니다.

```
SELECT A.SUBWAY_STATN_NO
     , A.LN_NM
     , A.STATN_NM
     , B.BEGIN_TIME
     , B.END_TIME
     , C.TK_GFF_SE_NM
     , B.TK_GFF_CNT
  FROM TB_SUBWAY_STATN A
     , TB_SUBWAY_STATN_TK_GFF B
     , TB_TK_GFF_SE C
 WHERE A.SUBWAY_STATN_NO = B.SUBWAY_STATN_NO
 AND A.SUBWAY_STATN_NO = '000032' --2호선 강남
 AND B.STD_YM = '202010'
 AND B.BEGIN_TIME = '0800'
 AND B.END_TIME = '0900'
 AND B.TK_GFF_SE_CD = C.TK_GFF_SE_CD
 ;
```

※ 결과집합의 정렬 순서는 별도의 정렬작업(ORDER BY절)을 하지 않았기 때문에 PC 환경에 따라 달라질 수 있습니다.

결과

SUBWAY_STATN_NO	LN_NM	STATN_NM	BEGIN_TIME	END_TIME	TK_GFF_SE_NM	TK_GFF_CNT
000032	2호선	강남	0800	0900	승차	54804
000032	2호선	강남	0800	0900	하차	289569

5.9.4 4개의 테이블 조인

이번에는 4개의 테이블을 조인한 SELECT문을 실습해보겠습니다.

인구(TB_POPLTN), 인구구분(TB_POPLTN_SE), 연령대구분(TB_AGRDE_SE), 행정동(TB_ADSTRD) 테이블을 조인하고 있습니다.

4개의 테이블 조합으로 2020년 10월 기준 경기도 고양시 덕양구 삼송동의 20대부터 40대까지의 남/여 인구수를 조회하고 있습니다. 조회 결과의 정렬 기준은 인구수가 많은 순입니다.

```
SELECT A.ADSTRD_CD
     , D.ADSTRD_NM
     , A.POPLTN_SE_CD
     , B.POPLTN_SE_NM
     , A.AGRDE_SE_CD
     , C.AGRDE_SE_NM
     , A.POPLTN_CNT
  FROM TB_POPLTN A
     , TB_POPLTN_SE B
     , TB_AGRDE_SE C
     , TB_ADSTRD D
 WHERE A.ADSTRD_CD = D.ADSTRD_CD
   AND A.POPLTN_SE_CD = B.POPLTN_SE_CD
   AND A.AGRDE_SE_CD = C.AGRDE_SE_CD
   AND A.POPLTN_SE_CD IN ( 'M', 'F')
   AND A.STD_YM = '202010'
   AND C.AGRDE_SE_CD IN ('020', '030', '040')
   AND D.ADSTRD_NM LIKE '%경기도%고양시%덕양구%삼송%'
 ORDER BY A.POPLTN_CNT DESC
;
```

결과

ADSTRD_CD	ADSTRD_NM	POPLTN_SE_CD	POPLTN_SE_NM	AGRDE_SE_CD	AGRDE_SE_NM	POPLTN_CNT
4128157500	경기도 고양시 덕양구 삼송동	M	남자	030	30세~39세	2135
4128157500	경기도 고양시 덕양구 삼송동	F	여자	030	30세~39세	2121
4128157500	경기도 고양시 덕양구 삼송동	M	남자	040	40세~49세	1831
4128157500	경기도 고양시 덕양구 삼송동	F	여자	040	40세~49세	1786
4128157500	경기도 고양시 덕양구 삼송동	F	여자	020	20세~29세	1425
4128157500	경기도 고양시 덕양구 삼송동	M	남자	020	20세~29세	1294

경기도 고양시 덕양구 삼송동의 인구에 대한 정보가 출력되었습니다. 20대~40대 인구 중 30대 남자인구가 2,135명으로 가장 많은 것을 알 수 있습니다.

5.10 SQL 기본 실습

5.10.1 각 지역별(시/도 기준) 스타벅스 커피 매장의 개수 구하기

이번 실습은 상가(TB_BSSH) 테이블을 조회하여 각 지역별(시/도 기준) 스타벅스 커피 매장의 개수를 구해보겠습니다.

우선 아래의 SQL문을 조회합니다. 상가(TB_BSSH) 테이블에서 전국의 스타벅스 매장을 조회합니다. 상점명(CMPNM_NM) 칼럼에서 '스타'와 '벅스'를 포함하는 행, 혹은 UPPER 함수를 이용해 상점명(CMPNM_NM) 칼럼의 값을 대문자로 변환한 값이 'STAR'와 'BUCKS'를 포함하고 있는 행을 조회하고 있습니다.

코드 5-89 전국의 스타벅스 매장 조회

```
SELECT A.CTPRVN_CD, A.CMPNM_NM, A.BHF_NM, A.LNM_ADRES
  FROM TB_BSSH A
 WHERE (A.CMPNM_NM LIKE '%스타%벅스%'
       OR
       UPPER(A.CMPNM_NM) LIKE '%STAR%BUCKS%'
       )
;
```

※ 결과집합의 정렬 순서는 별도의 정렬작업(ORDER BY절)을 하지 않기 때문에 PC 환경에 따라 달라질 수 있습니다.

결과

```
CTPRVN_CD CMPNM_NM    . BHF_NM       . LNM_ADRES                    . 
--------- ------------ . ------------ . ----------------------------- . 
27         스타벅스대구 . 대구중앙로점 . 대구광역시 중구 동성로3가 35-13. 
41         스타벅스     . 분당서울대병 . 경기도 성남시 분당구 구미동 300. 
11         스타벅스     . 고대안암병원 . 서울특별시 성북구 안암동5가 126. 
11         스타벅스     . 이태원입구점 . 서울특별시 용산구 이태원동 56-3. 
27         스타벅스     . 동아백화점   . 대구광역시 중구 동문동 20-4번지. 
11         스타벅스     . 대학로점     . 서울특별시 종로구 동숭동 1-28번. 
11         스타벅스종암 . 종암점       . 서울특별시 성북구 종암동 3-686 . 
11         스타벅스화곡 . 화곡동점     . 서울특별시 강서구 화곡동 1073-1. 
45         스타벅스     .             . 전라북도 부안군 변산면 격포리 3. 
11         스타벅스     . 서울타워점   . 서울특별시 용산구 용산동2가 산1. 
46         스타벅스     . 목포북항DT점 . 전라남도 목포시 산정동 1750-8번. 
...생략
```

※ 이 책의 분량 및 페이지 크기에 맞게 일부 값을 생략하였습니다.

위와 같이 스타벅스 매장에 대한 데이터가 출력되었습니다.

그럼 지금부터 전국의 시/도별 스타벅스 매장의 개수를 구해보겠습니다. GROUP BY절을 이용하여 시도코드(CTPRVN_CD) 칼럼으로 그룹화하고, 집계 함수 COUNT를 이용하여 각 시/도별 스타벅스 매장의 개수를 구합니다. 또한 주소분류(TB_ADRES_CL) 테이블을 조인하여 각 시도코드(CTPRVN_CD)가 어떤 지역인지 시/도명인 주소분류명(ADRES_CL_NM) 칼럼을 출력합니다.

코드 5-90 전국의 시/도별 스타벅스 매장의 개수 구하기

```
SELECT A.CTPRVN_CD
     , B.ADRES_CL_NM
     , COUNT(*) AS CNT
  FROM TB_BSSH A
     , TB_ADRES_CL B
 WHERE (A.CMPNM_NM LIKE '%스타%벅스%'
        OR
        UPPER(A.CMPNM_NM) LIKE '%STAR%BUCKS%'
       )
   AND A.CTPRVN_CD= B.ADRES_CL_CD
   AND B.ADRES_CL_SE_CD = 'ACS001' --시도 기준
 GROUP BY A.CTPRVN_CD, B.ADRES_CL_NM
 ORDER BY CNT DESC
 ;
```

상가(TB_BSSH) 테이블에서 상점명(CMPNM_NM)에 대한 조건을 주어 스타벅스 매장인 행을 구한 후, 시도코드(CTPRVN_CD) 칼럼을 기준으로 GROUP BY하였습니다. 또한 주소분류(TB_ADRES_CL) 테이블과 조인하여 시/도명인 주소분류명(ADRES_CL_NM)을 구하였습니다. 마지막으로 스타벅스 매장의 개수가 많은 순으로 출력하도록 ORDER BY절을 이용하였습니다.

결과

CTPRVN_CD	ADRES_CL_NM	CNT
11	서울특별시	506
41	경기도	305
26	부산광역시	111
27	대구광역시	76
28	인천광역시	63

```
29      │광주광역시   │ 55│
48      │경상남도    │ 54│
30      │대전광역시   │ 52│
47      │경상북도    │ 47│
44      │충청남도    │ 37│
42      │강원도     │ 33│
31      │울산광역시   │ 32│
43      │충청북도    │ 26│
45      │전라북도    │ 23│
50      │제주특별자치도 │ 22│
46      │전라남도    │ 19│
36      │세종특별자치시 │  7│
```

전국의 시/도 기준 스타벅스 매장의 개수가 가장 많은 지역은 서울특별시인 것을 알 수 있습니다.

5.10.2 출근시간대 하차인원이 가장 많은 순으로 지하철역 정보 조회하기

지하철역(TB_SUBWAY_STATN), 지하철역승하차(TB_SUBWAY_STATN_TK_GFF), 승하차구분(TB_TK_GFF_SE) 테이블을 조인하여 2020년 10월 기준 출근시간대인 08시부터 09시까지 하차인원이 가장 많은 순으로 지하철역 정보를 조회합니다.

아래 SELECT문을 봅시다.

코드 5-91 출근시간대 하차인원이 많은 순으로 지하철역 정보 출력하기

```sql
SELECT A.SUBWAY_STATN_NO
     , B.LN_NM
     , B.STATN_NM
     , C.TK_GFF_SE_NM
     , A.BEGIN_TIME
     , A.END_TIME
     , A.TK_GFF_CNT
  FROM TB_SUBWAY_STATN_TK_GFF A
     , TB_SUBWAY_STATN B
     , TB_TK_GFF_SE C
 WHERE A.STD_YM = '202010'
   AND A.BEGIN_TIME = '0800'
   AND A.END_TIME = '0900'
   AND A.TK_GFF_SE_CD = 'TGS002' --하차
   AND A.SUBWAY_STATN_NO = B.SUBWAY_STATN_NO
   AND A.TK_GFF_SE_CD = C.TK_GFF_SE_CD
 ORDER BY A.TK_GFF_CNT DESC
 ;
```

결과

```
SUBWAY      |LN_NM|STATN_NM            |TK_GFF|BEGIN|END  |TK_GFF|
_STATN_NO|       |                    |_SE_NM|_TIME|_TIME|_CNT  |
---------|-----|--------------------|------|-----|-----|------|
000514   |7호선|가산디지털단지        |하차  |0800 |0900 |338709|
000032   |2호선|강남                 |하차  |0800 |0900 |289569|
000029   |2호선|삼성(무역센터)       |하차  |0800 |0900 |282475|
000031   |2호선|역삼                 |하차  |0800 |0900 |280902|
000012   |2호선|을지로입구            |하차  |0800 |0900 |248279|
000030   |2호선|선릉                 |하차  |0800 |0900 |246775|
000408   |5호선|광화문(세종문화회관)|하차  |0800 |0900 |236957|
000042   |2호선|구로디지털단지        |하차  |0800 |0900 |229960|
000021   |2호선|성수                 |하차  |0800 |0900 |227174|
000084   |3호선|양재(서초구청)       |하차  |0800 |0900 |218385|
...생략
```

※ 이 책의 분량 및 페이지 크기에 맞게 일부 값을 생략하였습니다.

출근시간 기준으로 '7호선'인 '가산디지털단지'역에서 하차하는 인원수가 가장 많은 것을 알 수 있습니다.

5.10.3 연령대별 남성/여성 인구수 구하기

이번 실습은 인구(TB_POPLTN) 테이블을 조회하여 연령대구분코드(AGRDE_SE_CD) 칼럼별로 남성 및 여성의 인구수를 조회해보겠습니다.

SELECT문은 아래와 같습니다.

코드 5-92 연령대별 남성/여성의 인구수 구하기

```
SELECT A.AGRDE_SE_CD
     , SUM(CASE WHEN A.POPLTN_SE_CD = 'M'
              THEN A.POPLTN_CNT ELSE 0 END) MALE_POPLTN_CNT
     , SUM(CASE WHEN A.POPLTN_SE_CD = 'F'
              THEN A.POPLTN_CNT ELSE 0 END) FEMALE_POPLTN_CNT
  FROM TB_POPLTN A
 GROUP BY A.AGRDE_SE_CD
 ORDER BY A.AGRDE_SE_CD
;
```

인구(TB_POPLTN) 테이블에서 연령대구분코드(AGRDE_SE_CD)별로 인구수(POPLTN_CNT) 칼럼의 합계를 구하고 있습니다. 인구수의 합계를 구할 때 인구구분코드(POPLTN_SE_CD) 칼럼의 값이 'M'이라면 남성의 인구수로 출력하고 'F'라면 여성의 인구수로 출력합니다. 집계 함수 SUM 내부에 CASE WHEN문을 이용하여 남성/여성의 인구수를 구하고 있습니다.

결과

```
AGRDE_SE_CD|MALE_POPLTN_CNT|FEMALE_POPLTN_CNT|
-----------|---------------|-----------------|
000        |        2053757|          1951273|
010        |        2492660|          2325821|
020        |        3572849|          3229935|
030        |        3554522|          3346230|
040        |        4222636|          4089585|
050        |        4367890|          4287402|
060        |        3262004|          3407776|
070        |        1658170|          2029281|
080        |         601436|          1112755|
090        |          56511|           193824|
100        |           5284|            16415|
```

00대부터 50대까지는 남성의 인구수가 여성의 인구수보다 많습니다. 하지만 60대 이후부터 여성의 인구수가 더 많은 것을 알 수 있습니다. 특히 80대 이상의 인구부터는 여성의 인구수가 남성의 인구수에 비해서 압도적으로 많습니다. 이로써 여성의 수명이 남성보다 긴 것을 알 수 있습니다.

5.11 연습문제

문제 21

다음 중 데이터 조작어(DML)의 종류가 아닌 것은 무엇인가?

① INSERT

② UPDATE

③ SELECT

④ ALTER

〈아래〉는 TB_DEPT_22 테이블을 생성하고 데이터를 입력한 후, 테이블의 내용을 TB_DEPT_22_TMP 테이블에 복제하는 SQL 스크립트이다. 이 SQL 스크립트의 실행 결과에 대한 설명으로 가장 올바른 것은 무엇인가?

〈아래〉
SQL 스크립트

```
CREATE TABLE TB_DEPT_22
(
  DEPT_NO CHAR(4)
, DEPT_NM VARCHAR2(50) NOT NULL
, CONSTRAINT TB_DEPT_22_PK PRIMARY KEY (DEPT_NO)
);

INSERT INTO TB_DEPT_22 (DEPT_NO, DEPT_NM) VALUES ('D001', '데이터팀');
INSERT INTO TB_DEPT_22 (DEPT_NO, DEPT_NM) VALUES ('D002', '자바개발팀');

COMMIT;

CREATE TABLE TB_DEPT_22_TMP AS
SELECT * FROM TB_DEPT_22
  ;
```

① SQL문 실행 성공 후 두 테이블의 저장 건수는 완전히 동일하지 않을 수 있다.

② TB_DEPT_22 테이블을 읽어서 TB_DEPT_22_TMP 테이블에 생성 및 저장하였으므로 커밋을 실행하지 않는 한 데이터베이스에 적용되지 않는다.

③ TB_DEPT_22 테이블이 가지고 있는 TB_DEPT_22_PK 제약조건은 TB_DEPT_22_TMP 테이블에도 그대로 적용된다.

④ TB_DEPT_22 테이블의 DEPT_NM 칼럼이 가지고 있는 NOT NULL 제약조건은 TB_DEPT_22_TMP 테이블에도 그대로 적용된다.

〈아래〉와 같이 TB_EMP_23 테이블을 생성하고, DEPT_NO_CHAR 칼럼은 CHAR(4)로, DEPT_NO_ VARCHAR2는 VARCHAR2(6)으로 선언하였다. 해당 테이블에 아래와 같은 INSERT문으로 데이터를 입력하고 SQL문을 실행했을 때 결과집합으로 가장 알맞은 것은 무엇인가?

〈아래〉
테이블 생성 및 데이터 입력

```
CREATE TABLE TB_EMP_23
(
  EMP_NO CHAR(4)
, EMP_NM VARCHAR2(50) NOT NULL
, DEPT_NO_CHAR     CHAR(4) NOT NULL
, DEPT_NO_VARCHAR2 VARCHAR2(6) NOT NULL
, CONSTRAINT TB_EMP_23_PK PRIMARY KEY (EMP_NO)
)
;

INSERT INTO TB_EMP_23 (EMP_NO, EMP_NM, DEPT_NO_CHAR, DEPT_NO_VARCHAR2 )
VALUES ('E001', '이경오', 'D001', 'D002');

INSERT INTO TB_EMP_23 (EMP_NO, EMP_NM, DEPT_NO_CHAR, DEPT_NO_VARCHAR2 )
VALUES ('E002', '이수지', 'D003', 'D004');

INSERT INTO TB_EMP_23 (EMP_NO, EMP_NM, DEPT_NO_CHAR, DEPT_NO_VARCHAR2 )
VALUES ('E003', '이지선', 'D001', 'D001');

INSERT INTO TB_EMP_23 (EMP_NO, EMP_NM, DEPT_NO_CHAR, DEPT_NO_VARCHAR2 )
VALUES ('E004', '김진영', 'D002', 'D003');

COMMIT;
```

SQL문

```
SELECT DISTINCT DEPT_NO_CHAR
  FROM TB_EMP_23
 WHERE DEPT_NO_CHAR = DEPT_NO_VARCHAR2
 ;
```

①
```
DEPT_NO_CHAR
------------
D001
```

②
```
DEPT_NO_CHAR
------------
D001
D003
D002
```

③
```
DEPT_NO_CHAR
------------
D001
D001
```

④ 공집합

〈아래〉의 SQL 스크립트는 테이블을 생성한 후 데이터를 입력하고 있다. 이 테이블에 최종적으로 존재하는 데이터의 건수는 무엇인가?

〈아래〉

SQL 스크립트

```
CREATE TABLE TB_DEPT_24
(
  DEPT_NO CHAR(4)
, DEPT_NM VARCHAR2(50)
, CONSTRAINT TB_DEPT_24_PK PRIMARY KEY (DEPT_NO)
);

INSERT INTO TB_DEPT_24 (DEPT_NO, DEPT_NM) VALUES ('D001', '데이터팀');
INSERT INTO TB_DEPT_24 (DEPT_NO, DEPT_NM) VALUES ('D002', '개발팀'  );
COMMIT;

INSERT INTO TB_DEPT_24 (DEPT_NO, DEPT_NM) VALUES ('D003', '영업팀'  );
```

```
SAVEPOINT SVPT1;

INSERT INTO TB_DEPT_24 (DEPT_NO, DEPT_NM) VALUES ('D004', '마케팅팀');

SAVEPOINT SVPT2;

ROLLBACK TO SVPT2;

COMMIT;
```

SQL문

```
SELECT COUNT(*) CNT FROM TB_DEPT_24;
```

① 3 　　　　　② 4 　　　　　③ 2 　　　　　④ 1

문제 25

〈아래〉와 같이 테이블을 생성하고 데이터를 입력하였다. DEPT_NO_CHAR 칼럼의 데이터형은 CHAR이고 DEPT_NO_VARCHAR2의 데이터형은 VARCHAR2이다. 이러한 경우 아래의 SQL문을 실행했을 때 결과집합으로 가장 알맞은 것은 무엇인가?

〈아래〉

테이블 생성 및 데이터 입력

```
CREATE TABLE TB_DEPT_25
(
  DEPT_NO_CHAR     CHAR(6)
, DEPT_NO_VARCHAR2 VARCHAR2(6)
, DEPT_NM          VARCHAR2(50)
)
;

INSERT INTO TB_DEPT_25 (DEPT_NO_CHAR, DEPT_NO_VARCHAR2, DEPT_NM)
      VALUES ('D001', 'D001  ', '데이터팀'); --DEPT_NO_VARCHAR2 뒤에 공백2개

INSERT INTO TB_DEPT_25 (DEPT_NO_CHAR, DEPT_NO_VARCHAR2, DEPT_NM)
      VALUES ('D002', 'D002  ', '개발팀'  ); --DEPT_NO_VARCHAR2 뒤에 공백2개

INSERT INTO TB_DEPT_25 (DEPT_NO_CHAR, DEPT_NO_VARCHAR2, DEPT_NM)
      VALUES ('D003', 'D003'  , '영업팀'  ); --DEPT_NO_VARCHAR2 뒤에 공백0개
```

```
INSERT INTO TB_DEPT_25 (DEPT_NO_CHAR, DEPT_NO_VARCHAR2, DEPT_NM)
    VALUES ('D004', 'D004'  , '마케팅팀'); --DEPT_NO_VARCHAR2 뒤에 공백0개

COMMIT;
```

SQL문

```
SELECT DEPT_NO_CHAR, DEPT_NO_VARCHAR2, DEPT_NM
 FROM TB_DEPT_25
WHERE DEPT_NO_CHAR = DEPT_NO_VARCHAR2
ORDER BY DEPT_NO_CHAR
 ;
```

①
```
DEPT_NO_CHAR DEPT_NO_VARCHAR2 DEPT_NM
------------ ---------------- --------
D001         D001             데이터팀
D002         D002             개발팀
D003         D003             영업팀
D004         D004             마케팅팀
```

②
```
DEPT_NO_CHAR DEPT_NO_VARCHAR2 DEPT_NM
------------ ---------------- --------
D001         D001             데이터팀
D002         D002             개발팀
```

③ 공집합

④
```
DEPT_NO_CHAR DEPT_NO_VARCHAR2 DEPT_NM
------------ ---------------- --------
D003         D003             영업팀
D004         D004             마케팅팀
```

〈아래〉와 같이 테이블을 생성하고 데이터를 입력하였다. DEPT_NO_CHAR_4 칼럼의 데이터형은 CHAR 이고 길이는 4이다. 또한 DEPT_NO_CHAR_6 칼럼의 데이터형은 CHAR이고 길이는 6이다. 이러한 경우 아래의 SQL문을 실행했을 경우의 결과집합으로 가장 알맞은 것은 무엇인가?

〈아래〉
테이블 생성 및 데이터 입력

```
CREATE TABLE TB_DEPT_26
(
  DEPT_NO_CHAR_4 CHAR(4)
, DEPT_NO_CHAR_6 CHAR(6)
, DEPT_NM VARCHAR2(50)
);

INSERT INTO TB_DEPT_26 (DEPT_NO_CHAR_4, DEPT_NO_CHAR_6, DEPT_NM)
    VALUES ('D001', 'D001  ', '데이터팀'); --DEPT_NO_CHAR_6 뒤에 공백2개

INSERT INTO TB_DEPT_26 (DEPT_NO_CHAR_4, DEPT_NO_CHAR_6, DEPT_NM)
    VALUES ('D002', 'D002  ', '개발팀'  ); --DEPT_NO_CHAR_6 뒤에 공백2개

INSERT INTO TB_DEPT_26 (DEPT_NO_CHAR_4, DEPT_NO_CHAR_6, DEPT_NM)
    VALUES ('D003', 'D003'  , '영업팀'  ); --DEPT_NO_CHAR_6 뒤에 공백0개

INSERT INTO TB_DEPT_26 (DEPT_NO_CHAR_4, DEPT_NO_CHAR_6, DEPT_NM)
    VALUES ('D004', 'D004'  , '마케팅팀'); --DEPT_NO_CHAR_6 뒤에 공백0개

COMMIT;
```

SQL문

```
SELECT DEPT_NO_CHAR_4
     , REPLACE(DEPT_NO_CHAR_6, ' ', '_') AS DEPT_NO_CHAR_6
     , DEPT_NM
  FROM TB_DEPT_26
 WHERE DEPT_NO_CHAR_4 = DEPT_NO_CHAR_6
 ORDER BY DEPT_NO_CHAR_4;
```

①
```
DEPT_NO_CHAR_4 DEPT_NO_CHAR_6 DEPT_NM
-------------- -------------- --------
D001           D001__         데이터팀
D002           D002__         개발팀
D003           D003__         영업팀
D004           D004__         마케팅팀
```

②
```
DEPT_NO_CHAR_4 DEPT_NO_CHAR_6 DEPT_NM
-------------- -------------- --------
D001           D001__         데이터팀
D002           D002__         개발팀
```

③
공집합

④
```
DEPT_NO_CHAR_4 DEPT_NO_CHAR_6 DEPT_NM
-------------- -------------- --------
D003           D003__         영업팀
D004           D004__         마케팅팀
```

문제 27

〈아래〉의 SQL문은 특정 시간을 빼는 연산을 수행하는 SQL문이다. 아래 SQL문의 결과로 가장 적절한 것은 무엇인가?

〈아래〉

```
SELECT TO_CHAR(TO_DATE('2020-12-25 00:00:00', 'YYYY-MM-DD HH24:MI:SS')
    - 1/24/60*10/10, 'YYYY-MM-DD HH24:MI:SS') AS VAL
  FROM DUAL;
```

① 2020-12-24 23:50:00

② 2020-12-24 23:59:59

③ 2020-12-24 23:59:00

④ 2020-12-24 23:00:00

《아래》와 같이 테이블을 생성하고 데이터를 입력하였다. 《아래》의 SQL문의 결과로 가장 알맞은 것은 무엇인가?

《아래》

테이블 생성 및 데이터 입력

```
CREATE TABLE TB_DEPT_28
(
  DEPT_NO CHAR(4)
, DEPT_NM VARCHAR2(50) NOT NULL
, CONSTRAINT TB_DEPT_28_PK PRIMARY KEY (DEPT_NO)
)
;

INSERT INTO TB_DEPT_28 (DEPT_NO, DEPT_NM) VALUES ('D001', '데이터팀');
INSERT INTO TB_DEPT_28 (DEPT_NO, DEPT_NM) VALUES ('D002', '자바개발팀');

COMMIT;
```

SQL문

```
SELECT COUNT(DEPT_NO)
 FROM TB_DEPT_28
 WHERE DEPT_NO = 1001
 ;
```

① 0   ② NULL   ③ 공집합   ④ SQL 에러

《아래》와 같이 테이블을 구성하고 데이터를 입력하였다. SQL문의 결과는 무엇인가?

《아래》

테이블 생성 및 데이터 입력

```
CREATE TABLE TB_EMP_29
(
  EMP_NO CHAR(4)
, EMP_NM VARCHAR2(50) NOT NULL
, CONSTRAINT TB_EMP_29_PK PRIMARY KEY (EMP_NO)
)
```

```
;

INSERT INTO TB_EMP_29 (EMP_NO, EMP_NM) VALUES ('E001', '이경오');
INSERT INTO TB_EMP_29 (EMP_NO, EMP_NM) VALUES ('E002', '이수지');

COMMIT;
```

SQL문

```
SELECT CASE WHEN NVL(MAX(EMP_NM), '없음') = '없음'
            THEN 'N'
            ELSE 'Y' END AS EMP_NM_YN
  FROM TB_EMP_29
  WHERE EMP_NM = '이지선'
;
```

① Y   ② N   ③ NULL   ④ 공집합

문제 30

〈아래〉와 같이 테이블을 구성하고 데이터를 입력하였다. 결과로 가장 알맞은 것은 무엇인가? (단, NULL인 값은 '(Null)'을 출력한다.)

〈아래〉
테이블 생성 및 데이터 입력

```
CREATE TABLE TB_PLAYER_30
(
  PLAYER_NO CHAR(4)
, PLAYER_NM VARCHAR2(50) NOT NULL
, HEIGHT NUMBER(15, 2) NOT NULL
, WEIGHT NUMBER(15, 2) NOT NULL
, TEAM_NO CHAR(4)
, CONSTRAINT TB_PLAYER_30_PK PRIMARY KEY (PLAYER_NO)
)
;

INSERT INTO TB_PLAYER_30 (PLAYER_NO, PLAYER_NM, HEIGHT, WEIGHT, TEAM_NO )
     VALUES ('P101', '손흥민', '183.22', '77.8', 'T101');
INSERT INTO TB_PLAYER_30 (PLAYER_NO, PLAYER_NM, HEIGHT, WEIGHT, TEAM_NO )
     VALUES ('P102', '황희찬', '177.87', '78.1', 'T102');
```

```
INSERT INTO TB_PLAYER_30 (PLAYER_NO, PLAYER_NM, HEIGHT, WEIGHT, TEAM_NO )
    VALUES ('P103', '이강인', '173.24', '63.8', 'T103');
INSERT INTO TB_PLAYER_30 (PLAYER_NO, PLAYER_NM, HEIGHT, WEIGHT, TEAM_NO )
    VALUES ('P104', '박지성', '178.54', '75.2',  NULL );

COMMIT;
```

SQL문

```
SELECT NVL(A.TEAM_NO, '(Null)') AS TEAM_NO
    , MAX(A.HEIGHT) AS MAX_HEIGHT
  FROM TB_PLAYER_30 A
  GROUP BY A.TEAM_NO
;
```

①

```
TEAM_NO MAX_HEIGHT
------- ----------
(Null)      183.22
```

②

```
TEAM_NO MAX_HEIGHT
------- ----------
T101        183.22
```

③

```
TEAM_NO MAX_HEIGHT
------- ----------
T102        177.87
T101        183.22
T103        173.24
```

④

```
TEAM_NO MAX_HEIGHT
------- ----------
(Null)      178.54
T102        177.87
T101        183.22
T103        173.24
```

〈아래〉와 같이 테이블을 생성하고 데이터를 입력하였다. SQL문의 ㉠에 들어갈 알맞은 집계 함수는 무엇인가?

〈아래〉

테이블 생성 및 데이터 입력

```
CREATE TABLE TB_PLAYER_31
(
  PLAYER_NO CHAR(4)
, PLAYER_NM VARCHAR2(50) NOT NULL
, HEIGHT NUMBER(15, 2) NOT NULL
, WEIGHT NUMBER(15, 2) NOT NULL
, TEAM_NO CHAR(4)
, CONSTRAINT TB_PLAYER_31_PK PRIMARY KEY (PLAYER_NO)
)
;

INSERT INTO TB_PLAYER_31 (PLAYER_NO, PLAYER_NM, HEIGHT, WEIGHT, TEAM_NO )
    VALUES ('P101', '손흥민', '180.00', '77.8', 'T101');
INSERT INTO TB_PLAYER_31 (PLAYER_NO, PLAYER_NM, HEIGHT, WEIGHT, TEAM_NO )
    VALUES ('P102', '기성용', '182.00', '81.4', 'T101');
INSERT INTO TB_PLAYER_31 (PLAYER_NO, PLAYER_NM, HEIGHT, WEIGHT, TEAM_NO )
    VALUES ('P103', '이청용', '178.00', '78.5', 'T101');
INSERT INTO TB_PLAYER_31 (PLAYER_NO, PLAYER_NM, HEIGHT, WEIGHT, TEAM_NO )
    VALUES ('P104', '황희찬', '170.00', '78.1', 'T102');
INSERT INTO TB_PLAYER_31 (PLAYER_NO, PLAYER_NM, HEIGHT, WEIGHT, TEAM_NO )
    VALUES ('P105', '이승우', '168.00', '66.5', 'T102');
INSERT INTO TB_PLAYER_31 (PLAYER_NO, PLAYER_NM, HEIGHT, WEIGHT, TEAM_NO )
    VALUES ('P106', '이재성', '172.00', '68.5', 'T102');
INSERT INTO TB_PLAYER_31 (PLAYER_NO, PLAYER_NM, HEIGHT, WEIGHT, TEAM_NO )
    VALUES ('P107', '김신욱', '190.00', '88.2', 'T103');
INSERT INTO TB_PLAYER_31 (PLAYER_NO, PLAYER_NM, HEIGHT, WEIGHT, TEAM_NO )
    VALUES ('P108', '박주호', '188.00', '79.3', 'T103');
INSERT INTO TB_PLAYER_31 (PLAYER_NO, PLAYER_NM, HEIGHT, WEIGHT, TEAM_NO )
    VALUES ('P109', '이근호', '186.00', '77.5', 'T103');
INSERT INTO TB_PLAYER_31 (PLAYER_NO, PLAYER_NM, HEIGHT, WEIGHT, TEAM_NO )
    VALUES ('P110', '박지성', '178.00', '75.2',  NULL );
INSERT INTO TB_PLAYER_31 (PLAYER_NO, PLAYER_NM, HEIGHT, WEIGHT, TEAM_NO )
    VALUES ('P111', '홍명보', '182.00', '81.5',  NULL );
INSERT INTO TB_PLAYER_31 (PLAYER_NO, PLAYER_NM, HEIGHT, WEIGHT, TEAM_NO )
    VALUES ('P112', '황선홍', '180.00', '82.1',  NULL );
COMMIT;
```

SQL문

```
SELECT NVL(TEAM_NO, '(Null)') AS TEAM_NO
     , AVG(HEIGHT) "평균키"
  FROM TB_PLAYER_31 A
HAVING ㉠(HEIGHT) >= 180
GROUP BY TEAM_NO
ORDER BY TEAM_NO
;
```

결과

```
TEAM_NO 평균키
------- ---------
T103         188
```

문제 32

〈아래〉와 같이 테이블을 생성하고 데이터를 입력하였다. 〈아래〉 SQL문의 결과로 가장 적절한 것은 무엇인가? (오라클 기준)

〈아래〉

테이블 생성 및 데이터 입력

```
CREATE TABLE TB_EMP_32
(
  EMP_NO CHAR(4)
, EMP_NM VARCHAR2(50) NOT NULL
, JOB_NM VARCHAR2(50) NULL
, DEPT_NO CHAR(4) NULL
, CONSTRAINT TB_EMP_32_PK PRIMARY KEY (EMP_NO)
)
;

INSERT INTO TB_EMP_32 (EMP_NO, EMP_NM, JOB_NM, DEPT_NO )
VALUES ('E001', '이부장', 'A개발자', 'D001');

INSERT INTO TB_EMP_32 (EMP_NO, EMP_NM, JOB_NM, DEPT_NO )
VALUES ('E002', '이차장', 'B개발자', 'D001');
```

```
INSERT INTO TB_EMP_32 (EMP_NO, EMP_NM, JOB_NM, DEPT_NO )
VALUES ('E003', '이과장', 'C개발자', 'D002');

INSERT INTO TB_EMP_32 (EMP_NO, EMP_NM, JOB_NM, DEPT_NO )
VALUES ('E004', '이대리', 'D개발자', 'D002');

INSERT INTO TB_EMP_32 (EMP_NO, EMP_NM, JOB_NM, DEPT_NO )
VALUES ('E005', '이사원', 'E개발자', 'D003');

INSERT INTO TB_EMP_32 (EMP_NO, EMP_NM, JOB_NM, DEPT_NO )
VALUES ('E006', '이수습', 'E개발자',  NULL );

INSERT INTO TB_EMP_32 (EMP_NO, EMP_NM, JOB_NM, DEPT_NO )
VALUES ('E007', '이인턴',  NULL   , 'D003');

COMMIT;
```

SQL문

```
SELECT A.EMP_NO
     , A.EMP_NM
     , NVL(A.JOB_NM, 'ZZZZ') AS JOB_NM
     , NVL(A.DEPT_NO,'ZZZZ') AS DEPT_NO
  FROM TB_EMP_32 A
 ORDER BY A.JOB_NM ASC, A.DEPT_NO DESC
 ;
```

①
```
EMP_NO EMP_NM JOB_NM  DEPT_NO
------ ------ ------- -------
E001    이부장 A개발자 D001
E002    이차장 B개발자 D001
E003    이과장 C개발자 D002
E004    이대리 D개발자 D002
E005    이사원 E개발자 D003
E006    이수습 E개발자 ZZZZ
E007    이인턴 ZZZZ    D003
```

②

```
EMP_NO  EMP_NM  JOB_NM   DEPT_NO
------  ------  -------  -------
E001    이부장  A개발자  D001
E002    이차장  B개발자  D001
E003    이과장  C개발자  D002
E004    이대리  D개발자  D002
E006    이수습  E개발자  ZZZZ
E005    이사원  E개발자  D003
E007    이인턴  ZZZZ     D003
```

③

```
EMP_NO  EMP_NM  JOB_NM   DEPT_NO
------  ------  -------  -------
E007    이인턴  ZZZZ     D003
E006    이수습  E개발자  ZZZZ
E005    이사원  E개발자  D003
E004    이대리  D개발자  D002
E003    이과장  C개발자  D002
E002    이차장  B개발자  D001
E001    이부장  A개발자  D001
```

④

```
EMP_NO  EMP_NM  JOB_NM   DEPT_NO
------  ------  -------  -------
E007    이인턴  ZZZZ     D003
E005    이사원  E개발자  D003
E006    이수습  E개발자  ZZZZ
E004    이대리  D개발자  D002
E003    이과장  C개발자  D002
E002    이차장  B개발자  D001
E001    이부장  A개발자  D001
```

문제 33

〈아래〉와 같이 테이블을 생성하고 데이터를 입력하였다. SQL문을 실행하니 결과가 출력되었다. 실행한 SQL문은 무엇인가?

〈아래〉

```
CREATE TABLE TB_PLAYER_33
(
  PLAYER_NO CHAR(4)
```

```
, PLAYER_NM VARCHAR2(50) NOT NULL
, HEIGHT NUMBER(15, 2) NOT NULL
, WEIGHT NUMBER(15, 2) NOT NULL
, TEAM_NO CHAR(4)
, CONSTRAINT TB_PLAYER_33_PK PRIMARY KEY (PLAYER_NO)
)
;

INSERT INTO TB_PLAYER_33 (PLAYER_NO, PLAYER_NM, HEIGHT, WEIGHT, TEAM_NO )
    VALUES ('P101', '손흥민', '180.00', '77.8', 'T101');
INSERT INTO TB_PLAYER_33 (PLAYER_NO, PLAYER_NM, HEIGHT, WEIGHT, TEAM_NO )
    VALUES ('P102', '기성용', '182.00', '81.4', 'T101');
INSERT INTO TB_PLAYER_33 (PLAYER_NO, PLAYER_NM, HEIGHT, WEIGHT, TEAM_NO )
    VALUES ('P103', '이청용', '178.00', '78.5', 'T101');
INSERT INTO TB_PLAYER_33 (PLAYER_NO, PLAYER_NM, HEIGHT, WEIGHT, TEAM_NO )
    VALUES ('P104', '박지성', '178.00', '75.2',  NULL );
INSERT INTO TB_PLAYER_33 (PLAYER_NO, PLAYER_NM, HEIGHT, WEIGHT, TEAM_NO )
    VALUES ('P105', '홍명보', '182.00', '81.5',  NULL );
INSERT INTO TB_PLAYER_33 (PLAYER_NO, PLAYER_NM, HEIGHT, WEIGHT, TEAM_NO )
    VALUES ('P106', '황선홍', '180.00', '82.1',  NULL );

COMMIT;
```

결과

```
TEAM_NO
-------
T101
T101
T101
AAAA
AAAA
AAAA
```

①
```
    SELECT NVL(A.TEAM_NO, 'AAAA') AS TEAM_NO
      FROM TB_PLAYER_33 A
     ORDER BY 1 ASC
    ;
```

②

```
SELECT NVL(A.TEAM_NO, 'AAAA') AS TEAM_NO
  FROM TB_PLAYER_33 A
 ORDER BY 1 DESC
 ;
```

③

```
SELECT NVL(A.TEAM_NO, 'AAAA') AS TEAM_NO
  FROM TB_PLAYER_33 A
 ORDER BY TEAM_NO ASC
 ;
```

④

```
SELECT NVL(A.TEAM_NO, 'AAAA') AS TEAM_NO
  FROM TB_PLAYER_33 A
ORDER BY A.TEAM_NO DESC
 ;
```

문제 34

〈아래〉와 같이 TB_TEAM_34 테이블과 TB_PLAYER_34 테이블을 생성하고 데이터를 입력하였다. 또한 FK 제약조건을 설정한 경우 〈아래〉 SQL문의 결과로 적절한 것은 무엇인가?

〈아래〉

테이블 생성 및 데이터 입력

```
CREATE TABLE TB_TEAM_34
(
  TEAM_NO CHAR(4)
, TEAN_NM VARCHAR(50)
, CONSTRAINT TB_TEAM_34_PK PRIMARY KEY (TEAM_NO)
);

INSERT INTO TB_TEAM_34 (TEAM_NO, TEAN_NM ) VALUES ( 'T101', '토트넘훗스퍼');
INSERT INTO TB_TEAM_34 (TEAM_NO, TEAN_NM ) VALUES ( 'T102', 'FC서울');
INSERT INTO TB_TEAM_34 (TEAM_NO, TEAN_NM ) VALUES ( 'T103', '울산현대');
INSERT INTO TB_TEAM_34 (TEAM_NO, TEAN_NM ) VALUES ( 'T104', 'RB라이프치히');

COMMIT;

CREATE TABLE TB_PLAYER_34
(
```

```
    PLAYER_NO CHAR(4)
, PLAYER_NM VARCHAR2(50) NOT NULL
, HEIGHT NUMBER(15, 2) NOT NULL
, WEIGHT NUMBER(15, 2) NOT NULL
, TEAM_NO CHAR(4)
, CONSTRAINT TB_PLAYER_34_PK PRIMARY KEY (PLAYER_NO)
)
;

ALTER TABLE TB_PLAYER_34
ADD CONSTRAINTS FK_TB_PLAYER_34_01 FOREIGN KEY (TEAM_NO)
REFERENCES TB_TEAM_34 (TEAM_NO)
;

INSERT INTO TB_PLAYER_34 (PLAYER_NO, PLAYER_NM, HEIGHT, WEIGHT, TEAM_NO )
     VALUES ('P101', '손흥민', '180.00', '77.8', 'T101');
INSERT INTO TB_PLAYER_34 (PLAYER_NO, PLAYER_NM, HEIGHT, WEIGHT, TEAM_NO )
     VALUES ('P102', '기성용', '182.00', '81.4', 'T102');
INSERT INTO TB_PLAYER_34 (PLAYER_NO, PLAYER_NM, HEIGHT, WEIGHT, TEAM_NO )
     VALUES ('P103', '이청용', '178.00', '78.5', 'T103');
INSERT INTO TB_PLAYER_34 (PLAYER_NO, PLAYER_NM, HEIGHT, WEIGHT, TEAM_NO )
     VALUES ('P104', '황희찬', '182.00', '81.5', 'T104');
INSERT INTO TB_PLAYER_34 (PLAYER_NO, PLAYER_NM, HEIGHT, WEIGHT, TEAM_NO )
     VALUES ('P105', '박지성', '178.00', '75.2',  NULL );
INSERT INTO TB_PLAYER_34 (PLAYER_NO, PLAYER_NM, HEIGHT, WEIGHT, TEAM_NO )
     VALUES ('P106', '황선홍', '180.00', '82.1',  NULL );

COMMIT;
```

SQL문

```
SELECT COUNT(B.PLAYER_NO) + COUNT(A.TEAM_NO) AS CNT
  FROM TB_TEAM_34 A
     , TB_PLAYER_34 B
 WHERE A.TEAM_NO = B.TEAM_NO;
```

① 12   ② 4

③ 8   ④ 16

문제 35

4개의 테이블을 조인하여 결과집합을 출력하고 한다. 4개의 테이블을 조인하기 위해 필요한 조인 조건의 개수는 최소 몇 개인가?

① 1

② 2

③ 3

④ 4

문제 36

CREATE문과 SELECT문을 조합하여 기존 테이블을 복제할 수 있다.(오라클 기준)

〈아래〉 SQL문의 ㉠ 안에 들어갈 알맞은 키워드는 무엇인가?

〈아래〉

SQL문

```
CREATE TABLE TEAM_36_TEMP ㉠
SELECT * FROM TEAM_36;
```

① IS

② AS

③ OF

④ IN

문제 37

〈아래〉와 같은 테이블에서 SQL1, SQL2, SQL3 각각의 SQL문의 결과집합의 건수를 순서대로 기재한 것은 무엇인가?

〈아래〉

TB_PLAYER_37 테이블 데이터

```
PLAYER_ID PLAYER_NM   BIRTH_DE
--------- ----------- --------
100001    박찬호       19730629
100002    박찬호       19950605
100003    박지성       19810225
100004    이승우       19980106
```

SQL1

```
SELECT PLAYER_NM           FROM TB_PLAYER_37;
```

SQL2

```
SELECT ALL PLAYER_NM        FROM TB_PLAYER_37;
```

SQL3

```
SELECT DISTINCT PLAYER_NM FROM TB_PLAYER_37;
```

① 4, 3, 3   ② 4, 4, 4

③ 4, 3, 4   ④ 4, 4, 3

문제 38

〈아래〉는 오라클의 DUAL 테이블을 이용하여 내장 함수를 호출하는 SQL문이다. 이 SQL문이 출력하는 결과는 무엇인가?

〈아래〉
SQL문

```
SELECT ABS(CEIL(3.14) + FLOOR(3.14) * SIGN(-3.14)) AS RESULT_VAL
  FROM DUAL
 ;
```

① -1   ② 1

③ 7   ④ -7

문제 39

〈아래〉와 같이 DUAL 테이블에는 DUMMY라는 칼럼값이 있고 'X'라는 값이 저장되어 있다. 〈아래〉 SQL문의 실행 결과로 가장 적절한 것은 무엇인가?

〈아래〉
DUAL 테이블의 데이터

```
DUMMY
-----
X
```

SQL문

```
SELECT NVL(MAX(DUMMY), 'DUMMY') AS RESULT_VAL
  FROM DUAL
 WHERE 1=0
 ;
```

① 공집합   ② DUMMY

③ X   ④ NULL 리턴

문제 40

다음 중 트랜잭션의 특성에 대한 설명으로 가장 부적절한 것은 무엇인가?

① 원자성(Atomicity)은 트랜잭션에서 정의된 연산들이 모두 성공적으로 실행되든지 아니면 전혀 실행되지 않은 상태로 남아 있어야 한다는 것이다.

② 일관성(Consistency)은 트랜잭션이 실행되기 전의 데이터베이스 내용이 잘못되어 있지 않다면 트랜잭션이 실행된 이후에도 데이터베이스 내용에 잘못이 있으면 안 된다는 것이다.

③ 고립성(Isolation)은 트랜잭션이 실행되는 도중에 다른 트랜잭션의 영향을 받으면 즉시 작업을 중지하여 잘못된 결과를 만들지 않는다는 것이다.

④ 지속성(Durability)은 트랜잭션이 성공적으로 수행되면 그 트랜잭션이 갱신한 데이터베이스의 내용은 영구적으로 저장된다는 것이다.

문제 41

다음 〈아래〉의 테이블 구성에서 MAJOR(전공)가 '데이터사이언스학'이면서 DEPT_CD(부서코드)가 '101'인 직원 혹은 MAJOR(전공)가 '컴퓨터공학'이면서 DEPT_CD(부서코드)가 '102'인 직원을 추출하는 SQL문으로 올바르지 **않은** 것을 2개 고르시오.

〈아래〉

테이블 및 데이터 입력

```
CREATE TABLE TB_EMP_41
(
  EMP_NO CHAR(6)
, EMP_NM VARCHAR2(50)
, MAJOR VARCHAR2(150)
, DEPT_CD CHAR(3)
);
```

```
INSERT INTO TB_EMP_41
    VALUES ('100001', '이경오', '컴퓨터소프트웨어학', '101');

INSERT INTO TB_EMP_41
    VALUES ('100002', '이수지', '데이터사이언스학'   , '101');

INSERT INTO TB_EMP_41
    VALUES ('100003', '이지수', '컴퓨터공학'          , '101');

INSERT INTO TB_EMP_41
    VALUES ('100004', '김성민', '컴퓨터공학'          , '102');

INSERT INTO TB_EMP_41
    VALUES ('100005', '김민선', '데이터사이언스학'   , '102');

INSERT INTO TB_EMP_41
    VALUES ('100006', '김선미', '컴퓨터소프트웨어학', '102');

COMMIT;
```

TB_EMP_41 테이블 데이터

```
EMP_NO EMP_NM  MAJOR               DEPT_CD
------ ------- ------------------- -------
100001 이경오  컴퓨터소프트웨어학  101
100002 이수지  데이터사이언스학    101
100003 이지수  컴퓨터공학          101
100004 김성민  컴퓨터공학          102
100005 김민선  데이터사이언스학    102
100006 김선미  컴퓨터소프트웨어학  102
```

①
```
SELECT A.*
  FROM TB_EMP_41 A
 WHERE
       (     A.MAJOR = '데이터사이언스학'
         AND A.DEPT_CD = '101'
       )
    OR
       (     A.MAJOR = '컴퓨터공학'
         AND A.DEPT_CD = '102'
       )
 ;
```

②
```
SELECT A.*
  FROM TB_EMP_41 A
 WHERE A.MAJOR IN ('데이터사이언스학', ' 컴퓨터공학')
   AND A.DEPT_CD IN ('101', '102')
 ;
```

③
```
SELECT A.*
  FROM TB_EMP_41 A
 WHERE (A.MAJOR, A.DEPT_CD) IN (
        ('데이터사이언스학', '101'), ('컴퓨터공학', '102')
                              );
```

④
```
SELECT A.*
  FROM TB_EMP_41 A
 WHERE (A.MAJOR, A.DEPT_CD) NOT IN (
        ('컴퓨터소프트웨어학', '101'), ('컴퓨터소프트웨어학', '102')
                                  );
```

문제 42

〈아래〉와 같이 TB_EMP_42 테이블을 생성하고 데이터를 입력하였다. 아래의 SQL문의 실행 결과를 순서대로 올바르게 기재한 것은 무엇인가?

〈아래〉
테이블 및 데이터 입력

```
CREATE TABLE TB_EMP_42
(
  EMP_NO CHAR(6)
, EMP_NM VARCHAR2(50) NOT NULL
, DEPT_CD CHAR(3) NULL
, CONSTRAINT TB_EMP_42_PK PRIMARY KEY(EMP_NO)
)
;

INSERT INTO TB_EMP_42 VALUES ('100001', '이경오', '101');
INSERT INTO TB_EMP_42 VALUES ('100002', '김태호', '101');
INSERT INTO TB_EMP_42 VALUES ('100003', '박태훈', '102');
INSERT INTO TB_EMP_42 VALUES ('100004', '김수지', '102');
```

```
INSERT INTO TB_EMP_42 VALUES ('100005', '황정식', '103');
INSERT INTO TB_EMP_42 VALUES ('100006', '황태섭', '103');
INSERT INTO TB_EMP_42 VALUES ('100007', '김미선', '104');
INSERT INTO TB_EMP_42 VALUES ('100008', '박수경', '104');
INSERT INTO TB_EMP_42 VALUES ('100009', '최태경',  NULL);
INSERT INTO TB_EMP_42 VALUES ('100010', '김승리',  NULL);

COMMIT;
```

SQL문

```
SELECT COUNT(DEPT_CD)
     , COUNT(*)
     , COUNT(DISTINCT DEPT_CD)
  FROM TB_EMP_42
 ;
```

① 10, 10, 5

② 10, 10, 4

③ 8, 10, 4

④ 8, 10, 5

문제 43

다음 중 조인에 대한 설명으로 가장 부적절한 것을 2개 고르시오.

① 3개 이상의 집합을 조인 시 3개 이상의 집합에 대하여 동시에 조인 연산을 수행하여 결과집합을 출력한다.

② 3개 이상의 집합을 조인 시 특정 시점에는 반드시 2개의 집합에 대해서만 조인 연산을 수행하여 결과집합을 출력한다.

③ 2개 이상의 집합을 결합하여 데이터를 출력하는 것을 조인이라고 한다.

④ 조인은 PK, FK의 연관관계에 의해서만 이루어지며 PK, FK가 아니면 조인이 성립되지 않는다.

다음 중 테이블에 관련된 용어에 대한 설명으로 가장 올바르지 <u>않은</u> 것은 무엇인가?

① 테이블(Table) : 행과 칼럼의 2차원 구조를 가진 데이터 저장 장소이며, 데이터베이스의 가장 기본적인 개념

② 칼럼(Column) : 2차원 구조를 가진 테이블에서 세로 방향으로 이루어진 하나하나의 특징, 속성

③ 정규화 : 테이블을 분할하여 데이터의 정합성을 확보하고 필요한 중복을 허용하는 프로세스

④ 기본키 : 테이블에 존재하는 각 행을 한 가지 의미로 특정할 수 있는 1개 이상의 칼럼

〈아래〉의 SQL문은 TB_PLAYER_45 테이블에서 1980년대에 태어난 선수의 선수명을 출력하는 SQL문이다. 다음 중 SQL문 실행에 실패하는 것은 무엇인가? (단, DBMS 제품은 오라클이라고 가정한다.)

〈아래〉

테이블 및 데이터 입력

```
CREATE TABLE TB_PLAYER_45
(
  PLAYER_ID CHAR(6)
, PLAYER_NM VARCHAR2(50)
, BIRTH_DE CHAR(8)
);

INSERT INTO TB_PLAYER_45 VALUES ('100001', '박찬호', '19730629');
INSERT INTO TB_PLAYER_45 VALUES ('100002', '박찬호', '19950605');
INSERT INTO TB_PLAYER_45 VALUES ('100003', '박지성', '19810225');
INSERT INTO TB_PLAYER_45 VALUES ('100004', '이승우', '19980106');

COMMIT;
```

①
```
SELECT A.PLAYER_NM AS 선수명
  FROM TB_PLAYER_45 A
 WHERE A.BIRTH_DE >= '19800101'
   AND A.BIRTH_DE <= '19891231'
   ;
```

②
```
    SELECT TB_PLAYER_45.PLAYER_NM AS 선수명
      FROM TB_PLAYER_45 TB_PLAYER_45
     WHERE TB_PLAYER_45.BIRTH_DE >= '19800101'
       AND TB_PLAYER_45.BIRTH_DE <= '19891231'
      ;
```

③
```
    SELECT TB_PLAYER_45.PLAYER_NM AS 선수명
      FROM TB_PLAYER_45
     WHERE TB_PLAYER_45.BIRTH_DE >= '19800101'
       AND TB_PLAYER_45.BIRTH_DE <= '19891231'
      ;
```

④
```
    SELECT A.PLAYER_NM AS 선수명
      FROM TB_PLAYER_45 AS A
     WHERE A.BIRTH_DE >= '19800101'
       AND A.BIRTH_DE <= '19891231'
      ;
```

문제 46

DBMS는 커밋 혹은 롤백 명령을 통해 변경된 사항을 영구적으로 반영하든지 취소할 수 있다. 다음 중 커밋 혹은 롤백 명령 실행 이전의 데이터 상태에 대해서 올바르게 설명한 것을 2개 고르시오.

① 변경사항이 디스크에 쓰여진 채로 적용이나 취소만 하지 않은 상태이다.

② 데이터를 변경한 사용자는 다른 사용자를 통해 변경내역을 확인할 수 있다.

③ 다른 사용자는 데이터를 변경한 사용자가 수행한 명령의 결과를 볼 수 없다.

④ 변경된 행은 락(Lock)이 설정되어서 다른 사용자가 변경할 수 없다.

문제 47

〈아래〉의 테이블 구성에서 전공(MAJOR)이 '데이터'로 시작하고 이름(EMP_NM)의 성이 '이'씨인 직원을 추출하는 SQL문으로 가장 부적절한 것은? (입력되어 있는 데이터를 기준으로 결과집합이 만족하면 된다.)

〈아래〉
테이블 및 데이터 입력

```
  CREATE TABLE TB_EMP_47
  (
```

```
    EMP_NO CHAR(6)
, EMP_NM VARCHAR2(50)
, MAJOR VARCHAR2(150)
, DEPT_CD CHAR(3)
);
INSERT INTO TB_EMP_47 VALUES ('100001', '이경오', '컴퓨터소프트웨어학', '101');
INSERT INTO TB_EMP_47 VALUES ('100002', '이수지', '데이터사이언스학'  , '101');
INSERT INTO TB_EMP_47 VALUES ('100003', '이지수', '컴퓨터공학'       , '101');
INSERT INTO TB_EMP_47 VALUES ('100004', '김성민', '컴퓨터공학'       , '102');
INSERT INTO TB_EMP_47 VALUES ('100005', '김민선', '데이터사이언스학'  , '102');
INSERT INTO TB_EMP_47 VALUES ('100006', '김선미', '컴퓨터소프트웨어학', '102');
COMMIT;
```

TB_EMP_47 테이블 데이터

```
EMP_NO EMP_NM MAJOR              DEPT_CD
------ ------ ------------------ -------
100001 이경오  컴퓨터소프트웨어학  101
100002 이수지  데이터사이언스학    101
100003 이지수  컴퓨터공학          101
100004 김성민  컴퓨터공학          102
100005 김민선  데이터사이언스학    102
100006 김선미  컴퓨터소프트웨어학  102
```

①
```
SELECT A.*
  FROM TB_EMP_47 A
 WHERE A.MAJOR LIKE '데이터_____' --언더바(_)의 개수는 5개임
   AND A.EMP_NM LIKE '이%'
 ;
```

②
```
SELECT A.*
FROM TB_EMP_47 A
WHERE A.MAJOR LIKE '데이터%_____' --언더바(_)의 개수는 5개임
  AND A.EMP_NM LIKE '이%__'        --언더바(_)의 개수는 2개임
 ;
```

③
```
SELECT A.*
  FROM TB_EMP_47 A
 WHERE A.MAJOR LIKE '데이터____%' --언더바(_)의 개수는 5개임
   AND A.EMP_NM LIKE '이__%'       --언더바(_)의 개수는 2개임
 ;
```

④
```
SELECT A.*
  FROM TB_EMP_47 A
 WHERE A.MAJOR LIKE '데이터_____' --언더바(_)의 개수는 5개임
   AND A.EMP_NM LIKE '이____%'    --언더바(_)의 개수는 5개임
 ;
```

문제 48

〈아래〉 SQL문에서 ㉠에 들어갈 알맞은 키워드를 작성하고, 해당 SQL문의 결과 값 ㉡을 작성하시오. (단, DUAL 테이블에는 단 한 건의 행이 존재한다고 가정한다.)

〈아래〉
SQL문

```
SELECT CASE WHEN 1 = 1 THEN 1 ELSE 0 ㉠ AS RESULT
  FROM DUAL
 ;
```

결과

㉡

문제 49

〈아래〉 SQL문을 수행한 후 출력된 결과 값을 참고하여 ㉠에 들어갈 내용을 기재하시오. (오라클 기준)

〈아래〉
SQL문

```
SELECT TO_DATE('20200901'||'120000', 'YYYYMMDDHH24MISS') - ㉠ AS RESULT_VAL
  FROM DUAL;
```

결과 값

```
RESULT_VAL
-------------------------
2020/09/01 11:59:00
```

문제 50

〈아래〉와 같이 TB_EMP_50 테이블을 생성하고 데이터를 입력하였다. 〈아래〉의 SQL문의 결과로 올바른 것은?

〈아래〉

테이블 생성 및 데이터 입력

```
CREATE TABLE TB_EMP_50
(
  EMP_NO CHAR(6)
, EMP_NM VARCHAR2(50) NOT NULL
, DEPT_CD CHAR(3) NULL
, CONSTRAINT TB_EMP_50_PK PRIMARY KEY(EMP_NO)
);

INSERT INTO TB_EMP_50 VALUES ('100001', '이경오', '101');
INSERT INTO TB_EMP_50 VALUES ('100002', '김태호', '101');
INSERT INTO TB_EMP_50 VALUES ('100003', '박태훈', '102');
INSERT INTO TB_EMP_50 VALUES ('100004', '김수지', '102');
INSERT INTO TB_EMP_50 VALUES ('100005', '황정식', '103');
INSERT INTO TB_EMP_50 VALUES ('100006', '황태섭', '103');
INSERT INTO TB_EMP_50 VALUES ('100007', '김미선', '104');
INSERT INTO TB_EMP_50 VALUES ('100008', '박수경', '104');
INSERT INTO TB_EMP_50 VALUES ('100009', '최태경',  NULL);
INSERT INTO TB_EMP_50 VALUES ('100010', '김승리',  NULL);

COMMIT;
```

SQL문

```
SELECT NVL(DEPT_CD, '(NULL)') AS DEPT_CD
     , COUNT(DEPT_CD) AS DEPT_CD_CNT
     , COUNT(*) AS CNT
  FROM TB_EMP_50
 GROUP BY DEPT_CD
 ORDER BY TB_EMP_50.DEPT_CD
;
```

①

```
DEPT_CD   DEPT_CD_CNT      CNT
-------   -------------  ---------
101                   2          2
102                   2          2
103                   2          2
104                   2          2
```

②

```
DEPT_CD   DEPT_CD_CNT      CNT
-------   -------------  ---------
101                   2          2
102                   2          2
103                   2          2
104                   2          2
(NULL)                0          2
```

③

```
DEPT_CD   DEPT_CD_CNT      CNT
-------   -------------  ---------
101                   2          8
102                   2          8
103                   2          8
104                   2          8
```

④

```
DEPT_CD   DEPT_CD_CNT      CNT
-------   -------------  ---------
101                   2         10
102                   2         10
103                   2         10
104                   2         10
(NULL)                2         10
```

5.12 연습문제 해설

문제 21

정답 ④

해설 DML의 종류에는 SELECT, INSERT, UPDATE, DELETE가 있으며 DDL의 종류에는 CREATE, ALTER, DROP, RENAME이 있다.

문제 22

정답 ④

해설 ① 테이블의 행들이 그대로 복제되므로 데이터 건수는 완전동일하다.

② CREATE TABLE ~ AS는 DDL문의 일종이므로 실행하는 순간 데이터베이스에 적용된다. 즉 커밋을 실행할 필요가 없다.

③ TB_DEPT_22 테이블의 PK 제약조건까지 TB_DEPT_22_TMP 테이블에 적용되지 않는다.

④ TB_DEPT_22 테이블의 DEPT_NM 칼럼의 NOT NULL 제약조건은 TB_DEPT_22_TMP 테이블의 DEPT_NM 칼럼에도 그대로 적용된다.

문제 23

정답 ①

해설 ① DEPT_NO_CHAR에는 4자리의 부서번호가 저장되고 DEPT_NO_VARCHAR2는 VARCHAR2(6)이지만 4자리만 입력하였으므로 4자리의 부서번호가 저장된다. 테이블 내에 행을 기준으로 2개의 부서번호가 일치하는 행은 사원번호가 E003인 행이다.

② 같은 테이블 내에 칼럼들끼리 비교했으므로 각각의 행에서 DEPT_NO_CHAR와 DEPT_NO_VARCHAR2 칼럼의 값이 같은 값만 출력되서 ①번 보기 집합이 나온다. 오답이다.

③ ②번과 마찬가지의 이유로 오답이다.

④ ②번과 마찬가지의 이유로 오답이다.

문제 24

정답 ②

해설 "SAVEPOINT SVPT2;"를 선언하는 시점은 이미 '마케팅팀' 행이 들어간 상태이다.

즉 "ROLLBACK TO SVPT2;"를 해도 어떠한 행도 롤백되지 않는다. 그 상태에서 "COMMIT;"을 하였으므로 롤백된 행은 하나도 없고 총 4건이 들어간 상태가 된다.

문제 25

정답 ②

해설 DEPT_NO_CHAR에 4자리만 들어가는 경우 자동으로 끝에 공백 2개를 추가한다. 즉 'D001'로 입력해도 'D001 '로 저장된다.
DEPT_NO_VARCHAR2에 4자리만 들어가는 경우 정확히 4자리만 들어간다. VARCHAR2는 공백도 문자로 취급하므로 뒤에 공백을 넣으로면 'D001 '로 저장해야 한다.
DEPT_NO_VARCHAR2에 끝에 공백 2자리를 넣은 데이터팀과 개발팀의 행이 출력된다.

문제 26

정답 ①

해설 DEPT_NO_CHAR_6에 'D003'을 넣으면 자동으로 공백이 추가되서 'D003 '이 된다. 그렇다고 해도 CHAR 데이터형끼리의 비교이므로 공백이 아닌 문자까지만 비교하기 때문에 모든 데이터가 같다고 나오게 된다.

문제 27

정답 ③

해설 DATE 타입에서 −1을 하면 24시간이 빠진다. 1/24 = 1시간, 1/24/60 = 1분이다.
곱하기 연산보다 나누기 연산이 연산자 우선순위에 앞서므로 (1/24/60)*(10/10) 즉 (1/24/60)*1이 되기 때문에 1분만 빠지게 된다.

문제 28

정답 ④

해설 DEPT_NO는 CHAR 데이터형이다. WHERE 조건에 숫자로 된 상수 1001을 비교하고 있다. 이러한 경우 DEPT_NO의 값은 묵시적 형변환이 일어난다.

```
SELECT COUNT(DEPT_NO)
  FROM TB_DEPT_28
 WHERE TO_NUMBER(DEPT_NO) = 1001
  ;
```

DEPT_NO의 값은 'D001', 'D002' 문자를 포함하고 있으므로 숫자로 형변환할 수 없어서 SQL 에러가 발생한다. (ORA-01722: invalid number)

정답 ②

해설 EMP_NM이 '이지선'인 직원은 존재하지 않는다. 그러므로 공집합이 나와야 한다.
하지만 MAX 함수로 감싸면 공집합이 나오지 않고 NULL이 나온다.
NVL 함수로 NULL인 경우에 '없음'으로 출력하며 CASE WHEN문에 의해서 최종적으로 'N'을 출력한다.

정답 ④

해설 TEAM_NO 기준으로 GROUP BY하고 있는 SQL문이다. GROUP BY 기준 칼럼에 NULL이 존재하는 경우 NULL인 건도 결과집합에 포함한다.

정답 ㉠ : MIN

해설 T103 팀의 평균키만 출력되었다.
AVG 함수라면 평균키가 180보다 같거나 큰 팀은 모두 출력한다. 즉 아래와 같이 출력된다.

```
TEAM_NO 평균키
------- ---------
(Null)      180
T101        180
T103        188
```

MAX 함수라면 팀별로 키가 가장 큰 선수가 180 이상이기만 하면 출력한다. 즉 아래와 같이 출력된다.

```
TEAM_NO 평균키
------- ---------
(Null)      180
T101        180
T103        188
```

MIN 함수로 하면 팀별로 키가 가장 작은 선수가 180 이상인 팀만 출력한다.

TEAM_NO	평균키
T103	188

정답 ②

해설 오라클은 NULL 값을 가장 크다고 판단한다. 즉 DESC로 하면 NULL이 맨 위로 올라오고, ASC로 하면 NULL이 맨 아래로 내려간다.

A.JOB_NM ASC이기 때문에 'ZZZZ'가 맨아래로 내려갔다.

A.DEPT_NO DESC이기 때문에 'E개발자'가 동일한 상황에서 'ZZZZ'가 먼저 출력된다.

정답 ②

해설 ① NVL(A.TEAM_NO, 'AAAA')의 AS TEAM_NO를 기준으로 정렬한다. AAAA가 맨 위로 올라간다.

② NVL(A.TEAM_NO, 'AAAA')의 AS TEAM_NO를 기준으로 정렬한다. AAAA가 맨 아래로 내려간다. 즉 정답이다.

③ NVL(A.TEAM_NO, 'AAAA')의 AS TEAM_NO를 기준으로 정렬한다. AAAA가 맨 위로 올라간다.

④ TB_PLAYER 테이블의 A.TEAM_NO 칼럼을 기준으로 정렬한다. NULL인 것이 맨 위로 올라간다. 즉 'AAAA'가 맨 위로 올라간다.

이 문제의 핵심은 SELECT절에 앨리어스를 주었을 때 앨리어스명만 주면 SELECT절의 결과를 기준으로 정렬한다.

하지만 A.TEAM_NO와 같이 테이블의 앨리어스로 A.TEAM_NO를 ORDER BY하게 되면 해당 칼럼에 있는 값을 기준으로 정렬한다.

ORDER BY절에 숫자 1을 주면 앨리어스명으로 정렬할 때와 동일하다.

정답 ③

해설 TB_TEAM 테이블과 TB_PLAYER 테이블은 1:M 관계이다. 즉 EQUI 조인을 하게 되면 최대 M쪽의 개수만큼 나온다.

TEAM_NO 칼럼을 기준으로 EQUI 조인을 하고 있다. 즉 해당 조인 SQL문의 결과집합은 TB_PLAYER 테이블에서 TEAM_NO를 가지고 있는 4건이 출력된다.

TEAM_NO의 개수도 4개이고 매칭되는 PLAYER_NO의 개수도 4개이므로 총 8이 나온다.

문제 35

정답 ③

해설 최소로 필요로하는 조인 조건의 개수는 (조인 테이블 개수 −1)이다.

4개의 테이블을 조인한다면 최소로 필요한 조인 조건의 개수는 3개이다.

문제 36

정답 ②

해설 CREATE TABLE AS SELECT이며 줄여서 CTAS라고도 한다.

문제 37

정답 ④

해설 DISTINCT는 유일값만을 출력하고 ALL은 모든 값을 출력한다.

아무것도 기재하지 않으면 ALL을 생략한 것과 같다.

테스트 환경은 아래와 같이 구축할 수 있다.

```
DROP TABLE TB_PLAYER_37;
CREATE TABLE TB_PLAYER_37
(
  PLAYER_ID CHAR(6)
, PLAYER_NM VARCHAR2(50)
, BIRTH_DE CHAR(8)
)
;
INSERT INTO TB_PLAYER_37 VALUES ('100001', '박찬호', '19730629');
INSERT INTO TB_PLAYER_37 VALUES ('100002', '박찬호', '19950605');
INSERT INTO TB_PLAYER_37 VALUES ('100003', '박지성', '19810225');
INSERT INTO TB_PLAYER_37 VALUES ('100004', '이승우', '19980106');
COMMIT;
```

정답 ②

해설 CEIL(3.14) : 4

FLOOR(3.14) : 3

SIGN(−3.14) : −1

연산자 우선 순위에 의해 3 * −1 = −3이 먼저 계산된다.

그후 4 + −3 = 1

즉 결과는 1 = 4 + (3 * −1)이 된다.

검증용 SQL은 아래와 같다.

```
SELECT ABS(CEIL(3.14) + FLOOR(3.14) * SIGN(-3.14)) AS RESULT_VAL
     , CEIL(3.14)   -- 4
     , FLOOR(3.14)  -- 3
     , SIGN(-3.14)  -- -1
  FROM DUAL
;
```

정답 ②

해설 WHERE절의 1=0 조건으로 인해 공집합이 리턴되는 상황에서 MAX(DUMMY)의 값은 NULL이 리턴된다. NVL 함수로 인해 NULL이면 'DUMMY'라는 값을 리턴하게 된다.

정답 ③

해설 고립성은 트랜잭션이 실행되는 도중에 다른 트랜잭션의 영향을 받아 잘못된 결과를 만들어서는 안 된다는 것이다.

정답 ②, ④

해설 ② 전공이 '데이터사이언스학' 혹은 '컴퓨터공학'이면서 부서코드가 '101' 혹은 '102'이면 모두 출력된다.

③ ③번은 다중 칼럼 리스트를 이용한 IN 연산자를 사용함으로써 SQL문장을 짧게 만들어주고 성능상 유리한 점이 많다.

④ 전공이 '컴퓨터소프트웨어학'이면서 부서코드가 '101' 혹은 '102'인 직원은 집합에서 제외된다.

정답 ③

해설 COUNT(DEPT_CD)는 NULL이 아닌 모든 건수를 리턴(8)한다.

COUNT(*)은 모든 행의 건수를 리턴(10)한다.

COUNT(DISTINCT DEPT_CD)는 DEPT_CD의 유일값 개수를 리턴(4)한다.

정답 ①, ④

해설 조인은 특정 시점에 단 2개의 집합끼리 조인 연산이 이루어지며 일반 칼럼이라도 논리적으로 성립되면 조인 연산이 가능하다.

정답 ③

해설 정규화는 테이블을 분할하여 데이터의 정합성을 확보하고, 불필요한 중복을 줄이는 프로세스이다.

정답 ④

해설 SQL문의 예약어인 AS는 테이블 뒤에 올 수 없다. 칼럼명 뒤에 와야 한다.

테이블에 별다른 앨리어스를 주지 않은 경우 테이블명을 대신 쓸 수 있다.

정답 ③, ④

해설 ① 단지 메모리 Buffer에만 영향을 받았기 때문에 데이터 변경 이전 상태로 복구 가능하다.

② 데이터를 변경한 사용자는 자기 자신이 SELECT문으로 결과를 확인 가능하다.

정답 ④

해설 EMP_NM은 모두 3글자이므로 언더바(_)는 2개까지만 유효하다.

문제 48

정답 ㉠ : END ㉡ : 1

해설 CASE문은 END로 끝나야 한다. 아래의 SQL문으로 검증이 가능하다.

```
SELECT CASE WHEN 1 = 1 THEN 1 ELSE 0 END AS RESULT
  FROM DUAL
;
```

문제 49

정답 ㉠ : 1/24/60 혹은 (1/24/60/60) * 60

해설 1분을 뺀 시간이 출력되었으므로 1/24/60이 정답이다.

1/24/60은 DATE 타입의 계산 기준으로 1분을 의미한다.

아래의 SQL문으로 검증이 가능하다.

```
SELECT TO_DATE('20200901'||'120000', 'YYYYMMDDHH24MISS')
       - 1/24/60
         AS RESULT_VAL
  FROM DUAL;

SELECT TO_DATE('20200901'||'120000', 'YYYYMMDDHH24MISS')
       - (1/24/60/60) * 60
         AS RESULT_VAL
  FROM DUAL;
```

문제 50

정답 ②

해설 GROUP BY의 결과는 NULL도 포함한다.

COUNT(DEPT_CD)의 경우 NULL 값은 카운트되지 않는다.

Chapter 6
SQL 활용

6.1 표준 조인

6.1.1 관계형 대수의 분류

관계형 데이터베이스의 이론을 수립한 E.F.Codd 박사의 논문에서는 8가지 관계형 대수를 언급하고 있습니다. 그 8가지 중 4가지는 일반집합연산자이며 나머지 4가지는 순수관계연산자입니다.

일반집합연산자와 순수관계연산자는 RDBMS 개발 시 이론적 기반이 되었으며, SQL 언어는 이 8개 연산자의 연산을 구현하는 데 중점을 두어 개발되었습니다.

6.1.2 일반집합연산자와 SQL의 비교

일반집합연산자는 SQL문의 UNION/UNION ALL/INTERSECT/EXCEPT/CROSS JOIN 기능으로 구현되었습니다. 다음은 일반집합연산자가 SQL문에서 어떤 기능을 구현하는지 정리한 표입니다.

표 6-1 일반집합연산자와 SQL문의 기능

일반집합연산자	SQL문	설명
UNION 연산	UNION 기능으로 구현	• UNION 연산은 수학적으로 합집합을 하는 연산이다. • 교집합의 중복을 제거하는 연산을 수행하며 중복 제거로 인해 시스템에 부하가 발생(정렬작업으로 인해)할 수 있다. • UNION ALL 연산은 교집합의 중복을 제거하지 않고 중복된 것을 그대로 보여준다. • 그로 인해 UNION ALL은 중복 제거에 대한 시스템 부하가 발생하지 않는다.(정렬작업이 일어나지 않는다.) • 만일 UNION과 UNION ALL의 출력 결과가 같다면 응답 속도 향상이나 자원 효율화 측면에서 데이터 정렬 및 중복 제거 작업이 발생하지 않는 UNION ALL을 사용하는 것을 권장한다.
INTERSECTION 연산	INTERSECT 기능으로 구현	• INTERSECTION은 수학의 교집합을 제공하기 위한 연산이다. • 두 집합의 공통 집합(공통된 행)을 추출한다.
DIFFERENCE 연산	EXCEPT(Oracle은 MINUS) 기능으로 구현	• DIFFERENCE는 수학의 차집합으로서 첫 번째 집합에서 두 번째 집합과의 공통 집합을 제외한 부분이다. • 오라클 외 대다수 DBMS 제품은 EXCEPT를 사용하고 오라클은 MINUS라는 용어를 사용한다.

일반집합연산자	SQL문	설명
PRODUCT 연산	CROSS JOIN 기능으로 구현	• PRODUCT의 경우는 CROSS(ANSI/ISO표준) PRODUCT 라고 불리는 곱집합으로 JOIN 조건이 없는 경우 생길 수 있는 모든 데이터의 조합을 말한다. • 양쪽 집합의 M*N 건의 데이터 조합이 발생하며, CARTESIAN (수학자 이름) PRODUCT라고도 표현한다.

6.1.3 순수관계연산자와 SQL의 비교

순수관계연산자는 SQL문의 WHERE/SELECT/다양한 JOIN 기능으로 구현되었습니다. 아래는 순수관계연산자를 SQL문에서 어떤 기능으로 구현했는지에 대해 정리한 표입니다.

표 6-2 순수관계연산자와 SQL문의 기능

순수관계연산자	SQL문	설명
SELECT 연산	WHERE절로 구현	• SELECT 연산은 SQL문장에서는 WHERE절 기능으로 구현이 된다. • 행들에 대한 부분집합이라고 할 수 있다.
PROJECT 연산	SELECT절로 구현	• PROJECT 연산은 SQL문장에서는 SELECT절의 칼럼 선택 기능으로 구현되었다. • 열들에 대한 부분집합이라고 할 수 있다.
NATURAL JOIN 연산	다양한 JOIN 기능으로 구현	• JOIN 연산은 보통 WHERE절에 조인 조건을 기재하여 구현한다. • 또한 FROM절에서의 NATURAL JOIN, INNER JOIN, LEFT OUTER JOIN, RIGHT OUTER JOIN, USING 조건절, ON 조건절 등으로 다양하게 발전하였다.
DIVIDE 연산	현재 사용되지 않음	• DIVIDE 연산은 나눗셈과 비슷한 개념으로 특정 집합을 'XZ'로 나누었을 때, 즉 'XZ'를 모두 가지고 있는 집합이 답이 되는 기능이다. • SQL문 기능으로 구현되지 않았다.

6.1.4 조인의 형태

2개 이상의 테이블을 조인하여 원하는 결과를 출력하는 것을 조인이라고 합니다. 아래는 조인의 대표적인 6가지 형태를 정리한 표입니다.

표 6-3 조인의 대표적인 6가지 형태

조인 형태	설명
INNER JOIN (이너 조인)	• INNER JOIN은 JOIN 조건에서 동일한 값이 있는(매칭되는) 행만 반환한다. • 동등(EQUI) 조인이라고도 한다.
NATURAL JOIN (자연 조인)	• NATURAL JOIN은 두 테이블 간의 동일한 이름을 갖는 모든 칼럼들에 대해 INNER JOIN을 수행한다. • 예를 들어 TB_EMP, TB_DEPT 테이블 모두 DEPT_CD라는 칼럼이 존재한다면 DEPT_CD 칼럼을 기준으로 INNER 조인된다.
USING 조건절	• NATURAL JOIN에서는 모든 일치되는 칼럼들에 대해 INNER JOIN이 이루어지지만 FROM절의 USING 조건절을 이용하면 같은 이름을 가진 칼럼들 중에서 원하는 칼럼에 대해서만 선택적으로 INNER JOIN을 할 수가 있다. • 예를 들어 TB_EMP, TB_DEPT 테이블 모두 DEPT_CD, DEPT_CD_2라는 칼럼이 존재한다면 USING 조건절에서 2개의 칼럼 중 어떤 칼럼으로 조인할지 지정할 수 있다.
ON 조건절	• JOIN 서술부(ON 조건절)와 비 JOIN 서술부(WHERE 조건절)를 분리하여 이해가 쉬우며 칼럼명이 다르더라도 JOIN 조건을 사용할 수 있는 장점이 있다. • 예를 들어 ON 조건절을 이용해서 TB_EMP 테이블의 DEPT_CD 칼럼과 TB_DEPT 테이블의 DEPT_CD_2 칼럼을 기준으로 조인할 수 있다.
CROSS JOIN	• CROSS JOIN은 E.F.CODD 박사가 언급한 일반집합연산자의 PRODUCT 개념으로, 테이블 간 JOIN 조건이 없는 경우 생길 수 있는 모든 데이터의 조합을 말한다.
OUTER JOIN (외부 조인)	• INNER JOIN과 대비하여 OUTER JOIN이라고 불리며, JOIN 조건에서 동일한 값이 없는 행도 결과집합에 포함시킬 때 사용한다.

이제 [표 6-3]에서 설명한 6가지 조인을 실습을 통해 알아봅시다.

6.1.5 INNER JOIN

INNER JOIN은 테이블 조인 시 조인 조건에 대해서 동일한 값이 있는 행을 리턴합니다. 조인 조건을 기준으로 정확히 매칭되는 집합만을 결과집합으로 리턴합니다. 실무에서 가장 자주 쓰이는 조인 형태로 일반적으로 조인이라고 하면 INNER JOIN으로 인식하는 경우가 많습니다.

아래(코드 6-1)는 INNER JOIN을 이용한 SQL문입니다.

지하철역(TB_SUBWAY_STATN) 테이블과 지하철역승하차(TB_SUBWAY_STATN_TK_

GFF) 테이블을 조인하고 있습니다. 2개의 테이블 간의 관계는 "하나의 지하철역은 여러 개의 승하차 정보를 가진다"입니다.

아래 SQL문은 지하철 1호선 서울역 기준 08시부터 09시까지의 승하차인원을 조회하고 있습니다.

코드 6-1 INNER JOIN 실습

```
SELECT A.SUBWAY_STATN_NO
     , A.LN_NM
     , A.STATN_NM
     , B.BEGIN_TIME
     , B.END_TIME
     , CASE WHEN B.TK_GFF_SE_CD = 'TGS001' THEN '승차'
            WHEN B.TK_GFF_SE_CD = 'TGS002' THEN '하차'
            END TK_GFF_SE_NM
     , B.TK_GFF_CNT
  FROM TB_SUBWAY_STATN A
     , TB_SUBWAY_STATN_TK_GFF B
 WHERE A.SUBWAY_STATN_NO = B.SUBWAY_STATN_NO
   AND A.SUBWAY_STATN_NO = '000001' --1호선 서울역
   AND B.STD_YM = '202010'
   AND B.BEGIN_TIME = '0800'
   AND B.END_TIME = '0900'
 ORDER BY B.TK_GFF_CNT DESC
 ;
```

결과

```
SUBWAY_STATN_NO|LN_NM|STATN_NM|BEGIN_TIME|END_TIME|TK_GFF_SE_NM|TK_GFF_CNT
---------------|-----|--------|----------|--------|------------|----------
000001         |1호선|서울역  |0800      |0900    |하차        |   166935
000001         |1호선|서울역  |0800      |0900    |승차        |    55416
```

1호선 서울역은 출근시간대에 하차인원이 승차인원보다 더 많은 것을 알 수 있습니다.

6.1.6 NATURAL JOIN

NATURAL JOIN은 조인하는 2개의 테이블에서 동일한 이름의 칼럼명이 존재하는 경우 자동으로 동일한 칼럼(들)을 기준으로 조인되어 INNER JOIN과 동일한 결과집합을 출력합니다.

NATURAL JOIN의 원활한 실습을 위해서 아래와 같은 테이블을 생성하고 데이터를 입력합니다.

코드 6-2 실습환경 준비

```
CREATE TABLE TB_DEPT_6_1_6
(
  DEPT_CD CHAR(4)
, DEPT_NM VARCHAR2(50)
, CONSTRAINT PK_TB_DEPT_6_1_6 PRIMARY KEY(DEPT_CD)
);

INSERT INTO TB_DEPT_6_1_6 (DEPT_CD, DEPT_NM) VALUES ('D001', '데이터팀');
INSERT INTO TB_DEPT_6_1_6 (DEPT_CD, DEPT_NM) VALUES ('D002', '영업팀');
INSERT INTO TB_DEPT_6_1_6 (DEPT_CD, DEPT_NM) VALUES ('D003', 'IT개발팀');

COMMIT;

CREATE TABLE TB_EMP_6_1_6
(
  EMP_NO CHAR(4)
, EMP_NM VARCHAR2(50)
, DEPT_CD CHAR(4)
, CONSTRAINT PK_TB_EMP_6_1_6 PRIMARY KEY(EMP_NO)
);

INSERT INTO TB_EMP_6_1_6 (EMP_NO, EMP_NM, DEPT_CD) VALUES ('E001', '이경오', 'D001');
INSERT INTO TB_EMP_6_1_6 (EMP_NO, EMP_NM, DEPT_CD) VALUES ('E002', '이수지', 'D001');
INSERT INTO TB_EMP_6_1_6 (EMP_NO, EMP_NM, DEPT_CD) VALUES ('E003', '김영업', 'D002');
INSERT INTO TB_EMP_6_1_6 (EMP_NO, EMP_NM, DEPT_CD) VALUES ('E004', '박영업', 'D002');
INSERT INTO TB_EMP_6_1_6 (EMP_NO, EMP_NM, DEPT_CD) VALUES ('E005', '최개발', 'D003');
INSERT INTO TB_EMP_6_1_6 (EMP_NO, EMP_NM, DEPT_CD) VALUES ('E006', '정개발', 'D003');

COMMIT;

ALTER TABLE TB_EMP_6_1_6
ADD CONSTRAINT FK_TB_EMP_6_1_6 FOREIGN KEY (DEPT_CD)
REFERENCES TB_DEPT_6_1_6 (DEPT_CD);
```

위 스크립트를 보면 부서(TB_DEPT_6_1_6) 테이블과 직원(TB_EMP_6_1_6) 테이블이 있습니다. 2개의 테이블은 모두 부서코드(DEPT_CD) 칼럼을 가지고 있습니다.

주의해야 할 사항은 조인 대상 칼럼인 부서코드(DEPT_CD) 칼럼에는 앨리어스를 사용할 수 없다는 것입니다. A.DEPT_CD 혹은 B.DEPT_CD는 사용할 수 없으며 "DEPT_CD"라고만 기재해야 SQL 에러가 발생하지 않습니다.

아래와 같이 NATURAL JOIN문을 실행해보겠습니다.

코드 6-3 NATURAL JOIN 실습

```
SELECT DEPT_CD
     , A.DEPT_NM
     , B.EMP_NO
     , B.EMP_NM
  FROM TB_DEPT_6_1_6 A NATURAL JOIN TB_EMP_6_1_6 B
  ORDER BY DEPT_CD
;
```

결과

```
DEPT_NO|DEPT_NM |EMP_NO|EMP_NM
D001    |데이터팀|E001  |이경오
D001    |데이터팀|E002  |이수지
D002    |영업팀  |E003  |김영업
D002    |영업팀  |E004  |박영업
D003    |IT개발팀|E005  |최개발
D003    |IT개발팀|E006  |정개발
```

각 부서(TB_DEPT_6_1_6)에 속한 직원(TB_EMP_6_1_6)들에 대한 결과집합이 출력된 것을 알 수 있습니다.

이번에는 NATURAL JOIN 형태의 SELECT문을 INNER JOIN 형태로 변환해봅시다.

부서(TB_DEPT_6_1_6) 테이블과 직원(TB_EMP_6_1_6) 테이블은 부서코드(DEPT_CD) 칼럼을 공통적으로 가지고 있습니다. INNER JOIN으로 변환하면 A.DEPT_CD = B.DEPT_CD로 조인 조건을 걸어주면 됩니다. 결과집합은 NATURAL JOIN의 결과집합과 동일합니다.

코드 6-4 NATURAL JOIN을 INNER JOIN으로 변환

```
SELECT A.DEPT_CD
     , A.DEPT_NM
     , B.EMP_NO
     , B.EMP_NM
  FROM TB_DEPT_6_1_6 A
     , TB_EMP_6_1_6 B
 WHERE A.DEPT_CD = B.DEPT_CD
```

```
    ORDER BY A.DEPT_CD
  ;
```

결과

```
DEPT_NO｜DEPT_NM ｜EMP_NO｜EMP_NM
-------｜--------｜------｜------
D001   ｜데이터팀｜E001  ｜이경오
D001   ｜데이터팀｜E002  ｜이수지
D002   ｜영업팀  ｜E003  ｜김영업
D002   ｜영업팀  ｜E004  ｜박영업
D003   ｜IT개발팀｜E005  ｜최개발
D003   ｜IT개발팀｜E006  ｜정개발
```

6.1.7 USING절

NATURAL JOIN에서는 조인되는 2개의 테이블에서 동시에 존재하는 모든 칼럼들에 대해서 조인이 이루어집니다. 조인 칼럼을 지정하고 싶은 경우 USING절을 이용하면 같은 이름을 가진 칼럼들 중에서 원하는 칼럼에 대해서만 선택적으로 조인을 할 수가 있습니다.

또한 결과집합도 INNER JOIN의 결과와 동일하게 됩니다. 아래(코드 6-5)는 USING절을 이용하여 조인 연산을 수행하는 SQL문입니다.

USING절에 조인 칼럼명인 "SUBWAY_STATN_NO"를 기재하여 조인하였습니다.

USING절에 기재하는 조인 칼럼에는 앨리어스를 붙일 수 없습니다. 만약 A.SUBWAY_STATN_NO 혹은 B.SUBWAY_STATN_NO로 한다면 SQL 문법 에러가 발생합니다.

마찬가지 이유로 SELECT절 및 WHERE절에도 조인 칼럼인 "SUBWAY_STATN_NO"를 기재할 때 앨리어스를 붙이면 SQL 문법 에러가 발생합니다.

코드 6-5 USING절 실습

```
SELECT SUBWAY_STATN_NO
     , A.LN_NM
     , A.STATN_NM
     , B.BEGIN_TIME
     , B.END_TIME
     , CASE WHEN B.TK_GFF_SE_CD = 'TGS001' THEN '승차'
            WHEN B.TK_GFF_SE_CD = 'TGS002' THEN '하차'
            END TK_GFF_SE_NM
```

```
      , B.TK_GFF_CNT
  FROM TB_SUBWAY_STATN A
  JOIN TB_SUBWAY_STATN_TK_GFF B
  USING (SUBWAY_STATN_NO)
  WHERE SUBWAY_STATN_NO = '000001' --1호선 서울역
    AND B.STD_YM = '202010'
    AND B.BEGIN_TIME = '0800'
    AND B.END_TIME = '0900'
  ORDER BY B.TK_GFF_CNT DESC
  ;
```

결과

```
SUBWAY_STATN_NO¦LN_NM¦STATN_NM¦BEGIN_TIME¦END_TIME¦TK_GFF_SE_NM¦TK_GFF_CNT
---------------¦-----¦--------¦----------¦--------¦------------¦----------
000001         ¦1호선¦서울역  ¦0800      ¦0900    ¦하차        ¦    166935
000001         ¦1호선¦서울역  ¦0800      ¦0900    ¦승차        ¦     55416
```

INNER JOIN의 결과집합과 동일한 결과집합을 출력하였습니다.

6.1.8 ON절

ON절을 이용한 조인은 ON절에 조인 조건을 기재할 수 있습니다. 여러 개의 칼럼에 대한 조인 조건을 기재 가능하며 조인하는 칼럼의 이름이 서로 달라도 조인을 수행할 수 있습니다. 이러한 특성으로 실무에서 널리 사용되는 조인의 형태입니다.

[코드 6-6]은 ON절을 이용하여 조인한 SQL문입니다.

ON절 내에 각각의 테이블에서 조인되는 조건을 기재하였습니다. 또한 ON절, WHERE절, SELECT절에 존재하는 모든 조인 칼럼에 대해서 앨리어스를 기재한 것을 알 수 있습니다. ON절을 사용할 경우 동일한 칼럼명을 기재할 경우에는 반드시 앨리어스를 사용해야 합니다. (앨리어스를 사용하지 않으면 SQL 문법 에러가 발생합니다.)

코드 6-6 ON절 실습

```
SELECT A.SUBWAY_STATN_NO
     , A.LN_NM
     , A.STATN_NM
     , B.BEGIN_TIME
     , B.END_TIME
```

```
        , CASE WHEN B.TK_GFF_SE_CD = 'TGS001' THEN '승차'
               WHEN B.TK_GFF_SE_CD = 'TGS002' THEN '하차'
               END TK_GFF_SE_NM
        , B.TK_GFF_CNT
     FROM TB_SUBWAY_STATN A
     INNER JOIN TB_SUBWAY_STATN_TK_GFF B
        ON (A.SUBWAY_STATN_NO = B.SUBWAY_STATN_NO)
     WHERE A.SUBWAY_STATN_NO = '000001' --1호선 서울역
       AND B.STD_YM = '202010'
       AND B.BEGIN_TIME = '0800'
       AND B.END_TIME = '0900'
     ORDER BY B.TK_GFF_CNT DESC
    ;
```

결과

SUBWAY_STATN_NO	LN_NM	STATN_NM	BEGIN_TIME	END_TIME	TK_GFF_SE_NM	TK_GFF_CNT
000001	1호선	서울역	0800	0900	하차	166935
000001	1호선	서울역	0800	0900	승차	55416

INNER JOIN의 결과집합과 동일한 결과집합을 출력하였습니다.

6.1.9 3개의 테이블 조인

지금까지 2개의 테이블에 대해서만 조인하는 SELECT문을 실습하였습니다. 이번에는 3개의 테이블에 대한 조인 연산을 실습해보겠습니다.

테이블 3개를 조인할 경우에 조인 조건은 최소 2개가 필요합니다. 최소 조인 조건의 개수를 구하는 공식을 봅시다.

최소 조인 조건 개수

```
최소 조인 조건 개수 = 조인 테이블 개수 - 1
```

3개의 테이블을 조인하는 경우 3-1로 최소 2개의 조인 조건이 필요한 것입니다.

[코드 6-7]은 지하철역(TB_SUBWAY_STATN), 지하철역승하차(TB_SUBWAY_STATN_TK_GFF), 승하차구분(TB_TK_GFF_SE) 테이블을 조인하는 SELECT문입니다. 오라클 방식의 SQL 작성방법으로 3개의 테이블을 조인하고 있습니다.

```
SELECT A.SUBWAY_STATN_NO
     , A.LN_NM
     , A.STATN_NM
     , B.BEGIN_TIME
     , B.END_TIME
     , C.TK_GFF_SE_NM
     , B.TK_GFF_CNT
  FROM TB_SUBWAY_STATN A
     , TB_SUBWAY_STATN_TK_GFF B
     , TB_TK_GFF_SE C
 WHERE A.SUBWAY_STATN_NO = B.SUBWAY_STATN_NO
   AND A.SUBWAY_STATN_NO = '000032' --2호선 강남
   AND B.STD_YM = '202010'
   AND B.BEGIN_TIME = '0800'
   AND B.END_TIME = '0900'
   AND B.TK_GFF_SE_CD = C.TK_GFF_SE_CD
ORDER BY B.TK_GFF_CNT
 ;
```

결과

SUBWAY_STATN_NO	LN_NM	STATN_NM	BEGIN_TIME	END_TIME	TK_GFF_SE_NM	TK_GFF_CNT
000032	2호선	강남	0800	0900	승차	54804
000032	2호선	강남	0800	0900	하차	289569

지하철 2호선 강남역의 2020년 10월 기준 08시부터 09시까지의 승하차인원수를 조회하고 있습니다. 지하철 2호선 강남역은 출근시간대인 08시부터 09시 사이에 하차인원이 승차인원보다 더 많은 것을 알 수 있습니다.

이번에는 동일한 결과집합을 도출하는 SQL문을 오라클 방식이 아닌 ANSI 표준 방식으로 작성하여 실행시켜봅시다.

ANSI 표준 방식의 SQL문은 다양한 DBMS 제품의 SQL 작성 표준화를 위해 1986년도에 SQL-86이라는 명칭으로 최초로 정의되었습니다. 다양한 DBMS 제품(오라클, MS, IBM 등)마다 SQL문에 약간의 차이점이 존재하지만 ANSI 표준은 모든 제품에서 실행 가능하도록 개발되어 있습니다. 그리하여 ANSI 표준에 따른 SQL문 작성이 널리 사용되고 있습니다.

아래는 ANSI 표준 방식을 이용한 3개의 테이블을 조인하는 SELECT문입니다.

코드 6-8 3개의 테이블 조인 – ANSI 표준 방식

```
SELECT A.SUBWAY_STATN_NO
     , A.LN_NM
     , A.STATN_NM
     , B.BEGIN_TIME
     , B.END_TIME
     , C.TK_GFF_SE_NM
     , B.TK_GFF_CNT
  FROM TB_SUBWAY_STATN A
  INNER JOIN TB_SUBWAY_STATN_TK_GFF B
  ON (A.SUBWAY_STATN_NO = B.SUBWAY_STATN_NO)
  INNER JOIN TB_TK_GFF_SE C
  ON (B.TK_GFF_SE_CD = C.TK_GFF_SE_CD)
 WHERE A.SUBWAY_STATN_NO = '000032' --2호선 강남
   AND B.STD_YM = '202010'
   AND B.BEGIN_TIME = '0800'
   AND B.END_TIME = '0900'
 ORDER BY B.TK_GFF_CNT
 ;
```

결과

```
SUBWAY_STATN_NO¦LN_NM¦STATN_NM¦BEGIN_TIME¦END_TIME¦TK_GFF_SE_NM¦TK_GFF_CNT
--------------¦-----¦--------¦----------¦--------¦------------¦----------
000032         ¦2호선¦강남    ¦0800      ¦0900    ¦승차        ¦    54804
000032         ¦2호선¦강남    ¦0800      ¦0900    ¦하차        ¦   289569
```

INNER JOIN 및 ON절을 이용하여 ANSI 표준의 SELECT문을 작성 및 실행하였습니다.

6.1.10 OUTER JOIN

지금까지 INNER JOIN의 종류인 INNER JOIN, NATURAL JOIN, ON절, 3개의 테이블 조인 등에 대하여 학습하였습니다.

지금부터는 OUTER JOIN에 대해 알아봅시다.

특정 조인 SQL문 내에서 3개 이상의 테이블에 대해 조인이 발생한다면, 특정 시점에는 단 2개의 테이블만 조인됩니다.

만약 A, B, C 테이블 3개를 조인한다면 A와 B 테이블을 조인한 후 A와 B 테이블의 조인결과와 다시 C 테이블을 조인합니다. 만약 A와 B 테이블이 조인될 때, A 테이블을 기준으로 조인한다면 A 테이블이 OUTER(아우터, 바깥쪽, 먼저) 집합이 되고, B 테이블은 INNER(이너, 안쪽, 나중에) 집합이 됩니다.

OUTER JOIN은 "OUTER 집합을 기준으로 조인한다"는 뜻입니다. OUTER 쪽의 테이블(집합)은 모두 출력되고 INNER 집합은 매칭되는 집합만 보여준다는 뜻입니다.

표 6-4 OUTER JOIN의 종류 및 설명

OUTER JOIN 종류	설명
LEFT OUTER JOIN	• FROM절에 기재한 테이블을 중심으로 왼쪽에 기재한 테이블이 OUTER 집합이 되고 오른쪽에 기재한 테이블이 INNER 집합이 된다. • 왼쪽에 있는 OUTER 집합을 기준으로 오른쪽에 있는 INNER 집합은 매칭되는 데이터만 출력된다.(왼쪽 OUTER는 다 나오고, 오른쪽 INNER는 있는 것만 보여줌)
RIGHT OUTER JOIN	• FROM절에 기재한 테이블을 중심으로 오른쪽에 기재한 테이블이 OUTER 집합이 되고 왼쪽에 기재한 테이블이 INNER 집합이 된다. • 오른쪽에 있는 OUTER 집합을 기준으로 왼쪽에 있는 INNER 집합은 매칭되는 데이터만 출력된다.(오른쪽 OUTER는 다 나오고, 왼쪽 INNER는 있는 것만 보여줌)
FULL OUTER JOIN	• FROM절에 기재한 테이블에 대해서 LEFT OUTER JOIN의 결과와 RIGHT OUTER JOIN의 결과, 그리고 INNER JOIN의 결과가 모두 출력된다.

OUTER JOIN의 원활한 실습을 위해서 아래와 같이 실습환경을 구축합니다.

코드 6-9 OUTER JOIN 실습환경 구축

```
CREATE TABLE TB_DEPT_6_1_10
(
  DEPT_CD CHAR(4)
, DEPT_NM VARCHAR2(50)
, CONSTRAINT PK_TB_DEPT_6_1_10 PRIMARY KEY(DEPT_CD)
);

INSERT INTO TB_DEPT_6_1_10 (DEPT_CD, DEPT_NM) VALUES ('D001', '데이터팀');
INSERT INTO TB_DEPT_6_1_10 (DEPT_CD, DEPT_NM) VALUES ('D002', '영업팀');
INSERT INTO TB_DEPT_6_1_10 (DEPT_CD, DEPT_NM) VALUES ('D003', 'IT개발팀');
INSERT INTO TB_DEPT_6_1_10 (DEPT_CD, DEPT_NM) VALUES ('D004', '4차산업혁명팀');
INSERT INTO TB_DEPT_6_1_10 (DEPT_CD, DEPT_NM) VALUES ('D005', 'AI연구팀');
COMMIT;
```

```
CREATE TABLE TB_EMP_6_1_10
(
EMP_NO CHAR(4)
, EMP_NM VARCHAR2(50)
, DEPT_CD CHAR(4)
, CONSTRAINT PK_TB_EMP_6_1_10 PRIMARY KEY(EMP_NO)
);

INSERT INTO TB_EMP_6_1_10 (EMP_NO, EMP_NM, DEPT_CD)
    VALUES ('E001', '이경오', 'D001');

INSERT INTO TB_EMP_6_1_10 (EMP_NO, EMP_NM, DEPT_CD)
    VALUES ('E002', '이수지', 'D001');

INSERT INTO TB_EMP_6_1_10 (EMP_NO, EMP_NM, DEPT_CD)
    VALUES ('E003', '김영업', 'D002');

INSERT INTO TB_EMP_6_1_10 (EMP_NO, EMP_NM, DEPT_CD)
    VALUES ('E004', '박영업', 'D002');

INSERT INTO TB_EMP_6_1_10 (EMP_NO, EMP_NM, DEPT_CD)
    VALUES ('E005', '최개발', 'D003');

INSERT INTO TB_EMP_6_1_10 (EMP_NO, EMP_NM, DEPT_CD)
    VALUES ('E006', '정개발', 'D003');

INSERT INTO TB_EMP_6_1_10 (EMP_NO, EMP_NM, DEPT_CD)
    VALUES ('E007', '석신입',  NULL );

INSERT INTO TB_EMP_6_1_10 (EMP_NO, EMP_NM, DEPT_CD)
    VALUES ('E008', '차인턴',  NULL );

INSERT INTO TB_EMP_6_1_10 (EMP_NO, EMP_NM, DEPT_CD)
    VALUES ('E009', '강회장', 'D000');

COMMIT;
```

부서(TB_DEPT_6_1_10)와 사원(TB_EMP_6_1_10) 테이블을 생성하였습니다. 위의 [코드 6-9] SQL문의 내용을 살펴보면 사원 테이블의 '석신입'과 '차인턴'은 현재 소속된 부서코드(DEPT_CD)가 없습니다. 또한 '강회장'은 부서 테이블에 존재하지 않는 'D000'이라는 부서코드를 가지고 있습니다. 또한 부서(TB_DEPT_6_1_10) 테이블에서 부서코드(DEPT_CD)가 'D004'인 부서와 'D005'인 부서는 아직 소속된 사원이 없습니다.

6.1.11 LEFT OUTER JOIN

LEFT OUTER JOIN은 FROM절에 기재한 2개의 테이블 중 왼쪽에 기재한 테이블이 OUTER 집합이 되고 오른쪽에 기재한 테이블이 INNER 집합이 됩니다. 결과는 왼쪽에 기재한 테이블을 기준으로 오른쪽에 기재한 테이블의 값은 조인 조건에 의해 매칭되는 결과만 보여주게 됩니다. 왼쪽의 결과집합은 무조건 다 나오고 오른쪽에 있는 테이블의 결과집합은 매칭되는 것만 보여주게 됩니다.

[코드 6-10]은 오라클 방식의 LEFT OUTER JOIN을 하는 SQL문입니다.

코드 6-10 LEFT OUTER JOIN - 오라클 DBMS 방식

```
SELECT NVL(A.DEPT_CD, '(Null)') AS A_DEPT_CD
     , NVL(A.DEPT_NM, '(Null)') AS A_DEPT_NM
     , NVL(B.EMP_NO , '(Null)') AS B_EMP_NO
     , NVL(B.EMP_NM , '(Null)') AS B_EMP_NM
     , NVL(B.DEPT_CD, '(Null)') AS B_DEPT_CD
  FROM TB_DEPT_6_1_10 A, TB_EMP_6_1_10 B
 WHERE A.DEPT_CD = B.DEPT_CD(+)
ORDER BY A.DEPT_CD
 ;
```

부서(TB_DEPT_6_1_10) 테이블이 왼쪽에 있고 직원(TB_EMP_6_1_10) 테이블은 오른쪽에 있습니다. 그 상태에서 WHERE절의 조인 조건에서 오른쪽에 있는 직원(TB_EMP_6_1_10) 테이블쪽의 부서코드(DEPT_CD) 조건에 "(+)"를 붙였습니다. 이렇게 하면 왼쪽에 있는 부서(TB_DEPT_6_1_10) 테이블이 기준이 되고, 직원(TB_EMP_6_1_10) 테이블은 조인 조건에 매칭되는 건만 보여주게 됩니다. LEFT OUTER JOIN이 구현된 것이며 왼쪽에 기재한 부서(TB_DEPT_6_1_10) 테이블은 다 나오고, 오른쪽에 기재한 직원(TB_EMP_6_1_10) 테이블은 조인 조건에 매칭되는 것만 보여주게 됩니다.

결과

A_DEPT_CD	A_DEPT_NM	B_EMP_NO	B_EMP_NM	B_DEPT_CD
D001	데이터팀	E002	이수지	D001
D001	데이터팀	E001	이경오	D001
D002	영업팀	E003	김영업	D002
D002	영업팀	E004	박영업	D002
D003	IT개발팀	E006	정개발	D003

```
D003    |IT개발팀      |E005     |최개발     |D003     |
D004    |4차산업혁명팀|(Null)   |(Null)    |(Null)   |
D005    |AI연구팀      |(Null)   |(Null)    |(Null)   |
```

결과를 보니 모든 부서가 다 나왔습니다. 사원이 단 한 명도 존재하지 않는 부서인 '4차산업혁명팀', 'AI연구팀'도 모두 결과집합에 포함된 것을 알 수 있습니다.

그럼 이번에는 위와 동일한 결과집합을 출력하는 LEFT OUTER JOIN문으로, 오라클 DBMS 방식이 아닌 ANSI 표준 방식의 LEFT OUTER JOIN문을 실행해보겠습니다.

ANSI 방식은 왼쪽에 부서(TB_DEPT_6_1_10) 테이블을 기재하고, LEFT OUTER JOIN이라고 기재한 후, 직원(TB_EMP_6_1_10) 테이블을 오른쪽에 기재했습니다. 그런 다음 ON절에서 조인 조건인 "A.DEPT_CD = B.DEPT_CD"를 주었습니다. LEFT OUTER JOIN이 구현된 것이며, 왼쪽에 기재한 부서(TB_DEPT_6_1_10) 테이블은 다 나오고, 오른쪽에 기재한 직원(TB_EMP_6_1_10) 테이블은 조인 조건에 매칭되는 것만 보여주게 됩니다.

코드 6-11 LEFT OUTER JOIN – ANSI 방식

```
SELECT NVL(A.DEPT_CD, '(Null)') AS A_DEPT_CD
     , NVL(A.DEPT_NM, '(Null)') AS A_DEPT_NM
     , NVL(B.EMP_NO , '(Null)') AS B_EMP_NO
     , NVL(B.EMP_NM , '(Null)') AS B_EMP_NM
     , NVL(B.DEPT_CD, '(Null)') AS B_DEPT_CD
  FROM TB_DEPT_6_1_10 A LEFT OUTER JOIN TB_EMP_6_1_10 B
    ON (A.DEPT_CD = B.DEPT_CD)
ORDER BY A.DEPT_CD
;
```

결과

```
A_DEPT_CD|A_DEPT_NM    |B_EMP_NO|B_EMP_NM|B_DEPT_CD|
---------|-------------|--------|--------|---------|
D001     |데이터팀     |E002    |이수지  |D001     |
D001     |데이터팀     |E001    |이경오  |D001     |
D002     |영업팀       |E003    |김영업  |D002     |
D002     |영업팀       |E004    |박영업  |D002     |
D003     |IT개발팀     |E006    |정개발  |D003     |
D003     |IT개발팀     |E005    |최개발  |D003     |
D004     |4차산업혁명팀|(Null)  |(Null)  |(Null)   |
D005     |AI연구팀     |(Null)  |(Null)  |(Null)   |
```

위의 [코드 6-10] SQL문의 결과집합과 동일한 결과집합이 나왔습니다.

결과적으로, 부서 테이블과 직원 테이블의 조인 조건 기준으로 매칭된 집합(이너 조인의 집합)을 보여주면서 매칭되지 않은 부서인 '4차산업혁명팀'과 'AI연구팀'이 출력되었고, 이 2개의 팀에 소속된 직원은 아직 존재하지 않기 때문에(매칭되지 않았기 때문에) 직원 테이블쪽은 NULL이 나온 것을 알 수 있습니다.

LEFT OUTER JOIN은 왼쪽에 있는 테이블은 매칭되는 것과 매칭되지 않는 것 모두 출력하며 (왼쪽에 있는 집합은 전부 다 보여주고) 오른쪽에 있는 집합은 매칭되는 것만 보여주게 됩니다.

6.1.12 RIGHT OUTER JOIN

RIGHT OUTER JOIN은 FROM절에 기재한 2개의 테이블 중 오른쪽에 기재한 테이블이 OUTER 집합이 되고 왼쪽에 기재한 테이블이 INNER 집합이 됩니다.

결과는 오른쪽에 기재한 테이블을 기준으로 왼쪽에 기재한 테이블의 값은 조인 조건에 의해 매칭되는 결과만 보여주게 됩니다. 오른쪽의 결과집합은 무조건 다 나오고 왼쪽에 있는 테이블의 결과집합은 매칭되는 것만 보여주게 됩니다.

아래는 오라클 방식의 RIGHT OUTER JOIN을 이용한 SQL문입니다.

부서(TB_DEPT_6_1_10) 테이블이 왼쪽에 있고 직원(TB_EMP_6_1_10) 테이블은 오른쪽에 있습니다. 그 상태에서 WHERE절의 조인 조건에서 부서(TB_DEPT_6_1_10) 테이블쪽의 부서코드(DEPT_CD) 조건에 "(+)"를 붙였습니다. 이렇게 하면 오른쪽에 있는 직원(TB_EMP_6_1_10) 테이블이 기준이 되고 왼쪽에 있는 부서(TB_DEPT_6_1_10) 테이블은 조인 조건에 매칭되는 것만 보여줍니다. RIGHT OUTER JOIN이 구현된 것으로 오른쪽에 기재한 직원(TB_EMP_6_1_10) 테이블은 다 나오고, 왼쪽에 기재한 부서(TB_DEPT_6_1_10) 테이블은 조인 조건에 매칭되는 것만 보여주게 됩니다.

코드 6-12 RIGHT OUTER JOIN - 오라클 DBMS 방식

```
SELECT NVL(A.DEPT_CD, '(Null)') AS A_DEPT_CD
     , NVL(A.DEPT_NM, '(Null)') AS A_DEPT_NM
     , NVL(B.EMP_NO , '(Null)') AS B_EMP_NO
     , NVL(B.EMP_NM , '(Null)') AS B_EMP_NM
     , NVL(B.DEPT_CD, '(Null)') AS B_DEPT_CD
  FROM TB_DEPT_6_1_10 A
```

```
      , TB_EMP_6_1_10 B
   WHERE A.DEPT_CD(+) = B.DEPT_CD
   ;
```

결과

```
A_DEPT_CD|A_DEPT_NM|B_EMP_NO|B_EMP_NM|B_DEPT_CD|
---------|---------|--------|--------|---------|
D001     |데이터팀 |E001    |이경오   |D001     |
D001     |데이터팀 |E002    |이수지   |D001     |
D002     |영업팀   |E003    |김영업   |D002     |
D002     |영업팀   |E004    |박영업   |D002     |
D003     |IT개발팀 |E005    |최개발   |D003     |
D003     |IT개발팀 |E006    |정개발   |D003     |
(Null)   |(Null)   |E009    |강회장   |D000     |
(Null)   |(Null)   |E007    |석신입   |(Null)   |
(Null)   |(Null)   |E008    |차인턴   |(Null)   |
```

결과를 살펴보면 모든 직원이 다 나왔습니다. 부서가 존재하지 않는 직원인 '석신입'과 '차인턴'
도 결과집합에 포함되었습니다. 또한 존재하지 않는 부서인 'D000'을 부서번호로 가지고 있는
'강회장'도 결과집합에 포함되었습니다.

그럼 이번에는 위와 동일한 결과집합을 출력하는 RIGHT OUTER JOIN문인데 오라클 방식
이 아닌 ANSI 표준 방식의 RIGHT OUTER JOIN문을 실행해보겠습니다.

ANSI 방식은 왼쪽에 부서(TB_DEPT_6_1_10) 테이블을 기재하고, RIGHT OUTER JOIN
이라고 기재한 후 직원(TB_EMP_6_1_10) 테이블을 오른쪽에 기재했습니다. 그런 다음 ON
절에서 조인 조건인 "A.DEPT_CD = B.DEPT_CD"를 주었습니다. RIGHT OUTER JOIN
이 구현된 것이며 오른쪽에 기재한 직원(TB_EMP_6_1_10) 테이블은 다 나오고 왼쪽에 기재
한 부서(TB_DEPT_6_1_10) 테이블은 조인 조건에 매칭되는 것만 보여주게 됩니다.

코드 6-13 RIGHT OUTER JOIN - ANSI 방식

```
  SELECT NVL(A.DEPT_CD, '(Null)') AS A_DEPT_CD
       , NVL(A.DEPT_NM, '(Null)') AS A_DEPT_NM
       , NVL(B.EMP_NO, '(Null)') AS B_EMP_NO
       , NVL(B.EMP_NM, '(Null)') AS B_EMP_NM
       , NVL(B.DEPT_CD, '(Null)') AS B_DEPT_CD
    FROM TB_DEPT_6_1_10 A RIGHT OUTER JOIN TB_EMP_6_1_10 B
```

```
        ON (A.DEPT_CD = B.DEPT_CD)
    ORDER BY A.DEPT_CD
  ;
```

결과

```
A_DEPT_CD│A_DEPT_NM│B_EMP_NO│B_EMP_NM│B_DEPT_CD│
─────────│─────────│────────│────────│─────────│
D001     │데이터팀 │E001    │이경오  │D001     │
D001     │데이터팀 │E002    │이수지  │D001     │
D002     │영업팀   │E003    │김영업  │D002     │
D002     │영업팀   │E004    │박영업  │D002     │
D003     │IT개발팀 │E005    │최개발  │D003     │
D003     │IT개발팀 │E006    │정개발  │D003     │
(Null)   │(Null)   │E009    │강회장  │D000     │
(Null)   │(Null)   │E007    │석신입  │(Null)   │
(Null)   │(Null)   │E008    │차인턴  │(Null)   │
```

위의 [코드 6-12] SQL문의 결과집합과 동일한 결과집합이 나왔습니다.

부서(TB_DEPT_6_1_10) 테이블과 직원(TB_EMP_6_1_10) 테이블의 조인 조건 기준으로 매칭된 집합(INNER JOIN의 집합)을 보여주면서 매칭되지 않은 직원인 '강회장', '석신입', '차인턴'이 출력되었고, 이 중 강회장이 소속된 부서인 'D000' 부서는 부서 테이블에 존재하지 않기 때문에 매칭에 실패하여 NULL이 출력되었습니다. 또한, '석신입', '차인턴'은 아직 부서를 발령받지 않아 부서번호가 NULL이기 때문에 매칭에 실패하여 NULL이 출력되었습니다.

RIGHT OUTER JOIN은 오른쪽에 있는 집합은 매칭되는 행과 매칭되지 않은 행을 전부 보여주고(오른쪽에 있는 집합은 다 보여주고) 왼쪽에 있는 집합은 매칭되는 것만 보여주게 됩니다.

6.1.13 FULL OUTER JOIN

FULL OUTER JOIN은 INNER JOIN으로 매칭되는 집합, LEFT OUTER JOIN의 집합, RIGHT OUTER JOIN의 집합이 모두 출력됩니다. 실무에서 데이터 검증 작업을 진행할 때 자주 쓰이고 있는 조인의 형태라고 할 수 있습니다. 이 조인 형태는 별도의 오라클 방식은 존재하지 않으며 ANSI 표준 방식으로만 존재합니다.

FULL OUTER JOIN을 수행하는 SELECT문을 작성해봅시다.

부서(TB_DEPT_6_1_10) 테이블과 직원(TB_EMP_6_1_10) 테이블을 조인하면서 FULL
OUTER JOIN을 하였습니다. 또한 ON절에 조인 조건을 주었습니다.

코드 6-14 FULL OUTER JOIN

```
SELECT NVL(A.DEPT_CD, '(Null)') AS A_DEPT_CD
     , NVL(A.DEPT_NM, '(Null)') AS A_DEPT_NM
     , NVL(B.EMP_NO , '(Null)') AS B_EMP_NO
     , NVL(B.EMP_NM , '(Null)') AS B_EMP_NM
     , NVL(B.DEPT_CD, '(Null)') AS B_DEPT_CD
  FROM TB_DEPT_6_1_10 A FULL OUTER JOIN TB_EMP_6_1_10 B
    ON (A.DEPT_CD = B.DEPT_CD)
;
```

결과

A_DEPT_CD	A_DEPT_NM	B_EMP_NO	B_EMP_NM	B_DEPT_CD
D001	데이터팀	E001	이경오	D001
D001	데이터팀	E002	이수지	D001
D002	영업팀	E003	김영업	D002
D002	영업팀	E004	박영업	D002
D003	IT개발팀	E005	최개발	D003
D003	IT개발팀	E006	정개발	D003
(Null)	(Null)	E007	석신입	(Null)
(Null)	(Null)	E008	차인턴	(Null)
(Null)	(Null)	E009	강회장	D000
D004	4차산업혁명팀	(Null)	(Null)	(Null)
D005	AI연구팀	(Null)	(Null)	(Null)

결과집합을 보면 부서(TB_DEPT_6_1_10) 테이블과 직원(TB_EMP_6_1_10) 테이블 간 매
칭되는 집합, 직원(TB_EMP_6_1_10) 테이블에만 존재하는 집합, 부서(TB_DEPT_6_1_10)
테이블에만 존재하는 집합이 모두 출력된 것을 알 수 있습니다.

6.1.14 CROSS JOIN

2개의 테이블을 FROM절에 기재한 후, 만약 아무런 조인 조건도 기재하지 않는다면 바
로 CROSS JOIN(크로스 조인)이 일어나게 됩니다. CROSS JOIN이란 CARTESIAN
PRODUCT(곱집합)라고도 불립니다.

부서(TB_DEPT_6_1_10) 테이블에는 5건의 데이터가 존재하고, 직원(TB_EMP_6_1_10) 테이블에는 9건의 데이터가 존재합니다. 이 2개의 테이블을 CROSS JOIN할 경우 곱집합 연산에 의해 5*9=45로 해서 총 45건의 데이터가 출력됩니다. 즉 CARTESIAN PRODUCT 연산이 일어나는 것입니다.

아래 코드에서는 부서(TB_DEPT_6_1_10) 테이블과 직원(TB_EMP_6_1_10) 테이블을 조인하는 데 있어서 아무런 조인 조건도 주지 않았습니다.

코드 6-15 CROSS JOIN – 조인 조건 없는 방식

```
SELECT ROWNUM AS RNUM
     , NVL(A.DEPT_CD, '(Null)') AS A_DEPT_CD
     , NVL(A.DEPT_NM, '(Null)') AS A_DEPT_NM
     , NVL(B.EMP_NO , '(Null)') AS B_EMP_NO
     , NVL(B.EMP_NM , '(Null)') AS B_EMP_NM
     , NVL(B.DEPT_CD, '(Null)') AS B_DEPT_CD
  FROM TB_DEPT_6_1_10 A
     , TB_EMP_6_1_10 B
ORDER BY RNUM
 ;
```

결과

RNUM	A_DEPT_CD	A_DEPT_NM	B_EMP_NO	B_EMP_NM	B_DEPT_CD
1	D001	데이터팀	E001	이경오	D001
2	D001	데이터팀	E002	이수지	D001
3	D001	데이터팀	E003	김영업	D002
4	D001	데이터팀	E004	박영업	D002
5	D001	데이터팀	E005	최개발	D003
6	D001	데이터팀	E006	정개발	D003
7	D001	데이터팀	E007	석신입	(Null)
8	D001	데이터팀	E008	차인턴	(Null)
9	D001	데이터팀	E009	강회장	D000
...중간생략					
37	D005	AI연구팀	E001	이경오	D001
38	D005	AI연구팀	E002	이수지	D001
39	D005	AI연구팀	E003	김영업	D002
40	D005	AI연구팀	E004	박영업	D002
41	D005	AI연구팀	E005	최개발	D003
42	D005	AI연구팀	E006	정개발	D003
43	D005	AI연구팀	E007	석신입	(Null)

```
44│D005      │AI연구팀    │E008    │차인턴  │(Null)   │
45│D005      │AI연구팀    │E009    │강회장  │D000     │
```

결과를 확인해보면 곱집합의 결과가 나온 것을 확인할 수 있습니다.

또한 CROSS JOIN은 ANSI 표준 방식으로도 작성이 가능합니다.

코드 6-16 CROSS JOIN – ANSI 표준 방식

```
SELECT ROWNUM AS RNUM
     , NVL(A.DEPT_CD, '(Null)') AS A_DEPT_CD
     , NVL(A.DEPT_NM, '(Null)') AS A_DEPT_NM
     , NVL(B.EMP_NO , '(Null)') AS B_EMP_NO
     , NVL(B.EMP_NM , '(Null)') AS B_EMP_NM
     , NVL(B.DEPT_CD, '(Null)') AS B_DEPT_CD
  FROM TB_DEPT_6_1_10 A CROSS JOIN TB_EMP_6_1_10 B
ORDER BY RNUM
 ;
```

결과

```
RNUM│A_DEPT_CD│A_DEPT_NM    │B_EMP_NO│B_EMP_NM│B_DEPT_CD│
────│─────────│─────────────│────────│────────│─────────│
   1│D001     │데이터팀      │E001    │이경오  │D001     │
   2│D001     │데이터팀      │E002    │이수지  │D001     │
   3│D001     │데이터팀      │E003    │김영업  │D002     │
   4│D001     │데이터팀      │E004    │박영업  │D002     │
   5│D001     │데이터팀      │E005    │최개발  │D003     │
   6│D001     │데이터팀      │E006    │정개발  │D003     │
   7│D001     │데이터팀      │E007    │석신입  │(Null)   │
   8│D001     │데이터팀      │E008    │차인턴  │(Null)   │
   9│D001     │데이터팀      │E009    │강회장  │D000     │
 ...중간생략
  37│D005     │AI연구팀     │E001    │이경오  │D001     │
  38│D005     │AI연구팀     │E002    │이수지  │D001     │
  39│D005     │AI연구팀     │E003    │김영업  │D002     │
  40│D005     │AI연구팀     │E004    │박영업  │D002     │
  41│D005     │AI연구팀     │E005    │최개발  │D003     │
  42│D005     │AI연구팀     │E006    │정개발  │D003     │
  43│D005     │AI연구팀     │E007    │석신입  │(Null)   │
  44│D005     │AI연구팀     │E008    │차인턴  │(Null)   │
  45│D005     │AI연구팀     │E009    │강회장  │D000     │
```

곱집합의 결과가 나온 것을 확인할 수 있습니다. [코드 6-15] SQL문과 결과집합이 동일합니다.

CROSS JOIN은 특정 테이블의 데이터를 복제할 때 많이 사용합니다. 실습을 진행하며 그 기능을 살펴봅시다.

업종분류구분(TB_INDUTY_CL_SE) 테이블에는 총 3건의 데이터가 존재하고, 3건을 3배로 복제해서 9건의 집합을 출력하려고 합니다.

우선 아래의 복제용 임시 테이블을 생성합니다.

코드 6-17 복제용 임시 테이블 생성

```
CREATE TABLE TB_COPY_3
(
  COPY_NUM NUMBER
, CONSTRAINT PK_TB_COPY_3 PRIMARY KEY (COPY_NUM)
)
;

INSERT INTO TB_COPY_3 (COPY_NUM) VALUES (1);
INSERT INTO TB_COPY_3 (COPY_NUM) VALUES (2);
INSERT INTO TB_COPY_3 (COPY_NUM) VALUES (3);

COMMIT;
```

TB_COPY_3 테이블에는 3건의 데이터가 존재합니다. 이 상태에서 아래와 같이 업종분류구분(TB_INDUTY_CL_SE) 테이블과 CROSS JOIN을 시도합니다.

코드 6-18 CROSS JOIN을 이용한 데이터 복제

```
SELECT A.INDUTY_CL_SE_CD
     , A.INDUTY_CL_SE_NM
     , B.COPY_NUM AS 집합번호
  FROM TB_INDUTY_CL_SE A CROSS JOIN TB_COPY_3 B
ORDER BY B.COPY_NUM, A.INDUTY_CL_SE_CD
 ;
```

CROSS JOIN을 이용한 데이터 복제 결과는 아래와 같습니다.

결과

```
INDUTY_CL_SE_CD|INDUTY_CL_SE_NM|집합번호
---------------|---------------|--------
ICS001         |대             |  1
ICS002         |중             |  1
ICS003         |소             |  1
ICS001         |대             |  2
ICS002         |중             |  2
ICS003         |소             |  2
ICS001         |대             |  3
ICS002         |중             |  3
ICS003         |소             |  3
```

3건이었던 집합이 총 3본으로 복제되어 총 9건(3*3=9)의 데이터 집합이 되었습니다. 이와 같은 CROSS JOIN을 이용한 데이터를 복제는 통계성 SQL문에서 널리 사용되고 있습니다.

6.2 집합연산자

6.2.1 집합연산자의 종류

집합연산자SET OPERATOR는 SELECT문의 결과집합 간의 연산을 수행하는 연산자입니다. 집합연 산자의 종류로는 UNION, UNION ALL, INTERSECT, MINUS가 있습니다.

각각 SQL문의 결과집합을 대상으로 연산을 수행하기 때문에 여러 개의 SQL문을 하나의 SQL 문(여러 개의 SQL문으로 이루어진)으로 만드는 연산자라고 할 수 있습니다.

표 6-5 집합연산자의 종류 및 설명

집합연산자의 종류	설명
UNION	• 여러 개 SQL문의 결과에 대한 합집합이다. • 중복된 행은 1개의 행으로 출력된다. • 중복된 행을 1개의 행으로 출력하는 과정에서 정렬이 발생할 수도 있다.
UNION ALL	• 여러 개 SQL문의 결과에 대한 합집합이다. • 중복된 행도 그대로 결과로 표시한다.

INTERSECT	• 여러 개 SQL문에 대한 교집합이다.
	• 중복된 행은 하나로 표시한다.
EXCEPT(MINUS)	• 위 SQL문의 집합에서 아래 SQL문의 집합을 뺀 결과를 표시한다.

그럼 각각의 집합연산자에 대한 SQL문 실습을 진행해봅시다.

6.2.2 UNION 연산

UNION 연산은 여러 개의 SQL문에 대한 합집합입니다. 중복된 행에 대해서 중복을 제거한 유일한 값을 가진 행이 출력됩니다.

[코드 6-19]는 UNION 연산을 수행한 SELECT문입니다.

첫 번째 SQL문은 업종분류(TB_INDUTY_CL) 테이블에서 업종분류코드(INDUTY_CL_CD)가 'Q'인 집합을 출력하고 있습니다.

두 번째 SQL문은 업종분류(TB_INDUTY_CL) 테이블에서 업종분류코드(INDUTY_CL_CD)가 'Q'로 시작하는 집합을 출력하고 있습니다. 즉 업종분류코드(INDUTY_CL_CD)가 'Q'로 시작하는 행의 상위업종분류코드(UPPER_INDUTY_CL_CD)는 'Q'입니다.

UNION ALL 연산을 수행했다면 다음의 SQL문은 여러 개의 'Q'(모든 행의 결과 값이 'Q')가 나와야 합니다. 하지만 UNION 연산을 수행했기 때문에 아래와 같이 'Q' 단 1건만 출력됩니다. (UNION 연산은 중복된 행을 제거합니다.)

코드 6-19 UNION 연산

```
SELECT A.INDUTY_CL_CD AS 업종분류코드 --업종분류코드
  FROM TB_INDUTY_CL A --업종분류
 WHERE A.INDUTY_CL_SE_CD = 'ICS001' --대
   AND A.INDUTY_CL_CD = 'Q' --음식
UNION
SELECT A.UPPER_INDUTY_CL_CD AS 상위업종분류코드 --상위업종분류코드
  FROM TB_INDUTY_CL A --업종분류
 WHERE INDUTY_CL_SE_CD = 'ICS002' --중
   AND A.INDUTY_CL_CD LIKE 'Q%' --커피점/카페
 ;
```

결과

업종분류코드
Q

즉, 여러 건의 중복된 'Q'값이 중복이 제거된 상태인 단 1건의 'Q'로 출력되었습니다.

6.2.3 UNION ALL 연산

UNION ALL 연산은 여러 개의 SQL문에 대한 합집합입니다. 중복된 행에 대해서 중복을 제거하지 않고 그대로 출력합니다.

[코드 6-20]은 UNION ALL 연산을 수행한 SQL문입니다.

첫 번째 SQL문은 업종분류(TB_INDUTY_CL) 테이블에서 업종분류코드(INDUTY_CL_CD)가 'Q'인 집합을 출력하고 있습니다.

두 번째 SQL문은 업종분류(TB_INDUTY_CL) 테이블에서 업종분류코드(INDUTY_CL_CD)가 'Q'로 시작하는 집합을 출력하고 있습니다. 업종분류코드(INDUTY_CL_CD)가 'Q'로 시작하는 행의 상위업종분류코드(UPPER_INDUTY_CL_CD)는 'Q'입니다.

UNION ALL 연산을 수행했기 때문에 다음과 같이 15건의 'Q'가 출력됩니다. (UNION ALL 연산은 중복된 행을 그대로 출력합니다.)

코드 6-20 UNION ALL 연산

```
SELECT A.INDUTY_CL_CD AS 업종분류코드 --업종분류코드
  FROM TB_INDUTY_CL A --업종분류
 WHERE A.INDUTY_CL_SE_CD = 'ICS001' --대
   AND A.INDUTY_CL_CD = 'Q' --음식
UNION ALL
SELECT A.UPPER_INDUTY_CL_CD AS 상위업종분류코드 --상위업종분류코드
  FROM TB_INDUTY_CL A --업종분류
 WHERE INDUTY_CL_SE_CD = 'ICS002' --중
   AND A.INDUTY_CL_CD LIKE 'Q%' --커피점/카페
;
```

결과

```
업종분류코드|
------------|
Q           |
Q           |
Q           |
Q           |
Q           |
Q           |
Q           |
Q           |
Q           |
Q           |
Q           |
Q           |
Q           |
Q           |
Q           |
```

중복된 'Q'값에 대해서 중복된 값을 그대로 출력하였습니다.

6.2.4 UNION과 UNION ALL의 결과집합

UNION 연산은 중복된 행에 대해 중복을 제거해서 출력하며 중복을 제거하는 과정에서 정렬을 수행하기도 합니다(DBMS 내부에서 작동). 하지만 SQL문(SELECT문) 수행 시 집합의 정렬을 보장하기 위해서는 반드시 ORDER BY절을 사용해야 합니다. 그러므로 UNION 연산이 중복을 제거하는 과정에서 정렬을 수행한다고 하더라도 결과집합의 정렬을 보장하고자 한다면, 반드시 ORDER BY절을 사용해야 합니다. 즉, 정렬된 집합을 출력하고자 한다면 반드시 ORDER BY절을 사용해야 합니다.

UNION ALL 연산은 중복된 행에 대해 중복을 제거하지 않고 있는 그대로 출력합니다. 즉, 내부적으로 정렬작업이 전혀 이루어지지 않습니다. 따라서 UNION ALL 연산 시 집합의 정렬을 보장하기 위해서는 반드시 ORDER BY절을 사용해야 합니다.

결론적으로, UNION/UNION ALL 연산 시 결과집합의 정렬을 보장하고 싶다면 반드시 맨 아래 SELECT문에 ORDER BY절을 기재해야 합니다.

아래(코드 6-21)는 UNION ALL 연산 및 ORDER BY절을 사용한 SQL문입니다. ORDER BY절을 두 번째 SQL문(맨 아래 SQL문)에 기재하였습니다. 또한 ORDER BY절에 업종분류 코드(INDUTY_CL_CD) 칼럼을 기재할 때 앨리어스를 사용하지 않았습니다. 만약 앨리어스를 붙인다면 에러가 발생합니다. 즉 UNION 및 UNION ALL 연산 시 ORDER BY절에 기재하는 칼럼에는 앨리어스를 사용할 수 없습니다.

코드 6-21 UNION ALL 연산 및 ORDER BY절의 사용

```
SELECT A.INDUTY_CL_CD, A.INDUTY_CL_NM
  FROM TB_INDUTY_CL A
 WHERE INDUTY_CL_SE_CD = 'ICS002' --중
   AND A.INDUTY_CL_CD LIKE 'N%' --관광/여가/오락
UNION ALL
SELECT B.INDUTY_CL_CD AS 업종분류코드, B.INDUTY_CL_NM  AS 업종분류명
  FROM TB_INDUTY_CL B
 WHERE B.INDUTY_CL_SE_CD = 'ICS002' --중
   AND B.INDUTY_CL_CD LIKE 'O%' --숙박
ORDER BY INDUTY_CL_CD
;
```

결과

```
INDUTY_CL_CD│INDUTY_CL_NM         │
────────────│─────────────────────│
N01         │PC/오락/당구/볼링등   │
N02         │무도/유흥/가무        │
N03         │연극/영화/극장        │
N04         │스포츠/운동           │
N05         │요가/단전/마사지      │
N06         │전시/관람             │
N07         │놀이/여가/취미        │
N08         │경마/경륜/성인오락    │
O01         │호텔/콘도             │
O02         │모텔/여관/여인숙      │
O03         │캠프/별장/펜션        │
O04         │유스호스텔            │
O05         │민박/하숙             │
```

출력된 결과 값의 헤더는 첫 번째 SQL문의 SELECT절에서 기재한 "INDUTY_CL_CD" 및 "INDUTY_CL_NM"으로 출력되었습니다. 두 번째 SELECT문에서 기재한 "업종분류코드", "업종분류명"으로 출력되진 않았습니다.

즉, UNION/UNION ALL 연산 시에 출력되는 집합의 헤더 값은 첫 번째 SQL문(맨 위의 SQL 문)의 SELECT절에 기재한 칼럼명(혹은 앨리어스명)을 따른다는 것을 확인할 수 있습니다.

정리하면 UNION/UNION ALL을 사용 시 결과집합의 정렬을 보장하고 싶다면 반드시 ORDER BY절을 사용해야 하며, ORDER BY절은 맨 아래에 기재하면 됩니다. 또한 결과집합의 헤더는 맨 위에 있는 SQL문의 SELECT절에 기재한 칼럼명(혹은 앨리어스명)을 따르게 됩니다.

6.2.5 INTERSECT 연산

INTERSECT 연산은 여러 개의 SQL문에 대한 교집합을 출력합니다. 만약 중복된 행이 있다면 중복을 제거하고 1개의 행으로 출력합니다.

INTERSECT 연산을 수행한 [코드 6-22]를 봅시다.

역명(STATN_NM) 칼럼의 값이 '신도림'이면서 노선명(LN_NM) 칼럼의 값이 '2호선'인 지하 철역을 찾고 있습니다.

코드 6-22 INTERSECT 연산

```
SELECT A.SUBWAY_STATN_NO
     , A.LN_NM
     , A.STATN_NM
  FROM TB_SUBWAY_STATN A
 WHERE A.STATN_NM ='신도림'
INTERSECT
SELECT B.SUBWAY_STATN_NO
     , B.LN_NM
     , B.STATN_NM
  FROM TB_SUBWAY_STATN B
 WHERE B.LN_NM ='2호선'
ORDER BY SUBWAY_STATN_NO
 ;
```

결과

```
SUBWAY_NO|LN_NM|STATN_NM|
---------|-----|--------|
 000044  |2호선|신도림   |
```

위의 [코드 6-22] SQL문과 동일한 결과집합을 도출하는 SQL문은 아래와 같습니다. WHERE 절에 조건을 추가하여 역명(STATN_NM) 칼럼의 값이 '신도림'이면서 노선명(LN_NM) 칼럼의 값이 '2호선'인 행을 조회합니다.

코드 6-23 INTERSECT 연산과 동일한 결과집합을 도출 ❶

```
SELECT A.SUBWAY_STATN_NO
     , A.LN_NM
     , A.STATN_NM
  FROM TB_SUBWAY_STATN A
 WHERE A.STATN_NM ='신도림'
   AND A.LN_NM  = '2호선'
 ORDER BY SUBWAY_STATN_NO
 ;
```

결과

```
SUBWAY_NO¦LN_NM¦STATN_NM¦
---------¦-----¦--------¦
000044   ¦2호선¦신도림  ¦
```

다음 SQL문 또한 위의 [코드 6-22] SQL문과 동일한 결과집합을 도출합니다.

역명(STATN_NM) 칼럼의 값이 '신도림'이면서 노선명(LN_NM) 칼럼의 값이 '2호선'인 행을 출력하고 있습니다. WHERE절에서 EXISTS문을 이용한 연관 서브쿼리[10]를 사용하고 있습니다.

코드 6-24 INTERSECT 연산과 동일한 결과집합을 도출 ❷

```
SELECT A.SUBWAY_STATN_NO
     , A.LN_NM
     , A.STATN_NM
  FROM TB_SUBWAY_STATN A
 WHERE STATN_NM ='신도림'
   AND EXISTS (SELECT 1
                 FROM TB_SUBWAY_STATN K
                WHERE K.SUBWAY_STATN_NO  = A.SUBWAY_STATN_NO
                  AND K.LN_NM = '2호선')
 ORDER BY SUBWAY_STATN_NO
 ;
```

---

10 SELECT문 내에 또다른 SELECT문을 서브쿼리라고 하며 〈6.4 서브쿼리〉에서 자세하게 다룹니다.

```
SUBWAY_NO¦LN_NM¦STATN_NM¦
---------¦-----¦--------¦
 000044  ¦2호선¦신도림  ¦
```

정리하자면, INTERSECT 연산을 이용한 SQL문은 해당 연산자를 사용하지 않고도 동일한 결
과집합을 출력하는 다양한 방법이 있으므로 실무에선 잘 사용하지 않고 있습니다.

6.2.6 MINUS 연산

MINUS 연산은 위의 SQL문의 결과집합에서 아래의 SQL문의 집합을 뺀 결과를 표시합니다.

다음 코드를 봅시다. '선릉'역은 '분당선'과 '2호선'이 지나가고 있는 역입니다. '강남'역은 '2호
선'만 지나가는 역입니다. '선릉'역의 노선명(LN_NM) 칼럼의 집합에서 '강남'역 노선명(LN_
NM) 집합을 뺀 집합을 출력하게 됩니다. (차집합 출력)

코드 6-25 MINUS 연산

```sql
SELECT
        A.LN_NM --노선명
  FROM TB_SUBWAY_STATN A
 WHERE A.STATN_NM ='선릉'
 MINUS
SELECT
        B.LN_NM --노선명
  FROM TB_SUBWAY_STATN B
 WHERE B.STATN_NM ='강남'
 ;
```

결과

```
LN_NM ¦
------¦
분당선¦
```

'선릉'역에 지나가는 '2호선'과 '분당선' 중 '강남역'에 지나가는 '2호선'을 뺀 '분당선'만 출력한
것을 알 수 있습니다.

6.2.7 MINUS 연산 시 주의점

MINUS 연산의 주요 특징 중 하나는 MINUS를 하는 경우 중복된 결과집합은 중복이 제거된 상태로 출력된다는 점입니다.

우선 아래의 SQL문을 실행합니다. 오라클에서 제공하는 기본 테이블인 DUAL 테이블(1건만 가지고 있음)을 조회하여 '선릉'이라는 역명을 출력하고 있습니다. UNION ALL을 사용하였기 때문에 중복된 행이 그대로 출력됩니다.

코드 6-26 MINUS 연산 시 주의점 ❶

```
SELECT '선릉' AS 역명 FROM DUAL
UNION ALL
SELECT '선릉' AS 역명 FROM DUAL
;
```

결과

```
역명¦
----¦
선릉¦
선릉¦
```

이 상태에서 다음과 같이 MINUS 연산을 해보겠습니다.

'선릉'이라는 역명이 2건 나오는 집합에서 '강남'이라는 역명을 MINUS 연산하였습니다. 2건의 '선릉' 집합에서 '강남'이라는 역명을 MINUS한 것입니다. 즉, 아무것도 MINUS할 집합이 없습니다.

코드 6-27 MINUS 연산 시 주의점 ❷

```
SELECT '선릉' AS 역명 FROM DUAL
UNION ALL
SELECT '선릉' AS 역명 FROM DUAL
MINUS
SELECT '강남' AS 역명 FROM DUAL;
```

결과

```
역명¦
----¦
선릉¦
```

단 1건의 '선릉'역만 출력되었습니다. MINUS를 하는 과정에서 중복된 행이 제거된 것입니다. 즉, MINUS 연산은 결과집합을 출력할 때 중복을 제거한 형태로 출력한다는 것을 알 수 있습니다. 만약 중복된 '선릉'역을 그대로 출력하면서 '강남'역은 집합에서 제외하고 싶다면 아래와 같은 SQL문으로 구현할 수 있습니다.

코드 6-28 MINUS 연산 시 주의점 ❸

```
SELECT *
FROM
(
    SELECT '선릉' AS 역명 FROM DUAL
    UNION ALL
    SELECT '선릉' AS 역명 FROM DUAL
) X
WHERE NOT EXISTS ( SELECT 1
                    FROM
              (
                SELECT '강남' AS 역명
                  FROM DUAL
              ) A
              WHERE A.역명 = X.역명
                )
;
```

결과

```
역명¦
----¦
선릉¦
선릉¦
```

즉 FROM절에 또다른 SELECT문을 사용하는 인라인뷰 서브쿼리와 WHERE절에는 NOT EXISTS문을 이용한 연관 서브쿼리를 사용하고 있습니다. 또한 연관 서브쿼리 내에 FROM절에는 또 다른 인라인뷰 서브쿼리가 존재합니다. 결과에서 보듯이 2건의 데이터 행이 출력된 것을 알 수 있습니다.

6.3 계층형 질의와 셀프 조인

6.3.1 계층형 질의

현실 세계에는 계층형으로 이루어진 다양한 구조가 있습니다. 예를 들어, 회사의 조직도, 국가의 행정구역, 대학교의 대학/학부/학과 등이 계층형 구조로 이루어져 있습니다.

이러한 계층형 구조는 데이터 모델 설계를 통해 물리적인 테이블로 구축이 가능합니다. [그림 6-1]은 회사 내 직원의 상하 관계를 계층형 구조 및 테이블 데이터로 표현한 것입니다.

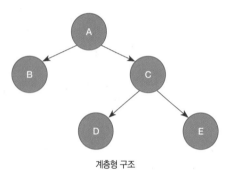

사원	관리자
A	(Null)
B	A
C	A
D	C
E	C

계층형 구조   테이블 데이터

그림 6-1 계층형 구조와 테이블 데이터

'A' 사원은 관리자가 없습니다. 'B'와 'C' 사원의 관리자는 'A' 사원입니다. 또한 'D'와 'E' 사원의 관리자는 'C' 사원입니다.

위에서 아래로 내려가는 하향식 방식을 기준으로 맨 상위에 있는 'A' 사원을 루트 데이터, 맨 아래에 있는 'D', 'E' 사원을 리프 데이터라고 합니다. 이러한 식으로 테이블에 계층형 데이터를 입력할 수 있으며, 이러한 계층형 구조의 데이터를 SQL문으로 표현하는 것을 계층형 질의 Hierarchical Query 혹은 계층형 SQL이라고 합니다.

또한 동일한 테이블끼리 조인 연산을 수행하는 조인 방식인 셀프 조인으로도 계층형 구조로 이루어진 데이터를 조회할 수 있습니다.

계층형 질의

- 테이블 내에 계층형 데이터가 존재하는 경우 데이터를 조회하기 위해서 계층형 질의^{Hierarchical Query}를 사용한다.
- 계층형 데이터란 동일 테이블에 계층적으로 상위와 하위 데이터가 포함된 데이터를 말한다.

6.3.2 오라클 계층형 SQL

오라클 DBMS는 계층형 데이터 구조를 SQL문으로 쉽게 작성할 수 있도록 계층형 SQL문 기능을 제공합니다. 기존의 SELECT문에 START WITH, CONNECT BY, ORDER SIBLINGS BY문을 결합한 구조입니다.

[표 6-6]에서 오라클 계층형 SQL문을 살펴봅시다.

표 6-6 오라클 계층형 SQL문

구분	설명
SELECT 칼럼	• 조회하고자 하는 칼럼을 지정한다.
FROM 테이블	• 대상 테이블을 지정한다.
WHERE 조건	• 모든 전개를 수행한 후에 지정된 조건을 만족하는 데이터만 추출한다. • 계층 전개 후 출력되는 집합에 대한 필터 처리를 하는 것이다.
START WITH 조건	• 계층 구조 전개의 시작 위치를 지정하는 구문이다. 즉, 루트 데이터를 지정한다.
CONNECT BY [NOCYCLE] [PRIOR] A AND B	• CONNECT BY절은 다음에 전개될 자식 데이터를 지정하는 구문이다. • PRIOR PK(자식) = FK(부모) 형태를 사용하면 계층 구조에서 부모 데이터에서 자식 데이터(부모 → 자식) 방향으로 전개하는 순방향 전개를 한다. • PRIOR FK(부모) = PK(자식) 형태를 사용하면 반대로 자식 데이터에서 부모 데이터(자식 → 부모) 방향으로 전개하는 역방향 전개를 한다. • NOCYCLE을 추가하면 사이클이 발생한 이후의 데이터는 전개하지 않는다.
ORDER SIBLINGS BY 칼럼	• 형제 노드(동일 LEVEL) 사이에서 정렬을 수행한다.

계층형 SQL문은 위의 6가지가 결합된 형태로 이루어져 있습니다. 또한 계층형 SQL문에서는 오라클 내부에서 제공하는 Pseudo 칼럼(가상 칼럼)이 있습니다.

표 6-7 계층형 SQL에서 제공하는 가상 칼럼

구분	설명
LEVEL	• 루트 데이터면 1이다. 1부터 시작한다. • 그 하위 데이터면 2이다. • 하위 데이터가 있을 때마다 1씩 증가한다.
CONNECT_BY_ISLEAF	• 전개과정에서 해당 데이터가 리프 데이터면 1이고 그렇지 않으면 0이다.
CONNECT_BY_ISCYCLE	• 전개과정에서 자식을 갖는데, 해당 데이터가 조상으로서 존재하면 1이고 그렇지 않으면 0이다.

6.3.3 계층형 SQL문 – 기본

계층형 SQL문에 대한 실습을 진행합니다. 우선 아래의 데이터 모델을 살펴봅니다.

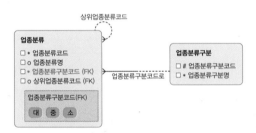

그림 6-2 계층형 데이터 모델

하나의 업종분류구분(TB_INDUTY_CL_SE)은 여러 개의 업종분류(TB_INDUTY_CL)를 가질 수 있습니다.

업종분류(TB_INDUTY_CL) 테이블에는 업종분류코드(INDUTY_CL_CD) 칼럼이 있으며 이 칼럼이 기본키입니다. 또한 상위업종분류코드(UPPER_INDUTY_CL_CD)가 있으며 이 칼럼은 순환관계에 의한 FK이며, NULL 허용 칼럼입니다. 상위업종분류코드(UPPER_INDUTY_CL_CD) 칼럼이 NULL인 행은 상위업종분류코드(UPPER_INDUTY_CL_CD)가 없으며, 가장 상위에 위치한 업종분류코드(INDUTY_CL_CD)라는 뜻입니다. 예를 들어, 국가로 치면 대통령, 기업집단으로 보면 회장은 상위관리자가 없습니다. 결론적으로 업종분류코드(INDUTY_CL_CD) 칼럼을 기준으로 계층형으로 데이터가 저장되어 있는 것입니다.

[코드 6-29]는 업종분류(TB_INDUTY_CL) 테이블과 업종분류구분(TB_INDUTY_CL_SE) 테이블의 조인 결과를 계층형으로 출력한 SQL문입니다.

코드 6-29 계층형 SQL문

```sql
SELECT A.INDUTY_CL_CD
     , A.INDUTY_CL_NM
     , B.INDUTY_CL_SE_CD
     , B.INDUTY_CL_SE_NM
     , LEVEL LVL
     , LPAD(' ', 4*(LEVEL-1))|| A.INDUTY_CL_CD
                        || '(' || A.INDUTY_CL_NM || ')' AS "업종분류코드(명)"
     , CONNECT_BY_ISLEAF AS CBI
  FROM TB_INDUTY_CL A
     , TB_INDUTY_CL_SE B
 WHERE A.INDUTY_CL_SE_CD = B.INDUTY_CL_SE_CD
 START WITH A.UPPER_INDUTY_CL_CD IS NULL
 CONNECT BY PRIOR A.INDUTY_CL_CD = A.UPPER_INDUTY_CL_CD
 ORDER SIBLINGS BY A.INDUTY_CL_CD
 ;
```

업종분류구분(TB_INDUTY_CL_SE) 테이블과 업종분류(TB_INDUTY_CL) 테이블을 INNER JOIN하였습니다. 그 후, START WITH절에서 업종분류(TB_INDUTY_CL) 테이블의 상위업종분류코드(UPPER_INDUTY_CL_CD)가 NULL인 행부터 시작하여 CONNECT BY절로 PRIOR 자식(PK) = 부모(FK) 형태인 부모 ▶ 자식 순으로 순방향 전개를 하였습니다. 그리고 ORDER SIBLINGS BY절에 업종분류코드(INDUTY_CL_CD) 칼럼을 기재하였습니다. ORDER SIBLINGS BY절을 사용함으로써 동일한 부모를 가진 형제 노드 간의 정렬을 보장하는 것입니다.

또한 LEVEL이라는 Pseudo 칼럼을 이용하여 계층 레벨을 출력하였으며, LEVEL 칼럼을 이용하여 업종분류코드(INDUTY_CL_CD) 및 업종분류코드명(INDUTY_CL_NM)을 출력 시 (LEVEL − 1)에 4를 곱한 것만큼 왼쪽에 공백이 붙도록 하였습니다(LPAD함수 이용). 그리고 CONNECT_BY_IS_LEAF 가상 칼럼을 이용하여 현재 노드가 리프 데이터인지 아닌지를 출력하였습니다.

결과

INDUTY_CL_CD	INDUTY_CL_NM.	INDUTY_CL_SE_CD	IN._S.	LVL	업종분류코드(명)	.	CBI
D	소매	ICS001	대.	1	D(소매)	.	0
D01	음/식료품소 .	ICS002	중.	2	D01(음/식료품소매)	.	0

```
D01A01 | 식료품점      . | ICS003 | 소. |  3|      D01A01(식료품점)      . |  1|
D01A02 | 김치판매      . | ICS003 | 소. |  3|      D01A02(김치판매)      . |  1|
D01A03 | 정육점        . | ICS003 | 소. |  3|      D01A03(정육점)        . |  1|
D01A04 | 닭집          . | ICS003 | 소. |  3|      D01A04(닭집)          . |  1|
D01A05 | 머리고기전문. | ICS003 | 소. |  3|      D01A05(머리고기전문. |  1|
D01A06 | 육류소매      . | ICS003 | 소. |  3|      D01A06(육류소매)      . |  1|
D01A07 | 반찬가게      . | ICS003 | 소. |  3|      D01A07(반찬가게)      . |  1|
D01A08 | 유기농식품판. | ICS003 | 소. |  3|      D01A08(유기농식품판. |  1|
D01A09 | 식자재판매    . | ICS003 | 소. |  3|      D01A09(식자재판매)    . |  1|
D01A10 | 어물상        . | ICS003 | 소. |  3|      D01A10(어물상)        . |  1|
D01A11 | 건어물상      . | ICS003 | 소. |  3|      D01A11(건어물상)      . |  1|
D01A12 | 수산물소매    . | ICS003 | 소. |  3|      D01A12(수산물소매)    . |  1|
D01A13 | 청과물소매    . | ICS003 | 소. |  3|      D01A13(청과물소매)    . |  1|
D01A14 | 미곡상        . | ICS003 | 소. |  3|      D01A14(미곡상)        . |  1|
D01A15 | 곡물소매      . | ICS003 | 소. |  3|      D01A15(곡물소매)      . |  1|
D01A18 | 건과류판매    . | ICS003 | 소. |  3|      D01A18(건과류판매)    . |  1|
D01A19 | 생수판매      . | ICS003 | 소. |  3|      D01A19(생수판매)      . |  1|
D01A20 | 얼음가게      . | ICS003 | 소. |  3|      D01A20(얼음가게)      . |  1|
D01A21 | 우유판매      . | ICS003 | 소. |  3|      D01A21(우유판매)      . |  1|
D01A22 | 식용유판매    . | ICS003 | 소. |  3|      D01A22(식용유판매)    . |  1|
D01A23 | 유과판매      . | ICS003 | 소. |  3|      D01A23(유과판매)      . |  1|
D01A24 | 냉동식품판매. | ICS003 | 소. |  3|      D01A24(냉동식품판매. |  1|
D01A25 | 두유판매      . | ICS003 | 소. |  3|      D01A25(두유판매)      . |  1|
D01A26 | 드라이아이스. | ICS003 | 소. |  3|      D01A26(드라이아이스. |  1|
D01A27 | 제과재료판매. | ICS003 | 소. |  3|      D01A27(제과재료판매. |  1|
...생략
```

※ 이 책의 분량 및 페이지 크기에 맞게 일부 값을 생략하였습니다.

출력된 결과를 살펴보면 "D(소매)" ▶ "D01(음/식료품소매)" ▶ "D01A01(식료품점)"으로 이어지는 계층형 데이터가 출력된 것을 알 수 있습니다.

오라클 DBMS에서 제공하는 계층형 SQL문으로 이러한 계층형 구조의 데이터를 간편하게 출력할 수 있습니다.

6.3.4 계층형 SQL문 – START WITH 조건 변경

이번에는 START WITH의 조건을 변경해봅시다.

업종분류코드(INDUTY_CL_CD) 칼럼의 값이 'Q12'인 행의 업종분류구분코드(INDUTY_CL_SE_CD)의 값은 'ICS002'입니다. 업종분류구분코드(INDUTY_CL_SE_CD)의 값이 'ICS002'인 행의 업종분류구분명(INDUTY_CL_SE_NM)은 '중'입니다.

업종분류코드(INDUTY_CL_CD)의 값이 'Q12'인 업종분류명(INDUTY_CL_NM)은 '커피점/카페'이며 하위에는 업종분류구분코드(INDUTY_CL_SE_CD)의 값이 'ICS003'인 행들이 존재합니다. 업종분류구분코드(INDUTY_CL_SE_CD)의 값이 'ICS003'인 행의 업종분류구분명(INDUTY_CL_SE_NM)은 '소'입니다.

[코드 6-30]으로 실습을 진행해봅시다.

START WITIH B.INDUTY_CL_CD = 'Q12'인 행부터 계층형 조회를 시작합니다. 그 후 CONNECT BY절에서 PRIOR 자식(PK) = 부모(FK)로 조건을 주어 'Q12' 하위에 존재하는 행들을 구하게 됩니다.

코드 6-30 계층형 SQL문 – START WITH 조건

```
SELECT
      B.INDUTY_CL_CD
    , B.INDUTY_CL_NM
    , LEVEL LVL
    , LPAD(' ', 4*(LEVEL-1))|| B.INDUTY_CL_CD
                          || '(' || B.INDUTY_CL_NM || ')' AS "업종분류코드(명)"
    , CONNECT_BY_ISLEAF AS CBI
    , INDUTY_CL_SE_CD
  FROM TB_INDUTY_CL B
START WITH B.INDUTY_CL_CD = 'Q12' --커피점/카페
CONNECT BY PRIOR B.INDUTY_CL_CD = B.UPPER_INDUTY_CL_CD
ORDER SIBLINGS BY B.INDUTY_CL_CD
;
```

결과

INDUTY_CL_CD	INDUTY_CL_NM	.	LVL	업종분류코드(명)	CBI	INDUTY_CL_SE_CD
Q12	커피점/카페	.	1	Q12(커피점/카페)	0	ICS002
Q12A01	커피전문점/카페/.		2	Q12A01(커피전문점/카페/다방)	1	ICS003
Q12A02		.	2	Q12A02()	1	ICS003
Q12A03	생과일주스전문점.		2	Q12A03(생과일주스전문점)	1	ICS003
Q12A04	보드게임카페	.	2	Q12A04(보드게임카페)	1	ICS003
Q12A05	사주카페	.	2	Q12A05(사주카페)	1	ICS003
Q12A06	전통찻집/인삼찻	.	2	Q12A06(전통찻집/인삼찻집)	1	ICS003
Q12A07	애견카페	.	2	Q12A07(애견카페)	1	ICS003

※ 이 책의 분량 및 페이지 크기에 맞게 일부 값을 생략하였습니다.

업종분류코드(INDUTY_CL_CD) 'Q12' 하위에는 'Q12A01', 'Q12A02', 'Q12A03', 'Q12A04', 'Q12A05', 'Q12A06', 'Q12A07'이 존재합니다.

즉, 업종분류코드(INDUTY_CL_CD)가 'Q12'인 행을 시작으로 하위에 존재하는 업종분류코드(INDUTY_CL_CD)가 출력됩니다. 부모 ▶ 자식 순의 순방향 전개를 하고 있습니다.

6.3.5 계층형 SQL문 – CONNECT_BY_ROOT 및 SYS_CONNECT_BY_PATH의 사용

CONNECT_BY_ROOT는 현재 행의 최상위 노드를 구합니다. 여기서 말하는 최상위 노드는 현재 출력된 SELECT문의 집합 내에서의 최상위 노드를 의미합니다. 또한 SYS_CONNECT_BY_PATH 함수는 계층형의 경로를 간편하게 출력하는 데 이용됩니다.

[코드 6-31]에서는 CONNECT_BY_ROOT를 이용하여 "최상위업종분류코드"를 구하고 있습니다. 또한 SYS_CONNECT_BY_PATH를 이용해서 "업종분류코드경로"를 출력하고 있습니다.

코드 6-31 계층형 SQL문 – CONNECT_BY_ROOT 및 SYS_CONNECT_BY_PATH의 사용

```sql
SELECT
      B.INDUTY_CL_CD
    , B.INDUTY_CL_NM
    , LEVEL LVL
    , CONNECT_BY_ISLEAF AS CBI
    , CONNECT_BY_ROOT INDUTY_CL_CD AS "최상위업종분류코드"
    , SYS_CONNECT_BY_PATH(INDUTY_CL_CD
       || '(' || INDUTY_CL_NM || ')', '->')
       AS "업종분류코드경로"
  FROM TB_INDUTY_CL B
START WITH B.INDUTY_CL_CD = 'Q12' --커피점/카페
CONNECT BY PRIOR B.INDUTY_CL_CD = B.UPPER_INDUTY_CL_CD
ORDER SIBLINGS BY B.INDUTY_CL_CD
;
```

결과

INDUTY_CL_CD	INDUTY_CL_NM	.	.	최상.분류.	업종분류코드경로	
Q12	커피점/카페	.	.	Q12	->Q12(커피점/카페)	

```
Q12A01│커피전문점/카.│.│Q12 .│->Q12(커피점/카페)->Q12A01(커피전문점/카페/다방)│
Q12A02│             .│.│Q12 .│->Q12(커피점/카페)->Q12A02()              │
Q12A03│생과일주스전 .│.│Q12 .│->Q12(커피점/카페)->Q12A03(생과일주스전문점)  │
Q12A04│보드게임카페 .│.│Q12 .│->Q12(커피점/카페)->Q12A04(보드게임카페)      │
Q12A05│사주카페     .│.│Q12 .│->Q12(커피점/카페)->Q12A05(사주카페)         │
Q12A06│전통찻집/인삼.│.│Q12 .│->Q12(커피점/카페)->Q12A06(전통찻집/인삼찻집)  │
Q12A07│애견카페     .│.│Q12 .│->Q12(커피점/카페)->Q12A07(애견카페)         │
```

※ 이 책의 분량 및 페이지 크기에 맞게 일부 값을 생략하였습니다.

각 행마다 현재 결과집합 기준으로 "최상위업종분류코드"(다섯 번째 칼럼, 'Q12'로 일괄 출력된 칼럼)를 출력하고 있습니다. 또한 "업종분류코드경로"에 대한 정보를 출력하고 있습니다.

6.3.6 SELF JOIN의 활용

SELF JOIN은 동일한 테이블끼리의 조인을 의미합니다. 이러한 SELF JOIN의 특성을 이용해서 계층형 데이터를 출력할 수 있습니다.

지금부터 SELF JOIN을 이용한 계층형 데이터를 조회하는 SQL문을 실행시켜 보겠습니다.

FROM절에서는 업종분류(TB_INDUTY_CL) 테이블을 SELF JOIN하고 있으며, WHERE절의 조건을 보면 A의 상위업종분류코드(UPPER_INDUTY_CL_CD)와 B의 업종분류코드(INDUTY_CL_CD)를 조인하고 있습니다. A 집합을 기준으로 자기 자신이 누군가의 상위가 되는 행을 출력하게 됩니다. 또한 출력 결과는 업종분류코드가 'Q12'로 시작하는 행만을 대상으로 합니다.

코드 6-32 계층형 SQL문 – SELF JOIN의 활용

```sql
SELECT
      A.INDUTY_CL_CD
    , NVL(A.INDUTY_CL_NM, '(Null)') AS INDUTY_CL_NM
    , NVL(A.UPPER_INDUTY_CL_CD, '(Null)') AS "상위업종분류코드"
    , NVL(B.UPPER_INDUTY_CL_CD, '(Null)') AS "차상위업종분류코드"
  FROM TB_INDUTY_CL A
     , TB_INDUTY_CL B
 WHERE A.UPPER_INDUTY_CL_CD = B.INDUTY_CL_CD
   AND A.INDUTY_CL_CD LIKE 'Q12%' --커피점/카페
   ORDER BY A.INDUTY_CL_CD
;
```

INDUTY_CL_CD	INDUTY_CL_NM	상위업종분류코드	차상위업종분류코드
Q12	커피점/카페	Q	(Null)
Q12A01	커피전문점/카페/다방	Q12	Q
Q12A02	(Null)	Q12	Q
Q12A03	생과일주스전문점	Q12	Q
Q12A04	보드게임카페	Q12	Q
Q12A05	사주카페	Q12	Q
Q12A06	전통찻집/인삼찻집	Q12	Q
Q12A07	애견카페	Q12	Q

업종분류코드(INDUTY_CL_CD)가 'Q12'인 행을 시작으로 해당 행의 업종분류명(INDUTY _CL_NM), "상위업종분류코드", "차상위업종분류코드"를 출력하고 있습니다.

맨 첫 번째 결과 행을 살펴보면, 업종분류코드(INDUTY_CL_CD) 칼럼의 값 'Q12'의 상위업 종분류코드(UPPER_INDUTY_CL_CD)는 'Q'이며 'Q'는 "최상위업종분류코드"로서 'Q'보다 상위인 업종분류코드는 없습니다. 따라서 "차상위업종분류코드"는 NULL이 나온 것을 알 수 있 습니다. 이와 같이 SELF JOIN을 이용하여 계층형 데이터에 대한 정보를 출력할 수 있습니다.

6.4 서브쿼리

6.4.1 서브쿼리란?

서브쿼리 Subquery란 하나의 SQL분 안에 포함되어 있는 또 다른 SQL문을 말합니다.

조인은 조인에 참여하는 모든 테이블이 대등한 관계에 있기 때문에, 조인에 참여하는 모든 테 이블의 칼럼을 어느 위치에서라도 자유롭게 사용(참조)할 수 있습니다.

하지만 서브쿼리는 메인쿼리의 칼럼을 모두 사용할 수 있지만, 메인쿼리는 서브쿼리의 칼럼을 사용할 수 없습니다. 메인쿼리는 서브쿼리에게 자신의 칼럼을 주는 것만 가능할 뿐 서브쿼리 내에 칼럼을 이용할 수 없습니다. 반대로 서브쿼리는 메인쿼리가 가지고 있는 칼럼을 이용할 수 있지만, 자신의 칼럼을 메인쿼리에게 줄 수는 없습니다.

6.4.2 서브쿼리 사용 시 주의점

서브쿼리를 사용함으로써 SQL문으로 할 수 있는 작업이 비약적으로 증대되었습니다. 다양한 업무 처리 및 데이터 집합 출력을 위해서 반드시 사용해야 하는 것이 서브쿼리입니다.

그러나 다음과 같은 사항을 주의하며, 사용해야 합니다.

서브쿼리 사용 시 주의점

- 서브쿼리는 서브쿼리를 소괄호 "( )"로 감싸서 사용한다.
- 서브쿼리는 단일행Single Row 또는 복수행Multiple Row 비교 연산자와 함께 사용 가능하다.
- 단일행 비교 연산자는 서브쿼리의 결과가 반드시 1건 이하여야 한다.
- 복수행 비교 연산자는 서브쿼리의 결과 건수와 상관없다. 1건 혹은 여러 건도 가능하다.
- 서브쿼리 내에서는 ORDER BY절을 사용하지 못한다. ORDER BY절은 전체 SQL문 내에서 오직 1개만 올 수 있기 때문에 ORDER BY절은 메인쿼리의 맨 마지막 SQL문 아래에 위치해야 한다.

6.4.3 서브쿼리 사용이 가능한 위치

서브쿼리 사용이 가능한 위치는 다음과 같습니다.

표 6-8 서브쿼리 사용이 가능한 위치

위치	설명
SELECT절	SELECT절에 위치한 서브쿼리를 스칼라 서브쿼리라고 한다.
FROM절	FROM절에 위치한 서브쿼리를 인라인뷰 서브쿼리라고 한다.
WHERE절	WHERE절에 위치한 서브쿼리를 서브쿼리라고 한다.
HAVING절	HAVING절에 위치한 서브쿼리를 서브쿼리라고 한다.
INSERT문의 VALUES절	INSERT문의 VALUES절에 위치한 서브쿼리를 서브쿼리라고 한다.
UPDATE문의 SET절	UPDATE절의 SET절에 위치한 서브쿼리를 서브쿼리라고 한다.

6.4.4 동작 방식에 따른 서브쿼리 분류

서브쿼리는 동작 방식에 따라 아래 두 가지로 분류할 수 있습니다.

표 6-9 서브쿼리의 동작 방식

동작방식	설명
비연관 서브쿼리	• 서브쿼리가 메인쿼리의 칼럼을 가지고 있지 않은 형태의 서브쿼리다. • 메인쿼리에 값을 제공하기 위한 목적으로 주로 사용한다.
연관 서브쿼리	• 서브쿼리가 메인쿼리의 값을 가지고 있는 형태의 서브쿼리다. • 일반적으로 메인쿼리가 먼저 수행되어 읽혀 진 데이터를 서브쿼리에서 조건이 맞는지 확인하고자 할 때 주로 사용한다.

서브쿼리는 메인쿼리의 칼럼(값)을 사용할 수 있습니다. 비연관 서브쿼리는 서브쿼리가 메인쿼리의 값을 사용하지 않는 경우이며, 연관 서브쿼리는 서브쿼리가 메인쿼리의 값을 사용하는 경우입니다.

6.4.5 반환 형태에 따른 서브쿼리 분류

반환 형태에 따라 서브쿼리를 다음과 같이 분류할 수 있습니다.

표 6-10 반환 형태에 따른 서브쿼리 분류

반환 형태	설명
단일행 서브쿼리	• 서브쿼리의 실행 결과가 항상 1건 이하인 서브쿼리를 의미한다. • 항상 비교 연산자와 함께 사용된다. • 단일행 비교 연산자 =, <, <=, >, >=, <>과 함께 사용된다.
다중행 서브쿼리	• 서브쿼리의 실행 결과가 여러 건인 서브쿼리를 의미한다. • 다중행 서브쿼리는 다중행 비교 연산자와 함께 사용된다. • 다중행 비교 연산자 IN, ALL, ANY, SOME, EXISTS와 함께 사용된다.
다중칼럼 서브쿼리	• 서브쿼리의 실행 결과로 여러(다중) 칼럼을 반환한다. • 메인쿼리의 조건 절에 여러 칼럼을 동시에 비교할 수 있다. • 서브쿼리와 메인쿼리의 칼럼 수와 칼럼 순서가 동일해야 한다.

서브쿼리는 특정 값을 메인쿼리에 반환하게 됩니다. 이때 1건 혹은 0건을 반환하는 서브쿼리를 단일행 서브쿼리라고 부르고, 여러 건의 행을 반환하는 서브쿼리를 다중행 서브쿼리라고 합니다. 또한 단일행이든 다중행이든 반환하는 칼럼의 개수가 2개 이상인 경우 다중칼럼 서브쿼리라고 합니다.

6.4.6 단일행 서브쿼리

단일행 서브쿼리는 서브쿼리의 결과가 0건 혹은 1건인 SQL문이 서브쿼리로 존재하는 SQL문을 말합니다.

우선 [코드 6-33]을 살펴보겠습니다.

코드 6-33 단일행을 리턴하는 SELECT문

```
SELECT A.TK_GFF_CNT
  FROM TB_SUBWAY_STATN_TK_GFF A
 WHERE A.SUBWAY_STATN_NO = '000615' --9호선 여의도역
   AND A.STD_YM = '202010' --2020년 10월
   AND A.BEGIN_TIME = '0800' --출근시간대
   AND A.END_TIME = '0900' --출근시간대
   AND A.TK_GFF_SE_CD = 'TGS002' --하차
;
```

지하철역승하차(TB_SUBWAY_STATN_TK_GFF) 테이블의 기본키는 지하철역번호 (SUBWAY_STATN_NO)+기준년월(STD_YM)+시작시간(BEGIN_TIME)+종료시간 (END_TIME)+승하차구분코드(TK_GFF_SE_CD)로 구성되어 있습니다.

위 SQL문은 기본키를 구성하는 모든 칼럼을 "=" 조건으로 설정하였습니다. 결과 건수는 1건이 출력됩니다.

결과

```
TK_GFF_CNT
----------
    132907
```

2020년 10월 1달 동안 출근시간대인 08시부터 09시까지 9호선 여의도역에서 하차한 인원은 132,907명입니다.

이어서 2020년 10월 1달 동안 출근시간대인 08시부터 09시까지 하차한 인원이 132,907명을 초과하는 역 리스트를 조회해봅시다. 단일행 서브쿼리를 이용한 SELECT문입니다. 단일행 서브쿼리를 이용해서 2020년 10월 1달 동안 08시부터 09시까지 하차한 인원이 9호선 여의도역에서 하차한 인원수보다 많은 지하철역의 정보 및 하차인원수를 구하고 있습니다.

코드 6-34 단일행 서브쿼리의 사용

```
SELECT A.TK_GFF_CNT, A.SUBWAY_STATN_NO , B.LN_NM , B.STATN_NM
  FROM TB_SUBWAY_STATN_TK_GFF A
     , TB_SUBWAY_STATN B
 WHERE A.STD_YM = '202010' --2020년 10월
   AND A.BEGIN_TIME = '0800' --출근시간대
   AND A.END_TIME = '0900' --출근시간대
   AND A.SUBWAY_STATN_NO = B.SUBWAY_STATN_NO
   AND TK_GFF_SE_CD = 'TGS002' --하차
   AND TK_GFF_CNT > (
                        SELECT K.TK_GFF_CNT
                          FROM TB_SUBWAY_STATN_TK_GFF K
                         WHERE K.SUBWAY_STATN_NO = '000615' --9호선 여의도역
                           AND K.STD_YM = '202010' --2020년 10월
                           AND K.BEGIN_TIME = '0800' --출근시간대
                           AND K.END_TIME = '0900' --출근시간대
                           AND K.TK_GFF_SE_CD = 'TGS002' --하차
                     )
 ORDER BY A.TK_GFF_CNT DESC;
```

결과

```
TK_GFF_CNT¦SUBWAY_NO¦LN_NM ¦STATN_NM
----------¦---------¦----- ¦------------
    338709¦000514   ¦7호선 ¦가산디지털단지
    289569¦000032   ¦2호선 ¦강남
    282475¦000029   ¦2호선 ¦삼성(무역센터)
    280902¦000031   ¦2호선 ¦역삼
    248279¦000012   ¦2호선 ¦을지로입구
    246775¦000030   ¦2호선 ¦선릉
    236957¦000408   ¦5호선 ¦광화문(세종문화회관)
    229960¦000042   ¦2호선 ¦구로디지털단지
    227174¦000021   ¦2호선 ¦성수
    218385¦000084   ¦3호선 ¦양재(서초구청)
    202351¦000003   ¦1호선 ¦종각
    185327¦000401   ¦5호선 ¦여의도
    180098¦000011   ¦2호선 ¦시청
    166935¦000001   ¦1호선 ¦서울역
    163224¦000499   ¦7호선 ¦학동
    157565¦000109   ¦4호선 ¦충무로
    144550¦000536   ¦8호선 ¦문정
    143481¦000002   ¦1호선 ¦시청
    142711¦000026   ¦2호선 ¦잠실(송파구청)
```

```
139305 | 000083   | 3호선 | 남부터미널(예술의전당)
136358 | 000033   | 2호선 | 교대(법원·검찰청)
134529 | 000250   | 경부선 | 가산디지털단지
```

2020년 10월 1달 동안 08시부터 09시까지 하차한 인원이 9호선 여의도역에서 하차한 인원수보다 많은 역은 총 22개인 것으로 조회되었습니다.

6.4.7 다중행 서브쿼리

다중행 서브쿼리는 서브쿼리의 결과가 2건 이상인 SELECT문이 서브쿼리로 존재하는 것을 뜻합니다.

아래의 SQL문은 2020년 10월 1달 동안 출근시간대인 08시부터 09시까지 하차한 인원이 250,000명 이상인 역의 지하철역번호(SUBWAY_STATN_NO)를 출력하고 있습니다.

코드 6-35 다중행을 리턴하는 SELECT문

```
SELECT K.SUBWAY_STATN_NO
  FROM TB_SUBWAY_STATN_TK_GFF K
 WHERE K.STD_YM = '202010' --2020년 10월
   AND K.BEGIN_TIME = '0800' --출근시간대
   AND K.END_TIME = '0900' --출근시간대
   AND K.TK_GFF_SE_CD = 'TGS002' --하차
   AND K.TK_GFF_CNT >= 250000
 ;
```

결과

```
SUBWAY_NO
---------
000029
000031
000032
000514
```

총 4개의 지하철역번호(SUBWAY_STATN_NO)가 출력되었습니다. 이 SQL문의 결과는 2건 이상이므로 서브쿼리로 사용된다면 다중행 서브쿼리가 됩니다.

그럼 아래와 같이 다중행 서브쿼리를 사용하여 2020년 10월 1달 동안 08시~09시까지 하차한 인원수가 250,000명을 초과하는 역의 정보를 출력하는 SQL문을 작성해보겠습니다.

코드 6-36 다중행 서브쿼리

```
SELECT B.SUBWAY_STATN_NO
     , B.LN_NM
     , B.STATN_NM
  FROM TB_SUBWAY_STATN B
 WHERE B.SUBWAY_STATN_NO  IN (
              SELECT K.SUBWAY_STATN_NO
               FROM TB_SUBWAY_STATN_TK_GFF K
              WHERE K.STD_YM = '202010' --2020년 10월
                AND K.BEGIN_TIME = '0800' --출근시간대
                AND K.END_TIME = '0900' --출근시간대
                AND K.TK_GFF_SE_CD = 'TGS002' --하차
                AND K.TK_GFF_CNT >= 250000
                          )
 ORDER BY B.SUBWAY_STATN_NO
 ;
```

결과

```
SUBWAY_STATN_NO|LN_NM|STATN_NM      |
--------------|-----|-------------|
000029        |2호선|삼성(무역센터)|
000031        |2호선|역삼         |
000032        |2호선|강남         |
000514        |7호선|가산디지털단지|
```

2020년 10월 1달 동안 08시~09시 시간대에 하차인원수가 250,000명보다 많은 역은 위 4개의 역인 것을 알 수 있습니다.

만약 아래와 같이 서브쿼리와 메인쿼리의 비교 연산자를 "="으로 하면 SQL 에러가 발생합니다.

코드 6-37 다중행 서브쿼리의 에러 상황

```
SELECT B.SUBWAY_STATN_NO
     , B.LN_NM
     , B.STATN_NM
  FROM TB_SUBWAY_STATN B
 WHERE B.SUBWAY_STATN_NO  = (
              SELECT K.SUBWAY_STATN_NO
               FROM TB_SUBWAY_STATN_TK_GFF K
              WHERE K.STD_YM = '202010' --2020년 10월
                AND K.BEGIN_TIME = '0800' --출근시간대
```

```
                    AND K.END_TIME = '0900' --출근시간대
                    AND K.TK_GFF_SE_CD = 'TGS002' --하차
                    AND K.TK_GFF_CNT >= 250000
                             )
    ORDER BY B.SUBWAY_STATN_NO
    ;
```

에러

```
    ORA-01427: single-row subquery returns more than one row
```

다중행 서브쿼리를 사용하면서 연산자를 단일행 서브쿼리용 연산자인 "="을 사용했습니다. 서브쿼리에서 리턴되는 행이 2건 이상일 경우 "=" 조건으로는 비교를 할 수가 없어서 SQL 에러가 발생하였습니다.

6.4.8 다중칼럼 서브쿼리 실습

다중칼럼 서브쿼리는 서브쿼리가 리턴하는 칼럼의 수가 2개 이상인 서브쿼리를 말합니다.

[코드 6-38]의 SQL문을 실행합니다. 인구(TB_POPLTN) 테이블에서 기준년월(STD_YM)이 2020년 10월이고, 인구구분코드(POPLTN_SE_CD)가 남/녀 전체의 인구 데이터를 대상으로 합니다.

이 상태에서 GROUP BY절을 이용하여 연령대구분코드(AGRDE_SE_CD)별 인구수의 최대값을 조회합니다. 전국의 읍/면/동 행정구역에서 연령대구분코드(AGRDE_SE_CD)별 최대 인구수를 구하는 것입니다. 예를 들어 읍/면/동 기준 50대의 인구수가 가장 많은 곳이 "경기도 부천시 신중동"이라고 가정한다면, 신중동의 50대 인구수가 출력됩니다. 마지막으로 ORDER BY를 이용해서 인구수가 많은 순으로 정렬하여 출력합니다.

코드 6-38 다중칼럼을 출력하는 SELECT문

```
SELECT K.AGRDE_SE_CD
     , MAX(K.POPLTN_CNT) AS POPLTN_CNT
  FROM TB_POPLTN K
 WHERE K.STD_YM = '202010'  --2020년 10월 기준
   AND K.POPLTN_SE_CD = 'T' --인구구분코드 : 전체
 GROUP BY K.AGRDE_SE_CD
 ORDER BY POPLTN_CNT DESC
 ;
```

결과

```
AGRDE_SE_CD│POPLTN_CNT│
----------│----------│
050       │     22963│
030       │     21765│
040       │     21695│
020       │     19713│
060       │     16267│
000       │     16189│
010       │     13580│
070       │      6699│
080       │      2607│
090       │       487│
100       │       161│
```

결과를 보면 각 연령대별로 인구가 가장 많은 인구수가 출력되고 있습니다. 결과집합을 구성하는 칼럼의 수는 연령대구분코드(AGRDE_SE_CD)와 인구수(POPLTN_CNT)로 총 2개입니다. 이 SELECT문을 서브쿼리로 이용한다면 다중칼럼 서브쿼리가 됩니다.

아래 SELECT문은 2020년 10월 기준으로 각 읍/면/동의 남녀합계인구가 연령대별로 가장 높은 인구수와 매칭되는 결과집합을 구하는 SELECT문입니다. 결과는 2020년 10월 기준 읍/면/동 단위의 남녀 인구에서 각 연령대별로 인구가 가장 많은 지역의 정보가 출력됩니다.

코드 6-39 다중칼럼 서브쿼리

```
SELECT A.ADSTRD_CD
     , B.ADSTRD_NM
     , A.STD_YM
     , A.POPLTN_SE_CD
     , A.AGRDE_SE_CD
     , A.POPLTN_CNT
  FROM TB_POPLTN A
     , TB_ADSTRD B
 WHERE A.STD_YM = '202010'
   AND A.POPLTN_SE_CD = 'T'
   AND (A.AGRDE_SE_CD, A.POPLTN_CNT)
       IN
       (
         SELECT K.AGRDE_SE_CD
              , MAX(K.POPLTN_CNT) AS POPLTN_CNT
           FROM TB_POPLTN K
```

```
                WHERE K.STD_YM  = '202010'   --2020년 10월 기준
                  AND K.POPLTN_SE_CD  = 'T'  --인구구분코드 : 전체
                GROUP BY K.AGRDE_SE_CD
        )
    AND A.ADSTRD_CD = B.ADSTRD_CD
ORDER BY A.AGRDE_SE_CD
;
```

결과

ADSTRD_CD	ADSTRD_NM	STD_YM	POPLTN_SE_CD	AGRDE_SE_CD	POPLTN_CNT
4833025300	경상남도 양산시 물금읍	202010	T	000	16189
2920063700	광주광역시 광산구 수완동	202010	T	010	13580
4119074200	경기도 부천시 신중동	202010	T	020	19713
4119074200	경기도 부천시 신중동	202010	T	030	21765
4833025300	경상남도 양산시 물금읍	202010	T	040	21695
4119074200	경기도 부천시 신중동	202010	T	050	22963
4119074200	경기도 부천시 신중동	202010	T	060	16267
4136025600	경기도 남양주시 화도읍	202010	T	070	6699
4119074200	경기도 부천시 신중동	202010	T	080	2607
4119074200	경기도 부천시 신중동	202010	T	090	487
1138069000	서울특별시 은평구 진관동	202010	T	100	161

결과를 보면 0세부터 9세까지의 인구가 가장 많은 지역은 '경상남도 양산시 물금읍'인 것으로 나옵니다. 또한 100세 이상의 인구가 가장 많은 지역은 '서울특별시 은평구 진관동'입니다.

6.4.9 EXISTS문 서브쿼리 실습

이번에는 EXISTS문을 이용한 서브쿼리 실습을 해봅시다. EXISTS문은 서브쿼리의 결과가 참이라면 결과집합에 포함시킵니다.

[코드 6-40]에서 EXISTS문 서브쿼리를 실습해봅시다.

각각의 지하철역(TB_SUBWAY_STATN)을 기준으로 지하철역승하차(TB_SUBWAY_STATN_TK_GFF) 테이블에서 2020년 10월 1달 동안 승차 혹은 하차인원수가 250,000명 이상인 시간대가 있었던 지하철역을 출력합니다. 또한 서브쿼리 내부에서 메인 SQL문에 있는 지하철역번호(A.SUBWAY_STATN_NO) 칼럼과 "=" 연산을 하고 있습니다. 이러한 것을 연관 서브쿼리라고 합니다.

코드 6-40 **EXISTS문 사용**

```
SELECT A.SUBWAY_STATN_NO
     , A.LN_NM
     , A.STATN_NM
  FROM TB_SUBWAY_STATN A
 WHERE EXISTS ( SELECT 1
                  FROM TB_SUBWAY_STATN_TK_GFF K
                 WHERE K.SUBWAY_STATN_NO  = A.SUBWAY_STATN_NO
                   AND K.STD_YM = '202010'
                   AND TK_GFF_CNT >= 250000
              )
 ORDER BY A.SUBWAY_STATN_NO
;
```

결과

```
SUBWAY_STATN_NO|LN_NM|STATN_NM       |
---------------|-----|---------------|
000029         |2호선|삼성(무역센터)|
000030         |2호선|선릉           |
000031         |2호선|역삼           |
000032         |2호선|강남           |
000040         |2호선|신림           |
000514         |7호선|가산디지털단지 |
```

출력된 지하철역은 2020년 10월 1달 동안 특정 시간대 250,000명 이상의 승차 혹은 하차인 원수가 존재하는 역입니다. 이용 승객이 매우 많은 역들이 출력되었습니다.

아래와 같이 NOT EXISTS문으로 EXISTS 앞에 NOT만 추가하면 250,000명 이상의 승차 혹은 하차인원수가 존재하지 않는 역이 모두 출력됩니다.

코드 6-41 **NOT EXISTS문 사용**

```
SELECT A.SUBWAY_STATN_NO
     , A.LN_NM
     , A.STATN_NM
  FROM TB_SUBWAY_STATN A
 WHERE NOT EXISTS ( SELECT 1
                      FROM TB_SUBWAY_STATN_TK_GFF K
                     WHERE K.SUBWAY_STATN_NO  = A.SUBWAY_STATN_NO
                       AND K.STD_YM = '202010'
```

```
                    AND TK_GFF_CNT >= 250000
            )
   ORDER BY A.SUBWAY_STATN_NO
   ;
```

결과

```
SUBWAY_STATN_NO|LN_NM  |STATN_NM    |
---------------|-------|------------|
000001         |1호선  |서울역      |
000002         |1호선  |시청        |
000003         |1호선  |종각        |
000004         |1호선  |종로3가     |
000005         |1호선  |종로5가     |
...생략
```

6.4.10 스칼라 서브쿼리 실습

SQL문의 SELECT절에는 출력하고 싶은 칼럼 혹은 값이 기재됩니다. SELECT절에는 칼럼 혹은 값뿐만이 아니라 서브쿼리를 사용할 수 있으며, 이러한 서브쿼리를 스칼라 서브쿼리라고 합니다.

스칼라 서브쿼리는 결과 행의 건수가 1건 이하여야만 SQL 에러가 발생하지 않습니다. 만약 스칼라 서브쿼리의 결과가 2건 이상일 경우에는 SQL 에러가 발생하므로 주의해야 합니다.

[코드 6-42]는 스칼라 서브쿼리를 이용한 SQL문입니다.

행정구역(TB_ADSTRD) 테이블의 기본키는 행정구역코드(ADSTRD_CD)입니다. SELECT절 내에서 스칼라 서브쿼리를 사용하여 행정구역(TB_ADSTRD) 테이블에 존재하는 행정구역명(ADSTRD_NM) 칼럼을 조회하고, 조회 조건은 이 테이블의 기본키인 행정구역코드(ADSTRD_CD) 칼럼을 "=" 조건으로 비교합니다. 기본키 칼럼에 대해 "=" 조건으로 비교하여 조회함으로써 결과 행의 건수가 1건 이하여야만 하는 스칼라 서브쿼리의 사용 제약을 만족시킬 수 있습니다. (기본키를 "=" 조회하면 1건 혹은 0건이므로) 이렇게 하여 SELECT절 내에서 스칼라 서브쿼리를 이용하여, 행정구역명(ADSTRD_NM) 칼럼의 값을 출력하였습니다.

행정구역코드(ADSTRD_CD)는 행정구역(TB_ADSTRD) 테이블의 PK이기 때문에 "=" 조건으로 비교하면 무조건 1건 혹은 0건이 나오게 됩니다. 스칼라 서브쿼리의 결과 행의 건수는

1건 이하여야 하기 때문에 PK칼럼을 조건으로 주는 것으로, 스칼라 서브쿼리 내에서 SQL 에러가 발생할 확률이 사라지게 됩니다.

코드 6-42 스칼라 서브쿼리 실습

```
SELECT A.ADSTRD_CD
     , (SELECT L.ADSTRD_NM
           FROM TB_ADSTRD L
          WHERE L.ADSTRD_CD = A.ADSTRD_CD) AS ADSTRD_NM
     , A.STD_YM
     , A.POPLTN_SE_CD
     , A.AGRDE_SE_CD
     , A.POPLTN_CNT
  FROM TB_POPLTN A
 WHERE A.STD_YM = '202010'
   AND A.POPLTN_SE_CD = 'T'
   AND (A.AGRDE_SE_CD, A.POPLTN_CNT)
       IN
       (
         SELECT K.AGRDE_SE_CD
              , MAX(K.POPLTN_CNT) AS POPLTN_CNT
           FROM TB_POPLTN K
          WHERE K.STD_YM  = '202010'  --2020년 10월 기준
            AND K.POPLTN_SE_CD  = 'T' --인구구분코드 : 전체
          GROUP BY K.AGRDE_SE_CD
       )
 ORDER BY A.AGRDE_SE_CD
 ;
```

결과

ADSTRD_CD	ADSTRD_NM	STD_YM	POPLTN_SE_CD	AGRDE_SE_CD	POPLTN_CNT
4833025300	경상남도 양산시 물금읍	202010	T	000	16189
2920063700	광주광역시 광산구 수완동	202010	T	010	13580
4119074200	경기도 부천시 신중동	202010	T	020	19713
4119074200	경기도 부천시 신중동	202010	T	030	21765
4833025300	경상남도 양산시 물금읍	202010	T	040	21695
4119074200	경기도 부천시 신중동	202010	T	050	22963
4119074200	경기도 부천시 신중동	202010	T	060	16267
4136025600	경기도 남양주시 화도읍	202010	T	070	6699
4119074200	경기도 부천시 신중동	202010	T	080	2607
4119074200	경기도 부천시 신중동	202010	T	090	487
1138069000	서울특별시 은평구 진관동	202010	T	100	161

각 읍/면/동 기준 연령대별 인구수가 가장 많은 읍/면/동의 정보를 출력하고 있습니다.

6.4.11 인라인뷰 서브쿼리 실습

인라인뷰 서브쿼리는 SELECT문의 FROM절 내에 존재합니다. FROM절 내에 또 다른 SELECT문이 존재한다면 바로 인라인뷰 서브쿼리입니다. 인라인뷰 서브쿼리의 특징은 메인 SQL문에서 인라인뷰 서브쿼리가 출력한 칼럼 혹은 값을 사용할 수 있다는 것입니다. 또한 인라인뷰 서브쿼리 내부에서는 메인 쿼리의 칼럼이나 값을 사용할 수 없습니다.

우선 다음 SELECT문을 살펴보겠습니다. 2020년 10월 1달 동안 18시부터 19시까지 하차한 승객의 인원수가 150,000명을 초과하는 지하철역승하차 정보를 조회하고 있습니다.

코드 6-43 지하철역승하차 정보 조회

```
SELECT A.SUBWAY_STATN_NO
     , A.STD_YM
     , A.BEGIN_TIME
     , A.END_TIME
     , A.TK_GFF_SE_CD
     , A.TK_GFF_CNT
  FROM TB_SUBWAY_STATN_TK_GFF A
 WHERE A.STD_YM = '202010'
   AND A.BEGIN_TIME = '1800'
   AND A.END_TIME = '1900'
   AND A.TK_GFF_SE_CD = 'TGS002'
   AND A.TK_GFF_CNT > 150000
   ORDER BY A.TK_GFF_CNT DESC
;
```

결과

SUBWAY_STATN_NO	STD_YM	BEGIN_TIME	END_TIME	TK_GFF_SE_CD	TK_GFF_CNT
000040	202010	1800	1900	TGS002	228967
000026	202010	1800	1900	TGS002	189591
000049	202010	1800	1900	TGS002	179876
000032	202010	1800	1900	TGS002	178032
000038	202010	1800	1900	TGS002	160444
000044	202010	1800	1900	TGS002	153179
000042	202010	1800	1900	TGS002	152855

총 7개의 지하철역(지하철역번호 기준)에 대한 지하철역승하차 정보가 출력되었습니다.

이 SQL문을 인라인뷰 서브쿼리로 사용해봅시다. 메인 SQL문 내의 FROM절 내부에 또 다른 SQL문이 존재합니다. 이 인라인뷰는 2020년 10월 1달 동안 18시부터 19시 사이에 하차한 인원수가 150,000명을 초과하는 지하철역승하차정보를 출력하고 있습니다. 인라인뷰에서 도출한 결과집합과 지하철역(TB_SUBWAY_STATN) 테이블을 조인하며, 조인 조건으로는 지하철역번호(SUBWAY_STATN_NO) 칼럼을 기준으로 조인하여 지하철역(TB_SUBWAY_STATN) 및 지하철역승하차(TB_SUBWAY _STATN_TK_GFF) 테이블의 정보를 출력하고 있습니다.

코드 6-44 인라인뷰 서브쿼리의 사용

```
SELECT B.SUBWAY_STATN_NO
     , B.LN_NM
     , B.STATN_NM
     , A.STD_YM
     , A.BEGIN_TIME
     , A.END_TIME
     , A.TK_GFF_SE_CD
     , A.TK_GFF_CNT
  FROM
    (
       SELECT A.SUBWAY_STATN_NO
            , A.STD_YM
            , A.BEGIN_TIME
            , A.END_TIME
            , A.TK_GFF_SE_CD
            , A.TK_GFF_CNT
         FROM TB_SUBWAY_STATN_TK_GFF A
        WHERE A.STD_YM = '202010'
          AND A.BEGIN_TIME = '1800'
          AND A.END_TIME = '1900'
          AND A.TK_GFF_SE_CD = 'TGS002'
          AND A.TK_GFF_CNT > 150000
    ) A
    , TB_SUBWAY_STATN B
 WHERE A.SUBWAY_STATN_NO = B.SUBWAY_STATN_NO
 ORDER BY A.TK_GFF_CNT DESC
;
```

SUBWAY_NO	LN_NM	STATN_NM	STD_YM	BEGIN_TIME	END_TIME	TK_GFF_SE_CD	TK_GFF_CNT
000040	2호선	신림	202010	1800	1900	TGS002	228967
000026	2호선	잠실(송파구청)	202010	1800	1900	TGS002	189591
000049	2호선	홍대입구	202010	1800	1900	TGS002	179876
000032	2호선	강남	202010	1800	1900	TGS002	178032
000038	2호선	서울대입구(관악구청)	202010	1800	1900	TGS002	160444
000044	2호선	신도림	202010	1800	1900	TGS002	153179
000042	2호선	구로디지털단지	202010	1800	1900	TGS002	152855

2호선 신림역이 2020년 10월 1달 동안 18시부터 19시까지 가장 많은 인원이 하차한 역인 것을 알 수 있습니다.

6.4.12 HAVING절의 서브쿼리

HAVING절에도 서브쿼리를 사용할 수 있습니다.

우선 아래의 SELECT문을 보겠습니다. 2020년 10월 1달 동안 18시부터 19시까지 시간대의 평균 하차인원수를 구하고 있습니다.

코드 6-45 평균 하차인원수 구하기

```
SELECT ROUND(AVG(A.TK_GFF_CNT), 2) AS AVG_TK_GFF_CNT
  FROM TB_SUBWAY_STATN_TK_GFF A
 WHERE A.STD_YM = '202010'
   AND A.BEGIN_TIME = '1800'
   AND A.END_TIME = '1900'
   AND A.TK_GFF_SE_CD = 'TGS002'
;
```

결과

```
AVG_TK_GFF_CNT
--------------
      28400.42
```

그 결과, 2020년 10월 1달 동안 18시~19시 시간대에 하차하는 평균 인원수는 28,400.42명입니다.

[코드 6-46]처럼 HAVING절에 서브쿼리를 사용하여 평균 하차인원수 보다 하차인원수가 더 많은 지하철역의 정보를 조회합니다.

2020년 10월 1달 동안 18시부터 19시까지 하차한 데이터 행을 출력하면서 지하철역번호(SUBWAY_STATN_NO)를 기준으로 그룹화합니다. HAVING절에서 하차인원수(TK_GFF_CNT)가 평균을 초과하는 지하철역의 지하철역승하차(TB_SUBWAY_STATN_TK_GFF) 정보를 출력하고 있습니다.

코드 6-46 HAVING절의 서브쿼리 사용

```
SELECT A.SUBWAY_STATN_NO
     , (SELECT L.STATN_NM || '(' || L.LN_NM ||')'
          FROM TB_SUBWAY_STATN L
         WHERE L.SUBWAY_STATN_NO  = A.SUBWAY_STATN_NO
       ) AS STATN_INFO
     , ROUND(MAX(A.TK_GFF_CNT), 2) AS TK_GFF_CNT
  FROM TB_SUBWAY_STATN_TK_GFF A
 WHERE A.STD_YM = '202010'
   AND A.BEGIN_TIME = '1800'
   AND A.END_TIME = '1900'
   AND A.TK_GFF_SE_CD = 'TGS002'
   GROUP BY A.SUBWAY_STATN_NO
   HAVING ROUND(MAX(A.TK_GFF_CNT), 2) >
         (
             SELECT ROUND(AVG(A.TK_GFF_CNT), 2) AS AVG_TK_GFF_CNT
               FROM TB_SUBWAY_STATN_TK_GFF A
              WHERE A.STD_YM = '202010'
                AND A.BEGIN_TIME = '1800'
                AND A.END_TIME = '1900'
                AND A.TK_GFF_SE_CD - 'TGS002'
         )
 ORDER BY TK_GFF_CNT DESC
 ;
```

결과

SUBWAY_STATN_NO	STATN_INFO	TK_GFF_CNT
000040	신림(2호선)	228967
000026	잠실(송파구청)(2호선)	189591
000049	홍대입구(2호선)	179876

```
000032        |강남(2호선)              |   178032|
000038        |서울대입구(관악구청)(2호선)|   160444|
000044        |신도림(2호선)            |   153179|
000042        |구로디지털단지(2호선)     |   152855|
000036        |사당(2호선)              |   149365|
000022        |건대입구(2호선)          |   142196|
000063        |연신내(3호선)            |   127543|
...중간생략
```

퇴근 시간대 평균보다 혼잡합 지하철역의 정보 및 하차인원수가 출력되고 있습니다.

6.4.13 UPDATE문의 SET절에 위치하는 서브쿼리

UPDATE문의 SET절에도 서브쿼리가 위치할 수 있습니다.

원활한 실습을 위해서 인구(TB_POPLTN) 테이블에 행정동명(ADSTRD_NM) 칼럼을 추가해보겠습니다.

코드 6-47 칼럼 추가

```
ALTER TABLE TB_POPLTN ADD(ADSTRD_NM VARCHAR2(150));
```

인구(TB_POPLTN) 테이블에서 행정동코드(ADSTRD_CD)를 기준으로, 그에 알맞은 행정동명(ADSTRD_NM)으로 수정하는 UPDATE문을 실행합니다.

코드 6-48 UPDATE문의 SET절에 서브쿼리 사용하기

```
UPDATE TB_POPLTN A
   SET A.ADSTRD_NM = ( SELECT K.ADSTRD_NM
                         FROM TB_ADSTRD K
                        WHERE K.ADSTRD_CD = A.ADSTRD_CD
                     )
;

COMMIT;
```

UPDATE문의 SET절에 서브쿼리를 이용하여 행정동코드(ADSTRD_CD) 기준의 행정동명(ADSTRD_NM)으로 UPDATE한 것을 알 수 있습니다.

아래의 SQL문으로 결과를 확인합니다.

코드 6-49 UPDATE 결과 확인

```
SELECT A.ADSTRD_CD
     , A.STD_YM
     , A.POPLTN_SE_CD
     , A.AGRDE_SE_CD
     , A.POPLTN_CNT
     , A.ADSTRD_NM
  FROM TB_POPLTN A
 WHERE ROWNUM <= 10
;
```

결과

```
ADSTRD_CD |STD_YM|POPLTN_SE_CD|AGRDE_SE_CD|POPLTN_CNT|ADSTRD_NM              |
----------|------|------------|-----------|----------|-----------------------|
1168072000|202010|M           |000        |      1253|서울특별시 강남구 일원본동|
1168073000|202010|M           |000        |       396|서울특별시 강남구 일원1동 |
1168074000|202010|M           |000        |       656|서울특별시 강남구 일원2동 |
1168075000|202010|M           |000        |       339|서울특별시 강남구 수서동  |
1171051000|202010|M           |000        |       404|서울특별시 송파구 풍납1동 |
1171052000|202010|M           |000        |      1056|서울특별시 송파구 풍납2동 |
1171053100|202010|M           |000        |       355|서울특별시 송파구 거여1동 |
1171053200|202010|M           |000        |       711|서울특별시 송파구 거여2동 |
1171054000|202010|M           |000        |       535|서울특별시 송파구 마천1동 |
1171055000|202010|M           |000        |       458|서울특별시 송파구 마천2동 |
```

이번에는 인구(TB_POPLTN) 테이블에서 행정동명(ADSTRD_NM) 칼럼을 제거해보겠습니다.

코드 6-50 칼럼 제거

```
ALTER TABLE TB_POPLTN DROP COLUMN ADSTRD_NM;
```

6.4.14 INSERT문에 사용되는 서브쿼리

INSERT문의 VALUES절에도 서브쿼리를 사용할 수 있습니다.

실습을 위해 지하철역승하차합계(TB_SUBWAY_STATN_TK_GFF_SUM) 테이블을 생성합니다.

```
CREATE TABLE TB_SUBWAY_STATN_TK_GFF_SUM
(
  SUBWAY_STATN_NO  CHAR(6)
, TK_GFF_CNT NUMBER(15)
, CONSTRAINT TB_SUBWAY_STATN_TK_GFF_SUM_PK PRIMARY KEY(SUBWAY_STATN_NO)
);
```

다음과 같이 INSERT문을 사용하여 데이터를 1건 입력합니다. 9호선 여의도역 기준 승하차 횟수(TK_GFF_CNT)의 합계를 지하철역승하차합계(TB_SUBWAY_STATN_TK_GFF_ SUM) 테이블에 저장합니다. 9호선 여의도역을 이용한 승하차횟수(TK_GFF_CNT)의 총합입 니다.

코드 6-52 INSERT문의 VALUES절에 사용된 서브쿼리

```
INSERT INTO TB_SUBWAY_STATN_TK_GFF_SUM
VALUES ('000615',
         (SELECT SUM(TK_GFF_CNT)
           FROM TB_SUBWAY_STATN_TK_GFF
          WHERE SUBWAY_STATN_NO  = '000615' --9호선 여의도역
         )
       );

COMMIT;
```

다음 SELECT문으로 지하철역승하차합계(TB_SUBWAY_STATN_TK_GFF_SUM) 테이블 을 조회합니다.

코드 6-53 지하철역승하차합계 테이블 조회

```
SELECT *
  FROM TB_SUBWAY_STATN_TK_GFF_SUM;
```

결과

```
SUBWAY_STATN_NO|TK_GFF_CNT|
--------------|----------|
000615        |   1039317|
```

9호선 여의도역 기준 승하차횟수의 총합이 저장되어 있습니다. 마지막으로 지하철역승하차합계(TB_SUBWAY_STATN_TK_GFF_SUM) 테이블을 제거합니다.

코드 6-54 지하철역승하차합계 테이블 제거

```
DROP TABLE TB_SUBWAY_STATN_TK_GFF_SUM PURGE;
```

6.4.15 뷰 사용의 장점

뷰는 SQL문(SELECT문)을 뷰로 생성해놓고, 해당 뷰만 호출하면 뷰 내부에 있는 SQL문(SELECT문)을 호출할 수 있는 역할을 합니다. 뷰를 사용함으로써 특정 업무에서 어떤 데이터를 조회할 때는 특정 뷰를 사용하는 것으로 지정할 수 있습니다. 뷰를 만들어 놓고 여러 명의 사용자(개발자)가 공유하기 때문에 개발 생산성이 향상되기도 합니다.

표 6-11 뷰 사용 시 장점

장점	설명
독립성	테이블 구조가 변경되어도 뷰를 사용하는 응용 프로그램은 변경하지 않아도 된다.
편리성	복잡한 질의를 뷰로 생성함으로써 관련 질의를 단순하게 작성할 수 있다. 또한 해당 형태의 SQL문을 자주 사용할 때 뷰를 이용하면 편리하게 사용할 수 있다.
보안성	개인정보와 같은 숨기고 싶은 민감한 정보가 존재한다면, 뷰를 생성할 때 해당 정보(칼럼)를 제외시키고 생성함으로써 사용자들에게 정보 노출을 하지 않을 수 있다.

6.4.16 뷰 사용 실습

아래와 같은 뷰를 만들어봅시다.

코드 6-55 뷰 생성

```
CREATE OR REPLACE VIEW V_STARBUCKS_POPLTN_INFO
AS
SELECT A.BSSH_NO
     , A.CMPNM_NM
     , A.BHF_NM
     , A.ADSTRD_CD
     , B.ADSTRD_NM
     , SUM(C.POPLTN_CNT) AS SUM_POPLTN_CNT
  FROM TB_BSSH A
     , TB_ADSTRD B
```

```
         , TB_POPLTN C
    WHERE ( CMPNM_NM LIKE '%스타벅스%'
           OR
           UPPER(CMPNM_NM) LIKE '%STARBUCKS%'
         )
    AND A.ADSTRD_CD = B.ADSTRD_CD
    AND B.ADSTRD_CD = C.ADSTRD_CD
    AND C.STD_YM = '202010'
    AND C.POPLTN_SE_CD = 'T'
  GROUP BY A.BSSH_NO, A.CMPNM_NM, A.BHF_NM,  A.ADSTRD_CD, B.ADSTRD_NM
  ORDER BY A.BSSH_NO, A.CMPNM_NM, A.BHF_NM,  A.ADSTRD_CD, B.ADSTRD_NM
  ;
```

CREATE VIEW AS를 이용해서 뷰를 생성하였습니다.

V_STARBUCKS_POPLTN_INFO 뷰를 조회하면 뷰 내부에 있는 SQL문(SELECT문)이 실행됩니다. 뷰 내부에 있는 SQL문(SELECT문)은 전국의 '스타벅스' 커피전문점을 조회한 후 각각의 '스타벅스'가 존재하는 행정동코드(ADSTRD_CD)를 기준으로 해당 행정동의 인구수합계(SUM_POPLTN_CNT)를 구하고 있습니다.

이제 뷰를 호출해봅니다.

코드 6-56 뷰 조회

```
SELECT A.BSSH_NO
     , A.CMPNM_NM
     , A.BHF_NM
     , A.ADSTRD_CD
     , A.ADSTRD_NM
     , A.SUM_POPLTN_CNT
  FROM V_STARBUCKS_POPLTN_INFO A
  ;
```

결과

BSSH_NO	CMPNM_NM.	BHF_NM .	ADSTRD_CD	ADSTRD_NM .	SUM_POP LTN_CNT
11454145	스타벅스.	대구중앙.	2711057500	대구광역시 중구 성.	4596
11489568	스타벅스.	분당서울.	4113567000	경기도 성남시 분당.	31508
11516500	스타벅스.	고대안암.	1129060000	서울특별시 성북구 .	15259
11633662	스타벅스.	이태원입.	1117065000	서울특별시 용산구 .	6958
11657305	스타벅스.	동아백화.	2711056500	대구광역시 중구 성.	5101

```
11662951│스타벅스.│대학로점.│1111064000│서울특별시 종로구 .│          7642│
11707694│스타벅스.│종암점  .│1129070500│서울특별시 성북구 .│         39880│
11733281│스타벅스.│화곡동점.│1150054000│서울특별시 강서구 .│         52548│
11749904│스타벅스.│        .│4580036000│전라북도 부안군 변.│          4544│
11751054│스타벅스.│서울타워.│1117052000│서울특별시 용산구 .│         10070│
...생략
```

※ 이 책의 분량 및 페이지 크기에 맞게 일부 값을 생략하였습니다.

이 뷰를 이용하면 전국의 '스타벅스' 매장에 대한 정보를 해당 뷰를 호출하는 것만으로 조회가 가능합니다.

아래와 같이 뷰를 호출할 때 WHERE절을 이용해서 필터 처리를 할 수 있습니다. '경기도 고양시' 내에 존재하는 '스타벅스' 매장을 조회하는 SQL문입니다.

코드 6-57 뷰 조회 시 WHERE절 사용

```sql
SELECT A.BSSH_NO
     , A.CMPNM_NM
     , A.BHF_NM
     , A.ADSTRD_CD
     , A.ADSTRD_NM
     , A.SUM_POPLTN_CNT
  FROM V_STARBUCKS_POPLTN_INFO A
 WHERE ADSTRD_NM LIKE '%경기도%고양시%'
;
```

결과

```
BSSH_NO │CMPNM_NM.│BHF_NM      │ADSTRD_CD │ADSTRD_NM             .│SUM_POP│
        │        .│            │          │                      .│LTN_CNT│
--------│--------.│------------│----------│----------------------.│-------│
11768198│스타벅스.│고양DT점    │4128159000│경기도 고양시 덕양구  .│  30534│
11794632│스타벅스.│원당DT점    │4128154000│경기도 고양시 덕양구  .│  21859│
11811359│스타벅스.│고양삼송점  │4128152000│경기도 고양시 덕양구  .│  23773│
11979080│스타벅스.│            │4128165000│경기도 고양시 덕양구  .│  32563│
12076234│스타벅스.│            │4128555100│경기도 고양시 일산동구.│  30911│
12478359│스타벅스.│            │4128555100│경기도 고양시 일산동구.│  30911│
12487600│스타벅스.│행신역      │4128165000│경기도 고양시 덕양구  .│  32563│
12551179│스타벅스.│일산덕이DT점│4128759000│경기도 고양시 일산서구.│  51973│
12585616│스타벅스.│고양삼송점  │4128152000│경기도 고양시 덕양구  .│  23773│
12614928│스타벅스.│화정        │4128162200│경기도 고양시 덕양구  .│  33576│
...생략
```

※ 이 책의 분량 및 페이지 크기에 맞게 일부 값을 생략하였습니다.

'경기도 고양시'에 존재하는 '스타벅스' 매장의 정보가 나온 것을 알 수 있습니다.

실습이 완료된 후 아래와 같이 뷰를 제거합니다.

코드 6-58 뷰 제거

```
DROP VIEW V_STARBUCKS_POPLTN_INFO;
```

6.5 그룹 함수

6.5.1 그룹 함수란?

그룹 함수Group Function를 이용하여 특정 집합의 소계/중계/합계/총합계를 구할 수 있습니다. 이러한 합계를 계산하기 위해서 요구됐던 많은 노력이 그룹 함수를 이용하여 간단하게 처리할 수 있게 되었습니다.

오라클 DBMS에서 제공하는 그룹 함수의 종류를 봅시다.

표 6-12 그룹 함수의 종류

종류	설명
ROLLUP	• 소그룹 간의 소계를 계산하는 기능이다. • ROLLUP 함수 내에 인자로 지정된 그룹화 칼럼은 소계를 생성하는 데 사용된다. • 그룹화 칼럼의 수가 N이라고 했을 때 N+1의 소계가 생성된다. • ROLLUP 함수 내의 인자 순서가 바뀌면 결과도 바뀌게 된다.(ROLLUP은 계층 구조이다.)
CUBE	• 다차원적인 소계를 계산하는 기능이다. • 결합 가능한 모든 값에 대하여 다차원 집계를 생성한다. • CUBE 함수 내에 칼럼이 N개라면 2의 N승만큼의 소계가 생성된다. • 시스템에 많은 부담을 주기 때문에 사용상 주의가 필요하다.
GROUPING SETS	• 특정 항목에 대한 소계를 계산하는 기능이다.

위 표에서와 같이 그룹 함수의 종류는 ROLLLUP, CUBE, GROUPING SETS가 있습니다.

6.5.2 그룹 함수를 사용하지 않는 합계 데이터 출력

그룹 함수에 대한 실습을 진행하기 전에 그룹 함수를 사용하지 않고 합계 데이터를 출력해보겠습니다.

우선 인구(TB_POPLTN) 테이블을 조회하고, 연령대구분코드(AGRDE_SE_CD)를 기준으로 그룹화하여 연령대별 인구수(POPLTN_CNT) 합계를 구해보겠습니다. 인구(TB_POPLTN) 테이블 조회 시 기준년월(STD_YM)은 2020년 10월로 합니다.

코드 6-59 합계 데이터 출력

```
SELECT A.AGRDE_SE_CD
     , SUM(A.POPLTN_CNT) AS POPLTN_CNT
  FROM TB_POPLTN A
 WHERE A.STD_YM  = '202010'
   AND A.POPLTN_SE_CD = 'T'
 GROUP BY A.AGRDE_SE_CD
 ORDER BY A.AGRDE_SE_CD
;
```

결과

AGRDE_SE_CD	POPLTN_CNT
000	4005030
010	4818481
020	6802784
030	6900752
040	8312221
050	8655292
060	6669780
070	3687451
080	1714191
090	250335
100	21699

2020년 10월 기준 우리나라는 40대~50대 인구가 가장 많습니다. 또한 00대~10대 인구가 급격하게 줄어드는 추세인 것을 알 수 있습니다.

6.5.3 ROLLUP 함수를 이용한 합계 데이터 출력

ROLLUP 함수를 이용하여 합계 데이터를 출력해보겠습니다.

GROUP BY절에 ROLLUP 함수를 사용하였으며, 인자로 연령대구분코드(AGRDE_SE_CD) 칼럼을 넣었습니다.

코드 6-60 합계 데이터 출력 - ROLLUP 함수 사용

```
SELECT A.AGRDE_SE_CD
     , SUM(A.POPLTN_CNT) AS POPLTN_CNT
  FROM TB_POPLTN A
 WHERE A.STD_YM = '202010'
   AND A.POPLTN_SE_CD = 'T'
 GROUP BY ROLLUP(A.AGRDE_SE_CD)
 ORDER BY A.AGRDE_SE_CD
;
```

결과

```
AGRDE_SE_CD¦POPLTN_CNT¦
-----------¦----------¦
000        ¦   4005030¦
010        ¦   4818481¦
020        ¦   6802784¦
030        ¦   6900752¦
040        ¦   8312221¦
050        ¦   8655292¦
060        ¦   6669780¦
070        ¦   3687451¦
080        ¦   1714191¦
090        ¦    250335¦
100        ¦     21699¦
           ¦  51838016¦
```

"연령대별인구수합계" 및 "전체인구수합계"가 출력되었습니다. 맨 마지막 행에 나온 데이터가 "전체인구수합계"이며, 이 수치는 2020년 10월 기준 우리나라의 "전체인구수합계"가 됩니다.

그럼 이번에는 연령대별구분코드(AGRDE_SE_CD)+인구구분코드(POPLTN_SE_CD)별 인구수합계를 조회해보겠습니다.

GROUP BY절에 ROLLUP 함수를 호출하면서 연령대구분코드(AGRDE_SE_CD) 및 인구구
분코드(POPLTN_SE_CD) 칼럼을 인자로 넣었습니다. 이렇게 하면 "연령대별인구수합계", "
연령대별+인구구분별인구수합계", "전체인구수합계"가 출력됩니다.

코드 6-61 합계 데이터 출력 – ROLLUP 함수 사용

```sql
SELECT A.AGRDE_SE_CD
     , A.POPLTN_SE_CD
     , SUM(A.POPLTN_CNT) AS POPLTN_CNT
  FROM TB_POPLTN A
 WHERE A.STD_YM = '202010'
   AND A.POPLTN_SE_CD IN ('M', 'F')
 GROUP BY ROLLUP(A.AGRDE_SE_CD, A.POPLTN_SE_CD)
 ORDER BY A.AGRDE_SE_CD
;
```

결과

AGRDE_SE_CD	POPLTN_SE_CD	POPLTN_CNT
000	F	1951273
000	M	2053757
000		4005030
010	F	2325821
010	M	2492660
010		4818481
020	F	3229935
020	M	3572849
020		6802784
030	F	3346230
030	M	3554522
030		6900752
040	F	4089585
040	M	4222636
040		8312221
050	F	4287402
050	M	4367890
050		8655292
060	F	3407776
060	M	3262004
060		6669780
070	F	2029281

```
070        |M         |    1658170|
070        |          |    3687451|
080        |F         |    1112755|
080        |M         |     601436|
080        |          |    1714191|
090        |F         |     193824|
090        |M         |      56511|
090        |          |     250335|
100        |F         |      16415|
100        |M         |       5284|
100        |          |      21699|
           |          |   51838016|
```

6.5.4 ROLLUP + GROUPING 함수를 이용한 합계 데이터 출력

ROLLUP 함수에 기재한 칼럼을 GROUPING 함수의 인자로 출력하면 합계를 표현하는 행에 대해서는 1이 출력됩니다. 이러한 성질을 이용해서 CASE WHEN문을 이용하여 [코드 6-62] 와 같이 합계/소계인 행에 대해서 해당 합계는 어떤 합계인지를 표현할 수 있습니다.

아래 SQL문의 SELECT절에서는 ROLLUP 함수의 인자로 사용된 연령대별구분코드(AGRDE _SE_CD)와 인구구분코드(POPLTN_SE_CD) 칼럼을 GROUPING 함수로 감싸서 출력하였 습니다. 만약 리턴되는 값이 0이면 그대로 해당 코드 값을 출력하고, 리턴되는 값이 1이면 "전 체합계" 및 "연령대별남녀합계"라고 표시합니다. GROUPING 함수를 이용해서 해당 행의 합 계 값이 어떤 합계인지 알 수 있습니다.

코드 6-62 합계 데이터 출력 - ROLLUP 함수 사용

```sql
SELECT CASE WHEN GROUPING(A.AGRDE_SE_CD) = 0
            THEN A.AGRDE_SE_CD ELSE '전체합계' END AS AGRDE_SE_CD
     , CASE WHEN GROUPING(A.POPLTN_SE_CD) = 0
            THEN A.POPLTN_SE_CD ELSE '연령대별남녀합계' END AS POPLTN_SE_CD
     , SUM(A.POPLTN_CNT) AS POPLTN_CNT
  FROM TB_POPLTN A
 WHERE A.STD_YM = '202010'
   AND A.POPLTN_SE_CD IN ('M', 'F')
 GROUP BY ROLLUP(A.AGRDE_SE_CD, A.POPLTN_SE_CD)
 ORDER BY A.AGRDE_SE_CD
;
```

```
AGRDE_SE_CD｜POPLTN_SE_CD     ｜POPLTN_CNT｜
-----------｜----------------｜----------｜
000        ｜F               ｜  1951273｜
000        ｜M               ｜  2053757｜
000        ｜연령대별남녀합계｜  4005030｜
010        ｜F               ｜  2325821｜
010        ｜M               ｜  2492660｜
010        ｜연령대별남녀합계｜  4818481｜
020        ｜F               ｜  3229935｜
020        ｜M               ｜  3572849｜
020        ｜연령대별남녀합계｜  6802784｜
030        ｜F               ｜  3346230｜
030        ｜M               ｜  3554522｜
030        ｜연령대별남녀합계｜  6900752｜
040        ｜F               ｜  4089585｜
040        ｜M               ｜  4222636｜
040        ｜연령대별남녀합계｜  8312221｜
050        ｜F               ｜  4287402｜
050        ｜M               ｜  4367890｜
050        ｜연령대별남녀합계｜  8655292｜
060        ｜F               ｜  3407776｜
060        ｜M               ｜  3262004｜
060        ｜연령대별남녀합계｜  6669780｜
070        ｜F               ｜  2029281｜
070        ｜M               ｜  1658170｜
070        ｜연령대별남녀합계｜  3687451｜
080        ｜F               ｜  1112755｜
080        ｜M               ｜   601436｜
080        ｜연령대별남녀합계｜  1714191｜
090        ｜F               ｜   193824｜
090        ｜M               ｜    56511｜
090        ｜연령대별남녀합계｜   250335｜
100        ｜F               ｜    16415｜
100        ｜M               ｜     5284｜
100        ｜연령대별남녀합계｜    21699｜
전체합계   ｜연령대별남녀합계｜ 51838016｜
```

6.5.5 CUBE 함수를 이용한 합계 데이터 출력

이번에는 CUBE 함수를 이용한 합계 데이터를 출력해보겠습니다. CUBE 함수는 인자로 기재한 칼럼에 대한 다차원 합계를 계산하는 데 사용됩니다.

CUBE 함수를 이용해서 "연령대구분별(AGRDE_SE_CD)", "연령대구분별(AGRDE_SE_ CD)+인구구분별(POPLTN_SE_CD)", "인구구분별(POPLTN_SE_CD)", "전체"의 총 4개 기준의 합계를 구하고 있습니다. CUBE에 들어간 칼럼의 개수가 2개이고 2^2은 4이므로 총 4 개의 다차원 합계가 출력되었습니다.

코드 6-63 합계 데이터 출력 – CUBE 함수 사용

```sql
SELECT CASE WHEN GROUPING_AGRDE_SE_CD = 1 AND GROUPING_POPLTN_SE_CD = 1
            THEN '전체합계'
            WHEN GROUPING_AGRDE_SE_CD = 1 AND GROUPING_POPLTN_SE_CD = 0
            THEN '연령대별합계'
            WHEN GROUPING_AGRDE_SE_CD = 0 AND GROUPING_POPLTN_SE_CD = 1
            THEN '성별합계'
            WHEN GROUPING_AGRDE_SE_CD = 0 AND GROUPING_POPLTN_SE_CD = 0
            THEN '연령대+성별합계' ELSE '' END AS 합계구분
    , NVL(AGRDE_SE_CD, '연령대합계') AS AGRDE_SE_CD
    , NVL(POPLTN_SE_CD, '성별합계') AS POPLTN_SE_CD
    , POPLTN_CNT
  FROM
  (
      SELECT A.AGRDE_SE_CD
           , GROUPING(A.AGRDE_SE_CD) AS GROUPING_AGRDE_SE_CD
           , A.POPLTN_SE_CD
           , GROUPING(A.POPLTN_SE_CD) AS GROUPING_POPLTN_SE_CD
           , SUM(A.POPLTN_CNT) AS POPLTN_CNT
        FROM TB_POPLTN A
       WHERE A.STD_YM = '202010'
         AND A.POPLTN_SE_CD IN ('M', 'F')
       GROUP BY CUBE(A.AGRDE_SE_CD, A.POPLTN_SE_CD)
       ORDER BY A.AGRDE_SE_CD
  ) A
;
```

결과

합계구분	AGRDE_SE_CD	POPLTN_SE_CD	POPLTN_CNT
연령대+성별합계	000	F	1951273
연령대+성별합계	000	M	2053757
성별합계	000	성별합계	4005030
연령대+성별합계	010	F	2325821
연령대+성별합계	010	M	2492660

```
|성별합계       |010   |성별합계  |   4818481
|연령대+성별합계|020   |F       |   3229935
|연령대+성별합계|020   |M       |   3572849
|성별합계       |020   |성별합계  |   6802784
|연령대+성별합계|030   |F       |   3346230
|연령대+성별합계|030   |M       |   3554522
|성별합계       |030   |성별합계  |   6900752
|연령대+성별합계|040   |F       |   4089585
|연령대+성별합계|040   |M       |   4222636
|성별합계       |040   |성별합계  |   8312221
|연령대+성별합계|050   |F       |   4287402
|연령대+성별합계|050   |M       |   4367890
|성별합계       |050   |성별합계  |   8655292
|연령대+성별합계|060   |F       |   3407776
|연령대+성별합계|060   |M       |   3262004
|성별합계       |060   |성별합계  |   6669780
|연령대+성별합계|070   |F       |   2029281
|연령대+성별합계|070   |M       |   1658170
|성별합계       |070   |성별합계  |   3687451
|연령대+성별합계|080   |F       |   1112755
|연령대+성별합계|080   |M       |    601436
|성별합계       |080   |성별합계  |   1714191
|연령대+성별합계|090   |F       |    193824
|연령대+성별합계|090   |M       |     56511
|성별합계       |090   |성별합계  |    250335
|연령대+성별합계|100   |F       |     16415
|연령대+성별합계|100   |M       |      5284
|성별합계       |100   |성별합계  |     21699
|연령대별합계   |연령대합계|F     |  25990297
|연령대별합계   |연령대합계|M     |  25847719
|전체합계       |연령대합계|성별합계|  51838016
```

6.5.6 UNION ALL+GROUP BY를 이용한 합계 데이터 출력

GROUPING SETS 함수에 대해 본격적으로 학습하기 전에 우선 아래와 같이 UNION ALL 및 GROUP BY를 이용한 합계 데이터를 출력해보겠습니다.

[코드 6-64]는 UNION ALL 및 GROUP BY를 이용하여 "연령대구분코드(AGRDE_SE_CD)별", "인구구분코드(POPLTN_SE_CD)별", "전체" 기준의 인구수(POPLTN_CNT) 합계를 구하고 있습니다. 각각의 합계를 구한 후, UNION ALL로 합친 모습을 보여주고 있습니다.

```sql
SELECT
       A.AGRDE_SE_CD AS AGRDE_SE_CD
     , '성별전체' AS POPLTN_SE_CD
     , SUM(POPLTN_CNT) POPLTN_CNT
  FROM TB_POPLTN A
 WHERE A.STD_YM = '202010'
   AND A.POPLTN_SE_CD IN ('M', 'F')
 GROUP BY AGRDE_SE_CD
UNION ALL
SELECT
       '연령대별전체' AS AGRDE_SE_CD
     , A.POPLTN_SE_CD AS POPLTN_SE_CD
     , SUM(POPLTN_CNT) POPLTN_CNT
  FROM TB_POPLTN A
 WHERE A.STD_YM = '202010'
   AND A.POPLTN_SE_CD IN ('M', 'F')
 GROUP BY POPLTN_SE_CD
UNION ALL
SELECT
       '연령대별전체' AS AGRDE_SE_CD
     , '성별전체' AS POPLTN_SE_CD
     , SUM(POPLTN_CNT) POPLTN_CNT
  FROM TB_POPLTN A
 WHERE A.STD_YM = '202010'
   AND A.POPLTN_SE_CD IN ('M', 'F')
ORDER BY AGRDE_SE_CD, POPLTN_SE_CD, POPLTN_CNT
;
```

결과

AGRDE_SE_CD	POPLTN_SE_CD	POPLTN_CNT
000	성별전체	4005030
010	성별전체	4818481
020	성별전체	6802784
030	성별전체	6900752
040	성별전체	8312221
050	성별전체	8655292
060	성별전체	6669780
070	성별전체	3687451
080	성별전체	1714191
090	성별전체	250335

```
100          │성별전체    │    21699│
연령대별전체│F          │ 25990297│
연령대별전체│M          │ 25847719│
연령대별전체│성별전체    │ 51838016│
```

6.5.7 GROUPING SETS를 이용한 합계 데이터 출력

GROUP BY절에 GROUPING SETS를 이용하여 위의 [코드 6-64] SQL문과 동일한 결과집합을 출력할 수 있습니다.

GROUPING SETS절에 연령대구분코드(AGRDE_SE_CD), 인구구분코드(POPLTN_SE_CD), "( )"를 입력하였습니다. "( )"는 전체합계를 뜻합니다.

코드 6-65 합계 데이터 출력 - GROUPING SETS 사용

```
SELECT
       NVL(AGRDE_SE_CD, '연령대별전체') AS AGRDE_SE_CD
     , NVL(POPLTN_SE_CD, '성별전체') AS POPLTN_SE_CD
     , SUM(POPLTN_CNT) POPLTN_CNT
  FROM TB_POPLTN A
 WHERE A.STD_YM = '202010'
   AND A.POPLTN_SE_CD IN ('M', 'F')
 GROUP BY GROUPING SETS(AGRDE_SE_CD, POPLTN_SE_CD, ())
 ORDER BY AGRDE_SE_CD, POPLTN_SE_CD, POPLTN_CNT
 ;
```

결과

```
AGRDE_SE_CD │POPLTN_SE_CD│POPLTN_CNT│
----------- │------------│----------│
000          │성별전체     │  4005030│
010          │성별전체     │  4818481│
020          │성별전체     │  6802784│
030          │성별전체     │  6900752│
040          │성별전체     │  8312221│
050          │성별전체     │  8655292│
060          │성별전체     │  6669780│
070          │성별전체     │  3687451│
080          │성별전체     │  1714191│
090          │성별전체     │   250335│
100          │성별전체     │    21699│
연령대별전체│F          │ 25990297│
```

| 연령대별전체 | M | 25847719 |
| 연령대별전체 | 성별전체 | 51838016 |

복잡한 UNION ALL의 사용 없이도 인구(TB_POPLTN) 테이블을 단 한 번만 읽어서 동일한 결과집합을 도출해냈습니다. 또한 GROUPING SETS는 함수 인자의 순서가 서로 바뀌어도 동일한 결과집합을 출력합니다.

6.6 윈도우 함수

6.6.1 윈도우 함수 개요

SQL문(SELECT문)의 결과로 100건의 결과집합(행)이 나왔다고 가정합니다. SELECT문을 통한 작업을 하다보면 결과집합의 각 행과 행의 관계에서 다양한 연산처리를 할 필요가 생깁니다. 누적합계, 누적비율, 누적등수 등 각각의 행들의 관계에서 연산을 처리할 필요가 있습니다. 이러한 연산처리를 할 수 있게 하는 것이 바로 윈도우 함수Window Function입니다. 윈도우 함수는 분석 함수라고 부르기도 합니다. 하지만 ANSI 표준은 윈도우 함수라고 부릅니다.

또한 TO_CHAR, TO_DATE와 같은 일반 함수는 "TO_CHAR(TO_DATE('20201126', 'YYYYMMDD'), 'YYYY')"와 같이 서로 중첩하여 호출할 수 있지만 윈도우 함수는 중첩하여 호출할 수 없습니다.

6.6.2 윈도우 함수의 종류

윈도우 함수의 종류를 봅시다.

표 6-13 윈도우 함수의 종류

유형	함수명	설명
순위 관련 함수	RANK	지정한 기준에 따라 순위를 구한다. 동일 순위가 있다면 건너뛰고 다음 순위로 산출한다. 예 1등, 2등, 2등, 그 다음 4등
	DENSE_RANK	지정한 기준에 따라 순위를 구한다. 동일 순위가 있다면 건너뛰지 않고 다음 순위로 산출한다. 예 1등, 2등, 2등, 그 다음 3등
	ROW_NUMBER	지정한 기준에 따라 순위를 구한다. 동일 순위가 있어도 무조건 순위를 산출한다. 예 공동 2등이 있어도 1등, 2등, 3등, 4등

유형	함수명	설명
집계 관련 함수	SUM	지정한 기준에 따라 합계를 구한다.
	MAX	지정한 기준에 따라 최대값을 구한다.
	MIN	지정한 기준에 따라 최소값을 구한다.
	AVG	지정한 기준에 따라 평균값을 구한다.
	COUNT	지정한 기준에 따라 개수를 구한다.
행순서 관련 함수	FIRST_VALUE	지정한 기준에 따라 가장 먼저 나오는 값을 구한다.
	LAST_VALUE	지정한 기준에 따라 가장 나중에 나오는 값을 구한다.
	LAG	지정한 기준에 따라 이전값을 구한다.
	LEAD	지정한 기준에 따라 다음값을 구한다.
그룹내 비율 관련 함수	CUME_DIST	지정한 기준에 따라 누적백분율을 구한다. 지속적으로 누적되다가 최종행은 1이 된다.
	PERCENT_RANK	지정한 기준에 따라 각 행의 순서별 백분율을 구한다. 제일 먼저 나오는 것을 0, 가장 늦게 나오는 것을 1로 한다.
	NTILE	지정한 기준에 따라 특정 값으로 N등분한 결과를 구한다.
	RATIO_TO_REPORT	지정한 기준에 따라 각 행이 차지하는 비율을 나타낸다.

이제, 이 함수들에 대한 실습을 진행해보도록 하겠습니다.

6.6.3 윈도우 함수 문법

윈도우 함수는 SELECT절에서 사용되며 기본적인 문법은 아래와 같습니다.

윈도우 함수 문법

```
SELECT
        윈도우함수(인자) OVER (PARTITION BY 칼럼 ORDER BY 칼럼)
        윈도우절(ROWS|RANGE BETWEEN
                        UNBOUND PRECEDING|CURRENT ROW
                    AND UNBOUNDED FOLLOWING|CURRENT ROW
                )
    FROM 테이블명
 ;
```

특정 테이블을 조회하여 결과 행이 나오면 SELECT절에서 윈도우 함수를 사용하게 됩니다. 구체적인 내용을 살펴봅시다.

표 6-14 윈도우 함수 문법

항목	설명
윈도우 함수	• 윈도우 함수를 기재한다.
인자	• 윈도우 함수에 따라 0개 혹은 그 이상의 인자 값을 넣을 수 있다
OVER	• 윈도우 함수 사용 시 OVER는 반드시 들어가야 한다.
PARTITION BY	• FROM절 이하에서 나온 결과집합을 특정 칼럼(들)을 기준으로 그룹화할 수 있다. 예 전체 직원정보를 출력하면서 각 직원이 속한 부서별로 그룹화할 수 있다.
ORDER BY	• ORDER BY에 기재한 정렬 기준에 윈도우 함수의 결과가 달라질 수 있다. 예 RANK 함수를 이용 시 ORDER BY에 연봉을 DESC로 기재하면 연봉이 높은 사람이 1등이 된다.
윈도우절	• 윈도우 함수가 연산을 처리하는 대상이 되는 행의 범위를 지정할 수 있다. • ROWS는 물리적인 결과 행의 수를 뜻한다. • RANGE는 논리적인 값에 의한 범위를 뜻한다. • BETWEEN ~ AND는 행 범위의 시작과 끝을 지정하는 데 사용된다. • UNBOUNDED PRECEDING은 행 범위의 시작 위치가 전체 행 범위에서 첫 번째 행임을 뜻한다. • UNBOUNDED FOLLOWING은 행 범위의 마지막 위치가 전체 행 범위에서 마지막 행임을 뜻한다. • CURRENT ROW는 행 범위의 시작 위치가 현재 행임을 뜻한다. • 1 PRECEDING은 행 범위의 시작 위치가 1만큼 이전 행임을 의미한다. • 1 FOLLOWING은 행 범위의 마지막 위치가 1만큼 다음 행임을 의미한다.

위 표에서 가장 난해한 부분은 바로 윈도우절입니다. 윈도우절은 연산 대상에 대한 행의 범위를 지정하는 역할을 합니다. 우리가 전체 결과집합(조회된 모든 데이터)의 연산을 하고 싶다면 윈도우절은 사용하지 않아도 됩니다. 하지만 특정 행의 범위를 지정하고 싶다면 'ROWS BETWEEN A AND B' 혹은 'RANGE BETWEEN A AND B'로 범위를 지정해야 합니다. 또한 ROWS와 RANGE의 차이는, ROWS는 조회된 ROW 하나 하나를 대상으로 연산하며, RANGE는 ORDER BY를 통해 정렬된 칼럼에 같은 값이 존재하는 행이 여러 개일 경우 동일한 칼럼값을 가지는 모든 행들을 묶어서 연산을 한다는 것입니다.

윈도우 함수는 이론적인 설명만으로는 이해하기가 어렵습니다. 지금부터 진행하는 실습을 통해 윈도우 함수의 특성에 대해 더 자세히 알아나가도록 합니다.

6.6.4 순위 관련 함수 실습

순위 관련 함수의 종류로는 RANK, DENSE_RANK, ROW_NUMBER가 있습니다. 우선 아래(코드 6-66)의 SELECT문을 살펴보겠습니다.

2020년 10월 각 읍/면/동별 연령대가 100세 이상인 여성의 인구수를 구하고, 인구수에 따른 등수를 구하고 있습니다.

윈도우 함수인 RANK, DENSE_RANK, ROW_NUMBER 함수를 이용하여 인구수가 많은 순으로 등수를 구했습니다. (인구수가 가장 많으면 1등입니다.)

코드 6-66 순위 관련 함수 실습

```
SELECT *
  FROM (
        SELECT A.ADSTRD_CD
             , B.ADSTRD_NM
             , A.STD_YM
             , A.POPLTN_SE_CD
             , A.AGRDE_SE_CD
             , A.POPLTN_CNT
             , RANK() OVER(ORDER BY A.POPLTN_CNT DESC) AS RANK
             , DENSE_RANK() OVER(ORDER BY A.POPLTN_CNT DESC) AS DENSE_RANK
             , ROW_NUMBER() OVER(ORDER BY A.POPLTN_CNT DESC) AS ROW_NUMBER
          FROM TB_POPLTN A
             , TB_ADSTRD B
         WHERE A.AGRDE_SE_CD = '100'
           AND A.STD_YM = '202010'
           AND A.POPLTN_SE_CD = 'F'
           AND A.ADSTRD_CD = B.ADSTRD_CD
         ORDER BY A.POPLTN_CNT DESC
        )
  WHERE ROWNUM <= 10
;
```

결과

| ADSTRD_CD | ADSTRD_NM | . | STD_YM | P. | AGRDE | POPLTN | RANK | DENSE | ROW | |
		.		_.	_SE_CD	_CNT		_RANK	_NUMBER	
1138069000	서울특별시 은평구 진관동.	202010	F.	100		154	1	1	1	
2641061000	부산광역시 금정구 장전제.	202010	F.	100		75	2	2	2	
4115051000	경기도 의정부시 의정부1 .	202010	F.	100		49	3	3	3	

```
1144055500¦서울특별시 마포구 아현동.¦202010¦F.¦100  ¦  38 ¦  4¦  4¦    4¦
1159060500¦서울특별시 동작구 흑석동.¦202010¦F.¦100  ¦  38 ¦  4¦  4¦    5¦
4122025000¦경기도 평택시 팽성읍  .¦202010¦F.¦100  ¦  33 ¦  6¦  5¦    6¦
4115061500¦경기도 의정부시 흥선동 .¦202010¦F.¦100  ¦  32 ¦  7¦  6¦    7¦
1130561500¦서울특별시 강북구 수유1 .¦202010¦F.¦100  ¦  31 ¦  8¦  7¦    8¦
4148025300¦경기도 파주시 파주읍  .¦202010¦F.¦100  ¦  31 ¦  8¦  7¦    9¦
1123056000¦서울특별시 동대문구 전농.¦202010¦F.¦100  ¦  30 ¦ 10¦  8¦   10¦
```

※ 이 책의 분량 및 페이지 크기에 맞게 일부 값을 생략하였습니다.

위 결과에서 '서울특별시 마포구 아현동'과 '서울특별시 동작구 흑석동'은 100세 이상의 여성인구가 38명입니다. 즉, 두 지역이 100세 이상 여성 인구수가 공동 4등인 것입니다.

RANK 함수는 동일 순위(공동 4위) 발생 시 다음 순위는 6등으로 출력합니다(1, 2, 3, 4, 4, 6).

DENSE_RANK 함수는 동일 순위(공동 4위) 발생 시 다음 순위를 5등으로 출력합니다(1, 2, 3, 4, 4, 5). ROW_NUMBER 함수는 동일 순위(공동 4위) 발생하더라도 순차적으로 등수를 출력합니다(1, 2, 3, 4, 5, 6).

6.6.5 집계 관련 함수

다음은 2020년 10월 기준 경기도 고양시 덕양구 내에 존재하는 읍/면/동 기준 남/여 인구수를 조회한 후, 윈도우 함수인 MAX, MIN, AVG를 이용하여 연령대별 최대 인구수, 최소 인구수, 평균 인구수를 구하고 있습니다.

코드 6-67 집계 관련 함수 실습 ❶

```
SELECT A.ADSTRD_CD
     , A.ADSTRD_NM
     , A.AGRDE_SE_CD
     , A.POPLTN_CNT
     , MAX(A.POPLTN_CNT) OVER(PARTITION BY A.AGRDE_SE_CD) AS 최대_인구수
     , MIN(A.POPLTN_CNT) OVER(PARTITION BY A.AGRDE_SE_CD) AS 최소_인구수
     , ROUND(AVG(A.POPLTN_CNT) OVER(PARTITION BY A.AGRDE_SE_CD), 2)
        AS 평균_인구수
     , ROUND(AVG(A.POPLTN_CNT)
                OVER(PARTITION BY A.AGRDE_SE_CD
                       ORDER BY A.POPLTN_CNT ROWS BETWEEN 1 PRECEDING
                                                      AND 1 FOLLOWING
            ), 2) AS 평균_인구수_1_1
   FROM
       (
```

```
        SELECT A.ADSTRD_CD
             , B.ADSTRD_NM AS ADSTRD_NM
             , A.AGRDE_SE_CD
             , A.POPLTN_CNT
          FROM TB_POPLTN A, TB_ADSTRD B
         WHERE A.POPLTN_SE_CD = 'T'
           AND A.STD_YM = '202010'
           AND A.ADSTRD_CD = B.ADSTRD_CD
           AND A.POPLTN_CNT > 0
           AND B.ADSTRD_NM LIKE '경기도%고양시%덕양구%'
      ) A
   ;
```

결과

AADSTRD_CD	ADSTRD_NM	연령.구분.	.PLTN.NT	.대_.구수	.수	평균_인구수	.수_1_1
4128167000	.고양시.덕양.대덕동	000 .	. 84	.5493	. 84	2030.89	. 334
4128151000	.고양시.덕양.주교동	000 .	. 584	.5493	. 84	2030.89	. 445
4128155000	.고양시.덕양.성사2동	000 .	. 667	.5493	. 84	2030.89	. 665.67
4128163000	.고양시.덕양.행주동	000 .	. 746	.5493	. 84	2030.89	. 780.33
4128161000	.고양시.덕양.능곡동	000 .	. 928	.5493	. 84	2030.89	.1002.33
4128154000	.고양시.덕양.성사1동	000 .	.1333	.5493	. 84	2030.89	.1240.33
4128164000	.고양시.덕양.행신1동	000 .	.1460	.5493	. 84	2030.89	.1439.33
4128156000	.고양시.덕양.효자동	000 .	.1525	.5493	. 84	2030.89	.1686.33
4128162100	.고양시.덕양.화정1동	000 .	.2074	.5493	. 84	2030.89	.1926.33
4128160000	.고양시.덕양.관산동	000 .	.2180	.5493	. 84	2030.89	.2161.33
4128157500	.고양시.덕양.삼송동	000 .	.2230	.5493	. 84	2030.89	.2238.67
4128159000	.고양시.덕양.고양동	000 .	.2306	.5493	. 84	2030.89	.2283.67
4128165000	.고양시.덕양.행신2동	000 .	.2315	.5493	. 84	2030.89	.2391.67
4128158000	.고양시.덕양.창릉동	000 .	.2554	.5493	. 84	2030.89	.2526.67
4128162200	.고양시.덕양.화정2동	000 .	.2711	.5493	. 84	2030.89	. 2689
4128165500	.고양시.덕양.행신3동	000 .	.2802	.5493	. 84	2030.89	.2894.67
4128152000	.고양시.덕양.원신동	000 .	.3171	.5493	. 84	2030.89	.3132.33
4128166000	.고양시.덕양.화전동	000 .	.3424	.5493	. 84	2030.89	.4029.33
4128153000	.고양시.덕양.흥도동	000 .	.5493	.5493	. 84	2030.89	. 4458.5
4128167000	.고양시.덕양.대덕동	010 .	. 137	.4938	.137	2186.05	. 465.5
4128156000	.고양시.덕양.효자동	010 .	. 794	.4938	.137	2186.05	. 671.33
4128155000	.고양시.덕양.성사2동	010 .	.1083	.4938	.137	2186.05	. 1039
4128151000	.고양시.덕양.주교동	010 .	.1240	.4938	.137	2186.05	.1189.67
4128161000	.고양시.덕양.능곡동	010 .	.1246	.4938	.137	2186.05	.1246.33
4128163000	.고양시.덕양.행주동	010 .	.1253	.4938	.137	2186.05	. 1314
4128157500	.고양시.덕양.삼송동	010 .	.1443	.4938	.137	2186.05	.1394.33

```
4128158000¦.고양시.덕양.창릉동 ¦010 .¦.1487¦.4938¦.137¦2186.05¦.1509.67¦
4128166000¦.고양시.덕양.화전동 ¦010 .¦.1599¦.4938¦.137¦2186.05¦.    1659¦
4128154000¦.고양시.덕양.성사1동¦010 .¦.1891¦.4938¦.137¦2186.05¦.    1809¦
4128152000¦.고양시.덕양.원신동 ¦010 .¦.1937¦.4938¦.137¦2186.05¦.1974.33¦
4128164000¦.고양시.덕양.행신1동¦010 .¦.2095¦.4938¦.137¦2186.05¦.2292.67¦
4128160000¦.고양시.덕양.관산동 ¦010 .¦.2846¦.4938¦.137¦2186.05¦.    2611¦
4128165000¦.고양시.덕양.행신2동¦010 .¦.2892¦.4938¦.137¦2186.05¦.    2972¦
4128159000¦.고양시.덕양.고양동 ¦010 .¦.3178¦.4938¦.137¦2186.05¦.    3266¦
4128162100¦.고양시.덕양.화정1동¦010 .¦.3728¦.4938¦.137¦2186.05¦.    3576¦
4128162200¦.고양시.덕양.화정2동¦010 .¦.3822¦.4938¦.137¦2186.05¦.3825.33¦
4128153000¦.고양시.덕양.흥도동 ¦010 .¦.3926¦.4938¦.137¦2186.05¦.4228.67¦
4128165500¦.고양시.덕양.행신3동¦010 .¦.4938¦.4938¦.137¦2186.05¦.    4432¦
```

※ 이 책의 분량 및 페이지 크기에 맞게 일부 값을 생략하였습니다.

윈도우 함수를 이용해서 각 읍/면/동의 연령대별 최대 인구수, 최소 인구수, 평균 인구수를 구하고 있습니다.

표 6-15 집계 관련 함수 실습

항목	설명
MAX(A.POPLTN_CNT) OVER(PARTITION BY A.AGRDE_SE_CD)	• 연령대구분코드별 최대 인구수를 구한다.
MIN(A.POPLTN_CNT) OVER(PARTITION BY A.AGRDE_SE_CD)	• 연령대구분코드별 최소 인구수를 구한다.
ROUND(AVG(A.POPLTN_CNT) OVER(PARTITION BY A.AGRDE_SE_CD), 2)	• 연령대구분코드별 평균 인구수를 구한다.
ROUND(AVG(A.POPLTN_CNT) OVER (PARTITION BY A.AGRDE_SE_CD ORDER BY A.POPLTN_CNT ROWS BETWEEN 1 PRECEDING AND 1 FOLLOWING), 2)	• 연령대구분코드별 평균 인구수를 구한다. • 평균을 구할 때, 이전 행, 현재 행(자기자신), 다음 행의 평균값을 구한다.(ROWS BETWEEN 1 PRECEDING AND 1 FOLLOWING) • 결과집합의 첫 번째 행(맨 위의 행)이라서 이전 행이 없으면 현재 행과 다음 행의 평균만을 구한다. • 집합의 마지막 행(맨 아래 행)이라서 다음 행이 없으면 이전 행과 현재 행의 평균만 구한다.

[표 6-15]에서 가장 주목해야할 것은 "ROWS BETWEEN 1 PRECEDING AND 1 FOLLOWING"을 사용하여 이전 행, 현재 행, 다음 행의 평균을 구한 것입니다. 구하기 매우 어려울 수도 있는 연산처리를 윈도우 함수를 이용해서 손쉽게 처리하였습니다.

이번에는 윈도우 함수인 COUNT 함수와 SUM 함수에 대한 실습을 해보겠습니다. 2020년 10월 기준 경기도 고양시 덕양구의 각 읍/면/동의 남여 전체 인구수를 조회하였습니다. 윈도우 함수인 COUNT와 SUM 함수를 이용하였습니다.

코드 6-68 집계 관련 함수 실습 ❷

```
SSELECT A.ADSTRD_CD
     , A.ADSTRD_NM
     , A.AGRDE_SE_CD
     , A.POPLTN_CNT
     , COUNT(*) OVER() 총결과행수
     , COUNT(*) OVER(PARTITION BY A.ADSTRD_CD) AS 행정동별행수
     , SUM(A.POPLTN_CNT) OVER(PARTITION BY A.ADSTRD_CD) AS SUM_1
     , SUM(A.POPLTN_CNT) OVER(PARTITION BY A.ADSTRD_CD
       ORDER BY A.POPLTN_CNT RANGE UNBOUNDED PRECEDING) AS SUM_2
     , SUM(A.POPLTN_CNT) OVER(PARTITION BY A.ADSTRD_CD
       ORDER BY A.POPLTN_CNT ROWS UNBOUNDED PRECEDING) AS SUM_3
     , SUM(A.POPLTN_CNT) OVER(PARTITION BY A.ADSTRD_CD
                             ORDER BY A.POPLTN_CNT
                             RANGE BETWEEN UNBOUNDED PRECEDING
                                   AND UNBOUNDED FOLLOWING) AS SUM_4
  FROM
    (
    SELECT A.ADSTRD_CD
         , B.ADSTRD_NM AS ADSTRD_NM
         , A.AGRDE_SE_CD
         , A.POPLTN_CNT
      FROM TB_POPLTN A, TB_ADSTRD B
     WHERE A.POPLTN_SE_CD = 'T'
       AND A.STD_YM = '202010'
       AND A.ADSTRD_CD = B.ADSTRD_CD
       AND A.POPLTN_CNT > 0
       AND B.ADSTRD_NM LIKE '경기도%고양시%덕양구%'
       ORDER BY A.ADSTRD_CD
    ) A
  ;
```

결과

```
ADSTRD_CD  ¦ADSTRD_NM      .¦연령.¦인구¦총결과¦.¦동¦SUM_1¦SUM  ¦SUM  ¦SUM  ¦
           ¦               .¦구분.¦수  ¦행수  ¦.¦수¦     ¦_2   ¦_3   ¦_4   ¦
----------¦-------------.¦----.-¦----¦------¦.--¦-----¦-----¦-----¦-----¦
4128151000¦경기도 고양시.¦100 .¦    7¦ 209¦.11¦15169¦    7¦    7¦15169¦
4128151000¦경기도 고양시.¦090 .¦   80¦ 209¦.11¦15169¦   87¦   87¦15169¦
4128151000¦경기도 고양시.¦000 .¦  584¦ 209¦.11¦15169¦  671¦  671¦15169¦
4128151000¦경기도 고양시.¦080 .¦  613¦ 209¦.11¦15169¦ 1284¦ 1284¦15169¦
4128151000¦경기도 고양시.¦070 .¦ 1240¦ 209¦.11¦15169¦ 3764¦ 2524¦15169¦
4128151000¦경기도 고양시.¦010 .¦ 1240¦ 209¦.11¦15169¦ 3764¦ 3764¦15169¦
4128151000¦경기도 고양시.¦030 .¦ 1524¦ 209¦.11¦15169¦ 5288¦ 5288¦15169¦
4128151000¦경기도 고양시.¦020 .¦ 2152¦ 209¦.11¦15169¦ 7440¦ 7440¦15169¦
4128151000¦경기도 고양시.¦040 .¦ 2208¦ 209¦.11¦15169¦ 9648¦ 9648¦15169¦
4128151000¦경기도 고양시.¦060 .¦ 2325¦ 209¦.11¦15169¦11973¦11973¦15169¦
4128151000¦경기도 고양시.¦050 .¦ 3196¦ 209¦.11¦15169¦15169¦15169¦15169¦
4128152000¦경기도 고양시.¦100 .¦    5¦ 209¦.11¦23773¦    5¦    5¦23773¦
4128152000¦경기도 고양시.¦090 .¦   73¦ 209¦.11¦23773¦   78¦   78¦23773¦
4128152000¦경기도 고양시.¦080 .¦  536¦ 209¦.11¦23773¦  614¦  614¦23773¦
4128152000¦경기도 고양시.¦070 .¦ 1318¦ 209¦.11¦23773¦ 1932¦ 1932¦23773¦
4128152000¦경기도 고양시.¦010 .¦ 1937¦ 209¦.11¦23773¦ 3869¦ 3869¦23773¦
4128152000¦경기도 고양시.¦020 .¦ 2316¦ 209¦.11¦23773¦ 6185¦ 6185¦23773¦
4128152000¦경기도 고양시.¦060 .¦ 2745¦ 209¦.11¦23773¦ 8930¦ 8930¦23773¦
4128152000¦경기도 고양시.¦000 .¦ 3171¦ 209¦.11¦23773¦12101¦12101¦23773¦
4128152000¦경기도 고양시.¦050 .¦ 3308¦ 209¦.11¦23773¦15409¦15409¦23773¦
4128152000¦경기도 고양시.¦030 .¦ 4070¦ 209¦.11¦23773¦19479¦19479¦23773¦
4128152000¦경기도 고양시.¦040 .¦ 4294¦ 209¦.11¦23773¦23773¦23773¦23773¦
...생략
```

※ 이 책의 분량 및 페이지 크기에 맞게 일부 값을 생략하였습니다.

윈도우 COUNT와 SUM 함수를 이용하여 다양한 관점의 통계 데이터를 산출하고 조회하였습니다.

표 6-16 집계 관련 함수 사용 설명

항목	설명
COUNT(*) OVER( )	• 전체 집합의 결과 행의 건수를 출력한다.
COUNT(*) OVER(PARTITION BY A.ADSTRD_CD)	• 행정동코드별 결과 행의 건수를 출력한다.
SUM(A.POPLTN_CNT) OVER (PARTITION BY A.ADSTRD_CD)	• 행정동코드별 인구수의 합계를 구한다.

항목	설명
SUM(A.POPLTN_CNT) OVER (PARTITION BY A.ADSTRD_CD ORDER BY A.POPLTN_CNT RANGE UNBOUNDED PRECEDING)	• 행정동코드별로 각 행의 인구수합계를 누적합계로 출력하고 있다. • 인구수 기준으로 동일한 인구수가 존재할 경우 해당 행들을 전부 합친 결과를 출력한다. • 경기도 고양시 주교동은 10대 인구와 70대 인구가 1,240명으로 동일하다. 2개 행이 모두 누적합계가 3,764명으로 구해졌다.(RANGE UNBOUNDED PRECEDING) • 동일 인구수인 행은 해당 동일 행에 인구수를 모두 더한 값으로 누적합계가 구해진다. 이것이 바로 RANGE 옵션(RANGE는 논리적인 범위)의 역할이다.
SUM(A.POPLTN_CNT) OVER (PARTITION BY A.ADSTRD_CD ORDER BY A.POPLTN_CNT ROWS UNBOUNDED PRECEDING)	• 행정동코드별로 각 행의 인구수 누적합계를 출력하고 있다. • 인구수 기준으로 동일한 인구수가 존재할 경우 해당 행들은 전부 합치는 게 아니라 각각의 행에 대한 누적합계를 출력한다. • 경기도 고양시 주교동은 10대 인구와 70대 인구가 1,240명으로 동일하다. 2개 행을 각각 누적한 2,524명과 3,764명을 구했다.(ROWS UNBOUNDED PRECEDING) • 동일 인구수인 행은 각각의 행에 대한 누적합계가 구해진다. 이것이 바로 ROWS 옵션(ROWS는 물리적인 행)의 역할이다.
SUM(A.POPLTN_CNT) OVER (PARTITION BY A.ADSTRD_CD ORDER BY A.POPLTN_CNT RANGE BETWEEN UNBOUNDED PRECEDING AND UNBOUNDED FOLLOWING)	• 행정동코드별로 각 읍/면/동의 인구수합계를 출력한다. • "SUM(A.POPLTN_CNT) OVER(PARTITION BY A.ADSTRD_CD)"의 결과와 동일하다. • RANGE BETWEEN UNBOUNDED PRECEDING AND UNBOUNDED FOLLOWING 옵션으로 인해 행정동코드 기준 인구수합계가 구해져서 출력된 것이다. • UNBOUNDED PRECEDING은 해당되는 행정동코드의 첫 번째 행을 뜻하고, UNBOUNDED FOLLOWING는 해당되는 행정동코드의 마지막 행을 뜻한다. 해당되는 행정동코드 기준 첫 번째부터 마지막 행의 인구수를 모두 더한 값을 출력하고 있다.

[표 6-16]의 설명을 잘 읽어 보고 SQL문의 실습을 통해 비교해가면서 완벽히 숙지하기 바랍니다.

6.6.6 행순서 관련 함수

이번에는 행순서 관련 함수인 FIRST_VALUE, LAST_VALUE, LAG, LEAD에 대해서 실습을 진행합니다.

2020년 10월 2호선 역삼역의 07시부터 11시까지 각 시간대의 승하차횟수를 구하고 있습니다. 윈도우 함수인 FIRST_VALUE, LAST_VALUE, LAG, LEAD 함수를 이용하여 결과를 출력하였습니다.

코드 6-69 행순서 관련 함수 실습

```sql
SELECT A.SUBWAY_STATN_NO  AS 지하철역번호
     , A.LN_NM AS 노선명
     , A.STATN_NM AS 역명
     , B.STD_YM AS 기준년월
     , B.BEGIN_TIME AS 시작시간
     , B.END_TIME AS 종료시간
     , (SELECT L.TK_GFF_SE_NM
          FROM TB_TK_GFF_SE L
         WHERE L.TK_GFF_SE_CD  = B.TK_GFF_SE_CD
       ) AS 승차구분명
     , B.TK_GFF_CNT  AS 승하차횟수
     , FIRST_VALUE(B.TK_GFF_CNT ) OVER(PARTITION BY B.TK_GFF_SE_CD
                                            ORDER BY B.BEGIN_TIME
                                            ROWS UNBOUNDED PRECEDING
                                      ) AS FIRST_VALUE
     , LAST_VALUE(B.TK_GFF_CNT ) OVER(PARTITION BY B.TK_GFF_SE_CD
                                           ORDER BY B.BEGIN_TIME
                                           ROWS BETWEEN CURRENT ROW
                                                    AND UNBOUNDED FOLLOWING
                                     ) AS LAST_VALUE
     , LAG(B.TK_GFF_CNT , 1) OVER(PARTITION BY B.TK_GFF_SE_CD
                                       ORDER BY B.BEGIN_TIME
                                 ) AS LAG
     , LEAD(B.TK_GFF_CNT , 1) OVER(PARTITION BY B.TK_GFF_SE_CD
                                        ORDER BY B.BEGIN_TIME
                                  ) AS LEAD
  FROM TB_SUBWAY_STATN A
     , TB_SUBWAY_STATN_TK_GFF B
 WHERE A.SUBWAY_STATN_NO   = '000031' --2호선 역삼
   AND A.SUBWAY_STATN_NO   = B.SUBWAY_STATN_NO
   AND B.BEGIN_TIME BETWEEN '0700' AND '1000'
   AND B.END_TIME BETWEEN '0800' AND '1100'
   AND B.STD_YM  = '202010'
   ORDER BY B.TK_GFF_SE_CD, B.BEGIN_TIME
 ;
```

지하철역 번호	노선명	역명	기준년월	시작 시간	종료 시간	승차 구분명	승하차 횟수	FIRST _VALUE	LAST _VALUE	LAG	LEAD
000031	2호선	역삼	202010	0700	0800	승차	13130	13130	19590	[NULL]	21532
000031	2호선	역삼	202010	0800	0900	승차	21532	13130	19590	13130	21262
000031	2호선	역삼	202010	0900	1000	승차	21262	13130	19590	21532	19590
000031	2호선	역삼	202010	1000	1100	승차	19590	13130	19590	21262	[NULL]
000031	2호선	역삼	202010	0700	0800	하차	103635	103635	89280	[NULL]	280902
000031	2호선	역삼	202010	0800	0900	하차	280902	103635	89280	103635	237856
000031	2호선	역삼	202010	0900	1000	하차	237856	103635	89280	280902	89280
000031	2호선	역삼	202010	1000	1100	하차	89280	103635	89280	237856	[NULL]

관련하여 윈도우 함수의 사용 부분을 살펴봅시다.

표 6-17 행순서 관련 함수 사용 설명

항목	설명
FIRST_VALUE(B.TK_GFF_CNT) OVER(PARTITION BY B.TK_GFF_SE_ CD ORDER BY B.BEGIN_TIME ROWS UNBOUNDED PRECEDING)	• 승하차구분코드별로 시작시간으로 정렬했을 때 가장 첫 번째 나오는 승하차인원수를 구하고 있다. • "ROWS UNBOUNDED PRECEDING"은 현재 행을 기준으로 승하차인원구분코드별 시작시간으로 정렬했을 때, 첫 번째 행까지의 범위를 지정하는 것을 의미한다. • 승하차구분코드별 첫 번째 시간대의 승하차인원수를 가져오게 된다.
LAST_VALUE(B.TK_GFF_CNT) OVER(PARTITION BY B.TK_GFF_SE_CD ORDER BY B.BEGIN_TIME ROWS BETWEEN CURRENT ROW AND UNBOUNDED FOLLOWING)	• 승하차구분코드별로 시작시간으로 정렬했을 때 가장 마지막에 나오는 승하차인원수를 구하고 있다. • "ROWS BETWEEN CURRENT ROW AND UNBOUNDED FOLLOWING"을 기재하여 현재 행을 기준으로 승하차구분코드별 시작시간으로 정렬한 그 범위의 가장 마지막 범위까지를 의미한다. • 승하차구분코드별 마지막 시간대의 승하차인원수를 가져오게 된다.
LAG(B.TK_GFF_CNT, 1) OVER(PARTITION BY B.TK_GFF_SE_CD ORDER BY B.BEGIN_ TIME)	• 승하차구분코드별로 시작시간으로 정렬했을 때 이전 행의 승하차횟수를 출력하고 있다. • 각 승하차구분코드별 첫 번째 행인 경우(이전 행이 존재하지 않는)에는 NULL이 출력된다. • LAG 함수의 인자로 넣은 1은 "1행 전"을 의미한다.

항목	설명
LEAD(B.TK_GFF_CNT, 1) OVER(PARTITION BY B.TK_GFF_SE_CD ORDER BY B.BEGIN_TIME)	• 승하차구분코드별로 시작시간으로 정렬했을 때 다음 행의 승하차횟수를 출력하고 있다. • 각 승하차구분코드별 마지막 행인 경우(다음 행이 존재하지 않는)에는 NULL이 출력된다. • LEAD 함수의 인자로 넣은 1은 "1행 다음"을 의미한다.

위 표의 설명을 참고하여 직접 SELECT문을 실습해보고 결과를 확인하기 바랍니다.

6.6.7 그룹 내 비율 관련 함수 실습

이번에는 그룹 내 비율 관련 함수에 대한 실습을 해봅시다.

2020년 10월 2호선 역삼역의 07시부터 11시까지 각 시간대의 승하차횟수를 구하고 있습니다. 윈도우 함수인 RATIO_TO_REPORT, PERCENT_RANK, CUME_DIST, NTILE 함수를 이용하여 결과를 출력하였습니다.

코드 6-70 그룹 내 비율 관련 함수 실습

```
SELECT A.SUBWAY_STATN_NO  AS 지하철역번호
     , A.LN_NM AS 노선명
     , A.STATN_NM AS 역명
     , B.STD_YM AS 기준년월
     , B.BEGIN_TIME AS 시작시간
     , B.END_TIME AS 종료시간
     , (SELECT L.TK_GFF_SE_NM
          FROM TB_TK_GFF_SE L
         WHERE L.TK_GFF_SE_CD = B.TK_GFF_SE_CD
       ) AS 승차구분명
     , B.TK_GFF_CNT  AS 승하차횟수
     , ROUND(RATIO_TO_REPORT(B.TK_GFF_CNT )
                    OVER(PARTITION BY B.TK_GFF_SE_CD), 2) AS RATIO_TO_REPORT
     , ROUND(PERCENT_RANK()
                    OVER(PARTITION BY B.TK_GFF_SE_CD
                          ORDER BY B.TK_GFF_CNT ), 2) AS PERCENT_RANK
     , ROUND(CUME_DIST()
                  OVER(PARTITION BY B.TK_GFF_SE_CD
                          ORDER BY B.TK_GFF_CNT ), 2) AS CUME_DIST
     , ROUND(NTILE(2)
                OVER(PARTITION BY B.TK_GFF_SE_CD
```

```
                ORDER BY B.TK_GFF_CNT ), 2) AS NTILE
    FROM TB_SUBWAY_STATN A
        , TB_SUBWAY_STATN_TK_GFF B
   WHERE A.SUBWAY_STATN_NO   = '000031' --2호선 역삼
     AND A.SUBWAY_STATN_NO   = B.SUBWAY_STATN_NO
     AND B.BEGIN_TIME BETWEEN '0700' AND '1000'
     AND B.END_TIME BETWEEN '0800' AND '1100'
     AND B.STD_YM  = '202010'
     ORDER BY B.TK_GFF_SE_CD , B.TK_GFF_CNT
   ;
```

결과

지하철 번호	노선명	역명	기준년월	시작 시간	종료 시간	승하차 구분명	승하차 횟수	RATIO_TO _REPORT	PERCENT _RANK	CUME _DIST	NTILE
000031	2호선	역삼	202010	0700	0800	승차	13130	0.17	0	0.25	1
000031	2호선	역삼	202010	1000	1100	승차	19590	0.26	0.33	0.5	1
000031	2호선	역삼	202010	0900	1000	승차	21262	0.28	0.67	0.75	2
000031	2호선	역삼	202010	0800	0900	승차	21532	0.29	1	1	2
000031	2호선	역삼	202010	1000	1100	하차	89280	0.13	0	0.25	1
000031	2호선	역삼	202010	0700	0800	하차	103635	0.15	0.33	0.5	1
000031	2호선	역삼	202010	0900	1000	하차	237856	0.33	0.67	0.75	2
000031	2호선	역삼	202010	0800	0900	하차	280902	0.39	1	1	2

표 6-18 그룹 내 비율 관련 함수 실습

항목	설명
RATIO_TO_REPORT (B.TK_GFF_CNT) OVER (PARTITION BY B.TK_GFF_SE_CD)	• 승하차구분코드별로 각 승하차횟수의 비율을 구하고 있다. • 07시~08시 사이에 역삼역에 승차한 인원은 13130 명이고, 이 숫자는 07시~11시 사이에 역삼역 전체 승차인원의 17%를 차지하는 것을 알 수 있다.
PERCENT_RANK( )OVER(PARTITION BY B.TK_ GFF_SE_CD ORDER BY B.TK_GFF_CNT)	• 승하차구분코드별로 승하차횟수로 정렬하여 각 비율 순서의 백분율을 구하고 있다. • 승하차횟수가 가장 낮은 행이 0이고 가장 높은 행이 1이다.
CUME_DIST( ) OVER(PARTITION BY B.TK_ GFF_SE_CD ORDER BY B.TK_GFF_CNT)	• 승하차구분코드별로 승하차횟수로 정렬하여 각 순서의 누적 백분율을 구하고 있다. • 승차구분명이 승차인 행의 수가 4건이고 그중 승하차 횟수가 가장 낮은 행이 0.25, 가장 높은 행이 1이다.

항목	설명
NTILE(2) OVER(PARTITION BY B.TK_GFF_SE_CD ORDER BY B.TK_GFF_CNT)	• 승하차구분코드별로 승하차횟수로 정렬했을 때 그것을 2등분하여 등분 결과를 구하고 있다.

위 표의 설명을 참고하여 직접 SELECT문을 실습해보고 결과를 확인하기 바랍니다.

6.7 DCL

6.7.1 DCL이란?

DCL Data Control Language 은 특정 사용자의 권한을 제어할 수 있는 명령어입니다. 데이터베이스에 존재하는 데이터의 보호와 보안을 위해서 유저의 권한을 관리해야 합니다. DDL문의 일종으로서 커밋 혹은 롤백이 필요없이 실행하는 순간 적용됩니다. 권한을 줄 때는 GRANT문을 사용하고 권한을 회수할 때는 REVOKE문을 사용하게 됩니다. 실습을 통해서 DCL문에 대해서 학습하겠습니다.

6.7.2 오라클 DBMS에서 제공하는 계정

오라클 DBMS를 설치하면 기본적으로 생성되어 있는 계정들이 있습니다. 아래의 3개가 대표적인 기본 계정입니다.

표 6-19 오라클에서 제공하는 계정

사용자 계정	설명
SCOTT	테스트용 샘플 유저
SYS	DBA 권한을 부여받은 최상위 유저(DB 생성과 제거 가능)
SYSTEM	DBA 권한을 부여받은 유저(DB 생성과 제거는 불가능)

우리는 이미 실습환경을 구축할 때 SQLD 계정을 신규로 생성하였고 SQLD 계정 생성 후 권한을 부여하여 실습이 가능한 사용자 계정으로 만들었습니다.

6.7.3 사용자 계정 생성

이제, 새로운 사용자 계정을 생성해보겠습니다. SYSTEM 계정으로 오라클 데이터베이스에 접속합니다.

SQL*Plus 접속 – SYSTEM

```
sqlplus SYSTEM/1234
```

아래의 SQL문으로 새로운 사용자 계정을 생성합니다. DCL_TEST 계정을 생성하는 SQL문입니다.

코드 6-71 새로운 사용자 계정 생성

```
CREATE USER DCL_TEST IDENTIFIED BY 1234;
```

계정 생성이 완료되면 SQL*Plus를 빠져나옵니다.

SQL*Plus 접속 종료

```
SQL> quit
```

이 상태에서 DCL_TEST 계정으로 접속을 시도해보겠습니다.

SQL*Plus 접속 – DCL_TEST

```
sqlplus DCL_TEST/1234
```

접속을 시도하면 아래와 같은 에러가 발생합니다.

에러 발생

```
ERROR:
ORA-01045: 사용자 DCL_TEST는 CREATE SESSION 권한을 가지고있지 않음;
로그온이 거절되었습니다
```

※ 윈도우 cmd에서 해당 에러 메시지를 출력 시 cmd창 문자셋 설정 문제로 글씨가 깨져서 출력될 수 있습니다.

위와 같은 에러가 발생한 이유는 DCL_TEST 계정 생성은 성공하였으나 이 계정에게 접속 (CREATE SESSION)할 수 있는 권한을 주지 않았기 때문입니다. 다시 SYSTEM 계정으로 접속하여 아래와 같이 DCL_TEST에게 접속 권한을 줍니다.

```
sqlplus SYSTEM/1234
```

코드 6-72 접속 권한 부여

```
GRANT CREATE SESSION TO DCL_TEST;
```

그런 후, 다시 DCL_TEST 계정으로 접속을 시도합니다.

```
sqlplus DCL_TEST/1234
```

아래처럼 정상적으로 접속이 되는 것을 확인할 수 있습니다.

결과

```
C:\SQLD>sqlplus DCL_TEST/1234

SQL*Plus: Release 11.2.0.2.0 Production on 수 8월 18 13:25:05 2021

Copyright (c) 1982, 2014, Oracle.  All rights reserved.


Connected to:
Oracle Database 11g Express Edition Release 11.2.0.2.0 - 64bit Production

SQL>
```

SQL*Plus 접속을 종료합니다.

SQL*Plus 접속 종료

```
SQL> quit
```

6.7.4 DCL_TEST 계정으로 신규 테이블 생성하기

DCL_TEST 계정으로 접속하여 아래와 같이 신규 테이블을 생성합니다.

SQL*Plus 접속 – DCL_TEST

```
sqlplus DCL_TEST/1234
```

DCL_TEST 계정으로 접속하였습니다. 아래와 같이 테이블 생성을 시도합니다.

코드 6-73 테이블 생성 시도

```
CREATE TABLE TB_DCL_TEST
(
  DCL_TEST_NO CHAR(10)
, DCL_TEST_NM VARCHAR2(50)
, CONSTRAINT PK_TB_DCL_TEST PRIMARY KEY(DCL_TEST_NO)
);
```

다음과 같이 테이블 생성에 실패합니다.

결과

```
ORA-01031: insufficient privileges
```

DCL_TEST 사용자 계정은 테이블 생성 권한이 없기 때문에 테이블 생성에 실패하였습니다.

SQL*Plus 접속을 종료합니다.

SQL*Plus 접속 종료

```
SQL> quit
```

이제 다시 SYSTEM 계정으로 접속해서 다음과 같이 권한을 줍니다.

SQL*Plus 접속 – SYSTEM

```
sqlplus SYSTEM/1234
```

코드 6-74 테이블 생성 권한 부여

```
GRANT CREATE TABLE TO DCL_TEST;
```

DCL_TEST 계정에게 CREATE TABLE 권한을 주었습니다. 이제 SQL*Plus 접속을 종료합니다.

SQL*Plus 접속 종료

```
SQL> quit
```

이제 다시, DCL_TEST로 접속하여 테이블을 생성합니다.

SQL*Plus 접속 – DCL_TEST

```
sqlplus DCL_TEST/1234
```

코드 6-75 테이블 생성

```
CREATE TABLE TB_DCL_TEST
(
  DCL_TEST_NO CHAR(10)
, DCL_TEST_NM VARCHAR2(50)
, CONSTRAINT PK_TB_DCL_TEST PRIMARY KEY(DCL_TEST_NO)
);
```

결과

```
Table created.
```

테이블 생성에 성공하였습니다. 이처럼 DCL_TEST 사용자 계정이 테이블을 생성하려면 CREATE TABLE 권한을 가지고 있어야 합니다.

SQL*Plus 접속을 종료합니다.

SQL*Plus 접속 종료

```
SQL> quit
```

6.7.5 DCL_TEST 계정으로 SQLD 계정이 소유한 테이블 조회하기

DCL_TEST 계정으로 접속해서 아래의 SELECT문을 실행합니다.

SQL*Plus 접속 – DCL_TEST

```
sqlplus DCL_TEST/1234
```

코드 6-76 테이블 조회

```
SELECT * FROM SQLD.TB_ADRES_CL_SE;
```

아래와 같은 에러가 발생합니다.

결과

```
ORA-00942: table or view does not exist
```

DCL_TEST 계정은 SQLD 계정이 가지고 있는 주소분류구분(TB_ADRES_CL_SE) 테이블의 조회 권한이 없습니다. 그래서 조회에 실패한 것입니다.

SQL*Plus 접속을 종료합니다.

SQL*Plus 접속 종료

```
SQL> quit
```

SYSTEM 계정으로 접속하여 DCL_TEST 계정에게 SQLD 계정이 소유하고 있는 주소분류구분(TB_ADRES_CL_SE) 테이블에 대한 조회 권한을 줍시다.

SQL*Plus 접속 – SYSTEM

```
sqlplus SYSTEM/1234
```

코드 6-77 테이블 조회 권한 부여

```
GRANT SELECT ON SQLD.TB_ADRES_CL_SE TO DCL_TEST;
```

SQL*Plus 접속을 종료합니다.

SQL*Plus 접속 종료

```
SQL> quit
```

이 상태에서 다시 DCL_TSET 계정으로 접속하여 SQLD 계정이 소유하고 있는 주소분류구분(TB_ADRES_CL_SE) 테이블을 조회합니다.

SQL*Plus 접속 – DCL_TEST

```
sqlplus DCL_TEST/1234
```

코드 6-78 테이블 조회

```
SELECT * FROM SQLD.TB_ADRES_CL_SE;
```

결과

```
ADRES_CL_SE_CD|ADRES_CL_SE_NM|
--------------|--------------|
ACS001        |시도          |
ACS002        |시군구        |
ACS003        |행정동        |
ACS004        |법정동        |
```

SQL*Plus 접속을 종료합니다.

SQL*Plus 접속 종료

```
SQL> quit
```

6.7.6 DCL_TEST 계정에게 SQLD 계정이 소유한 테이블의 DML 권한주기

이번에는 DCL_TEST 계정에게 SQLD 계정이 소유한 주소분류구분(TB_ADRES_CL_SE) 테이블을 INSERT, DELETE, UPDATE할 수 있는 권한을 주도록 하겠습니다. 아래와 같이 SYSTEM 계정으로 접속한 후 권한을 줍니다.

SQL*Plus 접속 – SYSTEM

```
sqlplus SYSTEM/1234
```

SYSTEM 계정으로 접속하였습니다. SQL문을 실행합니다.

코드 6-79 테이블 DML 권한 주기

```
GRANT INSERT, DELETE, UPDATE ON SQLD.TB_ADRES_CL_SE TO DCL_TEST;
```

위와 같이 권한을 주면 지금부터 DCL_TEST 계정이, SQLD 계정이 소유한 주소분류구분 (TB_ADRES_CL_SE) 테이블에 삽입, 삭제, 수정 작업을 할 수 있게 됩니다.

이제 SQL*Plus 접속을 종료한 후, DCL_TEST 계정으로 접속하여 SQLD 계정이 소유한 주소분류구분(TB_ADRES_CL_SE) 테이블에 데이터를 입력하고 수정 후 삭제해봅시다.

SQL*Plus 접속 종료

```
SQL> quit
```

SQL*Plus 접속 - DCL_TEST

```
sqlplus DCL_TEST/1234
```

코드 6-80 데이터 입력, 수정, 삭제

```
INSERT INTO SQLD.TB_ADRES_CL_SE (ADRES_CL_SE_CD, ADRES_CL_SE_NM )
    VALUES ('999999', 'INSERT테스트');
COMMIT;

UPDATE SQLD.TB_ADRES_CL_SE
   SET ADRES_CL_SE_NM = 'UPDATE테스트'
 WHERE ADRES_CL_SE_CD = '999999'
 ;

COMMIT;

DELETE SQLD.TB_ADRES_CL_SE
 WHERE ADRES_CL_SE_CD = '999999';

COMMIT;
```

위 SQL문들이 정상적으로 실행되는 것을 알 수 있습니다.

SQL*Plus 접속을 종료합니다.

SQL*Plus 접속 종료

```
SQL> quit
```

6.7.7 DCL_TEST 계정에게 준 권한을 회수

지금까지 실습을 진행하면서 DCL_TEST 계정에 CREATE TABLE 권한 및 SQLD 계정이 소유한 주소분류구분(TB_ADRES_CL_SE) 테이블에 대한 SELECT, INSERT, DELETE,

UPDATE 권한을 주었습니다. 지금부터 SYSTEM 계정으로 접속하여 DCL_TEST 계정에게 주었던 권한을 회수해보겠습니다.

우선 SYSTEM 계정으로 접속하고 아래와 같이 REVOKE문을 이용하여 DCL_TEST에게 준 권한을 회수합니다.

SQL*Plus 접속 – SYSTEM

```
sqlplus SYSTEM/1234
```

코드 6-81 테이블 DML 권한 회수

```
REVOKE SELECT ON SQLD.TB_ADRES_CL_SE FROM DCL_TEST;
REVOKE INSERT, DELETE, UPDATE ON SQLD.TB_ADRES_CL_SE FROM DCL_TEST;
REVOKE CREATE TABLE FROM DCL_TEST;
```

SQL*Plus 접속을 종료합니다.

SQL*Plus 접속 종료

```
SQL> quit
```

이제 DCL_TEST 계정으로 접속하여 테이블 생성을 시도해봅니다.

SQL*Plus 접속 – DCL_TEST

```
sqlplus DCL_TEST/1234
```

코드 6-82 테이블 생성

```
CREATE TABLE TB_DCL_TEST
(
  DCL_TEST_NO CHAR(10)
, DCL_TEST_NM VARCHAR2(50)
, CONSTRAINT PK_TB_DCL_TEST PRIMARY KEY(DCL_TEST_NO)
);
```

테이블 생성에 실패한 것을 알 수 있습니다.

```
ORA-01031: insufficient privileges
```

그럼 마지막으로 SYSTEM 계정으로 접속하여, DCL_TEST 계정에서 CREATE SESSION 권한까지 회수하도록 하겠습니다.

SQL*Plus 접속 – SYSTEM

```
sqlplus SYSTEM/1234
```

코드 6-83 접속 권한 회수

```
REVOKE CREATE SESSION FROM DCL_TEST;
```

이제 접속 권한이 회수되어 DCL_TEST 계정은 접속조차 할 수 없게 되었습니다.

DCL_TEST 계정이 가지고 있는 테이블도 제거해보겠습니다.

코드 6-84 테이블 제거

```
DROP TABLE DCL_TEST.TB_DCL_TEST;
```

SQL*Plus 접속을 종료합니다.

SQL*Plus 접속 종료

```
SQL> quit
```

6.7.8 ROLE을 이용한 권한 부여

계정을 생성하면 다양한 많은 권한들을 부여해야 합니다. DBA는 여러 권한들의 집합인 ROLE을 생성하고 ROLE에 각종 권한을 부여한 후, 해당 ROLE을 다른 유저에게 부여할 수 있습니다. DBA는 ROLE을 사용자 계정에게 부여함으로써 ROLE이 가지고 있는 권한들을 사용자들에게 신속하고 정확하게 부여할 수 있습니다. 우선 아래와 같이 SYSTEM 계정으로 접속하여 CREATE ROLE문으로 ROLE을 생성해보도록 하겠습니다.

SQL*Plus 접속 - SYSTEM

```
sqlplus SYSTEM/1234
```

코드 6-85 ROLE 생성

```
CREATE ROLE CREATE_SESSION_TABLE;
```

이렇게 하면 CREATE_SESSION_TABLE이라는 ROLE이 생성된 것입니다.

이 ROLE에 아래와 같이 권한을 추가시킵니다.

코드 6-86 ROLE에 권한 추가

```
GRANT CREATE SESSION, CREATE TABLE TO CREATE_SESSION_TABLE;
```

CREATE_SESSION_TABLE이라는 ROLE에 CREATE SESSION, CREATE TABLE 권한을 추가시켰습니다. 즉, 지금부터 이 ROLE을 부여받는 사용자 계정은 CREATE SESSION과 CREATE TABLE이 가능해지는 것입니다. 다음과 같이 SQLD_TEST 계정에 해당 ROLE에 대한 권한을 부여합니다.

코드 6-87 사용자에게 ROLE 권한 부여

```
GRANT CREATE_SESSION_TABLE TO DCL_TEST;
```

ROLE 권한을 DCL_TEST 계정에게 부여하면 DCL_TEST 계정은 CREATE SESSION과 CREATE TABLE 권한을 가지게 됩니다.

SQL*Plus 접속을 종료합니다.

SQL*Plus 접속 종료

```
SQL> quit
```

DCL_TEST 계정으로 접속하여 테이블 생성을 시도해봅시다.

SQL*Plus 접속 - DCL_TEST

```
sqlplus DCL_TEST/1234
```

```
CREATE TABLE TB_DCL_TEST
(
  DCL_TEST_NO CHAR(10)
, DCL_TEST_NM VARCHAR2(50)
, CONSTRAINT PK_TB_DCL_TEST PRIMARY KEY(DCL_TEST_NO)
);
```

접속 및 테이블 생성이 정상적으로 되는 것을 알 수 있습니다. 이제 SQL*Plus 접속을 종료합니다.

SQL*Plus 접속 종료

```
SQL> quit
```

6.7.9 오라클 DBMS에서 일반적으로 부여하는 ROLE

오라클 DBMS는 기본적으로 다양한 ROLE을 가지고 있습니다. 이러한 ROLE 중에서 일반 사용자에게 권한을 주는 대표적인 ROLE에는 CONNECT와 RESOURCE가 있습니다.

표 6-20 대표적인 ROLE

ROLE명	부여 권한
CONNECT	• CREATE SESSION
RESOURCE	• CREATE CLUSTER • CREATE PROCEDURE • CREATE TYPE • CREATE SEQUENCE • CREATE TRIGGER • CREATE OPERATOR • CREATE TABLE • CREATE INDEXTYPE

CONNECT에는 데이터베이스에 접속할 수 있는 CREATE SESSION 권한이 있고, RESOURCE는 각종 데이터베이스의 객체를 생성할 수 있는 권한이 주어집니다.

6.7.10 DCL_TEST 계정 제거 및 재생성, 기본 ROLE 부여

SYSTEM 계정으로 접속하여 DCL_TEST 계정을 제거하고, DCL_TEST 계정을 재생성한 후 기본 ROLE을 부여해봅시다. 아래 작업을 수행하기 전, 기존의 DCL_TEST 계정으로 접속한 DB접속 프로그램은 모두 접속 종료 혹은 프로그램 자체를 종료해야 합니다. 종료가 완료되었으면 SYSTEM 계정으로 접속하고 아래 작업을 시작합니다.

SQL*Plus 접속 – SYSTEM

```
sqlplus SYSTEM/1234
```

아래와 같이 DCL_TEST 계정을 DROP하였습니다. 뒤에 붙은 CASCADE 옵션은 사용자 계정을 제거하면서 생성한 테이블도 같이 모두 제거하라는 옵션입니다. DCL_TEST 사용자 계정을 제거한 후, 동일한 계정을 재생성하였고 해당 계정에 CONNECT, RESOURCE ROLE을 주었습니다.

코드 6-89 사용자 계정 제거 및 재생성

```
DROP USER DCL_TEST CASCADE; --생성한 테이블도 같이 제거됨

CREATE USER DCL_TEST IDENTIFIED BY 1234;
GRANT CONNECT, RESOURCE TO DCL_TEST;
```

SQL*Plus 접속을 종료합니다.

SQL*Plus 접속 종료

```
SQL> quit
```

DCL_TEST 계정으로 접속한 후 테이블을 생성합니다.

SQL*Plus 접속 – DCL_TEST

```
sqlplus DCL_TEST/1234
```

```
CREATE TABLE TB_DCL_TEST
(
  DCL_TEST_NO CHAR(10)
, DCL_TEST_NM VARCHAR2(50)
, CONSTRAINT PK_TB_DCL_TEST PRIMARY KEY(DCL_TEST_NO)
);
```

접속 및 테이블 생성이 정상적으로 실행되는 것을 알 수 있습니다.

6.8 절차형 SQL

6.8.1 절차형 SQL이란?

일반적인 개발언어처럼 SQL문도 절차지향적인 프로그램 작성이 가능하도록 절차형 SQL을 제공합니다. 절차형 SQL을 사용하면 SQL문의 연속적인 실행이나 조건에 따른 분기 처리를 수행하는 모듈을 생성할 수 있습니다. 오라클 DBMS 기준으로 이러한 절차형 모듈의 종류는 사용자 정의 함수, 프로시저, 트리거가 있으며, 이러한 절차형 모듈을 PL/SQL^{Procedural Language for} ^{SQL}이라고 부릅니다.

6.8.2 PL/SQL 개요

PL/SQL은 Block 구조로 되어 있고 Block 내에는 SQL문, IF문, LOOP문 등이 존재합니다. Block 구조로 되어 있어 각 기능별로 모듈화가 가능하고, 변수/상수 선언 및 IF/LOOP문 등의 이용이 가능하여 다양한 모듈 개발이 가능합니다. 또한 DBMS 에러나 사용자 에러 정의를 할 수 있습니다. PL/SQL은 오라클 DBMS에 내장시킬 수 있으므로 어떠한 오라클 DBMS 서버로도 이식이 가능합니다. 또한 여러 SQL문장을 Block으로 묶고 한번에 Block 전부를 서버로 보내기 때문에 네트워크 패킷수를 감소시킵니다. 사용자가 DBMS에 접속하여 각각의 SQL문을 호출할 때마다 네트워크 통신을 해야 하는데 PL/SQL은 내부적으로 SQL문을 처리한 후, 결과를 리턴하기 때문에 네트워크 패킷수가 감소되는 것입니다.

6.8.3 PL/SQL Block 구조

표 6-21 PL/SQL Block 구조

구조명	필수/선택	설명
DECLARE(선언부)	필수	BEGIN~END에서 사용할 변수나 인수에 대한 정의 및 데이터형을 선언한다.
BEGIN(실행부)	필수	개발자가 처리하고자 하는 SQL문과 필요한 로직(비교문, 제어문 등)을 정의한다.
EXCEPTION(예외 처리부)	선택	BEGIN~END에서 실행되는 SQL문에 발생된 에러를 처리한다.
END	필수	BEGIN부터 시작한 SQL문과 필요한 로직의 종료를 선언한다.(PL/SQL의 종료를 선언한다.)

PL/SQL은 DECLARE, BEGIN, EXCEPTION, END로 이루어져 있으며 그중 EXCEPTION
은 선택항목이고 나머지는 필수항목입니다.

6.8.4 오라클 프로시저 실습

오라클의 프로시저 실습을 진행해봅시다.

지금부터 진행하는 모든 실습은 윈도우 cmd 프로그램에서 SQL*Plus를 이용하도록 하겠습니다.

윈도우 cmd를 실행한 후 SQLD 계정으로 접속합니다.

SQL*Plus 접속 – SQLD

```
sqlplus SQLD/1234
```

접속이 완료되면 아래와 같이 인구시도(TB_POPLTN_CTPRVN) 테이블을 생성합니다.

코드 6-91 인구시도 테이블 생성(SQL*Plus에서 실행)

```
CREATE TABLE TB_POPLTN_CTPRVN
(
  CTPRVN_CD CHAR(2)
, CTPRVN_NM VARCHAR2(50)
, STD_YM CHAR(6)
, POPLTN_SE_CD VARCHAR2(6)
, AGRDE_SE_CD CHAR(3)
```

```
, POPLTN_CNT NUMBER(10) NOT NULL
, CONSTRAINT TB_POPLTN_CTPRVN_PK
  PRIMARY KEY (CTPRVN_CD, STD_YM, POPLTN_SE_CD, AGRDE_SE_CD)
)
;
```

SQLD 계정에 존재하는 인구(TB_POPLTN) 테이블은 전국의 각 행정동코드(ADSTRD_
CD)+기준년월(STD_YM)+인구구분코드(POPLTN_SE_CD)+연령구분코드(AGRDE_
SE_CD)별로 인구수(POPLTN_CNT)가 저장되어 있습니다.

위에서 생성한 인구시도(TB_POPLTN_CTPRVN) 테이블은 전국의 인구를 저장하는데, 시도
코드(CTPRVN_CD)+기준년월(STD_YM), 인구구분코드(POPLTN_SE_CD), 연령대구분코
드(AGRDE_SE_CD) 기준의 인구수(POPLTN_CNT)가 저장되게 됩니다. 즉, 서울특별시, 경
기도, 강원도 등을 기준으로 기준년월, 인구구분코드, 연령구분코드별로 인구수를 저장합니다.

코드 6-92 프로시저 생성(SQL*Plus에서 실행)

```
CREATE OR REPLACE PROCEDURE SP_INSERT_TB_POPLTN_CTPRVN --프로시저명을 선언
(IN_STD_YM IN TB_POPLTN.STD_YM%TYPE) --입력값을 정의

--변수 선언 시작
IS
V_CTPRVN_CD TB_POPLTN_CTPRVN.CTPRVN_CD%TYPE;
V_CTPRVN_NM TB_POPLTN_CTPRVN.CTPRVN_NM%TYPE;
V_STD_YM TB_POPLTN_CTPRVN.STD_YM%TYPE;
V_POPLTN_SE_CD TB_POPLTN_CTPRVN.POPLTN_SE_CD%TYPE;
V_AGRDE_SE_CD TB_POPLTN_CTPRVN.AGRDE_SE_CD%TYPE;
V_POPLTN_CNT  TB_POPLTN_CTPRVN.POPLTN_CNT%TYPE;
--변수 선언 종료

--커서 선언 시작
--인구테이블을 시도기준, 기준년월, 인구구분코드,
--연령구분코드별로 인구수합계를 조회
CURSOR SELECT_TB_POPLTN IS
SELECT SUBSTR(A.ADSTRD_CD , 1, 2) AS CTPRVN_CD
    , (SELECT L.ADRES_CL_NM
         FROM TB_ADRES_CL L --주소분류 테이블에서 시도명을 가져옴
        WHERE L.ADRES_CL_CD = SUBSTR(A.ADSTRD_CD , 1, 2)
          AND L.ADRES_CL_SE_CD = 'ACS001' --시도
      ) AS CTPRVN_NM --시도명
    , A.STD_YM
```

```
            , A.POPLTN_SE_CD
            , A.AGRDE_SE_CD
            , SUM(A.POPLTN_CNT ) AS POPLTN_CNT
      FROM TB_POPLTN A --인구테이블
     WHERE 1=1
     GROUP BY SUBSTR(A.ADSTRD_CD , 1, 2), A.STD_YM
            , A.POPLTN_SE_CD
            , A.AGRDE_SE_CD
     ORDER BY SUBSTR(A.ADSTRD_CD , 1, 2)
            , A.STD_YM
            , A.POPLTN_SE_CD
            , A.AGRDE_SE_CD
    ;
    --커서 선언 종료


BEGIN --실행부 시작
    OPEN SELECT_TB_POPLTN; --커서 열기

    --반복문 시작 전 로그출력
    DBMS_OUTPUT.PUT_LINE('-----------------------------');

    LOOP --반복문의 시작

        --커서에서 한 행씩 가져옴
        FETCH SELECT_TB_POPLTN INTO
                            V_CTPRVN_CD
                          , V_CTPRVN_NM
                          , V_STD_YM
                          , V_POPLTN_SE_CD
                          , V_AGRDE_SE_CD
                          , V_POPLTN_CNT;

        --더이상 가져올 행이 없으면 반복문을 종료함
        EXIT WHEN SELECT_TB_POPLTN%NOTFOUND;

        --로그출력 시작
        DBMS_OUTPUT.PUT_LINE('V_CTPRVN_CD   :'||'['|| V_CTPRVN_CD   ||']');
        DBMS_OUTPUT.PUT_LINE('V_CTPRVN_NM   :'||'['|| V_CTPRVN_NM   ||']');
        DBMS_OUTPUT.PUT_LINE('V_STD_YM      :'||'['|| V_STD_YM      ||']');
        DBMS_OUTPUT.PUT_LINE('V_POPLTN_SE_CD:'||'['|| V_POPLTN_SE_CD||']');
        DBMS_OUTPUT.PUT_LINE('V_AGRDE_SE_CD :'||'['|| V_AGRDE_SE_CD ||']');
        DBMS_OUTPUT.PUT_LINE('V_POPLTN_CNT  :'||'['|| V_POPLTN_CNT  ||']');
        --로그출력 종료
```

```
        --IF문 시작, 만약 기준년월이 입력년월과 같다면
        IF V_STD_YM = IN_STD_YM THEN

            --TB_POPLTN_CTPRVN 테이블에 INSERT
            INSERT INTO TB_POPLTN_CTPRVN
                VALUES ( V_CTPRVN_CD
                       , V_CTPRVN_NM
                       , V_STD_YM
                       , V_POPLTN_SE_CD
                       , V_AGRDE_SE_CD
                       , V_POPLTN_CNT);
        END IF;  --IF문 종료
    END LOOP; --반복문의 종료

    CLOSE SELECT_TB_POPLTN; --커서 종료

    COMMIT; --커밋

    --반복문 종료 후 로그출력
    DBMS_OUTPUT.PUT_LINE('----------------------------');

END SP_INSERT_TB_POPLTN_CTPRVN; --실행부 종료
/
```

위 프로시저는 인구(TB_POPLTN) 테이블에서 시도 기준으로 인구수합계를 조회한 뒤, 해당 결과를 인구시도(TB_POPLTN_CTPRVN) 테이블에 저장합니다. 입력값으로는 기준년월 (STD_YM)을 받고 있으며 입력한 기준년월(STD_YM)과 인구(TB_POPLTN) 테이블에서 조회한 기준년월이 일치해야만(IF V_STD_YM = IN_STD_YM) 데이터를 INSERT하고 있습니다.

소스코드에 대한 이해는 달아놓은 주석을 참고하여 이해하면 됩니다. 프로시저 생성에 성공하면 아래와 같이 호출합니다.

코드 6-93 프로시저 호출(SQL*Plus에서 실행)

```
TRUNCATE TABLE TB_POPLTN_CTPRVN;
set serveroutput on;
EXECUTE SP_INSERT_TB_POPLTN_CTPRVN('202010');
```

아래의 그림처럼 나오면 실행에 성공한 것입니다.

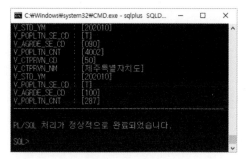

그림 6-3 프로시저 호출(SQL*Plus에서 실행)

프로시저 호출에 성공하고 아래의 SQL문으로 데이터가 정상적으로 입력되었는지 확인합니다.

코드 6-94 데이터 확인(SQL*Plus에서 실행)

```
SELECT CTPRVN_CD
     , CTPRVN_NM
     , STD_YM
     , POPLTN_SE_CD
     , AGRDE_SE_CD
     , POPLTN_CNT
  FROM TB_POPLTN_CTPRVN
 ORDER BY CTPRVN_CD, STD_YM, POPLTN_SE_CD, AGRDE_SE_CD
;
```

결과는 아래와 같습니다.

결과

CTPRVN_CD	CTPRVN_NM	STD_YM	POPLTN_SE_CD	AGRDE_SE_CD	POPLTN_CNT
11	서울특별시	202010	F	000	307148
11	서울특별시	202010	F	010	383792
11	서울특별시	202010	F	020	752704
11	서울특별시	202010	F	030	740661
11	서울특별시	202010	F	040	774651
11	서울특별시	202010	F	050	777634
11	서울특별시	202010	F	060	651941
11	서울특별시	202010	F	070	382467

11	¦서울특별시¦202010¦F	¦080	¦	168280
11	¦서울특별시¦202010¦F	¦090	¦	31236
11	¦서울특별시¦202010¦F	¦100	¦	4929
...생략				

6.8.5 사용자 정의 함수란?

사용자 정의 함수는 프로시저처럼 SQL문을 IF, LOOP 등의 로직과 함께 데이터베이스에 저장해놓은 명령문의 집합입니다. SUM, AVG, NVL의 함수처럼 호출해서 사용할 수 있습니다. 프로시저와 차이점은 반드시 1건을 되돌려줘야 한다는 것과 SELECT문과 결합하여 호출할 수 있다는 것입니다.

이후 진행하는 모든 실습은 윈도우 cmd 프로그램에서 SQL*Plus를 이용하도록 하겠습니다.

윈도우 cmd를 실행한 후 SQLD 계정으로 접속합니다.

SQL*Plus 접속 - SQLD

```
sqlplus SQLD/1234
```

코드 6-95 사용자 정의 함수 생성(SQL*Plus에서 실행)

```
CREATE OR REPLACE FUNCTION F_GET_TK_GFF_CNT --사용자 정의 함수 선언
(
  IN_SUBWAY_STATN_NO IN TB_SUBWAY_STATN.SUBWAY_STATN_NO%TYPE --입력값 선언
, IN_STD_YM IN TB_SUBWAY_STATN_TK_GFF.STD_YM %TYPE --입력값 선언
)
RETURN NUMBER IS V_TK_GFF_CNT NUMBER; --리턴값 선언

BEGIN
SELECT SUM(A.TK_GFF_CNT) AS TK_GFF_CNT
  INTO V_TK_GFF_CNT
  FROM TB_SUBWAY_STATN_TK_GFF A --지하철역승하차
 WHERE A.SUBWAY_STATN_NO  = IN_SUBWAY_STATN_NO --지하철역번호
   AND A.STD_YM = IN_STD_YM --기준년월
 ;

RETURN V_TK_GFF_CNT;
END;
/
```

위와 같이 지하철역번호(SUBWAY_STATN_NO)와 기준년월(STD_YM)을 입력하면 해당 역의 해당 기준년월의 승하차인원수(TK_GFF_CNT)의 합계를 리턴해줍니다. 사용자 정의 함수 생성에 성공하면 아래와 같이 호출합니다.

코드 6-96 사용자 정의 함수 호출(SQL*Plus에서 실행)

```
SELECT *
  FROM
    (
      SELECT A.SUBWAY_STATN_NO, A.LN_NM, A.STATN_NM
           , F_GET_TK_GFF_CNT(A.SUBWAY_STATN_NO, '202010') AS TK_GFF_CNT
        FROM TB_SUBWAY_STATN A
      WHERE 1=1
        AND A.LN_NM = '9호선'
      ORDER BY TK_GFF_CNT DESC
    )
  WHERE ROWNUM <= 10
;
```

지하철역(TB_SUBWAY_STATN) 테이블에서 노선명(LN_NM)이 '9호선'인 지하철역의 2020년 10월 기준의 승하차인원수 합계를 구하고 있습니다. 결과는 아래와 같습니다.

결과

SUBWAY_NO	LN_NM	STATN_NM	TK_GFF_CNT
000625	9호선	신논현	1561904
000617	9호선	노량진	1341974
000615	9호선	여의도	1039317
000607	9호선	가양	1003510
000613	9호선	당산	887998
000610	9호선	염창	841159
000623	9호선	고속터미널	740678
000614	9호선	국회의사당	705831
000605	9호선	마곡나루(서울식물원)	531060
000602	9호선	김포공항	530447

2020년 10월 기준 승하차인원수가 가장 많은 순으로 10건만 출력하고 있습니다. 9호선 신논현역이 승하차인원수가 가장 많은 것으로 나왔습니다.

6.8.6 트리거란?

트리거는 특정한 테이블에 INSERT, UPDATE, DELETE를 수행할 때 DBMS 내에서 자동으로 동작하도록 작성된 프로그램입니다. 즉, 사용자가 직접 호출하는 것이 아니고 DBMS가 자동적으로 수행합니다.

6.8.7 트리거 생성

우리는 프로시저 테스트를 하면서 인구시도(TB_POPLTN_CTPRVN) 테이블을 생성하였습니다. 이제 인구(TB_POPLTN) 테이블에 특정 데이터를 INSERT하면 인구시도(TB_POPLTN_CTPRVN) 테이블에 데이터가 입력되는 트리거를 만들어보겠습니다.

모든 실습은 윈도우 cmd 프로그램에서 SQL*Plus를 이용합니다.

윈도우 cmd를 실행한 후 SQLD 계정으로 접속합니다.

SQL*Plus 접속 - SQLD

```
sqlplus SQLD/1234
```

코드 6-97 트리거 생성(SQL*Plus에서 실행)

```
CREATE OR REPLACE TRIGGER TRIG_TB_POPLTN_CTPRVN_INSERT --트리거명 선언
AFTER INSERT --입력 후에 이 트리거가 실행
ON TB_POPLTN --인구 테이블에 입력 후에
FOR EACH ROW --각각의 행을 입력 후에
DECLARE
--변수 선언 시작

--V_ADSTRD_CD 변수의 데이터형은
--TB_POPLTN 테이블의 ADSTRD_CD 칼럼의 데이터형으로 지정
V_ADSTRD_CD TB_POPLTN.ADSTRD_CD%TYPE;

V_STD_YM TB_POPLTN.STD_YM%TYPE;
V_POPLTN_SE_CD TB_POPLTN.POPLTN_SE_CD%TYPE;
V_AGRDE_SE_CD TB_POPLTN.AGRDE_SE_CD%TYPE;
--변수 선언 종료

BEGIN --로직 시작

V_ADSTRD_CD := :NEW.ADSTRD_CD; --TB_POPLTN에 INSERT된 ADSTRD_CD 값
V_STD_YM := :NEW.STD_YM; --TB_POPLTN에 INSERT된 STD_MT 값
```

```
V_POPLTN_SE_CD := :NEW.POPLTN_SE_CD; --TB_POPLTN에 INSERT된 POPLTN_SE_CD 값
V_AGRDE_SE_CD := :NEW.AGRDE_SE_CD; ----TB_POPLTN에 INSERT된 AGRDE_SE_CD 값

--TB_POPLTN_CTPRVN 테이블에 인구수를 누적 업데이트함
UPDATE TB_POPLTN_CTPRVN A
   SET A.POPLTN_CNT = A.POPLTN_CNT + :NEW.POPLTN_CNT
 WHERE A.CTPRVN_CD = SUBSTR(V_ADSTRD_CD, 1, 2)
   AND A.STD_YM = V_STD_YM
   AND A.POPLTN_SE_CD = V_POPLTN_SE_CD
   AND A.AGRDE_SE_CD = V_AGRDE_SE_CD
;

--TB_POPLTN_CTPRVN 테이블에 해당 행이 없다면 신규로 INSERT함
IF SQL%NOTFOUND THEN
    INSERT INTO
          TB_POPLTN_CTPRVN ( CTPRVN_CD
                           , CTPRVN_NM
                           , STD_YM
                           , POPLTN_SE_CD
                           , AGRDE_SE_CD
                           , POPLTN_CNT
                           )
                    VALUES (
                           SUBSTR(V_ADSTRD_CD, 1, 2)
                           --주소분류 테이블에서 시도명을 가져옴
                           , (SELECT L.ADRES_CL_NM
                                FROM TB_ADRES_CL L
                               WHERE L.ADRES_CL_CD = SUBSTR(V_ADSTRD_CD, 1, 2)
                                 AND L.ADRES_CL_SE_CD = 'ACS001' --시도
                             )
                           , V_STD_YM
                           , V_POPLTN_SE_CD
                           , V_AGRDE_SE_CD
                           , :NEW.POPLTN_CNT
                           );
 END IF;
 END;
 /
```

위 트리거는 인구(TB_POPLTN) 테이블에 데이터를 입력하면 인구시도(TB_POPLTN_
CTPRVN) 테이블에 자동으로 UPDATE 혹은 INSERT를 시켜주는 트리거입니다. 인구(TB_
POPLTN) 테이블에 신규로 입력한 행이 인구시도(TB_POPLTN_CTPRVN) 테이블에 이

미 존재하면 인구수(POPLTN_CNT)를 누적으로 업데이트하고 만약 없다면 신규로 INSERT 하는 트리거입니다. 만약 경기도 고양시 삼송동의 2020년 09월 기준 30대 여성의 인구수를 INSERT한다고 했을 때, 인구시도(TB_POPLTN_CTPRVN) 테이블에 시도코드가 경기도인 2020년 09월 기준 30대 여성의 인구를 저장하는 행이 이미 존재한다면 UPDATE하고 없으면 INSERT하게 됩니다. 이제 아래와 같은 인구(TB_POPLTN) 테이블에 INSERT해보도록 합니다.

코드 6-98 트리거 호출(SQL*Plus에서 실행)

```
INSERT INTO
  TB_POPLTN (ADSTRD_CD, STD_YM, POPLTN_SE_CD, AGRDE_SE_CD, POPLTN_CNT)
    VALUES ( '4128157500' --경기도 고양시 삼송동
           , '202009' --2020년 09월 기준
           , 'F' --여성
           , '030' --30대
           , 2000 --2000명
           );
```

INSERT한 후, 바로 (커밋 혹은 롤백을 하지 말고) 다음 SELECT문으로 트리거의 동작을 확인해봅니다.

코드 6-99 트리거 실행 결과 확인(SQL*Plus에서 실행)

```
SELECT CTPRVN_CD
     , CTPRVN_NM
     , STD_YM
     , POPLTN_SE_CD
     , AGRDE_SE_CD
     , POPLTN_CNT
  FROM TB_POPLTN_CTPRVN
 WHERE CTPRVN_CD = '41'
   AND STD_YM = '202009'
 ;
```

결과는 아래와 같습니다.

CTPRVN_CD	CTPRVN_NM	STD_YM	POPLTN_SE_CD	AGRDE_SE_CD	POPLTN_CNT
41	경기도	202009	F	030	2000

인구시도(TB_POPLTN_CTPRVN) 테이블에 경기도의 2020년 09월 30대 여성 인구가 2,000명으로 들어간 것을 알 수 있습니다. 즉 트리거가 동작을 한 것입니다. 이 상태에서 바로 아래와 같이 롤백을 실행합니다.

코드 6-100 롤백 수행(SQL*Plus에서 실행)

```
ROLLBACK;
```

롤백을 수행한 후 아래와 같이 다시 테이블을 확인합니다.

코드 6-101 트리거 실행 취소 확인(SQL*Plus에서 실행)

```
SELECT CTPRVN_CD
     , CTPRVN_NM
     , STD_YM
     , POPLTN_SE_CD
     , AGRDE_SE_CD
     , POPLTN_CNT
  FROM TB_POPLTN_CTPRVN
 WHERE CTPRVN_CD = '41'
   AND STD_YM = '202009'
 ;
```

결과

```
CTPRVN_CD¦CTPRVN_NM¦STD_YM¦POPLTN_SE_CD¦AGRDE_SE_CD¦POPLTN_CNT¦
---------¦---------¦------¦------------¦-----------¦----------¦
```

즉, 트리거는 트리거 내부에서 트랜잭션 처리를 하지 않고, 트리거를 호출하게 된 INSERT문을 호출한 세션에서 롤백을 수행하면 트리거가 실행한 내역도 함께 롤백으로 취소된 것을 알 수 있습니다. 결론적으로 인구(TB_POPLTN) 테이블에 새로운 행을 INSERT했을 경우 트리거가 실행되고, 그 INSERT문을 호출한 세션에서 커밋을 실행해야만 트리거의 내용도 데이터베이스에 최종적으로 적용이 됩니다.

다시 아래와 같이 인구(TB_POPLTN) 테이블에 INSERT한 후, 커밋까지 수행합니다.

코드 6-102 트리거 실행 및 완전 적용(SQL*Plus에서 실행)

```
INSERT INTO
  TB_POPLTN (ADSTRD_CD, STD_YM, POPLTN_SE_CD, AGRDE_SE_CD, POPLTN_CNT)
```

```
        VALUES ( '4128157500' --경기도 고양시 삼송동
               , '202009' --2020년 09월 기준
               , 'F' --여성
               , '030' --30대
               , 2000 --2000명
               );
    COMMIT;
```

트리거 적용 결과를 확인합니다.

코드 6-103 트리거 적용 결과 확인(SQL*Plus에서 실행)

```
SELECT CTPRVN_CD
     , CTPRVN_NM
     , STD_YM
     , POPLTN_SE_CD
     , AGRDE_SE_CD
     , POPLTN_CNT
  FROM TB_POPLTN_CTPRVN
 WHERE CTPRVN_CD = '41'
   AND STD_YM = '202009'
 ;
```

결과

CTPRVN_CD	CTPRVN_NM	STD_YM	POPLTN_SE_CD	AGRDE_SE_CD	POPLTN_CNT
41	경기도	202009	F	030	2000

그럼 이 상태에서 다시 아래와 같이 인구(TB_POPLTN) 테이블에 신규로 데이터를 INSERT 합니다.

코드 6-104 트리거 실행 및 완전 적용(SQL*Plus에서 실행)

```
INSERT INTO
  TB_POPLTN (ADSTRD_CD, STD_YM, POPLTN_SE_CD, AGRDE_SE_CD, POPLTN_CNT)
     VALUES ( '4128158000' --경기도 고양시 덕양구 창릉동
            , '202009' --2020년 09월 기준
            , 'F' --여성
            , '030' --30대
            , 2100 --2100명
            );
    COMMIT;
```

이번엔 같은 경기도인 경기도 고양시 창릉동의 2020년 09월 기준 30대 여성의 인구수가 2,100명이라고 INSERT한 후 커밋까지 하였습니다.

트리거의 동작 결과를 확인해봅니다.

코드 6-105 트리거 실행 확인(SQL*Plus에서 실행)

```
SELECT CTPRVN_CD
     , CTPRVN_NM
     , STD_YM
     , POPLTN_SE_CD
     , AGRDE_SE_CD
     , POPLTN_CNT
  FROM TB_POPLTN_CTPRVN
 WHERE CTPRVN_CD = '41'
   AND STD_YM = '202009'
 ;
```

결과

```
CTPRVN_CD¦CTPRVN_NM¦STD_YM¦POPLTN_SE_CD¦AGRDE_SE_CD¦POPLTN_CNT¦
---------¦---------¦------¦------------¦-----------¦----------¦
41       ¦경기도   ¦202009¦F           ¦030        ¦      4100¦
```

인구시도(TB_POPLTN_CTPRVN) 테이블에 대상 행이 이미 존재해서 UPDATE한 것을 알 수 있습니다. 즉 현재까지 INSERT한 내용을 기준으로 경기도의 2020년 09월 기준 30대 여성 인구는 4,100명이라는 것을 알 수 있습니다. (삼송동 2,000명 + 창릉동 2,100명 = 현재까지 총 4,100명)

6.8.8 프로시저와 트리거의 차이점

프로시저와 트리거의 가장 큰 차이점은 프로시저는 프로시저 내부에서 커밋 혹은 롤백을 수행 하지만, 트리거는 트리거가 발생된 원인이 된 SQL문이 커밋 혹은 롤백되는지에 따라서 트리거 의 실행 결과가 데이터베이스에 최종 적용될지 말지가 결정된다는 것입니다. 프로시저와 트리 거의 차이점을 표로 봅시다.

표 6-22 프로시저와 트리거의 차이점

프로시저	트리거
CREATE PROCEDURE 문법 사용	CREATE TRIGGER 문법 사용
EXECUTE/EXEC 명령어로 실행	생성 후 자동으로 실행
내부에서 COMMIT, ROLLBACK 실행 가능	내부에서 COMMIT, ROLLBACK 실행 안 됨

위 표에서 정리한, 프로시저와 트리거의 차이점을 묻는 문제는 SQLD 시험의 단골 문제 중 하나입니다.

6.9 SQL 활용 실습

6.9.1 각 읍/면/동 기준 커피숍 1개당 인구수를 구해보자.

각 지역별(읍/면/동 기준) 커피숍 1개당 인구수가 몇 명인지를 구해보겠습니다. 커피숍 1개당 인구수가 많으면 많을수록 인구수에 비해서 커피숍의 개수가 부족한 지역이라고 판단할 수 있습니다. 우선 아래와 같이 인구(TB_POPLTN) 테이블을 조회하여 읍/면/동별 인구수합계를 구합니다.

코드 6-106 읍/면/동별 전체 인구수합계

```
SELECT
        A.ADSTRD_CD
     , SUM(A.POPLTN_CNT) POPLTN_CNT
  FROM TB_POPLTN A
 WHERE A.STD_YM = '202010'
   AND A.POPLTN_SE_CD = 'T'
 GROUP BY A.ADSTRD_CD
 ;
```

위 SELECT문으로 읍/면/동별 전체 인구수를 구한 후, 아래와 같이 행정동(TB_ADSTRD) 테이블 및 상가(TB_BSSH) 테이블을 조인합니다.

```
SELECT  A.ADSTRD_CD, B.ADSTRD_NM ,  A.POPLTN_CNT, COUNT(*) COFFEE_CNT
   FROM
     (
       SELECT /*+ NO_MERGE */
               A.ADSTRD_CD
             , SUM(A.POPLTN_CNT) POPLTN_CNT
         FROM TB_POPLTN A
        WHERE A.STD_YM = '202010'
          AND A.POPLTN_SE_CD = 'T'
         GROUP BY A.ADSTRD_CD
     ) A
     , TB_ADSTRD B
     , TB_BSSH C
  WHERE A.ADSTRD_CD = B.ADSTRD_CD
    AND B.ADSTRD_CD = C.ADSTRD_CD
    AND C.INDUTY_SMALL_CL_CD = 'Q12A01'
    GROUP BY A.ADSTRD_CD, B.ADSTRD_NM, A.POPLTN_CNT
  ;
```

위와 같이 행정동(TB_ADSTRD) 테이블 및 상가(TB_BSSH) 테이블을 조인하여 읍/면/동 기준 커피숍의 개수를 구하였습니다. 이 상태에서 마지막으로 커피숍 1개당 인구수를 구합니다.

코드 6-108 읍/면/동별 커피숍 1개당 인구수

```
SELECT
        A.ADSTRD_CD
      , A.ADSTRD_NM
      , A.POPLTN_CNT
      , A.COFFEE_CNT
      , TRUNC(A.POPLTN_CNT/A.COFFEE_CNT) AS 커피숍1개당인구수
   FROM
   (
       SELECT A.ADSTRD_CD, B.ADSTRD_NM ,  A.POPLTN_CNT, COUNT(*) COFFEE_CNT
       FROM
       (
           SELECT
                   A.ADSTRD_CD
                 , SUM(A.POPLTN_CNT) POPLTN_CNT
             FROM TB_POPLTN A
            WHERE A.STD_YM = '202010'
              AND A.POPLTN_SE_CD = 'T'
```

```
                    GROUP BY A.ADSTRD_CD
        ) A
        , TB_ADSTRD B
        , TB_BSSH C
        WHERE A.ADSTRD_CD = B.ADSTRD_CD
        AND B.ADSTRD_CD = C.ADSTRD_CD
        AND C.INDUTY_SMALL_CL_CD = 'Q12A01'
        GROUP BY A.ADSTRD_CD, A.POPLTN_CNT, B.ADSTRD_NM
    ) A
ORDER BY 커피숍1개당인구수 DESC
;
```

각 읍/면/동 기준 전체 인구수를 구한 후, 각 읍/면/동에 존재하는 커피숍의 개수를 구하였습니다. 그 상태에서 '인구수/커피숍개수'를 계산하여 커피숍 1개당 인구수를 구한 것입니다.

결과

```
ADSTRD_CD  |ADSTRD_NM                    |POPLTN_CNT|COFFEE_CNT|커피숍1개당인구수
---------- |---------------------------- |----------|----------|----------------
4111759300|경기도 수원시 영통구 망포1동 |    31748|         1|    31748
4115059500|경기도 의정부시 가능동        |    26119|         1|    26119
4119079500|경기도 부천시 범안동          |    96564|         4|    24141
4128157500|경기도 고양시 덕양구 삼송동   |    22422|         1|    22422
1171069000|서울특별시 송파구 잠실4동     |    21827|         1|    21827
4159061000|경기도 화성시 동탄7동         |    82453|         4|    20613
4115061500|경기도 의정부시 흥선동        |    19165|         1|    19165
4136056500|경기도 남양주시 다산2동       |    36216|         2|    18108
...생략
```

출력된 데이터를 기준으로 경기도 수원시 영통구 망포1동이 커피숍 1개당 인구수가 가장 많은 것을 알 수 있습니다.

6.9.2 각 시/군/구 기준 학원 하나당 00대~10대 인구수가 가장 많은 순으로 출력하자.

이번에는 전국의 각 시/군/구 기준 학원 하나당 00대~10대 인구수를 알아보도록 하겠습니다. 우선 인구 테이블에서 시/군/구별 00대~10대의 인구수합계를 구해야 합니다. 인구(TB_POPLTN) 테이블에는 읍/면/동 기준으로 해당 지역의 인구수가 저장되어 있습니다. 각 행정동코드별 인구수가 있는 것입니다. 인구(TB_POPLTN) 테이블의 행정동코드(ADSTRD_CD) 칼럼에서 첫 번째 자리부터 다섯 번째 자리까지 자르면 시군구코드가 됩니다. 이러한 점

을 이용하여 아래와 같이 시/군/구별 남성/여성 전체의 00대~10대의 인구수합계를 구하였습니다.

코드 6-109 시/군/구별 인구수합계

```sql
SELECT SUBSTR(A.ADSTRD_CD, 1, 5) 시군구코드
     , (SELECT L.ADRES_CL_NM
          FROM TB_ADRES_CL L
         WHERE L.ADRES_CL_SE_CD = 'ACS001'
           AND L.ADRES_CL_CD = B.UPPER_ADRES_CL_CD) 시도
     , B.ADRES_CL_NM 시군구
     , SUM(A.POPLTN_CNT) 인구수
  FROM TB_POPLTN A , TB_ADRES_CL B
 WHERE SUBSTR(A.ADSTRD_CD, 1, 5) = B.ADRES_CL_CD
   AND B.ADRES_CL_SE_CD = 'ACS002'
   AND A.POPLTN_SE_CD = 'T'
   AND A.AGRDE_SE_CD IN ('000', '010')
 GROUP BY SUBSTR(A.ADSTRD_CD, 1, 5), B.ADRES_CL_NM, B.UPPER_ADRES_CL_CD
 ORDER BY 시군구코드
;
```

인구(TB_POPLTN) 테이블에서 시/군/구별 인구수합계를 구하고 해당 시군구코드가 어떤 지역인지 알기 위해서 주소분류(TB_ADRES_CL) 테이블을 조인하였습니다. 주소분류(TB_ADRES_CL) 테이블은 상가(TB_ADRES_CL) 테이블에서 파생된 전국 주소에 대한 정보를 저장하고 있는 테이블입니다.

결과

시군구코드	시도	시군구	인구수
11110	서울특별시	종로구	18776
11140	서울특별시	중구	13873
11170	서울특별시	용산구	29406
11200	서울특별시	성동구	40808
11215	서울특별시	광진구	46116
11230	서울특별시	동대문구	44970
11260	서울특별시	중랑구	50500
11290	서울특별시	성북구	66765
11305	서울특별시	강북구	38379
11320	서울특별시	도봉구	45029
11350	서울특별시	노원구	87302

...중간생략

```
 42790|강원도      |화천군        |   3626|
 42800|강원도      |양구군        |   3828|
 42810|강원도      |인제군        |   4812|
 42820|강원도      |고성군        |   2911|
 42830|강원도      |양양군        |   3219|
 43111|충청북도    |청주시 상당구 | 35829|
 43112|충청북도    |청주시 서원구 | 34837|
 43113|충청북도    |청주시 흥덕구 | 50838|
 43114|충청북도    |청주시 청원구 | 39742|
...생략
```

시/군/구별 인구수합계가 출력되었습니다. 위에서 출력한 인구수합계 데이터를 기반으로 상가
(TB_ADRES_CL) 테이블과 조인하여 학원 1개당 인구수를 알아봅시다.

코드 6-110 시/군/구별 00대~10대 인구수합계 기준 학원 1개당 인구수 조회

```sql
SELECT
        A.시군구코드
      , A.시도
      , A.시군구
      , A.인구수
      , A.ACADEMY_CNT
      , TRUNC(A.인구수/A.ACADEMY_CNT) AS 학원1개당인구수
    FROM
    (
        SELECT A.시군구코드
             , A.시도
             , A.시군구
             , A.인구수
             , COUNT(*) ACADEMY_CNT
          FROM
          (
            SELECT SUBSTR(A.ADSTRD_CD, 1, 5) 시군구코드
                 , (SELECT L.ADRES_CL_NM
                      FROM TB_ADRES_CL L
                     WHERE L.ADRES_CL_SE_CD = 'ACS001'
                       AND L.ADRES_CL_CD = B.UPPER_ADRES_CL_CD) 시도
                 , B.ADRES_CL_NM 시군구
                 , SUM(A.POPLTN_CNT) 인구수
              FROM TB_POPLTN A , TB_ADRES_CL B
             WHERE SUBSTR(A.ADSTRD_CD, 1, 5) = B.ADRES_CL_CD
               AND B.ADRES_CL_SE_CD = 'ACS002'
               AND A.POPLTN_SE_CD = 'T'
```

```
                   AND A.AGRDE_SE_CD IN ('000', '010')
                 GROUP BY SUBSTR(A.ADSTRD_CD, 1, 5)
                        , B.ADRES_CL_NM
                        , B.UPPER_ADRES_CL_CD
               ORDER BY 시군구코드
           ) A
         , TB_BSSH C
      WHERE 1=1
      AND A.시군구코드 = C.SIGNGU_CD
      AND C.INDUTY_MIDDL_CL_CD  IN (
             'R01' --학원-보습교습입시
           , 'R02' --학원-창업취업취미
           , 'R03' --학원-자격/국가고시
           , 'R04' --학원-어학
           , 'R05' --학원-음악미술무용
           , 'R06' --학원-컴퓨터
           , 'R07' --학원-예능취미체육
           , 'R08' --유아교육
           )
      GROUP BY A.시군구코드, A.시도, A.시군구, A.인구수
  ) A
  ORDER BY 학원1개당인구수 DESC
  ;
```

시/군/구별 00대~10대까지의 남/여 인구수합계를 구한 후, 상가(TB_BSSH) 테이블과 조인하여 업종중분류코드가 학원과 관련된 업종의 상가 개수를 계산하였습니다. 그 후 각 시군구별 인구수에 학원 개수를 나누어 학원 1개당 인구수를 구하였습니다.

결과

시군구코드	시도	시군구	인구수	ACADEMY_CNT	학원1개당인구수
46910	전라남도	신안군	3637	20	181
46860	전라남도	함평군	3482	23	151
47940	경상북도	울릉군	879	6	146
26440	부산광역시	강서구	31553	219	144
36110	세종특별자치시	세종특별자치시	89010	623	142
47760	경상북도	영양군	1693	12	141
45720	전라북도	진안군	2973	22	135
28720	인천광역시	옹진군	2082	16	130
47920	경상북도	봉화군	3279	27	121
48860	경상남도	산청군	3460	29	119
...생략					

결과 데이터를 보면 세종특별자치시가 학원 1개당 인구수가 142명으로 인구수 대비 학원의 개수가 부족한 것을 알 수 있습니다. 세종특별자치시가 교육열이 높을 거라는 합리적인 예측이 가능한 상황에서 이러한 결과가 나왔다는 것은, 학원을 창업하려면 우선 세종특별자치시에서 수요를 확인해보는 것이 좋을 것으로 판단됩니다.

6.9.3 지하철역의 각 노선별 승하차인원이 가장 많은 지하철역을 구해보자.

이번에는 지하철의 각 노선별(1호선, 2호선 등등) 승하차인원이 가장 많은 지하철역을 조회해 보겠습니다. 즉 각 노선별 1등을 조회하는 것입니다. 예를 들어, 1호선은 어느 역이 1등, 2호선은 어떤 역이 1등과 같이 나타냅니다. 우선 각 지하철역별 승하차인원수 합계를 구합니다.

코드 6-111 지하철역별 승하차인원수 합계

```
SELECT
       A.SUBWAY_STATN_NO
     , B.STATN_NM
     , B.LN_NM
     , SUM(A.TK_GFF_CNT) AS SUM_TK_GFF_CNT
  FROM TB_SUBWAY_STATN_TK_GFF A
     , TB_SUBWAY_STATN B
 WHERE A.STD_YM  = '202010'
   AND A.SUBWAY_STATN_NO  = B.SUBWAY_STATN_NO
 GROUP BY A.SUBWAY_STATN_NO  , B.STATN_NM, B.LN_NM
 ORDER BY SUM_TK_GFF_CNT DESC
 ;
```

지하철역승하차(TB_SUBWAY_STATN_TK_GFF) 테이블 및 지하철역(TB_SUBWAY_STATN) 테이블을 조인하여 지하철역별 승하차인원수 합계를 구하였습니다.

결과

SUBWAY_NO	STATN_NM	LN_NM	SUM_TK_GFF_CNT
000032	강남	2호선	4193290
000026	잠실(송파구청)	2호선	3446110
000040	신림	2호선	3247893
000042	구로디지털단지	2호선	3007885
000049	홍대입구	2호선	2977449
000044	신도림	2호선	2557059
000038	서울대입구(관악구청)	2호선	2462868

```
000029   |삼성(무역센터)    |2호선   |       2424267|
000030   |선릉            |2호선   |       2419812|
000081   |고속터미널       |3호선   |       2302568|
000031   |역삼            |2호선   |       2296284|
000126   |영등포          |경부선   |       2174236|
000001   |서울역          |1호선   |       2111954|
000261   |수원            |경부선   |       2105467|
```

우선 2020년 10월 1달 동안 2호선 강남역이 승하차인원이 가장 많았습니다. 그럼 지하철역별
승하차인원수 합계 데이터를 기반으로 하여 노선별 승하차인원수 합계가 가장 많은 역이 어디
인지 살펴보겠습니다.

코드 6-112 노선별 승하차인원수 합계 1위 구하기

```
SELECT *
  FROM
    (
      SELECT
            A.SUBWAY_STATN_NO
          , A.STATN_NM
          , A.LN_NM
          , A.SUM_TK_GFF_CNT
          , ROW_NUMBER()
                OVER(PARTITION BY A.LN_NM
                        ORDER BY A.SUM_TK_GFF_CNT DESC
                    ) AS RNUM_LN_NM_SUM_TK_GFF_CNT
        FROM
          (
            SELECT
                  A.SUBWAY_STATN_NO
                , B.STATN_NM
                , B.LN_NM
                , SUM(A.TK_GFF_CNT) AS SUM_TK_GFF_CNT
              FROM TB_SUBWAY_STATN_TK_GFF A
                 , TB_SUBWAY_STATN B
             WHERE A.STD_YM  = '202010'
               AND A.SUBWAY_STATN_NO  = B.SUBWAY_STATN_NO
             GROUP BY A.SUBWAY_STATN_NO  , B.STATN_NM, B.LN_NM
             ORDER BY SUM_TK_GFF_CNT DESC
          ) A
    ) A
 WHERE RNUM_LN_NM_SUM_TK_GFF_CNT = 1
 ORDER BY SUM_TK_GFF_CNT DESC;
```

지하철역별 승하차인원수 합계 데이터를 이용하여 노선별로 승하차인원수의 순위를 분석 함수인 ROW_NUMBER 함수를 이용하여 구하였습니다. 그런 후, 각 노선별로 승하차인원수 1위를 구하였습니다. 이렇게 되면 각 노선별로 승하차수인원수 합계가 가장 많은 역이 어디인지 나오게 됩니다.

결과

SUBWAY_NO	STATN_NM	LN_NM	SUM_TK_GFF_CNT	RNUM_LN_NM_SUM_TK_GFF_CNT
000032	강남	2호선	4193290	1
000081	고속터미널	3호선	2302568	1
000126	영등포	경부선	2174236	1
000001	서울역	1호선	2111954	1
000514	가산디지털단지	7호선	2089827	1
000296	부천	경인선	1807263	1
000100	수유(강북구청)	4호선	1770036	1
000625	신논현	9호선	1561904	1
000393	까치산	5호선	1464596	1
000321	야탑	분당선	1321146	1
000237	범계	과천선	1298056	1
000135	회기	중앙선	1243584	1
000363	의정부	경원선	1014355	1
000536	문정	8호선	989906	1
000285	중앙	안산선	946753	1
000376	삼송	일산선	918953	1
000438	응암	6호선	891145	1
000629	봉은사	9호선2~3단계	747121	1
000642	디지털미디어시티	공항철도 1호선	594572	1
000188	일산	경의선	471693	1
000347	소래포구	수인선	399535	1
000241	경기광주	경강선	350959	1
000211	평내호평	경춘선	312386	1
000704	북한산보국문	우이신설선	296323	1
000228	온양온천	장항선	215483	1

각 노선명별 승하차인원수 합계가 가장 많은 역과 승하차인원수 합계가 출력되었습니다.

6.10 연습문제

문제 51

〈아래〉와 같이 TB_DEPT_51 테이블과 TB_EMP_51 테이블을 생성하고 데이터를 입력하였다. 〈아래〉의
SQL문의 결과집합으로 가장 적절한 것은 무엇인가?

〈아래〉

테이블 생성 및 입력

```
CREATE TABLE TB_DEPT_51
(
  DEPT_NO CHAR(4)
, DEPT_NM VARCHAR(50)
, CONSTRAINT TB_DEPT_51_PK PRIMARY KEY (DEPT_NO)
);

INSERT INTO TB_DEPT_51 (DEPT_NO, DEPT_NM ) VALUES ( 'D101', '데이터개발팀');
INSERT INTO TB_DEPT_51 (DEPT_NO, DEPT_NM ) VALUES ( 'D102', '파이썬개발팀');

COMMIT;

CREATE TABLE TB_EMP_51
(
  EMP_NO CHAR(4)
, EMP_NM VARCHAR2(50) NOT NULL
, JOB_NM VARCHAR2(50) NOT NULL
, DEPT_NO CHAR(4)
, CONSTRAINT TB_EMP_51_PK PRIMARY KEY (EMP_NO)
)
;

ALTER TABLE TB_EMP_51
ADD CONSTRAINTS FK_TB_EMP_51 FOREIGN KEY (DEPT_NO)
REFERENCES TB_DEPT_51 (DEPT_NO)
;

INSERT INTO TB_EMP_51 (EMP_NO, EMP_NM, JOB_NM, DEPT_NO )
              VALUES ('E001', '이경오', 'SQL 개발자', 'D101');

INSERT INTO TB_EMP_51 (EMP_NO, EMP_NM, JOB_NM, DEPT_NO )
              VALUES ('E002', '이수지', 'SQL 개발자', 'D101');

INSERT INTO TB_EMP_51 (EMP_NO, EMP_NM, JOB_NM, DEPT_NO )
```

```
                VALUES ('E003', '김선태', '파이썬개발자', 'D102');

    INSERT INTO TB_EMP_51 (EMP_NO, EMP_NM, JOB_NM, DEPT_NO )
                VALUES ('E004', '김지선', '파이썬개발자', 'D102');

    INSERT INTO TB_EMP_51 (EMP_NO, EMP_NM, JOB_NM, DEPT_NO )
                VALUES ('E005', '박선정', '파이썬개발자', 'D102');

    INSERT INTO TB_EMP_51 (EMP_NO, EMP_NM, JOB_NM, DEPT_NO )
                VALUES ('E006', '박선정', '자바개발자', NULL);

    COMMIT;
```

SQL문

```
SELECT NVL(B.EMP_NO , '(Null)') AS B_EMP_NO
    , NVL(B.EMP_NM , '(Null)') AS B_EMP_NM
    , NVL(B.JOB_NM , '(Null)') AS B_JOB_NM
    , NVL(B.DEPT_NO, '(Null)') AS B_DEPT_NO
    , NVL(A.DEPT_NO, '(Null)') AS A_DEPT_NO
    , NVL(A.DEPT_NM, '(Null)') AS A_DEPT_NM
  FROM TB_DEPT_51 A RIGHT OUTER JOIN TB_EMP_51 B
  ON (
        A.DEPT_NO = B.DEPT_NO AND A.DEPT_NO = 'D101'
      AND B.DEPT_NO IS NOT NULL
    )
  ORDER BY B.EMP_NO
  ;
```

①

B_EMP_NO	B_EMP_NM	B_JOB_NM	B_DEPT_NO	A_DEPT_NO	A_DEPT_NM
E001	이경오	SQL 개발자	D101	(Null)	(Null)
E002	이수지	SQL 개발자	D101	(Null)	(Null)
E003	김선태	파이썬개발자	D102	(Null)	(Null)
E004	김지선	파이썬개발자	D102	(Null)	(Null)
E005	박선정	파이썬개발자	D102	(Null)	(Null)
E006	박선정	자바개발자	(Null)	(Null)	(Null)

②

```
B_EMP_NO  B_EMP_NM  B_JOB_NM        B_DEPT_NO  A_DEPT_NO  A_DEPT_NM
--------  --------  -------------   ---------  ---------  ------------
E001      이경오     SQ L개발자       D101       D101       데이터개발팀
E002      이수지     SQL 개발자       D101       D101       데이터개발팀
(Null)    (Null)    (Null)          (Null)     D102       파이썬개발팀
```

③

```
B_EMP_NO  B_EMP_NM  B_JOB_NM        B_DEPT_NO  A_DEPT_NO  A_DEPT_NM
--------  --------  -------------   ---------  ---------  ------------
E001      이경오     SQL 개발자       D101       D101       데이터개발팀
E002      이수지     SQL 개발자       D101       D101       데이터개발팀
E003      김선태     파이썬개발자      D102       (Null)     (Null)
E004      김지선     파이썬개발자      D102       (Null)     (Null)
E005      박선정     파이썬개발자      D102       (Null)     (Null)
E006      박선정     자바개발자       (Null)     (Null)     (Null)
```

④

```
B_EMP_NO  B_EMP_NM  B_JOB_NM        B_DEPT_NO  A_DEPT_NO  A_DEPT_NM
--------  --------  -------------   ---------  ---------  ------------
E001      이경오     SQL 개발자       D101       (Null)     (Null)
E002      이수지     SQL 개발자       D101       (Null)     (Null)
E003      김선태     파이썬개발자      D102       D102       파이썬개발팀
E004      김지선     파이썬개발자      D102       D102       파이썬개발팀
E005      박선정     파이썬개발자      D102       D102       파이썬개발팀
E006      박선정     자바개발자       (Null)     (Null)     (Null)
```

문제 52

〈아래〉와 같이 PK가 존재하지 않는 TB_EMP_52, TB_DEPT_52 테이블을 생성한 후 데이터를 입력하였다. FULL OUTER JOIN을 수행한 경우, 결과집합의 건수는 몇 건인가?

〈아래〉

테이블 생성 및 입력

```
CREATE TABLE TB_DEPT_52
(
  DEPT_NO CHAR(4)
, DEPT_NM VARCHAR(50)
);

INSERT INTO TB_DEPT_52 (DEPT_NO, DEPT_NM ) VALUES ( 'D101', '데이터개발팀');
INSERT INTO TB_DEPT_52 (DEPT_NO, DEPT_NM ) VALUES ( 'D102', '파이썬개발팀');
```

```
INSERT INTO TB_DEPT_52 (DEPT_NO, DEPT_NM ) VALUES ( NULL  , '자바개발팀');

COMMIT;

CREATE TABLE TB_EMP_52
(
  EMP_NO CHAR(4)
, EMP_NM VARCHAR2(50) NOT NULL
, JOB_NM VARCHAR2(50) NOT NULL
, DEPT_NO CHAR(4)
)
;

INSERT INTO TB_EMP_52 (EMP_NO, EMP_NM, JOB_NM, DEPT_NO )
              VALUES ('E001', '이경오', 'SQL 개발자', 'D101');

INSERT INTO TB_EMP_52 (EMP_NO, EMP_NM, JOB_NM, DEPT_NO )
              VALUES ('E002', '이수지', 'SQL 개발자', 'D101');

INSERT INTO TB_EMP_52 (EMP_NO, EMP_NM, JOB_NM, DEPT_NO )
              VALUES ('E003', '김선태', '파이썬개발자', NULL);

INSERT INTO TB_EMP_52 (EMP_NO, EMP_NM, JOB_NM, DEPT_NO )
              VALUES ('E004', '김지선', '파이썬개발자', 'D102');

INSERT INTO TB_EMP_52 (EMP_NO, EMP_NM, JOB_NM, DEPT_NO )
              VALUES ('E005', '박선정', '파이썬개발자', 'D102');

INSERT INTO TB_EMP_52 (EMP_NO, EMP_NM, JOB_NM, DEPT_NO )
              VALUES ('E006', '박선정', '자바개발자', NULL);

COMMIT;
```

SQL문

```
SELECT NVL(A.DEPT_NO , '(Null)') AS A_DEPT_NO
     , NVL(A.DEPT_NM , '(Null)') AS A_DEPT_NM
     , NVL(B.EMP_NO  , '(Null)') AS B_EMP_NO
     , NVL(B.EMP_NM  , '(Null)') AS B_EMP_NM
     , NVL(B.JOB_NM  , '(Null)') AS B_JOB_NM
     , NVL(B.DEPT_NO , '(Null)') AS B_DEPT_NO
FROM TB_DEPT_52 A FULL OUTER JOIN TB_EMP_52 B
ON (A.DEPT_NO = B.DEPT_NO)
```

```
    ORDER BY A.DEPT_NO DESC
    ;
```

① 7   ② 6
③ 5   ④ 4

집합연산자는 여러 개의 SQL문을 하나의 SQL문으로 결합시키는 역할을 한다. 다음 중 집합연산자에 대한 설명으로 가장 부적절한 것은 무엇인가?

① UNION은 여러 개의 집합연산에 대한 합집합을 출력한다. 중복되는 행에 대해서는 중복을 제거한다.

② UNION ALL은 여러 개의 집합연산에 대한 합집합을 출력한다. 중복되는 행에 대해서도 중복된 행을 그대로 보여준다.

③ EXCEPT/MINUS는 앞의 SQL문의 결과에서 뒤의 SQL문의 결과에 대한 차집합이다. 중복되는 행에 대해서는 중복을 제거한다.

④ UNION과 UNION ALL의 차이는 중복된 행에 대한 중복 제거 혹은 중복을 그대로 보여주는 데 있다. 그것을 제외하고는 2개 모두 결과집합 및 정렬순서가 동일함을 보장한다.

〈아래〉와 같이 주문 테이블을 생성한 후 데이터를 입력하였다. 〈아래〉와 같이 집합연산자를 이용한 경우 SQL문의 결과집합으로 가장 적절한 것은?

〈아래〉
테이블 생성 및 입력

```
CREATE TABLE TB_ORD_54
(
      ORD_NO CHAR(8)
    , ORD_DE CHAR(8)
    , ORD_TM CHAR(6)
    , PRDT_CD CHAR(4)
    , ORD_CNT NUMBER(10)
    , ORD_AMT NUMBER(10)
    , CONSTRAINT TB_ORD_54_PK PRIMARY KEY (ORD_NO)
)
;

INSERT INTO TB_ORD_54 (ORD_NO, ORD_DE, ORD_TM, PRDT_CD, ORD_CNT, ORD_AMT )
```

```
                 VALUES ('10000001', '20201113', '103610', 'P001', 1, 42000);

     INSERT INTO TB_ORD_54 (ORD_NO, ORD_DE, ORD_TM, PRDT_CD, ORD_CNT, ORD_AMT )
                 VALUES ('10000002', '20201113', '103756', 'P001', 1, 42000);

     INSERT INTO TB_ORD_54 (ORD_NO, ORD_DE, ORD_TM, PRDT_CD, ORD_CNT, ORD_AMT )
                 VALUES ('10000003', '20201113', '103757', 'P002', 1, 38000);

     INSERT INTO TB_ORD_54 (ORD_NO, ORD_DE, ORD_TM, PRDT_CD, ORD_CNT, ORD_AMT )
                 VALUES ('10000004', '20201113', '103814', 'P002', 1, 38000);

     INSERT INTO TB_ORD_54 (ORD_NO, ORD_DE, ORD_TM, PRDT_CD, ORD_CNT, ORD_AMT )
                 VALUES ('10000005', '20201113', '103942', 'P003', 1, 56000);

     COMMIT;
```

SQL문

```
SELECT PRDT_CD FROM TB_ORD_54 WHERE PRDT_CD = 'P001'
UNION ALL
SELECT PRDT_CD FROM TB_ORD_54 WHERE PRDT_CD = 'P002'
MINUS
SELECT PRDT_CD FROM TB_ORD_54 WHERE PRDT_CD = 'P003'
ORDER BY PRDT_CD DESC
    ;
```

①
```
PRDT_CD
-------
P002
P001
```

②
```
PRDT_CD
-------
P002
P002
P001
P001
```

③
```
PRDT_CD
-------
P002
P001
P003
```

④
```
PRDT_CD
-------
P002
P002
P001
P001
P003
```

〈아래〉와 같이 부서 테이블을 생성하고 데이터를 입력하였다. 〈아래〉와 같은 결과집합을 출력하는 SQL문으로 가장 적절한 것은 무엇인가?

〈아래〉

테이블 생성 및 입력

```
CREATE TABLE TB_DEPT_55
(
  DEPT_NO CHAR(4)
, DEPT_NM VARCHAR2(50) NOT NULL
, UPPER_DEPT_NO CHAR(4) NULL
, CONSTRAINT TB_DEPT_55_PK PRIMARY KEY(DEPT_NO)
)
;

INSERT INTO TB_DEPT_55 (DEPT_NO, DEPT_NM, UPPER_DEPT_NO)
    VALUES ('D001', '회장실', NULL);

INSERT INTO TB_DEPT_55 (DEPT_NO, DEPT_NM, UPPER_DEPT_NO)
    VALUES ('D002', '기술본부', 'D001');

INSERT INTO TB_DEPT_55 (DEPT_NO, DEPT_NM, UPPER_DEPT_NO)
    VALUES ('D003', '데이터기술사업부', 'D002');
```

```
INSERT INTO TB_DEPT_55 (DEPT_NO, DEPT_NM, UPPER_DEPT_NO)
    VALUES ('D004', 'SQL개발팀', 'D003');

INSERT INTO TB_DEPT_55 (DEPT_NO, DEPT_NM, UPPER_DEPT_NO)
    VALUES ('D005', '파이썬개발팀', 'D003');

INSERT INTO TB_DEPT_55 (DEPT_NO, DEPT_NM, UPPER_DEPT_NO)
    VALUES ('D006', 'R개발팀', 'D003');

INSERT INTO TB_DEPT_55 (DEPT_NO, DEPT_NM, UPPER_DEPT_NO)
    VALUES ('D007', '영업본부', 'D001');

INSERT INTO TB_DEPT_55 (DEPT_NO, DEPT_NM, UPPER_DEPT_NO)
    VALUES ('D008', '기업영업부', 'D007');

INSERT INTO TB_DEPT_55 (DEPT_NO, DEPT_NM, UPPER_DEPT_NO)
    VALUES ('D009', '대기업영업팀', 'D008');

INSERT INTO TB_DEPT_55 (DEPT_NO, DEPT_NM, UPPER_DEPT_NO)
    VALUES ('D010', '중견기업영업팀', 'D008');

INSERT INTO TB_DEPT_55 (DEPT_NO, DEPT_NM, UPPER_DEPT_NO)
    VALUES ('D011', '중소기업영업팀', 'D008');

COMMIT;
```

결과

```
DEPT_NO DEPT_NM                          UPPER_DEPT_NO
D001    회장실                            최상위부서
D002      기술본부                        D001
D003        데이터기술사업부               D002
D004          SQL개발팀                   D003
D005          파이썬개발팀                 D003
D006          R개발팀                     D003
D007      영업본부                         D001
D008        기업영업부                     D007
D009          대기업영업팀                 D008
D010          중견기업영업팀               D008
D011          중소기업영업팀               D008
```

①
```sql
SELECT DEPT_NO
     , LPAD(' ', 4 * (LEVEL -1)) || DEPT_NM AS DEPT_NM
     , NVL(UPPER_DEPT_NO, '최상위부서') AS UPPER_DEPT_NO
  FROM TB_DEPT_55
 START WITH UPPER_DEPT_NO IS NOT NULL
 CONNECT BY PRIOR DEPT_NO = UPPER_DEPT_NO
;
```

②
```sql
SELECT DEPT_NO
     , LPAD(' ', 4 * (LEVEL -1)) || DEPT_NM AS DEPT_NM
     , NVL(UPPER_DEPT_NO, '최상위부서') AS UPPER_DEPT_NO
  FROM TB_DEPT_55
 START WITH UPPER_DEPT_NO IS NOT NULL
 CONNECT BY DEPT_NO = PRIOR UPPER_DEPT_NO
;
```

③
```sql
SELECT DEPT_NO
     , LPAD(' ', 4 * (LEVEL -1)) || DEPT_NM AS DEPT_NM
     , NVL(UPPER_DEPT_NO, '최상위부서') AS UPPER_DEPT_NO
  FROM TB_DEPT_55
 START WITH UPPER_DEPT_NO IS NULL
 CONNECT BY DEPT_NO = PRIOR UPPER_DEPT_NO
;
```

④
```sql
SELECT DEPT_NO
     , LPAD(' ', 4 * (LEVEL -1)) || DEPT_NM AS DEPT_NM
     , NVL(UPPER_DEPT_NO, '최상위부서') AS UPPER_DEPT_NO
  FROM TB_DEPT_55
 START WITH UPPER_DEPT_NO IS NULL
 CONNECT BY PRIOR DEPT_NO = UPPER_DEPT_NO
;
```

문제 56

〈아래〉는 SQL문 호출에 대한 결과집합을 출력한 것이다. DUAL 테이블은 단 1건만 데이터가 들어있는 오라클 기본 테이블이다. 출력된 결과집합으로 보아 SQL문의 ㉠에 들어갈 알맞은 SQL 예약어를 기재하시오. (힌트 : 2개의 단어로 이루어져 있다.)

〈아래〉
SQL문

```
SELECT ROWNUM AS RNUM
FROM DUAL
㉠ LEVEL <= 10;
```

결과

```
RNUM
---------
        1
        2
        3
        4
        5
        6
        7
        8
        9
       10
```

문제 57

서브쿼리의 결과가 2건 이상 반환된다면 반드시 다중행 비교 연산자를 이용해야 한다. 다음 중 다중행 비교 연산자의 종류로 가장 적절한 것을 모두 고르시오.

① EXIST

② SOME

③ NOT

④ ALL

〈아래〉와 같이 테이블을 생성하고 데이터를 입력하였다. SQL문의 결과집합으로 가장 올바른 것은 무엇인가?

〈아래〉

테이블 생성 및 입력

```
CREATE TABLE TB_ORD_58
(
  ORD_NO CHAR(8)
, ORD_DE CHAR(8)
, ORD_TM CHAR(6)
, PRDT_CD CHAR(4)
, ORD_CNT NUMBER(10)
, ORD_AMT NUMBER(10)
, CONSTRAINT TB_ORD_58_PK PRIMARY KEY (ORD_NO)
)
;

INSERT INTO TB_ORD_58 (ORD_NO, ORD_DE, ORD_TM, PRDT_CD, ORD_CNT, ORD_AMT )
    VALUES ('10000001', '20201113', '103610', 'P001', 1, 42000);

INSERT INTO TB_ORD_58 (ORD_NO, ORD_DE, ORD_TM, PRDT_CD, ORD_CNT, ORD_AMT )
    VALUES ('10000002', '20201113', '103756', 'P001', 1, 42000);

INSERT INTO TB_ORD_58 (ORD_NO, ORD_DE, ORD_TM, PRDT_CD, ORD_CNT, ORD_AMT )
    VALUES ('10000003', '20201113', '103757', 'P002', 1, 38000);

INSERT INTO TB_ORD_58 (ORD_NO, ORD_DE, ORD_TM, PRDT_CD, ORD_CNT, ORD_AMT )
    VALUES ('10000004', '20201113', '103814', 'P002', 1, 38000);

INSERT INTO TB_ORD_58 (ORD_NO, ORD_DE, ORD_TM, PRDT_CD, ORD_CNT, ORD_AMT )
    VALUES ('10000005', '20201113', '103942', 'P003', 1, 56000);

COMMIT;
```

SQL문

```
SELECT NVL(SUM(A.ORD_AMT), '0') AS TOT_ORD_AMT
FROM TB_ORD_58 A
WHERE A.ORD_AMT >= ( SELECT AVG(K.ORD_AMT)
```

```
                        FROM TB_ORD_58 K
                        WHERE K.PRDT_CD = 'P001'
                    );
```

① 0

② 140000

③ 56000

④ 216000

문제 59

〈아래〉 설명에서 ⊙에 들어갈 알맞은 단어를 기재하시오.

〈아래〉

- 뷰는 실제로 데이터를 가지고 있지 않고 정의만을 가지고 있다.
- 뷰는 실제 데이터를 가지고 있지 않지만, 테이블이 수행하는 역할을 수행한다. 즉 가상의 테이블이라고도 할 수 있다.
- SELECT문에서 뷰가 사용되면 뷰 정의를 참조하여 DBMS 내부적으로 질의를 재작성하여 질의를 수행한다.
- 뷰는 ⊙ VIEW AS 문으로 정의가 가능하다. 이렇게 정의된 뷰는 SELECT문 내에서 가상의 테이블로서의 역할을 하는 것이다.

문제 60

〈아래〉와 같이 테이블을 생성하고 데이터를 입력한 후 그룹 함수인 ROLLUP을 이용한 SQL문을 실행하였다. SQL문의 결과집합의 건수는 몇 건인지 기재하시오.

〈아래〉
테이블 생성 및 입력

```
CREATE TABLE TB_CUST_60
(
  CUST_NO CHAR(7)
, CUST_NM VARCHAR2(50) NOT NULL
, JOB_NM VARCHAR2(50) NULL
, CONSTRAINT TB_CUST_60_PK PRIMARY KEY (CUST_NO)
)
```

```
;

INSERT INTO TB_CUST_60 (CUST_NO, CUST_NM, JOB_NM)
    VALUES ('1000001', '이경오', 'SQL 개발자');

INSERT INTO TB_CUST_60 (CUST_NO, CUST_NM, JOB_NM)
    VALUES ('1000002', '이수지', '파이썬개발자');

INSERT INTO TB_CUST_60 (CUST_NO, CUST_NM, JOB_NM)
    VALUES ('1000003', '최혁진', NULL);

CREATE TABLE TB_PRDT_60
(
  PRDT_CD CHAR(4)
, PRDT_NM VARCHAR2(50) NOT NULL
, PRDT_PRC NUMBER(10)
, CONSTRAINT TB_PRDT_60_PK PRIMARY KEY (PRDT_CD)
)
;

INSERT INTO TB_PRDT_60 (PRDT_CD, PRDT_NM, PRDT_PRC )
    VALUES ('P001', 'LG그램15인치', 1580000);

INSERT INTO TB_PRDT_60 (PRDT_CD, PRDT_NM, PRDT_PRC )
    VALUES ('P002', '삼성아티브15인치', 1680000);

COMMIT;

CREATE TABLE TB_ORD_60
(
  ORD_NO CHAR(8)
, ORD_DT DATE NOT NULL
, CUST_NO CHAR(7) NOT NULL
, PRDT_CD CHAR(4) NOT NULL
, ORD_CNT NUMBER(10)
, ORD_AMT NUMBER(10)
, CONSTRAINT TB_ORD_60_PK PRIMARY KEY (ORD_NO)
)
;

INSERT INTO TB_ORD_60 (ORD_NO, ORD_DT, CUST_NO, PRDT_CD, ORD_CNT, ORD_AMT)
    VALUES ( '10000001', TO_DATE('20201113145812', 'YYYYMMDDHH24MISS')
          , '1000001', 'P001', 1, 1580000);
```

```
INSERT INTO TB_ORD_60 (ORD_NO, ORD_DT, CUST_NO, PRDT_CD, ORD_CNT, ORD_AMT)
    VALUES ( '10000002', TO_DATE('20201113154457', 'YYYYMMDDHH24MISS')
          , '1000002', 'P002', 2, 3360000);

INSERT INTO TB_ORD_60 (ORD_NO, ORD_DT, CUST_NO, PRDT_CD, ORD_CNT, ORD_AMT)
    VALUES ( '10000003', TO_DATE('20201113182212', 'YYYYMMDDHH24MISS')
          , '1000003', 'P002', 1, 1680000);

COMMIT;
```

SQL문

```
SELECT A.JOB_NM
     , B.PRDT_CD
     , COUNT(*) AS CNT
     , SUM(B.ORD_AMT) AS ORD_AMT_TOT
  FROM TB_CUST_60 A
     , TB_ORD_60 B
     , TB_PRDT_60 C
 WHERE A.CUST_NO = B.CUST_NO
   AND B.PRDT_CD = C.PRDT_CD
 GROUP BY ROLLUP(A.JOB_NM, B.PRDT_CD)
 ;
```

문제 61

아래의 〈SQL1문〉은 3개의 테이블을 조인한 후, 해당 조인 결과집합의 전체 건수를 출력하는 SQL문이다. 아래의 〈SQL1문〉과 동일한 결과를 출력하기 위해서 〈SQL2문〉을 작성하는 중이다. 〈SQL2문〉 내 ㉠에 들어갈 알맞은 내용은 무엇인가?

〈SQL1문〉

```
SELECT COUNT(*) CNT
FROM TB_CUST_61 A
   , TB_ORD_61 B
   , TB_PRDT_61 C
WHERE A.CUST_NO = B.CUST_NO
AND B.PRDT_CD = C.PRDT_CD
 ;
```

<SQL2문>

```
SELECT COUNT(*) CNT
  FROM TB_CUST_61 A
     , TB_ORD_61 B
     , TB_PRDT_61 C
 WHERE A.CUST_NO = B.CUST_NO
   AND B.PRDT_CD = C.PRDT_CD
 GROUP BY GROUPING SETS(㉠)
 ;
```

① ( )

② A.CUST_NO, B.PRDT_CD

③ A.CUST_NO

④ B.PRDT_CD

문제 62

다음 중 그룹 함수에 대한 설명 중 가장 부적절한 것은 무엇인가?

① 그룹 함수에는 소계를 계산하는 ROLLUP 함수, 다차원적인 소계를 계산하는 CUBE 함수, 특정 항목의 소계를 계산하는 GROUPING SETS 함수가 있다.

② ROLLUP은 GROUP BY의 확장된 형태로 사용하기가 쉽다. 계층적 분류를 포함하고 있는 데이터 집계에 적합하다.

③ GROUPING SETS는 원하는 부분의 소계만 손쉽게 추출할 수 있고 CUBE는 다차원 집계를 하므로 시스템에 부하를 줄 수 있다.

④ ROLLUP, CUBE, GROUPING SETS 모두 결과에 대한 정렬이 필요한 경우는 반드시 인라인뷰로 감싸서 ORDER BY절로 정렬 칼럼을 명시해줘야 한다.

문제 63

〈아래〉와 같이 테이블을 생성하고 데이터를 입력한 후 SQL문을 실행하였다. SQL문 내에 ㉠, ㉡, ㉢에 들어갈 알맞은 분석 함수를 기재하시오.

〈아래〉

테이블 생성 및 입력

```
CREATE TABLE TB_EMP_63
(
  EMP_NO CHAR(4)
```

```
, EMP_NM VARCHAR2(50) NOT NULL
, DEPT_NO CHAR(4) NOT NULL
, DEPT_NM VARCHAR2(50) NOT NULL
, CUR_SAL NUMBER(10)
, CONSTRAINT TB_EMP_63_PK PRIMARY KEY (EMP_NO)
)
;


INSERT INTO TB_EMP_63 (EMP_NO, EMP_NM, DEPT_NO, DEPT_NM, CUR_SAL )
VALUES ('E001', '이경오', 'D001', 'SQL개발팀', 75000000);
INSERT INTO TB_EMP_63 (EMP_NO, EMP_NM, DEPT_NO, DEPT_NM, CUR_SAL )
VALUES ('E002', '이수지', 'D001', 'SQL개발팀', 70000000);
INSERT INTO TB_EMP_63 (EMP_NO, EMP_NM, DEPT_NO, DEPT_NM, CUR_SAL )
VALUES ('E003', '김혜원', 'D001', 'SQL개발팀', 70000000);
INSERT INTO TB_EMP_63 (EMP_NO, EMP_NM, DEPT_NO, DEPT_NM, CUR_SAL )
VALUES ('E004', '박문수', 'D001', 'SQL개발팀', 75000000);
INSERT INTO TB_EMP_63 (EMP_NO, EMP_NM, DEPT_NO, DEPT_NM, CUR_SAL )
VALUES ('E005', '최현민', 'D003', 'SQL튜닝팀', 95000000);

COMMIT;
```

SQL문

```
SELECT EMP_NO
    , DEPT_NO
    , CUR_SAL
    , ㉠() OVER(PARTITION BY DEPT_NO ORDER BY CUR_SAL DESC) AS RN1
    , ㉡() OVER(PARTITION BY DEPT_NO ORDER BY CUR_SAL DESC) AS RN2
    , ㉢() OVER(PARTITION BY DEPT_NO ORDER BY CUR_SAL DESC) AS RN3
FROM TB_EMP_63
  ;
```

결과

```
EMP_NO  DEPT_NO  CUR_SAL    RN1       RN2       RN3
------  -------  ---------  --------- --------- ---------
E004    D001     75000000          1         1         1
E001    D001     75000000          1         1         2
E002    D001     70000000          3         2         3
E003    D001     70000000          3         2         4
E005    D003     95000000          1         1         1
```

〈아래〉와 같이 테이블을 생성하고 데이터를 입력한 후 SQL문을 실행하여 결과집합이 출력되었다. 이 결과 집합을 출력하기 위해 SQL문의 ㉠에 들어갈 알맞은 분석 함수 및 분석 함수에 들어갈 인자를 기재하시오. (단, ROW_NUMBER, RANK, DENSE_RANK를 제외한 분석 함수를 기재해야 한다.)

〈아래〉

테이블 생성 및 입력

```
CREATE TABLE TB_EMP_64
(
  EMP_NO CHAR(4)
, EMP_NM VARCHAR2(50) NOT NULL
, DEPT_NO CHAR(4) NOT NULL
, DEPT_NM VARCHAR2(50) NOT NULL
, CUR_SAL NUMBER(10)
, CONSTRAINT TB_EMP_64_PK PRIMARY KEY (EMP_NO)
)
;



INSERT INTO TB_EMP_64 (EMP_NO, EMP_NM, DEPT_NO, DEPT_NM, CUR_SAL )
VALUES ('E001', '이경오', 'D001', 'SQL개발팀', 55000000);
INSERT INTO TB_EMP_64 (EMP_NO, EMP_NM, DEPT_NO, DEPT_NM, CUR_SAL )
VALUES ('E002', '이수지', 'D001', 'SQL개발팀', 60000000);
INSERT INTO TB_EMP_64 (EMP_NO, EMP_NM, DEPT_NO, DEPT_NM, CUR_SAL )
VALUES ('E003', '김혜원', 'D001', 'SQL개발팀', 65000000);
INSERT INTO TB_EMP_64 (EMP_NO, EMP_NM, DEPT_NO, DEPT_NM, CUR_SAL )
VALUES ('E004', '박문수', 'D001', 'SQL개발팀', 70000000);
INSERT INTO TB_EMP_64 (EMP_NO, EMP_NM, DEPT_NO, DEPT_NM, CUR_SAL )
VALUES ('E005', '최현민', 'D003', 'SQL튜닝팀', 75000000);
INSERT INTO TB_EMP_64 (EMP_NO, EMP_NM, DEPT_NO, DEPT_NM, CUR_SAL )
VALUES ('E006', '최현민', 'D003', 'SQL튜닝팀', 80000000);

COMMIT;
```

SQL문

```
SELECT EMP_NO
     , EMP_NM
     , ㉠ OVER(ORDER BY CUR_SAL DESC) AS RN1
     , ROW_NUMBER() OVER(ORDER BY CUR_SAL DESC) AS RN2
     , RANK() OVER(ORDER BY CUR_SAL DESC) AS RN3
     , DENSE_RANK() OVER(ORDER BY CUR_SAL DESC) AS RN4
```

```
      FROM TB_EMP_64
 ;
```

결과

```
EMP_NO EMP_NM RN1        RN2        RN3        RN4
------ ------ ---------- ---------- ---------- ----------
 E006   최현민      1          1          1          1
 E005   최현민      2          2          2          2
 E004   박문수      3          3          3          3
 E003   김혜원      4          4          4          4
 E002   이수지      5          5          5          5
 E001   이경오      6          6          6          6
```

문제 65

다음과 같이 테이블을 생성하고 데이터를 입력하였다. 〈아래〉의 SQL문을 실행 시 출력되는 결과집합으로 가장 적절한 것은? (단, SQL 자체의 문법 에러일 수도 있음에 주의하라.)

〈아래〉

테이블 생성 및 입력

```
CREATE TABLE TB_EMP_65
(
  EMP_NO CHAR(4)
, EMP_NM VARCHAR2(50) NOT NULL
, DEPT_NO CHAR(4) NOT NULL
, DEPT_NM VARCHAR2(50) NOT NULL
, CUR_SAL NUMBER(10)
, CONSTRAINT TB_EMP_65_PK PRIMARY KEY (EMP_NO)
)
;


INSERT INTO TB_EMP_65 (EMP_NO, EMP_NM, DEPT_NO, DEPT_NM, CUR_SAL )
VALUES ('E001', '이경오', 'D001', 'SQL개발팀', 55000000);

INSERT INTO TB_EMP_65 (EMP_NO, EMP_NM, DEPT_NO, DEPT_NM, CUR_SAL )
VALUES ('E002', '이수지', 'D001', 'SQL개발팀', 60000000);

INSERT INTO TB_EMP_65 (EMP_NO, EMP_NM, DEPT_NO, DEPT_NM, CUR_SAL )
VALUES ('E003', '김혜원', 'D001', 'SQL개발팀', NULL);
```

```
INSERT INTO TB_EMP_65 (EMP_NO, EMP_NM, DEPT_NO, DEPT_NM, CUR_SAL )
VALUES ('E004', '박문수', 'D002', 'SQL튜닝팀', 70000000);

INSERT INTO TB_EMP_65 (EMP_NO, EMP_NM, DEPT_NO, DEPT_NM, CUR_SAL )
VALUES ('E005', '최현민', 'D002', 'SQL튜닝팀', 75000000);

INSERT INTO TB_EMP_65 (EMP_NO, EMP_NM, DEPT_NO, DEPT_NM, CUR_SAL )
VALUES ('E007', '이검수', 'D002', 'SQL튜닝팀', NULL);


COMMIT;
```

SQL문

```
SELECT
        A.EMP_NO
      , A.EMP_NM
      , A.DEPT_NO
      , NVL(TO_CHAR(A.MAX_CUR_SAL), '(Null)') AS MAX_CUR_SAL
   FROM
      (
        SELECT EMP_NO
            , EMP_NM
            , DEPT_NO
            , MAX(CUR_SAL) OVER(PARTITION BY DEPT_NO
                                    ORDER BY CUR_SAL DESC) AS MAX_CUR_SAL
        FROM TB_EMP_65
      ) A
   ;
```

①

```
EMP_NO EMP_NM                                          DEPT_NO MAX_CUR_SAL
------ ----------------------------------------------- ------- -----------
E003   김혜원                                           D001    (Null)
E002   이수지                                           D001    60000000
E001   이경오                                           D001    60000000
E007   이검수                                           D002    (Null)
E005   최현민                                           D002    75000000
E004   박문수                                           D002    75000000
```

②

```
EMP_NO EMP_NM                                              DEPT_NO MAX_CUR_SAL
------ -----------------------------------------------     ------- -----------
E003   김혜원                                                D001    60000000
E002   이수지                                                D001    60000000
E001   이경오                                                D001    60000000
E007   이검수                                                D002    75000000
E005   최현민                                                D002    75000000
E004   박문수                                                D002-   75000000
```

③

```
EMP_NO EMP_NM                                              DEPT_NO MAX_CUR_SAL
------ -----------------------------------------------     ------- -----------
E003   김혜원                                                D001    (Null)
E002   이수지                                                D001    (Null)
E001   이경오                                                D001    (Null)
E007   이검수                                                D002    (Null)
E005   최현민                                                D002    (Null)
E004   박문수                                                D002    (Null)
```

④

SQL 문법 에러

문제 66

테이블의 행을 삭제할 때는 DELETE, 테이블 데이터 전체를 비울 때는 TRUNCATE, DML을 적용하지 않고 취소할 때는 ROLLBACK을 사용한다. 그렇다면 특정 유저에게 준 권한을 취소할 때 사용하는 명령은 무엇인가?

① CANCEL

② CANC

③ REVERT

④ REVOKE

문제 67

〈아래〉의 설명에서 말하는 <u>이것</u>은 무엇인지 기재하시오.

〈아래〉

- 데이터베이스 관리자는 유저가 생성될 때마다 각각의 권한들을 유저에게 부여하는 작업을 수행해야 한다.
- 간혹 권한을 빠트릴 수도 있으므로 각 유저별로 어떤 권한이 부여되었는지 관리해야 한다.
- <u>이것</u>은 이와 같은 문제를 줄이기 위하여 많은 데이터베이스에서 유저들과 권한들 사이에서 중개역할을 한다.
- 데이터베이스 관리자는 <u>이것</u>을 생성하고 이것에 각종 권한들을 유저에게 부여할 수 있다.

문제 68

PL/SQL은 블록 구조로 이루어져 있고 각각의 블록은 DECLARE, BEGIN, EXCEPTION, END로 이루어져 있다. 이 중에서 반드시 기재하지 않아도 되는 선택 항목은 무엇인가?

① DECLARE
② BEGIN
③ EXCEPTION
④ END

문제 69

프로시저와 트리거의 차이점에 대한 설명 중 가장 부적절한 것은 무엇인가?

① 프로시저는 CREATE PROCEDURE문으로, 트리거는 CREATE TRIGGER문으로 생성한다.
② 프로시저는 EXECUTE 명령어로 실행하고, 트리거는 TRIG문으로 실행한다.
③ 프로시저는 BEGIN ~ END 내에서 커밋과 롤백이 가능하고, 트리거는 BEGIN ~ END 내에서 커밋과 롤백이 불가능하다.
④ 프로시저는 EXECUTE 명령어로 실행하고, 트리거 동작 조건 발생 시 자동으로 실행된다.

〈아래〉와 같이 TB_EMP_70 테이블을 생성하고 데이터를 입력하고, 결과집합을 도출하는 SQL문을 작성하고자 한다. SQL문의 ㉠에 들어갈 알맞은 분석 함수 및 분석 함수 내 인자를 작성하시오. (작성형식 : 분석 함수명(인자 값))

〈아래〉

테이블 생성 및 입력

```
CREATE TABLE TB_EMP_70
(
  EMP_NO CHAR(6)
, EMP_NM VARCHAR2(50) NOT NULL
, JOB_NM VARCHAR2(150) NULL
, CUR_SAL NUMBER
, DEPT_CD CHAR(4)
, CONSTRAINT TB_EMP_70_PK PRIMARY KEY(EMP_NO)
)
;


INSERT INTO TB_EMP_70
    VALUES ('100001', '이경오', 'SQL 개발자'    , 80000000, 'D101');

INSERT INTO TB_EMP_70
    VALUES ('100002', '이동민', '프로시저개발자', 60000000, 'D101');

INSERT INTO TB_EMP_70
    VALUES ('100003', '김철수', '리눅스엔지니어', 40000000, 'D102');

INSERT INTO TB_EMP_70
    VALUES ('100004', '박상진', '윈도우엔지니어', 20000000, 'D102');

COMMIT;
```

SQL문

```
SELECT A.EMP_NO
     , A.EMP_NM
     , ㉠ OVER (ORDER BY CUR_SAL DESC) AS CUR_SAL_SE
     , CUR_SAL
  FROM TB_EMP_70 A
;
```

결과

```
EMP_NO EMP_NM  CUR_SAL_SE CUR_SAL
------ ------- ---------- ---------
100001 이경오           1  80000000
100002 이동민           1  60000000
100003 김철수           2  40000000
100004 박상진           2  20000000
```

문제 71

다음과 같이 TB_EMP_71 테이블을 생성하고 데이터를 입력하였다. 〈아래〉 SQL문의 결과로 올바른 것은 무엇인가?

〈아래〉

```
CREATE TABLE TB_EMP_71
(
  EMP_NO CHAR(6)
, EMP_NM VARCHAR2(50) NOT NULL
, SEX_CD CHAR(1)
, BIRTH_DE CHAR(8) NOT NULL
, DEPT_CD CHAR(4)
);

ALTER TABLE TB_EMP_71
ADD CONSTRAINT TB_EMP_71_PK PRIMARY KEY (EMP_NO);

INSERT INTO TB_EMP_71 (EMP_NO, EMP_NM, SEX_CD, BIRTH_DE, DEPT_CD)
VALUES ('E00001', '이경오', '1', '19840718', 'D001');
INSERT INTO TB_EMP_71 (EMP_NO, EMP_NM, SEX_CD, BIRTH_DE, DEPT_CD)
VALUES ('E00002', '이수지', '2', '19940502', 'D001');
INSERT INTO TB_EMP_71 (EMP_NO, EMP_NM, SEX_CD, BIRTH_DE, DEPT_CD)
VALUES ('E00003', '박경민', '1', '19830414', 'D002');
INSERT INTO TB_EMP_71 (EMP_NO, EMP_NM, SEX_CD, BIRTH_DE, DEPT_CD)
VALUES ('E00004', '최주연', '2', '19920508', 'D002');
INSERT INTO TB_EMP_71 (EMP_NO, EMP_NM, SEX_CD, BIRTH_DE, DEPT_CD)
VALUES ('E00005', '최철순', '1', '19860112', 'D003');
INSERT INTO TB_EMP_71 (EMP_NO, EMP_NM, SEX_CD, BIRTH_DE, DEPT_CD)
VALUES ('E00006', '이지연', '2', '19960218', 'D003');
INSERT INTO TB_EMP_71 (EMP_NO, EMP_NM, SEX_CD, BIRTH_DE, DEPT_CD)
```

```
VALUES ('E00007', '차은영', '2', '19980218',  NULL );

COMMIT;
```

SQL

```
SELECT EMP_NO, EMP_NM, SEX_CD, COUNT(DEPT_CD) OVER(PARTITION BY SEX_CD) AS CNT
  FROM TB_EMP_71
ORDER BY EMP_NO
 ;
```

①

```
EMP_NO EMP_NM SEX_CD CNT
------ ------ ------ ---------
E00001 이경오 1        3
E00002 이수지 2        0
E00003 박경민 1        3
E00004 최주연 2        0
E00005 최철순 1        3
E00006 이지연 2        0
E00007 차은영 2        0
```

②

```
EMP_NO EMP_NM SEX_CD CNT
------ ------ ------ ---------
E00001 이경오 1        3
E00002 이수지 2        4
E00003 박경민 1        3
E00004 최주연 2        4
E00005 최철순 1        3
E00006 이지연 2        4
E00007 차은영 2        0
```

③

```
EMP_NO EMP_NM SEX_CD CNT
------ ------ ------ ---------
E00001 이경오 1        3
E00002 이수지 2        4
E00003 박경민 1        3
E00004 최주연 2        4
E00005 최철순 1        3
E00006 이지연 2        4
E00007 차은영 2        4
```

④
```
EMP_NO EMP_NM SEX_CD CNT
------ ------ ------ ---------
E00001 이경오 1         3
E00002 이수지 2         3
E00003 박경민 1         3
E00004 최주연 2         3
E00005 최철순 1         3
E00006 이지연 2         3
E00007 차은영 2         3
```

문제 72

다음과 같이 TB_EMP_72 테이블을 생성하고 데이터를 입력하였다. 이 상황에서 〈아래〉의 SQL을 실행하였을 경우 출력되는 결과집합은 무엇인가?

〈아래〉

```
CREATE TABLE TB_EMP_72
(
  EMP_NO CHAR(6)
, EMP_NM VARCHAR2(50) NOT NULL
, JOB_NM VARCHAR2(150) NULL
, CUR_SAL NUMBER
, DEPT_CD CHAR(4)
, CONSTRAINT TB_EMP_72_PK PRIMARY KEY(EMP_NO)
);

INSERT INTO TB_EMP_72 VALUES ('100001', '이경오', 'SQL 개발자', 45000000, 'D101');
INSERT INTO TB_EMP_72 VALUES ('100002', '이동민', 'SQL 개발자', 40000000, 'D101');
INSERT INTO TB_EMP_72 VALUES ('100003', '김철수', 'SQL 개발자', 40000000, 'D102');
INSERT INTO TB_EMP_72 VALUES ('100004', '박상진', 'SQL 개발자', 35000000, 'D102');
INSERT INTO TB_EMP_72 VALUES ('100005', '박은정', 'SQL 개발자', 50000000, 'D103');
INSERT INTO TB_EMP_72 VALUES ('100006', '김다연', 'SQL 개발자', 45000000, 'D103');
INSERT INTO TB_EMP_72 VALUES ('100007', '박수진', 'SQL 개발자', 65000000, 'D104');
INSERT INTO TB_EMP_72 VALUES ('100008', '김성수', 'SQL 개발자', 60000000, 'D104');
INSERT INTO TB_EMP_72 VALUES ('100009', '추상미', 'SQL 개발자', 35000000, 'D105');
INSERT INTO TB_EMP_72 VALUES ('100010', '박나래', 'SQL 개발자', 30000000, 'D105');

COMMIT;
```

SQL문

```
SELECT SUM(DENSE_RANK_CUR_SAL) SUM_DENSE_RANK_CUR_SAL
  FROM
    (
     SELECT DISTINCT DENSE_RANK() OVER (ORDER BY CUR_SAL) DENSE_RANK_CUR_SAL
       FROM TB_EMP_72
    )
  ;
```

① 37

② 28

③ 40

④ SQL 문법 에러 발생

문제 73

〈아래〉는 그룹 함수인 CUBE에 대한 설명이다. 설명에서 ㉠에 들어갈 숫자를 기재하시오.

〈아래〉

- ROLLUP에서는 단지 가능한 SUBTOTAL만을 생성하였지만, CUBE는 결합 가능한 모든 값에 대하여 다차원 집계를 생성한다.
- CUBE는 표시된 인수들에 대한 계층별 집계를 구할 수 있으며, 이때 표시된 인수들 간에는 계층 구조인 ROLLUP과는 달리 평등한 관계이므로 인수의 순서가 바뀌는 경우 행간의 정렬 순서는 바뀔 수 있어도 데이터 결과집합은 동일하다.
- CUBE는 GROUPING COLUMNS이 가질 수 있는 모든 경우의 수에 대하여 SUBTOTAL을 생성하므로 GROUPING COLUMNS의 수가 N이라고 가정하면 ㉠의 N승 LEVEL의 SUBTOTAL을 생성하게 된다.

TB_EMP_74, TB_DEPT_74 테이블을 생성하고 데이터를 입력하였다. 〈아래〉 SQL문과 같이 ROLLUP 함수를 사용했을 때 결과집합의 건수는 몇 건인가?

〈아래〉

```
CREATE TABLE TB_DEPT_74
(
  DEPT_CD CHAR(4)
, DEPT_NM VARCHAR2(150) NOT NULL
, CONSTRAINT TB_DEPT_74_PK PRIMARY KEY(DEPT_CD)
)
;

CREATE TABLE TB_EMP_74
(
  EMP_NO CHAR(6)
, EMP_NM VARCHAR2(50) NOT NULL
, JOB_NM VARCHAR2(150) NULL
, CUR_SAL NUMBER
, DEPT_CD CHAR(4)
, CONSTRAINT TB_EMP_74_PK PRIMARY KEY(EMP_NO)
)
;

ALTER TABLE TB_EMP_74
ADD CONSTRAINT TB_EMP_74_FK FOREIGN KEY (DEPT_CD)
REFERENCES TB_DEPT_74 (DEPT_CD);

INSERT INTO TB_DEPT_74 VALUES ('D101', '데이터개발팀'      );
INSERT INTO TB_DEPT_74 VALUES ('D102', '데이터플랫폼팀'     );
INSERT INTO TB_DEPT_74 VALUES ('D103', '데이터사이언스팀'    );
INSERT INTO TB_DEPT_74 VALUES ('D104', '데이터성능팀'      );
INSERT INTO TB_DEPT_74 VALUES ('D105', '데이터마이그레이션팀');

COMMIT;

INSERT INTO TB_EMP_74
    VALUES ('100001', '이경오', 'SQL 개발자'    , 45000000, 'D101');

INSERT INTO TB_EMP_74
    VALUES ('100002', '이동민', '프로시저개발자', 40000000, 'D101');
```

```
INSERT INTO TB_EMP_74
    VALUES ('100003', '김철수', '리눅스엔지니어', 40000000, 'D102');

INSERT INTO TB_EMP_74
    VALUES ('100004', '박상진', '윈도우엔지니어', 35000000, 'D102');

INSERT INTO TB_EMP_74
    VALUES ('100005', '박은정', 'R개발자'      , 50000000, 'D103');

INSERT INTO TB_EMP_74
    VALUES ('100006', '김다연', '파이썬개발자'  , 45000000, 'D103');

INSERT INTO TB_EMP_74
    VALUES ('100007', '박수진', '오라클튜너'    , 65000000, 'D104');

INSERT INTO TB_EMP_74
    VALUES ('100008', '김성수', '오픈소스튜너'  , 60000000, 'D104');

INSERT INTO TB_EMP_74
    VALUES ('100009', '추상미', '쉘개발자'      , 35000000, 'D105');

INSERT INTO TB_EMP_74
    VALUES ('100010', '박나래', '자바개발자'    , 30000000, 'D105');

COMMIT;
```

SQL문

```
SELECT B.DEPT_NM
     , AVG(A.CUR_SAL) AS CUR_SAL
  FROM TB_EMP_74 A
     , TB_DEPT_74 B
 WHERE A.DEPT_CD = B.DEPT_CD
 GROUP BY ROLLUP (B.DEPT_NM)
 ;
```

① 5   ② 10

③ 50   ④ 6

〈아래〉의 설명이 반환되는 데이터 형태에 따른 서브쿼리 분류 중 어떤 서브쿼리에 대한 설명인지 기재하시오.

〈아래〉

- 서브쿼리의 실행 결과로 여러 칼럼을 반환한다. 메인 쿼리의 조건절에 여러 칼럼을 동시에 비교할 수 있다.
- 서브쿼리와 메인쿼리에서 비교하고자 하는 칼럼 개수와 칼럼의 위치가 동일해야 한다.

다음과 같이 TB_EMP_76 테이블을 생성하고 데이터를 입력하였다. 이 상태에서 〈아래〉 SQL문을 호출한 경우에 출력되는 결과를 기재하시오.

〈아래〉

```
CREATE TABLE TB_EMP_76
(
  EMP_NO CHAR(6)
, EMP_NM VARCHAR2(50) NOT NULL
, JOB_NM VARCHAR2(150) NULL
, CUR_SAL NUMBER
, DEPT_CD CHAR(4)
, CONSTRAINT TB_EMP_76_PK PRIMARY KEY(EMP_NO)
)
;


INSERT INTO TB_EMP_76
    VALUES ('100001', '이경오', 'SQL 개발자'      , 80000000, 'D101');

INSERT INTO TB_EMP_76
    VALUES ('100002', '이동민', '프로시저개발자', 60000000, 'D101');

INSERT INTO TB_EMP_76
    VALUES ('100003', '김철수', '리눅스엔지니어', 40000000, 'D102');

INSERT INTO TB_EMP_76
    VALUES ('100004', '박상진', '윈도우엔지니어', 20000000, 'D102');

COMMIT;
```

```
SELECT SUM(CUR_SAL)/10000
  FROM
 (
  SELECT A.EMP_NO
       , A.EMP_NM
       , LAG(CUR_SAL) OVER(ORDER BY CUR_SAL) AS LAG_CUR_SAL
       , LEAD(CUR_SAL) OVER(ORDER BY CUR_SAL) AS LEAD_CUR_SAL
       , CUR_SAL
    FROM TB_EMP_76 A
   ORDER BY A.EMP_NO
 ) A
 WHERE LAG_CUR_SAL IS NULL
    OR LEAD_CUR_SAL IS NULL
 ;
```

문제 77

다음과 같이 TB_EMP_77, TB_DEPT_77 테이블을 생성하고 데이터를 입력하였다. 〈아래〉SQL문과 같이 ROLLUP 함수를 사용했을 때 결과집합의 건수는 몇 건인가?

〈아래〉

```
CREATE TABLE TB_DEPT_77
(
  DEPT_CD CHAR(4)
, DEPT_NM VARCHAR2(150) NOT NULL
, CONSTRAINT TB_DEPT_77_PK PRIMARY KEY(DEPT_CD)
)
;

CREATE TABLE TB_EMP_77
(
  EMP_NO CHAR(6)
, EMP_NM VARCHAR2(50) NOT NULL
, JOB_NM VARCHAR2(150) NULL
, CUR_SAL NUMBER
, DEPT_CD CHAR(4)
, CONSTRAINT TB_EMP_77_PK PRIMARY KEY(EMP_NO)
)
;
```

```
ALTER TABLE TB_EMP_77
ADD CONSTRAINT TB_EMP_77_FK FOREIGN KEY (DEPT_CD)
    REFERENCES TB_DEPT_77 (DEPT_CD);


INSERT INTO TB_DEPT_77 VALUES ('D101', '데이터개발팀'       );
INSERT INTO TB_DEPT_77 VALUES ('D102', '데이터플랫폼팀'      );
INSERT INTO TB_DEPT_77 VALUES ('D103', '데이터사이언스팀'     );
INSERT INTO TB_DEPT_77 VALUES ('D104', '데이터성능팀'       );
INSERT INTO TB_DEPT_77 VALUES ('D105', '데이터마이그레이션팀');
COMMIT;

INSERT INTO TB_EMP_77 VALUES ('100001', '이경오', 'SQL 개발자', 45000000, 'D101');
INSERT INTO TB_EMP_77 VALUES ('100002', '이동민', 'SQL 개발자', 40000000, 'D101');
INSERT INTO TB_EMP_77 VALUES ('100003', '김철수', 'SQL 개발자', 40000000, 'D102');
INSERT INTO TB_EMP_77 VALUES ('100004', '박상진', 'SQL 개발자', 35000000, 'D102');
INSERT INTO TB_EMP_77 VALUES ('100005', '박은정', 'SQL 개발자', 50000000, 'D103');
INSERT INTO TB_EMP_77 VALUES ('100006', '김다연', 'SQL 개발자', 45000000, 'D103');
INSERT INTO TB_EMP_77 VALUES ('100007', '박수진', 'SQL 개발자', 65000000, 'D104');
INSERT INTO TB_EMP_77 VALUES ('100008', '김성수', 'SQL 개발자', 60000000, 'D104');
INSERT INTO TB_EMP_77 VALUES ('100009', '추상미', 'SQL 개발자', 35000000, 'D105');
INSERT INTO TB_EMP_77 VALUES ('100010', '박나래', 'SQL 개발자', 30000000, 'D105');
COMMIT;
```

SQL문

```
SELECT JOB_NM
     , B.DEPT_NM
     , AVG(A.CUR_SAL) AS CUR_SAL
  FROM TB_EMP_77 A
     , TB_DEPT_77 B
 WHERE A.DEPT_CD = B.DEPT_CD
 GROUP BY ROLLUP (A.JOB_NM, B.DEPT_NM)
 ;
```

① 5   ② 6   ③ 7   ④ 11

다음과 같이 TB_DEPT_78 테이블을 생성하고 데이터를 입력하였다. 〈아래〉 계층형 쿼리의 결과집합으로 올바른 것은 무엇인가?

〈아래〉

```
CREATE TABLE TB_DEPT_78
(
  DEPT_NO CHAR(6)
, DEPT_NM VARCHAR2(150) NOT NULL
, UPPER_DEPT_NO CHAR(6) NULL
, CONSTRAINT TB_DEPT_78_PK PRIMARY KEY (DEPT_NO)
)
;

INSERT INTO TB_DEPT_78 VALUES ('D00001', '회장실'        ,  NULL   );

INSERT INTO TB_DEPT_78 VALUES ('D00002', '영업본부'      , 'D00001');
INSERT INTO TB_DEPT_78 VALUES ('D00003', '기술본부'      , 'D00001');

INSERT INTO TB_DEPT_78 VALUES ('D00004', '국내영업부'    , 'D00002');
INSERT INTO TB_DEPT_78 VALUES ('D00005', '해외영업부'    , 'D00002');

INSERT INTO TB_DEPT_78 VALUES ('D00006', '개발사업부'    , 'D00003');
INSERT INTO TB_DEPT_78 VALUES ('D00007', '데이터사업부'  , 'D00003');

INSERT INTO TB_DEPT_78 VALUES ('D00008', '기업영업팀'    , 'D00004');
INSERT INTO TB_DEPT_78 VALUES ('D00009', '공공영업팀'    , 'D00004');

INSERT INTO TB_DEPT_78 VALUES ('D00010', '북미영업팀'    , 'D00005');
INSERT INTO TB_DEPT_78 VALUES ('D00011', '남미영업팀'    , 'D00005');

INSERT INTO TB_DEPT_78 VALUES ('D00012', '서버개발팀'    , 'D00006');
INSERT INTO TB_DEPT_78 VALUES ('D00013', '화면개발팀'    , 'D00006');

INSERT INTO TB_DEPT_78 VALUES ('D00014', '오라클기술팀'  , 'D00007');
INSERT INTO TB_DEPT_78 VALUES ('D00015', '오픈소스기술팀', 'D00007');

COMMIT;
```

SQL문

```
SELECT DEPT_NO, LPAD(' ', 4 * (LEVEL -1)) || DEPT_NM AS DEPT_NM
     , UPPER_DEPT_NO
     , LEVEL AS LVL
 FROM TB_DEPT_78
 START WITH UPPER_DEPT_NO IS NULL
 CONNECT BY PRIOR DEPT_NO = UPPER_DEPT_NO
           AND DEPT_NM LIKE '영업%'
 ;
```

①

```
DEPT_NO DEPT_NM           UPPER_DEPT_NO  LVL
------------------------------------------
D00002     영업본부            D00001    2
D00001  회장실                           1
```

②

```
DEPT_NO DEPT_NM           UPPER_DEPT_NO  LVL
------------------------------------------
D00001  회장실                           1
D00002     영업본부            D00001    2
D00004       국내영업부          D00002    3
D00005       해외영업부          D00002    3
```

③

```
DEPT_NO DEPT_NM           UPPER_DEPT_NO  LVL
------------------------------------------
D00001  회장실                           1
D00002     영업본부            D00001    2
```

④

```
DEPT_NO DEPT_NM           UPPER_DEPT_NO  LVL
------------------------------------------
D00001  회장실                           1
D00002     영업본부            D00001    2
D00004       국내영업부          D00002    3
D00008         기업영업팀  D00004    4
D00009         공공영업팀  D00004    4
D00005       해외영업부          D00002    3
D00010         북미영업팀  D00005    4
D00011         남미영업팀  D00005    4
```

다음 중 집합연산자의 UNION과 UNION ALL에 대한 설명으로 가장 부적절한 것은 무엇인가?

① UNION은 여러 개의 SQL문 결과에 대한 합집합이다.

② UNION은 중복된 행은 하나의 행으로 만든다.

③ UNION ALL은 일반적으로 여러 개의 질의 결과가 중복이 없을 때(상호 배타적일 때) 사용한다.

④ UNION ALL은 중복된 행을 그대로 보여주며 중복된 행을 제외하면 UNION과 결과집합 및 그 순서가 동일하다.

다음과 같이 TB_EMP_80, TB_DEPT_80 테이블을 생성하고 데이터를 입력하였다. 〈아래〉의 SQL문은 TB_DEPT_80과 TB_EMP_80 테이블을 LEFT OUTER JOIN하고 있는 SQL문이다. 해당 SQL문의 결과집합은 무엇인가?

〈아래〉

테이블 생성 및 입력

```
CREATE TABLE TB_DEPT_80
(
  DEPT_NO CHAR(6)
, DEPT_NM VARCHAR2(150) NOT NULL
, CONSTRAINT TB_DEPT_80_PK PRIMARY KEY (DEPT_NO)
)
;

INSERT INTO TB_DEPT_80 VALUES ('D00001', 'Data시각화팀');
INSERT INTO TB_DEPT_80 VALUES ('D00002', 'Data플랫폼팀');
INSERT INTO TB_DEPT_80 VALUES ('D00003', 'Data분석팀' );

COMMIT;

CREATE TABLE TB_EMP_80
(
  EMP_NO CHAR(6)
, EMP_NM VARCHAR2(50) NOT NULL
, DEPT_NO CHAR(6)
, CONSTRAINT TB_EMP_80_PK PRIMARY KEY (EMP_NO)
)
;
```

```
INSERT INTO TB_EMP_80 VALUES ('E00001', '이경오', 'D00001');
INSERT INTO TB_EMP_80 VALUES ('E00002', '이수지', 'D00001');
INSERT INTO TB_EMP_80 VALUES ('E00003', '김효선', 'D00002');
INSERT INTO TB_EMP_80 VALUES ('E00004', '박상진', 'D00003');


COMMIT;

ALTER TABLE TB_EMP_80
ADD CONSTRAINTS TB_EMP_80_FK FOREIGN KEY (DEPT_NO)
REFERENCES TB_DEPT_80 (DEPT_NO)
;
```

SQL문

```
SELECT A.DEPT_NO
     , A.DEPT_NM
     , NVL(B.EMP_NO, 'NULL') AS EMP_NO
     , NVL(B.EMP_NM, 'NULL') AS EMP_NM
  FROM TB_DEPT_80 A LEFT OUTER JOIN TB_EMP_80 B
    ON (A.DEPT_NO = B.DEPT_NO AND A.DEPT_NM = 'Data시각화팀')
   WHERE A.DEPT_NO IS NOT NULL
 ;
```

①
```
DEPT_NO DEPT_NM            EMP_NO EMP_NM
------- ------------------ ------ ------
D00001  Data시각화팀        E00001 이경오
D00001  Data시각화팀        E00002 이수지
   NULL NULL               E00003 김효선
   NULL NULL               E00004 박상진
```

②
```
DEPT_NO DEPT_NM            EMP_NO EMP_NM
------- ------------------ ------ ------
D00001  Data시각화팀        E00001 이경오
D00001  Data시각화팀        E00002 이수지
D00003  Data분석팀           NULL   NULL
D00002  Data플랫폼팀         NULL   NULL
```

③
```
DEPT_NO DEPT_NM            EMP_NO EMP_NM
------- ------------------ ------ ------
D00001  Data시각화팀       E00001 이경오
D00001  Data시각화팀       E00002 이수지
```

④
```
DEPT_NO DEPT_NM            EMP_NO EMP_NM
------- ------------------ ------ ------
D00001  Data시각화팀       E00001 이경오
```

문제 81

다음은 프로시저와 트리거의 차이점에 대한 설명이다. 〈아래〉의 설명에서 ㉠, ㉡을 채우시오. (단, 정답은 영문으로 기재하시오.)

〈아래〉

- 프로시저는 CREATE PROCEDURE 명령으로 생성하고 트리거는 CREATE TRIGGER 명령으로 생성한다.
- 프로시저는 EXECUTE 명령어로 실행하고 트리거는 생성 후 자동으로 실행된다.
- 프로시저는 프로시저 내에서 ㉠과 ㉡이 실행 가능하고 트리거는 트리거 내에서 ㉠과 ㉡이 실행 불가능하다.

문제 82

〈아래〉 SQL문은 DCL 사용자에게 CREATE TABLE 권한을 주고 다시 CREATE TABLE의 권한을 취소(회수)하는 SQL문이다. SQL문에서 ㉠, ㉡, ㉢, ㉣에 들어갈 알맞은 키워드를 기재하시오.

〈아래〉

```
--SYSTEM 계정으로 접속
㉠ CREATE TABLE ㉡ DCL; --DCL 사용자에게 CREATE TABLE 권한 부여
㉢ CREATE TABLE ㉣ DCL; --DCL 사용자에게 CREATE TABLE 권한 취소(회수)
```

다음과 같은 스크립트를 실행한 경우 최종적으로 어떠한 동작을 하게 되는지에 대하여 가장 올바르게 설명한 것은 무엇인가?

〈아래〉

```
CONN SYSTEM/1234  --ⓐ

CREATE USER DCL IDENTIFIED BY 1234; --ⓑ
GRANT CONNECT, RESOURCE, DBA TO DCL; --ⓒ

CONN DCL/1234 --ⓓ

CREATE TABLE DCL_TABLE_83 --ⓔ
(
    DCL_COL1 NUMBER
)
;

INSERT INTO DCL_TABLE_83 VALUES (1); --ⓕ

COMMIT; --ⓖ

DROP TABLE DCL_TABLE_83 PURGE; --ⓗ

DROP USER DCL; --ⓘ
```

① ⓑ 단계에서 비밀번호 지정 시 큰따옴표("1234")로 감싸지 않았으므로 계정 생성에 실패한다.

② ⓒ 단계에서 테이블 스페이스 지정 없이 RESOURCE 권한을 주었으므로 권한 부여에 실패한다.

③ ⓗ 단계에서 PURGE 권한 없이 테이블을 PURGE 옵션으로 제거하려고 했으므로 테이블 제거에 실패한다.

④ ⓘ 단계에서 DCL 계정 자신이 자기 자신을 제거하려고 했으므로 유저 제거에 실패한다.

오라클 PL/SQL의 블록 구조는 DECLARE, BEGIN, EXECTION, END로 나누어져 있다. 다음 중 PL/SQL의 블록 구조에 대한 설명으로 가장 **부적절한** 것은 무엇인가?

① DECLARE는 선언부로서 사용할 변수나 인수에 대한 정의 및 데이터형을 선언한다. 아무런 변수도 사용하지 않을 경우에도 반드시 선언해야 한다.

② BEGIN은 실행부로서 개발자가 처리하고자 하는 SQL문과 필요한 로직이 정의되는 실행부이다. 반드시 선언해야 하는 필수항목이다.

③ EXCEPTION은 BEGIN~END에서 실행되는 SQL문에 발생된 에러를 처리하는 에러 처리부이다. 반드시 선언해야 한다.

④ END는 실행부의 종료를 명시해주는 기능을 하며 반드시 선언해야 한다.

〈아래〉 SQL문은 'DCL' 유저가 가지고 있는 모든 오브젝트 및 유저를 제거하는 SQL문이다. 이 SQL문의 ㉠에 들어갈 알맞은 키워드를 기재하시오.

〈아래〉

SQL문

```
--SYSTEM 계정으로 접속
DROP USER DCL ㉠;
```

6.11 연습문제 해설

문제 51

정답 ③

해설 RIGHT OUTER JOIN이므로 오른쪽에 있는 TB_EMP_51 테이블의 내용을 전부 출력한다.(별도의 WHERE절이 없다.)

ON 조건에 있는 조건만이 TB_DEPT_51 테이블의 데이터를 출력할지 말지를 결정한다. 즉, D101 부서만 출력된다.

B.DEPT_NO IS NULL 조건이 있다고 하더라도 ON절 안에 있기 때문에 TB_EMP_51 테이블의 결과집합에는 영향을 미치지 않는다.

문제 52

정답 ①

해설 FULL OUTER JOIN은 LEFT OUTER, RIGHT OUTER, INNER JOIN의 결과가 모두 나온다.

INNER JOIN의 결과 4건, LEFT OUTER JOIN의 결과 1건(INNER JOIN 집합 제외), RIGHT OUTER JOIN의 결과 2건(INNER JOIN 집합 제외)으로 총 7건이 나온다.

문제 53

정답 ④

해설 UNION과 UNION ALL에서 UNION은 중복된 행의 제거를 위해 내부적으로 정렬을 수행할 수 있다. UNION ALL은 중복된 것도 있는 그대로 보여주기 때문에 내부적으로 정렬작업을 할 필요가 없다. 즉 결과집합 및 정렬순서가 동일함을 보장하지는 못한다.

문제 54

정답 ①

해설 MINUS 연산이 일어나는 순간 결과집합의 중복된 행은 제거된다. P003은 위의 집합에 없기 때문에 뺄 것도 없다. 근데 P001, P002는 중복 제거된 채로 나온다. 집합연산자의 ORDER BY는 맨 아래 SQL문에 기재한다. DESC 정렬이라서 P002, P001 순으로 출력된다.

문제 55

정답 ④

해설 결과집합을 보면 최상위부서인 회장실부터 시작해서 최하위부서까지 내려오고 있다.
즉, 순방향 전개를 한 것을 알 수 있다.
START WITH UPPER_DEPT_NO IS NULL 조건으로 주어 회장실부터 시작하게 하
고, CONNECT BY PRIOR DEPT_NO = UPPER_DEPT_NO이 조건으로 회장실의
DEPT_NO가 상위부서인 것을 찾아나가면서 최하위부서까지 찾아나가면 된다.

문제 56

정답 ㉠ : CONNECT BY

해설 CONNECT BY절을 이용하여 LEVEL로 조건을 주면 여러 개의 행으로 출력이 가능하다.
DUAL 테이블은 1건만 존재하므로 LEVEL <= 10으로 조건을 주면 1*10=10건으로 총
10건의 행이 출력된다.

문제 57

정답 ②, ④

해설 다중행 비교 연산자의 종류는 IN, ALL, ANY(=SOME도 가능), EXISTS가 있다. 보기 1
번은 EXIST라서 맨 마지막 S가 빠져서 오답이다.

문제 58

정답 ②

해설 P001의 평균주문금액은 42,000원이다. 주문금액이 42,000원 이상인 주문은 42,000,
42,000, 56,000이다. 이 3개를 모두 더하면 140,000이다.

문제 59

정답 ㉠ : CREATE

해설 뷰는 CREATE VIEW AS문으로 생성한다.

문제 60

정답 7

해설 JOB_NM별 유일값은 NULL 값까지 포함해서 3건, JOB_NM+PRDT_CD는 3건, 전체
합계가 1건으로 총 7건이 출력된다.

문제 61

정답 ①

해설 GROUPING SETS 내 인자로 '( )'를 쓰면 그 어떠한 것으로도 GROUPING하지 않고
해당 집합의 전체 건수가 나오게 된다. 즉 GROUP BY GROUPING SETS (( ))는 아무
것도 쓰지 않은 것과 동일한 것이다.

문제 62

정답 ④

해설 ROLLUP, CUBE, GROUPING SETS 모두 결과에 대한 정렬이 필요한 경우는 꼭 인라
인뷰로 감쌀 필요 없이 바로 ORDER BY를 주면 된다.

문제 63

정답 ㉠ : RANK, ㉡ : DENSE_RANK, ㉢ : ROW_NUMBER

해설 RN1의 결과를 보면 1등 후 2등을 건너뛰고 3등이 나온다. 즉 RANK이다.
RN2의 결과를 보면 1등 후 1등이 2명인데 바로 2등이 나온다. 즉 DENSE_RANK이다.
RN3의 결과를 보면 1등 후 2등, 3등, 4등처럼 쭉 나온다. (동일 순위여도 순위를 무조건
정한다.) 즉 ROW_NUMBER이다.

문제 64

정답 ㉠ : NTILE (6)

해설 모든 사람의 연봉이 모두 각기 다르기 때문에 RANK, DENSE_RANK, ROW_NUMBER
의 결과가 모두 같다. 총 6명이기 때문에 NTILE (6)으로 6명을 6등분해서 보여주므로 순
위를 보여주게 된다.

문제 65

정답 ①

해설 김혜원과 이검수는 현재 연봉에 NULL이 들어가 있다. 이런 경우 분석 함수 MAX를 준다
고 해도 MAX를 구하는 대상에서 제외된다. 즉, 그대로 NULL이 나오게 된다. NULL이
아닌 직원들끼리 부서별로 최고 연봉을 구하게 된다.

문제 66

정답 ④

해설 유저에게 준 권한을 취소할 때 사용하는 명령은 REVOKE이다.

문제 67

정답 롤 혹은 ROLE

해설 데이터베이스의 ROLE에 대한 설명이다.

문제 68

정답 ③

해설 DECLARE, BEGIN, END는 필수항목이고 EXCEPTION은 선택항목이다.

문제 69

정답 ②

해설 트리거는 발생 조건 시, 트리거 동작 조건 발생 시 자동으로 실행된다.

문제 70

정답 ㉠ NTILE(2)

해설 NTILE 함수를 이용해 전체 건수를 인자 값으로 N등분한 결과를 구할 수 있다.

문제 71

정답 ④

해설 직원 중 성별코드(SEX_CD)가 '2'(여성)인 직원은 모두 4명이다. 하지만 그중 '차은영' 사원의 DEPT_CD가 NULL이므로 성별이 여성인 직원의 DEPT_CD의 개수는 4개가 아니라 3개가 된다. 그래서 CNT 값은 전부 3이 출력된다.

문제 72

정답 ②

해설 인라인뷰 내부의 SQL문의 결과는 1, 2, 3, 4, 5, 6, 7이 나온다.

DENSE_RANK는 중복되는 순위는 하나의 순위로 매겨주게 된다.

중복되는 건이 연봉이 3,500만(2건), 4,000만(2건), 4,500만(2건)으로 총 6건이므로 그중 3건이 중복으로 제외된다.

즉, 10명 중 7등까지만 등수가 매겨진다. DISTINCT로 중복된 등수를 제거했으므로 1, 2, 3, 4, 5, 6, 7이 나오게 되고 그 수를 모두 합하면 28이 된다.

정답 ㉠ : 2

해설 만약 GROUPING COLUMNS의 수가 2개이면 2^2 = 4 LEVEL의 SUBTOTAL을 생성하게 된다.

정답 ④

해설 DEPT_NM 칼럼만을 ROLLUP했기 때문에 DEPT_NM의 유일값 5개, 전체합계를 위한 행 1개로 총 6건의 ROW가 출력된다.

정답 다중 칼럼 서브쿼리(Multi Column 서브쿼리)

해설 아래와 같은 SQL문을 다중칼럼 서브쿼리라고 한다.

```
SELECT A.EMP_NO, A.EMP_NM
    , (SELECT L.DEPT_NM FROM TB_DEPT_23 L WHERE L.DEPT_CD = A.DEPT_CD) AS
DEPT_NM
    , A.BIRTH_DE
 FROM TB_EMP_23 A
 WHERE (A.DEPT_CD, BIRTH_DE) IN
                        (SELECT B.DEPT_CD, MAX(BIRTH_DE)
                            FROM TB_EMP_23 B GROUP BY B.DEPT_CD
            )
 ORDER BY A.BIRTH_DE;
```

정답 10,000

해설 LEAD 함수는 결과집합 내에서 정렬 기준으로 다음 행의 셀 값을 리턴하고 LAG 함수는 결과집합 내에서 정렬 기준으로 이전 행의 셀 값을 리턴한다.

우선 'LAG(CUR_SAL) OVER(ORDER BY CUR_SAL)' 함수에서 NULL이 나오는 행은 '박상진', 즉 연봉이 가장 낮은 사원이 된다. 연봉기준으로 정렬하면서 연봉이 가장 낮으므로 더 낮은 행은 없기 때문에 NULL이 리턴된다.

그 후 'LEAD(CUR_SAL) OVER(ORDER BY CUR_SAL)' 함수에서 NULL이 나오는 행은 '이경오', 즉 연봉이 가장 높은 사원이 된다.

연봉기준으로 정렬하면서 연봉이 가장 높기 때문에 더 높은 행이 없으므로 NULL이 리턴된다. 즉 연봉이 가장 높은 액수와 가장 낮은 액수를 더한 후에 10,000으로 나누면 10,000이 된다.

문제 77

정답 ③

해설 JOB_NM+DEPT_NM의 유일 개수 5개, JOB_NM의 유일 개수 1개, 전체합계 1개로 총 7건이 출력된다.

문제 78

정답 ③

해설 CONNECT BY절에 있는 AND DEPT_NM LIKE '영업%' 조건으로 인해 DEPT_NM이 '영업'으로 시작하는 행 까지만 출력된다.

문제 79

정답 ④

해설 UNION과 UNION ALL의 결과집합의 순서가 다를 수 있다.

문제 80

정답 ②

해설 LEFT OUTER JOIN의 결과가 나온다. A.DEPT_NO IS NOT NULL은 LEFT 집합에 대한 NOT NULL 조건이므로 LEFT OUTER JOIN 시 결과집합에 영향을 주지 못한다.
① RIGHT OUTER JOIN의 결과이다.
③ INNER JOIN의 결과이다.

문제 81

정답 ㉠ : COMMIT ㉡ : ROLLBACK 혹은 ㉠ : ROLLBACK ㉡ : COMMIT

해설 트리거 내에서 커밋, 롤백에 대한 제어를 할 수 없다.

문제 82

정답 ㉠ GRANT, ㉡ TO, ㉢ REVOKE, ㉣ FROM

해설 아래 문법으로 GRANT 및 REVOKE 수행이 가능하다.

```
GRANT CREATE TABLE TO DCL;
REVOKE CREATE TABLE FROM DCL;
```

문제 83

정답 ④

해설 DCL 계정으로 접속한 상태에서 DCL 유저를 제거하려고 했으므로 'ORA-01940: 현재 접속되어 있는 사용자는 삭제할 수 없습니다' 에러가 발생하며 유저 제거에 실패한다.

문제 84

정답 ③

해설 EXCEPTION은 선택항목으로, 생략이 가능하다.

문제 85

정답 CASCADE

해설 CASCADE를 사용하게 되면 사용자 이름과 관련된 모든 데이터베이스 스키마가 데이터 사전으로부터 삭제되며 모든 스키마 객체들 또한 물리적으로 삭제된다.

Chapter 7
SQL 최적화 기본 원리

7.1 옵티마이저와 실행계획

7.1.1 옵티마이저란?

옵티마이저는 사용자가 요청한 SQL문에 대한 최적의 실행 방법을 결정하는 역할을 수행합니다. 옵티마이저가 도출해 낸 실행 방법을 실행계획이라고 합니다.

사용자의 요구사항을 만족하는 결과를 추출할 수 있는 다양한 실행 방법들을 도출한 후, 그중에서 최적의 실행 방법을 결정하는 것이 옵티마이저의 역할입니다.

옵티마이저가 실행계획을 모색하는 방법에는 룰 기반과 비용 기반이 있습니다. 룰 기반은 정해진 규칙에 따라 SQL문의 실행계획을 도출하는 방식인데, 최근에는 특수한 경우를 제외하고 사용하지 않는 추세입니다. 비용 기반은 다양한 DBMS의 객체정보 및 통계정보를 활용해서 최적의 실행계획을 도출하는 방법이며, 널리 사용되고 있습니다.

7.1.2 비용 기반 옵티마이저

비용 기반 옵티마이저는 특정 SQL문을 처리하는 데 다양한 실행계획 중에서 비용이 가장 적게 드는 실행계획을 선택하는 방식입니다. 비용이란 SQL문을 처리하는 데 예상되는 시간 또는 자원을 의미합니다. 비용 기반 옵티마이저는 테이블, 인덱스 등의 통계정보와 시스템 통계정보를 이용하여 최적의 실행계획을 도출합니다. 예를 들어 인덱스 스캔을 하는 비용이 테이블 풀 스캔을 하는 비용보다 크다고 판단되면 테이블 풀 스캔을 유도하게 됩니다.

아래 그림은 비용 기반 옵티마이저가 최적의 실행계획을 판단하는 과정을 표현한 것입니다.

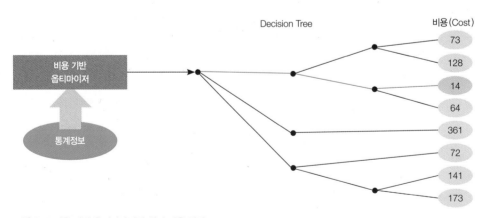

그림 7-1 비용 기반 옵티마이저의 최저 비용 판단

7.1.3 옵티마이저의 구성요소

옵티마이저는 질의 변환기, 비용 예측기, 대안계획 생성기로 구성되어 있습니다. 옵티마이저의 구성요소를 표로 살펴봅시다.

표 7-1 옵티마이저의 구성요소

구성요소	설명
질의 변환기 (Query Transformer)	• 사용자가 작성한 SQL문을 옵티마이저가 처리하기에 보다 용이한 형태로 변환한다.
비용 예측기 (Estimator)	• 생성된 여러 실행계획들의 비용을 예측하는 모듈이다. • 실행계획의 정확한 비용을 측정하기 위해서 연산의 중간집합의 크기 및 결과집합의 크기, 분포도 등의 예측을 한다. 보다 나은 예측을 위해서 정확한 통계정보가 필요하다.
대안계획 생성기 (Plan Generator)	• 동일한 결과를 생성하는 다양한 실행계획들을 생성하는 모듈이다. • 연산의 적용 순서, 연산 방법 변경, 조인 순서 변경 등을 통해서 다양한 실행계획들을 생성한다. • 동일한 결과를 생성하는 가능한 한 모든 실행계획들을 생성해야 보다 나은 최적화를 수행할 수 있다.

질의 변환기는 사용자가 작성한 SQL문 자체를 옵티마이저가 처리하기 용이한 형태로 변환한 후, 비용 예측기가 최적의 실행계획을 위해 다양한 경로와 그에 대한 비용을 계산합니다. 이때 가장 중요한 것이 정확한 통계정보의 유무 및 정확성입니다. 마지막으로 대안계획 생성기가 다양한 경로의 실행계획들을 생성하게 됩니다. 아래는 이러한 과정을 도식화한 그림입니다.

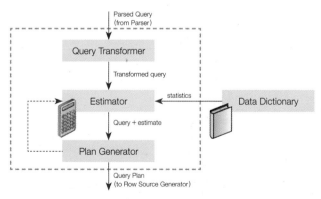

그림 7-2 옵티마이저의 처리 과정

대부분의 프로그래밍 언어는 프로그램을 작성하는 개발자가 어떻게 동작/실행될지를 결정합니다.

하지만 SQL문은 사용자가 SQL 문법에 맞게 SQL문을 작성해서 실행시키면 해당 SQL문이 내부에서 어떠한 과정으로 동작/실행될지는 옵티마이저가 결정합니다.

결국 SQL문을 작성해서 실행하는 것은 결과집합을 만들거나 데이터 처리를 하기 위한 과정일 뿐이며, 이 SQL문을 실행하는 내부 모듈을 만드는 역할은 옵티마이저가 담당합니다.

사용자   옵티마이저   프로시저

그림 7-3 사용자와 옵티마이저

사용자는 SQL문을 실행할 뿐이고, 실행한 SQL문이 내부에서 어떻게 실행될지는 옵티마이저가 판단하여 실행 프로시저를 만들고, 그 프로시저가 연산을 수행한 후, 사용자에게 처리결과를 돌려주게 됩니다.

7.1.4 내비게이션과 옵티마이저

우리가 실생활에서 많이 사용하는 자동차의 내비게이션은 여러 갈래의 길 중에서 가장 효율적으로 이동할 수 있는 길을 알려주는 역할을 합니다.

그림 7-4 내비게이션

경로 탐색 과정에서 내비게이션이 착안하는 정보는 아래와 같습니다.

내비게이션이 착안하는 정보

- GPS 위치정보, 지도, 주소정보, 도로정보

- 통행 요금, 구간별 평균/제한 속도, 실시간 교통정보

- 공사 구간이나 시위, 도보 행진, 기타 행사로 인한 임시교통통제구간정보

이 밖에 다양한 정보를 착안하여 최적의 길을 안내하게 됩니다. 이처럼 내비게이션과 옵티마이저는 유사한 점이 많습니다.

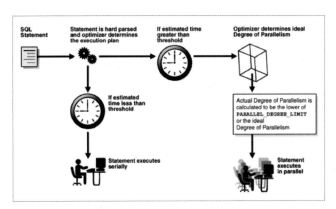

그림 7-5 옵티마이저의 동작 방식

사용자가 요청한 SQL문의 실행계획 수립 시 옵티마이저가 착안하는 정보는 아래와 같습니다.

옵티마이저가 착안하는 정보

- 테이블, 칼럼, 인덱스 구조에 관한 기본 정보

- 오브젝트 통계 : 테이블 통계, 인덱스 통계, 히스토그램 통계

- 시스템 통계 : CPU 속도, Single Block I/O 속도, Multi block I/O 속도

- 옵티마이저 관련 파라미터

옵티마이저는 하나의 SQL문을 호출 시 후보군이 될만한 무수히 많은 실행계획을 도출하며, 짧은 순간 각각의 효율성을 판단하는 역할을 합니다.

7.1.5 실행계획 확인 방법

SQL문을 실행하기 전에 옵티마이저가 이 SQL문을 어떻게 실행하기로 했는지에 대한 실행계획을 확인해봅시다.

윈도우 cmd 프로그램을 이용하여 SQLD 계정으로 접속합니다.

SQL*Plus 접속 – SQLD계정

```
sqlplus SQLD/1234
```

접속에 성공하면 아래와 같이 SET AUTOTRACE 명령을 실행합니다.

SET AUTOTRACE 명령 실행

```
SET AUTOTRACE TRACEONLY EXPLAIN;
```

위 명령을 실행하게 되면 지금부터 실행하는 SQL문에 대하여 실행계획을 출력하게 됩니다.

아래의 SQL문을 실행합니다.

코드 7-1 SQL문 실행

```
SELECT A.ADSTRD_CD
     , A.STD_YM
     , A.POPLTN_SE_CD
     , A.AGRDE_SE_CD
     , A.POPLTN_CNT
     , B.ADSTRD_NM
  FROM TB_POPLTN A
     , TB_ADSTRD B
 WHERE A.ADSTRD_CD  = B.ADSTRD_CD
   AND A.ADSTRD_CD  = '1154551000' --서울특별시 금천구 가산동
;
```

실행계획이 출력됩니다.

실행계획

```
Execution Plan
----------------------------------------------------------
Plan hash value: 1817048328
```

```
-----------------------------------------------------------.-------------
| Id | Operation                          | Name              | Rows |.| Time     |
-----------------------------------------------------------.-------------
|   0| SELECT STATEMENT                   |                   |   33|.| 00:00:01 |
|   1|  NESTED LOOPS                      |                   |   33|.| 00:00:01 |
|   2|   TABLE ACCESS BY INDEX ROWID| TB_ADSTRD        |    1|.| 00:00:01 |
|*  3|    INDEX UNIQUE SCAN               | PK_TB_ADSTRD     |    1|.| 00:00:01 |
|   4|   TABLE ACCESS BY INDEX ROWID| TB_POPLTN        |   33|.| 00:00:01 |
|*  5|    INDEX RANGE SCAN                | IDX_TB_POPLTN_03|   33|.| 00:00:01 |
-----------------------------------------------------------.-------------

Predicate Information (identified by operation id):
---------------------------------------------------

   3 - access("B"."ADSTRD_CD"='1154551000')
   5 - access("A"."ADSTRD_CD"='1154551000')
```

※ 실제로 출력되는 실행계획은 위의 실행계획과 출력항목이나 항목값이 다를수 있습니다.

※ 이 책의 분량 및 페이지 크기에 맞게 일부 값을 생략하였습니다.

사용자가 요청한 SQL문을 옵티마이저가 어떻게 실행할 것인지에 대한 실행계획을 출력한 것입니다. 또 다른 방법으로는 DBeaver를 이용해서 SQLD 계정으로 접속한 후 SQL문을 작성한 다음에 단축키 [Ctrl]+[Shift]+[E]를 누르면 실행계획이 출력됩니다.

그림 7-6 DBeaver를 이용한 실행계획 확인

DBeaver를 이용하면 간편하게 실행계획을 조회할 수 있습니다. 실행계획에서 표시된 비용Cost은 쿼리를 수행하는 동안 발생될 것으로 예상하는 I/O 횟수 또는 예상 소요시간을 표현한 값입니다. 비용은 언제까지나 예상치일 뿐이며 실행 경로를 선택하기 위해 옵티마이저가 통계 정보를 활용해서 계산해낸 값입니다.

7.1.6 실행내역 확인 방법

지금까지 한 작업은 어디까지나 실행계획입니다. SQL문을 실제로 실행하지는 않고 어떻게 실행할 것인지에 대한 실행계획만을 출력한 것입니다.

아래와 같은 방법으로 실행내역을 확인할 수 있습니다. 실행내역은 SQL문을 요청하면 내부적으로 실행계획을 작성하고 실제로 실행까지 한 후 해당 SQL문의 실행이 어떠한 방식으로 됐으며 실제 걸린 시간과 비용은 얼마나 들었는지까지 나오는 것입니다.

우선 DBeaver를 이용해서 SQLD 계정으로 접속하여 아래와 같은 SQL문을 실행합니다.

통계레벨 설정

```
ALTER SESSION SET STATISTICS_LEVEL = ALL;
```

위 SQL문은 현재 접속되어 있는 접속 세션의 STATISTICS_LEVEL 레벨을 ALL로 하라는 뜻입니다. 지금부터 실행되는 SQL문이 실제로 어떠한 동작을 했는지 추적하라는 뜻입니다.

다음 SQL문을 실행합니다.

코드 7-2 SQL문 실행

```
SELECT /* SELECT.TB_POPLTN.TB_ADSTRD.001 */
       A.ADSTRD_CD
     , A.STD_YM
     , A.POPLTN_SE_CD
     , A.AGRDE_SE_CD
     , A.POPLTN_CNT
     , B.ADSTRD_NM
  FROM TB_POPLTN A
     , TB_ADSTRD B
 WHERE A.ADSTRD_CD  = B.ADSTRD_CD
   AND A.ADSTRD_CD  = '1154551000' --서울특별시 금천구 가산동
 ;
```

첫 번째 줄 SELECT 바로 옆에 "SELECT.TB_POPLTN.TB_ADSTRD.001"라는 주석을 달았습니다. 이 주석으로 SQL문을 구별해 낼 수 있습니다. SQL문의 실행이 완료되었으면 아래와 같이 방금 수행된 SQL문의 내부 SQL_ID, CHILD_NUMBER를 조회합니다.

코드 7-3 SQL문의 실행 정보 조회

```
SELECT
       SQL_ID
     , CHILD_NUMBER
     , SUBSTR(SQL_FULLTEXT, 1, 40)
  FROM V$SQL
 WHERE SQL_FULLTEXT LIKE '%SELECT.TB_POPLTN.TB_ADSTRD.001%'
   AND SQL_FULLTEXT NOT LIKE '%V$SQL%'
 ;
```

V$SQL은 오라클 DBMS 내부에서 관리하는 뷰로서 실행된 SQL문의 정보를 저장하는 역할을 수행합니다.

결과는 아래와 같습니다.

결과

```
|SQL_ID       |CHILD_NUMBER|SUBSTR(SQL_FULLTEXT,1,40)
+-------------+------------+----------------------------------------
|bjbwq79yht5nn|           0|SELECT /* SELECT.TB_POPLTN.TB_ADSTRD.001
```

※ 자신의 PC에서 출력된 SQL_ID와 CHILD_NUMBER 값을 입력값으로 넣으면 됩니다.

SQL_ID 및 CHILD_NUMBER를 알아내었습니다. 마지막으로 아래와 같이 실행내역을 출력합니다.

실행내역 출력

```
SELECT *
  FROM TABLE
       (DBMS_XPLAN.DISPLAY_CURSOR
       ('bjbwq79yht5nn',0,'ALLSTATS LAST -ROWS')
       );
```

※ 자신의 PC에서 출력된 SQL_ID와 CHILD_NUMBER 값을 입력값으로 넣으면 됩니다.

DBMS_XPLAN.DISPLAY_CURSOR를 호출하면서 첫 번째 인자로 SQL_ID를 입력하고 두

번째 인자로 CHILD_NUMBER를 입력하였습니다. 세 번째 인자로 실행내역을 출력하는 옵션값을 넣었습니다.

결과는 아래와 같습니다.

실행내역

```
SQL_ID  bjbwq79yht5nn, child number 0
-------------------------------------
SELECT /* SELECT.TB_POPLTN.TB_ADSTRD.001 */        A.ADSTRD_CD        ,
A.STD_YM       , A.POPLTN_SE_CD     , A.AGRDE_SE_CD       , A.POPLTN_CNT
     , B.ADSTRD_NM    FROM TB_POPLTN A       , TB_ADSTRD B    WHERE
A.ADSTRD_CD  = B.ADSTRD_CD    AND A.ADSTRD_CD  = '1154551000' --서울특별시
금천구 가산동


Plan hash value: 1817048328


-----------------------------------------------.---------------------
| Id| Operation                      | Name          |.|A-R|  A-Time  |Buff|
|   |                                |               |.|ows|          |ers |
-----------------------------------------------.---------------------
|  0| SELECT STATEMENT               |               |.| 33|00:00:00.01| 40|
|  1|  NESTED LOOPS                  |               |.| 33|00:00:00.01| 40|
|  2|   TABLE ACCESS BY INDEX ROWID| TB_ADSTRD     |.|  1|00:00:00.01|  3|
|* 3|    INDEX UNIQUE SCAN           | PK_TB_ADSTRD  |.|  1|00:00:00.01|  2|
|  4|   TABLE ACCESS BY INDEX ROWID| TB_POPLTN     |.| 33|00:00:00.01| 37|
|* 5|    INDEX RANGE SCAN            | IDX_TB_POPLTN_03|.| 33|00:00:00.01|  4|
-----------------------------------------------.---------------------

Predicate Information (identified by operation id):
---------------------------------------------------

   3 - access("B"."ADSTRD_CD"='1154551000')
   5 - access("A"."ADSTRD_CD"='1154551000')
```

※ 실제로 출력되는 실행계획은 위의 실행계획과 출력항목이나 항목값이 다를수 있습니다.
※ 이 책의 분량 및 페이지 크기에 맞게 일부 값을 생략하였습니다.

SQL문의 실행내역이 출력된 것을 알 수 있습니다. 이 SQL문을 수행하는 데는 0.01초가 걸렸으며 40개의 Block(Buffers)을 읽었습니다. (오라클 DBMS에서 1개의 Block은 8,192바이트입니다.)

이제, 출력된 실행계획을 읽는(해석하는) 방법에 대해서 알아봅시다.

아래 실행계획의 Operation 칼럼을 자세히 보면 ID 2와 4번이 맨 왼쪽에서부터 오른쪽으로

갔을 때 처음으로 만나는 동일한 깊이입니다.

실행계획(내역)

```
----------------------------------------------.----------------------
|Id |Operation                      |Name        |.|A-  |  A-Time  |Buff|
|   |                               |            |.|Rows|          |ers |
----------------------------------------------.----------------------
|  0|SELECT STATEMENT               |            |.| 33|00:00:00.01| 40|
|  1| NESTED LOOPS                  |            |.| 33|00:00:00.01| 40|
|  2|  TABLE ACCESS BY INDEX ROWID|TB_ADSTRD     |.|  1|00:00:00.01|  3|
|* 3|   INDEX UNIQUE SCAN           |PK_TB_ADSTRD |.|  1|00:00:00.01|  2|
|  4|  TABLE ACCESS BY INDEX ROWID|TB_POPLTN     |.| 33|00:00:00.01| 37|
|* 5|   INDEX RANGE SCAN            |IDX_TB_POPLTN_03|.| 33|00:00:00.01|  4|
----------------------------------------------.----------------------
```

※ 실제로 출력되는 실행계획은 위의 실행계획과 출력항목이나 항목값이 다를수 있습니다.

※ 이 책의 분량 및 페이지 크기에 맞게 일부 값을 생략하였습니다.

이 상태에서 ID 2번이 위에 있고, ID 4번이 밑에 있으므로 ID 2번부터 수행됩니다.

ID 2번 바로 밑에는 ID 3번이 있습니다. 그러므로 ID 3번이 가장 먼저 실행됩니다.

ID 3번은 "PK_TB_ADSTRD" 인덱스를 "INDEX UNIQUE SCAN"하고 있습니다. 특정 행
정동코드(ADSTRD_CD)를 기준으로 인덱스 스캔하여 단 1건을 가져온 것을 알 수 있습니다.

그런 후, ID 2번에서 행정동(TB_ADSTRD) 테이블을 읽고 있습니다.

다시 ID 5번에서 "IDX_TB_POPLTN_03" 인덱스를 읽은 후, 인구(TB_POPLTN) 테이블을
읽고 있습니다.

ID 1번에의 Operation은 "NESTED LOOPS"입니다. 맨 처음에 "PK_TB_ADSTRD" 인덱
스를 스캔하고 행정동(TB_ADSTRD) 테이블을 읽은 후에 "IDX_TB_POPLTN_03" 인덱스
를 스캔하여 인구(TB_POPLTN) 테이블을 읽는 것을 반복하라는 뜻입니다.

반복의 횟수는 첫 번째 읽는 테이블인 행정동(TB_ADSTRD) 테이블을 읽어서 나온 결과 행의
수만큼 반복합니다.

모든 대상 행에 대한 조인 연산이 완료되면 ID 0번의 Operation인 "SELECT STATEMENT"
에서 최종 결과집합을 도출하게 됩니다.

위 SQL문의 실행 순서는 ID번호 기준 3 ▶ 2 ▶ 5 ▶ 4 ▶ 1 ▶ 0이 됩니다.

7.2 인덱스 기본

7.2.1 인덱스란?

인덱스는 원하는 데이터를 쉽게 찾을 수 있도록 돕는 책의 찾아보기와 유사한 개념입니다. 검색조건에 부합하는 데이터를 효과적으로 빠르게 검색할 수 있도록 돕습니다.

1개의 테이블은 0개~N개의 인덱스를 가질 수 있습니다. 한 테이블에 과도하게 많은 인덱스가 존재하면 INSERT, UPDATE, DELETE와 작업 시 부하가 발생할 수 있습니다.

7.2.2 B*Tree 인덱스란?

DBMS에서 널리 사용되는 가장 일반적인 인덱스로서, 루트 [Root] 블록, 브랜치 [Branch] 블록, 리프 [Leaf] 블록으로 구성됩니다. 가장 상위에 존재하는 블록이 루트 블록이고, 브랜치 블록은 분기를 목적으로 하는 블록입니다. 리프 블록은 트리의 가장 아래 단계에 존재하는 블록입니다. 리프 블록은 인덱스를 구성하는 칼럼의 데이터와 해당 데이터를 가지고 있는 행의 위치를 가리키는 레코드 식별자인 ROWID로 구성되어 있습니다.

아래 그림은 B*Tree 인덱스의 구조를 표현한 그림입니다.

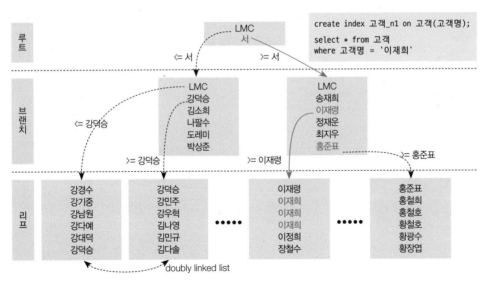

그림 7-7 B*Tree 구조

위 그림은 고객 테이블에 고객명 칼럼으로 이루어진 인덱스를 생성하고, '이재희'라는 고객을 조회하는 SQL문을 실행했을 때 인덱스 스캔을 하는 과정을 도식화하였습니다.

참고로 LMC는 Left Most Child라고 하며 자식 노드 중 가장 왼쪽 끝에 위치한 블록을 가리킵니다.

루트 블록에서는 입력값이 '서'보다 작거나 같은지 혹은 '서'보다 크거나 같은지를 판별합니다. '이재희'는 '서'보다 크기 때문에 브랜치 블록에서 오른쪽 블록을 읽습니다. 해당 블록에서 다시 '이재희'는 어떤 리프 블록에 존재하는지 찾은 후, 최종적으로 리프 블록에서 '이재희'에 해당하는 블록을 찾습니다. 리프 블록에는 해당 리프 블록이 가리키는 테이블의 주소 값(ROWID)이 존재하므로 '이재희'에 대한 정보를 고객 테이블에서 최종적으로 조회할 수 있게 됩니다.

지금까지 설명한 인덱스 구조를 정리해봅시다.

인덱스 구조

- 루트와 브랜치 블록에 있는 각 레코드는 하위 블록에 대한 주소 값을 갖는다. 키 값은 하위 블록에 저장된 키 값의 범위를 나타낸다.
- LMC가 가리키는 주소로 찾아간 블록에는 키 값을 가진 첫 번째 레코드보다 작거나 같은 레코드가 저장되어 있다.
- 리프 블록에 저장된 각 레코드는 키 값 순으로 정렬되어 있을 뿐만 아니라 테이블 레코드를 가리키는 주소 값(ROWID)를 갖는다.
- 인덱스 키 값(칼럼값)이 같으면 ROWID순으로 정렬된다.
- 인덱스를 스캔하는 이유는 검색조건을 만족하는 소량의 데이터를 빨리 찾고, 거기서 ROWID를 얻기 위해서이다.
- 얻어낸 ROWID로 테이블에 접근하여 대상 행에 대해 테이블이 가지고 있는 칼럼값을 찾는다.

[표 7-2]는 지금까지 언급된 ROWID의 정보 항목입니다.

표 7-2 ROWID가 가지고 있는 정보 항목

항목	구성
ROWID	데이터 블록 주소 + 로우 번호
데이터 블록 주소	데이터 파일 번호 + 블록 번호
블록 번호	데이터 파일 내에서 부여한 상대적 순번
로우 번호	블록 내 순번

ROWID는 인덱스 리프 블록에 저장되며, 인덱스 스캔으로 찾은 대상 행을 테이블에서 최종적으로 찾아내는 역할을 합니다.

7.2.3 인덱스 스캔 효율화

여러 개의 칼럼으로 이루어진 복합 칼럼 인덱스를 생성 시 각 칼럼의 위치(순서)에 따라 복합 칼럼 인덱스가 특정 SQL문에 효율적일 수도 있고 비효율적일 수도 있습니다.

비용 기반 옵티마이저는 인덱스 스캔의 비효율로 인해 테이블 풀 스캔이 더 효율적이라고 판단되는 경우, 인덱스 스캔이 아닌 테이블 풀 스캔을 하기도 합니다.

[그림 7-8]은 학생 테이블에서 시력이 1.0~1.5인 이정민이라는 이름의 학생을 찾을 때 복합 칼럼 인덱스의 구성이 "시력+이름+학년반번호" 칼럼으로 되어 있는 경우, 인덱스를 스캔하게 되는 범위를 그림으로 표현한 것입니다.

❖ 시력이 1.0~1.5인 "이정민" 학생을 찾을 때 인덱스 구성이 "시력+이름+학년반번호" 칼럼인 경우

시력	이름	학년반번호
0.5	김지성	3학년 2반 13번
...	...	...
1.0	이정민	5학년 1반 16번
1.5	이경오	4학년 3반 37번
1.5	남경희	6학년 4반 19번
1.5	이정민	1학년 5반 15번
1.5	...	...
2.0	이정민	2학년 6반 24번

✓ "시력+이름+학년반번호"로 이루어진 인덱스는 스캔 비효율이 존재함

그림 7-8 인덱스 스캔 범위 – 비효율

시력 칼럼은 변별력이 좋은 칼럼이 아닙니다. 변별력이 좋다는 것은 주민등록번호 칼럼과 같이 어떤 집합에서 유일값의 개수가 많은 것을 뜻합니다. 즉, 1건을 콕 짚어내기 용이한 것을 말합니다.

위 그림은 복합 칼럼 인덱스 구성 시 시력 칼럼을 인덱스 구성에서 첫 번째 칼럼으로 위치해서 일어나는 비효율을 표현한 것입니다.

아래의 그림은 시력이 1.0~1.5인 이정민이라는 학생을 찾을 때 복합 칼럼 인덱스의 구성이 "이름+시력+학년반번호"로 되어 있을 경우, 스캔하게 되는 범위를 그림으로 표현한 것입니다.

❖ 시력이 1.0~1.5인 "이정민" 학생을 찾을 때 인덱스 구성이 "이름+시력+학년반번호" 칼럼인 경우

이름	시력	학년반번호
이경오	1.5	4학년 3반 37번
김지성	0.5	3학년 2반 13번
…	…	…
남경희	1.5	6학년 4반 19번
…	…	…
이정민	1.0	5학년 1반 16번
이정민	1.5	1학년 5반 15번
이정민	2.0	2학년 6반 24번

✓ "이름+시력+학년반번호"로 이루어진 인덱스는 스캔 효율이 좋음

그림 7-9 인덱스 스캔 범위 – 효율

복합 칼럼 인덱스 구성에서 이름 칼럼이 맨 앞으로 온 모습입니다. 이름은 시력에 비해서 변별력이 좋은 칼럼이므로 인덱스 스캔 범위가 좁아진 것을 알 수 있습니다.

7.2.4 랜덤 액세스 최소화

실행되는 SQL문에 조건절 분석을 통한 효율적인 인덱스 설계를 하면 인덱스 스캔 시 인덱스 및 테이블에 대한 스캔 범위가 적어져 성능상 유리하게 됩니다.

다음 그림은 인덱스 스캔 후, 리프 블록에 존재하는 ROWID를 가지고 테이블을 조회하는 모습을 표현한 그림입니다.

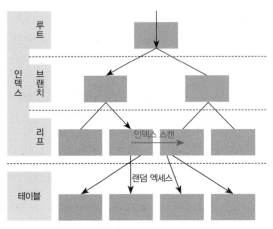

그림 7-10 테이블 랜덤 액세스

인덱스 스캔 후 추가 정보를 가져오기 위해 리프 블록에 있는 ROWID를 가지고 테이블에서 해당 행을 찾기 위한 테이블 랜덤 액세스^{Table Random Access}를 수행합니다.

테이블 랜덤 액세스는 DBMS 성능 부하의 주 요인이 되며 SQL튜닝은 곧 Random I/O와의 전쟁이라 할 수 있습니다. 인덱스 스캔 효율이 좋다면 인덱스 스캔의 범위가 좁아지며 이로 인해 테이블 랜덤 액세스의 횟수가 적어지기 때문에 SQL문의 성능이 향상됩니다. 반대로 인덱스 스캔 효율이 좋지 않다면 인덱스 스캔 범위가 넓어지며, 이로 인해 테이블 랜덤 액세스의 횟수가 많아지기 때문에 SQL문의 성능이 저하됩니다.

비용 기반 옵티마이저는 인덱스 스캔 시 비효율이 발생하여 과도한 테이블 랜덤 액세스가 일어날 것으로 예측되면, 차라리 테이블 풀 스캔을 하게 됩니다.

테이블 풀 스캔은 전체 테이블의 데이터를 모두 읽기는 하지만, 테이블 랜덤 액세스는 발생하지 않습니다.

7.2.5 인덱스를 탄다 VS 인덱스를 잘 안 탄다

우리가 실무에서 업무를 진행하다보면 어떤 SQL문이 '인덱스를 잘 탔는지 잘 안 탔는지'라는 말을 자주 사용합니다. 인덱스를 잘 탔다는 것은 인덱스 스캔을 통해 인덱스 리프 블록에서 특정 범위만을 스캔한 상태를 말합니다. 인덱스를 타는 경우는 아래의 그림과 같습니다.

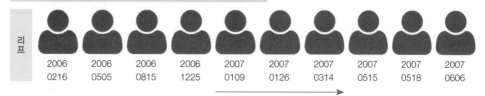

그림 7-11 인덱스를 탄다

위 그림은 생년월일 칼럼이 인덱스 칼럼으로 구성되어 있다고 가정하고, 해당 칼럼을 BETWEEN 조건으로 조회한 것입니다. 특정 리프 블록만을 읽은 것을 알 수 있습니다. 이런 경우에 "인덱스를 탄다"라고 말합니다. 아래는 인덱스를 타지 않은 경우를 그림으로 표현한 것입니다.

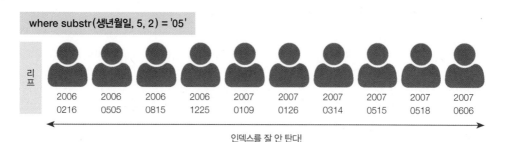

그림 7-12 인덱스를 잘 안 탄다

생년월일 칼럼을 SUBSTR 함수로 감싸고 있습니다. 이렇게 조건을 준 경우 DBMS는 인덱스를 탈 수가 없습니다. 여기서 만약 인덱스 풀 스캔을 하게 된다면 인덱스의 리프 블록을 처음부터 끝까지 모두 스캔하게 됩니다. 이러한 상황을 "인덱스를 잘 안 탄다"라고 실무에서 자주 표현합니다.

7.2.6 Single Block I/O vs Multi Block I/O

비용 기반 옵티마이저는 요청 SQL문에 대한 실행계획을 생성할 때, 인덱스 스캔이 가능하다고 해서 반드시 인덱스 스캔을 하는 것은 아닙니다. 인덱스 스캔을 하는 것보다 테이블 풀 스캔이 유리하다고 판단되면 테이블 풀 스캔을 하게 됩니다.

일반적으로 DBMS가 데이터를 조회할 때는 우선 데이터 버퍼 캐시 메모리에서 찾으려고 하는 블록이 존재하는지 확인하고, 버퍼 캐시에 해당되는 데이터 블록이 있다면 해당 블록을 가져옵니다. 만약 버퍼 캐시에 존재하지 않는다면, 디스크에서 직접 해당 블록을 찾아서 버퍼 캐시에 저장한 후에 방금 저장한 블록을 가져오게 됩니다.

오라클 DBMS가 블록을 읽는 방식은 Single Block I/O 방식과 Multi Block I/O 방식이 있습니다.

Single Block I/O는 한 번의 I/O 콜^{Call}을 통해 단 하나의 데이터 블록만을 읽어 메모리에 적재합니다. 인덱스 스캔을 할 때는 각각의 블록을 읽을 때 단 1개의 블록씩만 읽게 됩니다.

Multi Block I/O는 테이블의 데이터를 읽을 때 한 번의 I/O 콜을 통해 테이블을 구성하는 블록과 인접한 블록들을 한꺼번에 읽어 메모리에 적재하는 것입니다. 테이블 풀 스캔을 할 때는 한번에 여러 개의 블록을 읽게 됩니다.

오라클 DBMS를 기준으로 DBMS 시스템의 설정에 따라 다르지만 일반적으로 한 번의 I/O 콜을 통해 128개의 블록을 읽도록 설정되어 있습니다. 이러한 이유로 인해 인덱스 스캔을 할 때 비효율적인 인덱스 스캔을 하게 되면 하나하나의 블록씩만을 여러 번 반복해서 읽기 때문에 테이블 풀 스캔보다 오히려 성능이 안 좋을 수 있습니다. 테이블 풀 스캔을 하게 되면 한번에 128개의 블록씩 읽어 들일 수도 있는데 인덱스 스캔으로 인해 그렇게 하질 못하니 비용 기반 옵티마이저는 테이블 풀 스캔을 선택하게 되는 것입니다.

아래의 그림에서 Single Block I/O 방식과 Multi Block I/O 방식을 봅시다.

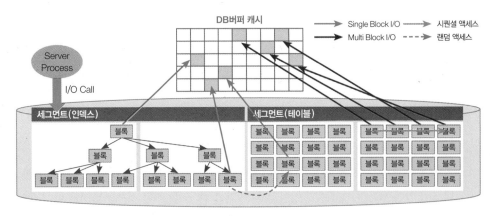

그림 7-13 Single Block I/O와 Multi Block I/O

가장 중요한 사항은 비용 기반 옵티마이저는 특정 SQL문에 대한 최적의 실행계획을 도출 시 아무리 SQL문의 조건절에 입력값으로 들어오는 칼럼에 대한 인덱스가 있어도, 인덱스를 스캔하는 데 드는 비용(Single Block I/O에 의한 테이블 랜덤 액세스는 고비용)이 테이블 풀 스캔을 하는 데 들어가는 비용보다 크다면 테이블 풀 스캔을 할 수도 있다는 것입니다.

7.2.7 테이블 풀 스캔과 인덱스 스캔

지금까지 학습한 내용을 바탕으로 테이블 풀 스캔과 인덱스 스캔의 내용을 정리한 표입니다.

표 7-3 테이블 풀 스캔과 인덱스 스캔

스캔 유형	설명
테이블 풀 스캔	• 테이블에 존재하는 모든 데이터를 읽어가면서 조건에 맞으면 결과로 추출하고 조건에 맞지 않으면 버리는 방식이다. • HIGH WATER MARK는 테이블에 데이터가 쓰여졌던 블록상의 최상위 위치로서 테이블 풀 스캔 시에는 HWM 위치까지의 블록에 있는 모든 데이터를 읽어야 하기 때문에 시간이 오래 걸릴 수 있다. • 테이블 풀 스캔으로 읽은 블록은 재사용성이 낮다고 보고 메모리 버퍼 캐시에서 금방 제거될 수 있도록 관리된다. • 옵티마이저가 테이블 풀 스캔을 선택하는 경우는 아래와 같다. 　– SQL문에 조건이 존재하지 않는 경우 　– SQL문의 조건을 기준으로 사용 가능한 인덱스가 없는 경우 　– 옵티마이저의 판단으로 테이블 풀 스캔이 유리하다고 판단하는 경우 　– 전체 테이블 스캔을 하도록 강제로 SQL 힌트를 지정한 경우
인덱스 스캔	• 인덱스 스캔은 인덱스를 구성하는 칼럼의 값을 기반으로 데이터를 추출하는 액세스 기법이다. • 인덱스 리프 블록은 인덱스를 구성하는 칼럼의 값과 테이블의 특정 행을 가리키는 ROWID로 구성한다. • 인덱스의 리프 블록을 읽으면 인덱스 구성 칼럼의 값과 ROWID를 알 수 있다. • 인덱스를 읽어서 대상 ROWID를 찾으면 해당 ROWID로 다시 테이블의 특정(대상) 행을 찾아간다. • SQL문에서 필요로 하는 모든 칼럼이 모두 인덱스 구성 칼럼이라면 테이블을 찾아갈 필요가 없다.(인덱스만 읽어도 결과집합을 모두 도출하므로 찾아갈 필요가 없는 것이다.) • 일반적으로 인덱스 스캔을 통해 데이터를 추출하면 해당 결과는 인덱스 칼럼의 순서로 정렬된 상태로 반환된다.(일반적인 사항일 뿐이며 결과집합의 정렬을 보장하려면 반드시 ORDER BY절을 기재해야 한다.)

7.2.8 인덱스 스캔 실습 준비

지금부터 인덱스 스캔을 실습해보도록 하겠습니다. 실습을 시작하기 전 아래와 같이 임시 테이블을 생성하고 데이터를 입력합니다.

코드 7-4 테이블 생성 및 복제

```
CREATE TABLE TB_BSSH_TMP AS
SELECT * FROM TB_BSSH;
```

위 SQL문은 CREATE TABLE AS문으로 상가(TB_BSSH) 테이블의 내용을 상가임시(TB_BSSH_TMP) 테이블에 복제한 것입니다.

상가(TB_BSSH) 테이블에 존재하는 데이터를 상가임시(TB_BSSH_TMP) 테이블에 INSERT하여 복제 테이블을 생성한 것입니다. 기존의 상가(TB_BSSH) 테이블에 존재하는 칼럼명, 칼럼의 데이터형, 칼럼 자체 제약조건, 데이터만 복제된 것이고 기본키 제약조건, 인덱스는 복제되지 않습니다. 상가임시(TB_BSSH_TMP) 테이블은 데이터만 존재하고 인덱스는 단 1개도 존재하지 않는 테이블이 된 것입니다.

아래의 SQL문으로 테이블의 통계정보를 수집합니다.

코드 7-5 테이블 통계정보 수집

```
ANALYZE TABLE TB_BSSH_TMP COMPUTE STATISTICS;
```

그럼 지금부터 생성한 상가임시(TB_BSSH_TMP) 테이블로 실습을 진행합니다.

7.2.9 인덱스 범위 스캔 실습

인덱스 범위 스캔Index Range Scan은 인덱스를 이용하여 1건 이상의 데이터를 추출하는 방식입니다. 인덱스 스캔으로 특정 범위를 스캔하면서 대상 레코드를 하나하나 리턴합니다. 우선 아래와 같이 인덱스를 생성하고 생성한 인덱스에 대한 통계정보를 생성합니다.

코드 7-6 인덱스 생성

```
CREATE INDEX IDX_TB_BSSH_TMP_01 ON TB_BSSH_TMP(ADSTRD_CD);
```

코드 7-7 인덱스 통계정보 생성

```
ANALYZE INDEX IDX_TB_BSSH_TMP_01 ESTIMATE STATISTICS;
```

통계레벨을 ALL로 설정합니다.

코드 7-8 통계레벨 설정

```
ALTER SESSION SET STATISTICS_LEVEL = ALL;
```

행정동코드(ADSTRD_CD) 칼럼으로 이루어진 인덱스를 신규로 생성하였습니다.

아래와 같이 행정동코드(ADSTRD_CD) 칼럼에 "=" 조건을 주어 조회해보겠습니다.

코드 7-9 SQL문 실행

```
SELECT /* SELECT.TB_BSSH_TMP.001 */
       A.BSSH_NO
     , A.CMPNM_NM
     , A.INDUTY_SMALL_CL_CD
     , A.ADSTRD_CD
     , A.LNM_ADRES
     , A.NW_ZIP
     , A.LO
     , A.LA
  FROM TB_BSSH_TMP A
  WHERE A.ADSTRD_CD = '4128157000' --경기도 고양시 덕양구 삼송동
  ORDER BY A.ADSTRD_CD
;
```

실행내역을 확인하기 위해서 아래의 SQL문으로 SQL_ID와 CHILD_NUMBER를 조회합니다.

코드 7-10 SQL 실행 정보 조회

```
SELECT
       SQL_ID
     , CHILD_NUMBER
     , SUBSTR(SQL_FULLTEXT, 1, 60)
  FROM V$SQL
 WHERE SQL_FULLTEXT LIKE '%SELECT.TB_BSSH_TMP.001%'
   AND SQL_FULLTEXT NOT LIKE '%V$SQL%'
   ORDER BY LAST_ACTIVE_TIME DESC
;
```

결과는 아래와 같습니다.

결과

```
SQL_ID          |CHILD_NUMBER|SUBSTR(SQL_FULLTEXT,1,60)                                    |
--------------- |------------|-------------------------------------------------------------|
c5s4sva27qmdr|              0| SELECT /* SELECT.TB_BSSH_TMP.001 */                          |
```

※ 실습 환경 및 SQL문 자체의 텍스트 차이로 인해 출력되는 SQL_ID, CHILD_NUMBER의 값은 실제 실습 결과와 다를 수 있습니다.

이어서 해당 SQL문의 실행내역을 확인합니다.

코드 7-11 실행내역 확인

```
SELECT *
 FROM TABLE
         (DBMS_XPLAN.DISPLAY_CURSOR
          ('c5s4sva27qmdr' ,0, 'ALLSTATS LAST -ROWS')
          )
 ;
```

※ 자신의 PC에서 출력된 SQL_ID와 CHILD_NUMBER 값을 입력값으로 넣으면 됩니다.

실행내역

```
SQL_ID  c5s4sva27qmdr, child number 0
-------------------------------------
SELECT /* SELECT.TB_BSSH_TMP.001 */      A.BSSH_NO      , A.CMPNM_NM
    , A.INDUTY_SMALL_CL_CD    , A.ADSTRD_CD    , A.LNM_ADRES      ,
A.NW_ZIP    , A.LO   , A.LA    FROM TB_BSSH_TMP A    WHERE
A.ADSTRD_CD = '4128157000' --경기도 고양시 덕양구 삼송동    ORDER BY A.ADSTRD_CD

Plan hash value: 108847087
```

Id	Operation	Name	.	A-R ows	A-Time	Buff ers
0	SELECT STATEMENT		.	566	00:00:00.01	553
1	TABLE ACCESS BY INDEX ROWID	TB_BSSH_TMP	.	566	00:00:00.01	553
* 2	INDEX RANGE SCAN	IDX_TB_BSSH_TMP_01	.	566	00:00:00.01	10

```
Predicate Information (identified by operation id):
-------------------------------------------------
```

```
  2 - access("A"."ADSTRD_CD"='4128157000')
```

※ 실제로 출력되는 실행계획은 위의 실행계획과 출력항목이나 항목값이 다를 수 있습니다.
※ 이 책의 분량 및 페이지 크기에 맞게 일부 값을 생략하였습니다.

위 SQL문의 실행계획을 보면 "IDX_TB_BSSH_TMP_01" 인덱스를 스캔한 후, 상가임시
(TB_BSSH_TMP) 테이블을 조회하여 데이터를 출력한 것을 알 수 있습니다.

또한 맨 아래의 Predicate Information을 살펴보면 "2 - access(A.ADSTRD_CD=
'4128157000')"이라고 나온 것을 알 수 있습니다. 행정동코드(즉 ADSTRD_CD) 칼럼을 "="
조건으로 조회하면서 인덱스 스캔을 했다는 뜻입니다. 정상적으로 인덱스 스캔(인덱스를 탔
다)을 했다고 볼 수 있습니다.

인덱스 범위 스캔의 동작을 그림으로 봅시다.

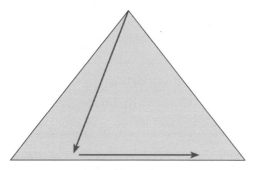

Index Range Scan

그림 7-14 인덱스 범위 스캔

7.2.10 인덱스 유일 스캔

인덱스 유일 스캔Index Unique Scan은 인덱스를 사용하여 단 1건의 데이터를 추출하는 방식입니다.
인덱스 유일 스캔은 1건만 출력해야 하기 때문에 반드시 "=" 조건으로 조회해야 합니다.

원활한 테스트를 위해 아래와 같이 테이블을 생성합니다.

코드 7-12 지하철역승하차_임시 테이블 생성

```
CREATE TABLE TB_SUBWAY_STATN_TK_GFF_TMP AS
SELECT * FROM TB_SUBWAY_STATN_TK_GFF
;
```

아래의 SQL문으로 테이블의 통계정보를 수집합니다.

코드 7-13 테이블 통계정보 수집

```
ANALYZE TABLE TB_SUBWAY_STATN_TK_GFF_TMP COMPUTE STATISTICS;
```

지하철역승하차임시(TB_SUBWAY_STATN_TK_GFF_TMP) 테이블에 아래 SQL문으로 기본키를 생성하면 자동으로 기본키에 해당하는 칼럼들이 유일 인덱스로 생성됩니다. 기본키는 UNIQUE+NOT NULL 제약조건을 부합해야 합니다.

코드 7-14 지하철역승하차임시 테이블에 기본키 생성

```
ALTER TABLE TB_SUBWAY_STATN_TK_GFF_TMP
ADD CONSTRAINT PK_TB_SUBWAY_STATN_TK_GFF_TMP
PRIMARY KEY(SUBWAY_STATN_NO , STD_YM, BEGIN_TIME, END_TIME, TK_GFF_SE_CD)
 ;
```

기본키 생성 후, 통계정보를 수집합니다.

코드 7-15 기본키에 대한 통계정보 수집

```
ANALYZE INDEX PK_TB_SUBWAY_STATN_TK_GFF_TMP ESTIMATE STATISTICS;
```

코드 7-16 통계레벨 설정

```
ALTER SESSION SET STATISTICS_LEVEL = ALL;
```

아래와 같이 SQL문을 실행하고 실행계획을 확인해봅니다.

코드 7-17 SQL문 실행

```
SELECT /* SELECT.TB_SUBWAY_STATN_TK_GFF_TMP.001 */
       A.SUBWAY_STATN_NO
     , A.STD_YM
     , A.BEGIN_TIME
     , A.END_TIME
     , A.TK_GFF_SE_CD
     , A.TK_GFF_CNT
  FROM TB_SUBWAY_STATN_TK_GFF_TMP A
 WHERE A.SUBWAY_STATN_NO  = '000376' --일산선 삼송역
   AND A.STD_YM  = '202010'
   AND A.BEGIN_TIME = '0700'
```

```
    AND A.END_TIME = '0800'
    AND A.TK_GFF_SE_CD  = 'TGS001'
  ;
```

실행내역을 확인합니다. (실행내역의 확인 방법은 〈7.2.9 인덱스 범위 스캔 실습〉에 나와 있습니다.)

실행내역

```
SQL_ID  2x4w8ztbx5qb3, child number 0
-------------------------------------
SELECT /* SELECT.TB_SUBWAY_STATN_TK_GFF_TMP.001 */
A.SUBWAY_STATN_NO      , A.STD_YM      , A.BEGIN_TIME      ,
A.END_TIME      , A.TK_GFF_SE_CD      , A.TK_GFF_CNT    FROM
TB_SUBWAY_STATN_TK_GFF_TMP A  WHERE A.SUBWAY_STATN_NO  = '000376' --일산선
삼송역    AND A.STD_YM = '202010'    AND A.BEGIN_TIME = '0700'    AND
A.END_TIME = '0800'    AND A.TK_GFF_SE_CD  = 'TGS001'


Plan hash value: 2222475591


-----------------------.----------------------------.----------------------
|Id|Operation         .|Name                        |.|A-R|  A-Time  |Buff|
| | |                 .|                            |.|ows|          | ers|
-----------------------.----------------------------.----------------------
| 0|SELECT STATEMENT  .|                            |.| 1|00:00:00.01|   3|
| 1| TABLE ACCESS BY IN.|TB_SUBWAY_STATN_TK_GFF_TMP  |.| 1|00:00:00.01|   3|
|*2|  INDEX UNIQUE SCAN.|PK_TB_SUBWAY_STATN_TK_GFF_TMP|.| 1|00:00:00.01|   2|
-----------------------.----------------------------.----------------------
Predicate Information (identified by operation id):
--------------------------------------------------

   2 - access("A"."SUBWAY_STATN_NO"='000376' AND "A"."STD_YM"='202010'
AND "A"."BEGIN_TIME"='0700'
            AND "A"."END_TIME"='0800' AND "A"."TK_GFF_SE_CD"='TGS001')
```

※ 실제로 출력되는 실행계획은 위의 실행계획과 출력항목이나 항목값이 다를수 있습니다.
※ 이 책의 분량 및 페이지 크기에 맞게 일부 값을 생략하였습니다.

"PK_TB_SUBWAY_STATN_TK_GFF_TMP" 인덱스에 대한 인덱스 구성 칼럼을 모두 "=" 연산자로 조회한 것을 알 수 있습니다. 또한 "INDEX UNIQUE SCAN"이라고 출력하고 있습니다. 즉, 유일 인덱스를 "=" 조건으로 단 1건만 나오게 스캔했기 때문에 인덱스 유일 스캔이 작동하였습니다. 인덱스 유일 스캔을 그림으로 살펴봅시다.

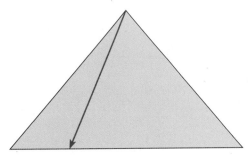

Index Unique Scan

그림 7-15 인덱스 유일 스캔

7.2.11 인덱스 풀 스캔

인덱스 풀 스캔Index Full Scan은 인덱스를 처음부터 끝까지 읽으면서 조건에 맞는 데이터를 추출합니다. 데이터 추출 시 리프 블록에 있는 ROWID로 테이블의 행을 찾아가서 조건에 부합하는지 판단하고, 조건에 부합되면 해당 행을 리턴합니다.

우선 아래와 같은 인덱스를 생성합니다.

코드 7-18 인덱스 생성

```
CREATE INDEX IDX_TB_SUB_STA_TK_GFF_TMP_02
        ON TB_SUBWAY_STATN_TK_GFF_TMP (STD_YM, BEGIN_TIME);
```

인덱스 생성 완료 후 통계정보를 생성합니다.

코드 7-19 통계정보 생성

```
ANALYZE INDEX IDX_TB_SUB_STA_TK_GFF_TMP_02 ESTIMATE STATISTICS;
```

코드 7-20 통계레벨 설정

```
ALTER SESSION SET STATISTICS_LEVEL = ALL;
```

SELECT문을 실행합니다.

코드 7-21 SQL문 실행

```
SELECT /*+ INDEX(A IDX_TB_SUBWAY_STATN_TK_GFF_TMP_02) */
       /* SELECT.TB_SUBWAY_STATN_TK_GFF_TMP.003 */
```

```
       A.STD_YM
     , A.BEGIN_TIME
  FROM TB_SUBWAY_STATN_TK_GFF_TMP A
 WHERE A.BEGIN_TIME >= '0200'
 ORDER BY A.STD_YM
 ;
```

위와 같이 기준년월(STD_YM) 칼럼을 기준으로 ORDER BY를 하고 시작시간(BEGIN_TIME) 칼럼을 " >=" 조건으로 지정하였습니다.

오라클 DBMS의 옵티마이저는 이런 경우에 일반적으로 인덱스 풀 스캔을 선택하게 됩니다. 인덱스는 정렬된 상태로 존재하기 때문에 기준년월(STD_YM) 칼럼을 기준으로 ORDER BY 하는 순간 인덱스 전체를 읽어서 정렬작업을 회피하고 싶어하는 옵티마이저의 특성 때문입니다. (이러한 특성에도 불구하고 시스템의 상황 및 옵티마이저의 선택에 따라 인덱스 패스트 풀 스캔을 할 수도 있습니다.)

SQL 힌트인 INDEX 힌트를 이용해서 "IDX_TB_SUBWAY_STATN_TK_GFF_TMP_02" 인덱스를 스캔하도록 유도했으며 해당 인덱스 구성 칼럼으로 이루어진 칼럼(STD_YM, BEGIN_TIME)만 조회하기 때문에 인덱스 풀 스캔을 하고 있습니다.

SQL문의 실행이 끝나면 실행내역을 확인합니다. 실행내역의 확인 방법은 〈7.2.9 인덱스 범위 스캔 실습〉에 나와 있습니다. 지면 관계상 생략하고 바로 실행내역을 살펴봅니다.

실행내역

```
SSQL_ID  32hc77sh9rnxp, child number 0
-------------------------------------
SELECT /*+ INDEX(A IDX_TB_SUBWAY_STATN_TK_GFF_TMP_02) */        /*
SELECT.TB_SUBWAY_STATN_TK_GFF_TMP.003 */           A.STD_YM           ,
A.BEGIN_TIME             FROM TB_SUBWAY_STATN_TK_GFF_TMP A   WHERE
A.BEGIN_TIME >= '0200'    ORDER BY A.STD_YM

Plan hash value: 1549510225


-----------------------------------------------------.-------------------
|Id |Operation         |Name                        |.|A-Row|  A-Time|Buff|
|   |                  |                            |.|s    |        | ers|
-----------------------------------------------------.-------------------
|  0|SELECT STATEMENT|                              |.|27830|00:00:00.06| 374|
|* 1| INDEX FULL SCAN|IDX_TB_SUB_STA_TK_GFF_TMP_02|.|27830|00:00:00.06| 374|
```

```
-------------------------------------------------.--------------------------
Predicate Information (identified by operation id):
-------------------------------------------------

   1 - access("A"."BEGIN_TIME">='0200')
       filter("A"."BEGIN_TIME">='0200')
```

※ 실제로 출력되는 실행계획은 위의 실행계획과 출력항목이나 항목값이 다를수 있습니다.

※ 이 책의 분량 및 페이지 크기에 맞게 일부 값을 생략하였습니다.

"IDX_TB_SUBWAY_TK_GFF_TMP_02" 인덱스를 "INDEX FULL SCAN"하고 있습니다.
즉 해당 인덱스를 처음부터 끝까지 전부 읽은 것입니다. 인덱스 풀 스캔은 성능상 불리한 점이
많아 성능이 안 좋은 악성 SQL문의 실행계획으로 자주 나타납니다. 또한 일반적으로 인덱스
풀 스캔은 "인덱스를 탔다"라고 표현하지 않습니다. 즉 그만큼 비효율적인 인덱스 스캔이라는
뜻입니다.

인덱스 풀 스캔을 그림으로 표현하면 아래와 같습니다.

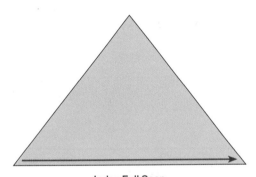

Index Full Scan

그림 7-16 인덱스 풀 스캔

7.2.12 인덱스 스킵 스캔

인덱스 스킵 스캔^{Index Skip Scan}은 인덱스 선두 칼럼이 조건절에 없어도 인덱스를 활용하는 스캔
방식입니다. 조건절에 빠진 인덱스 선두 칼럼(승하차구분코드)의 Distinct Value(유일값)의
개수가 적고, 후행 칼럼(지하철역번호)의 Distinct Value의 개수가 많을 때 유용합니다.

인덱스 스킵 스캔은 루트 또는 브랜치 블록에서 읽은 칼럼값 정보를 이용해 조건절에 부합하는
레코드를 포함할 가능성이 있는 리프 블록만을 스캔합니다.

우선 아래와 같은 인덱스를 생성합니다.

코드 7-22 인덱스 생성

```
CREATE INDEX IDX_TB_SUB_STA_TK_GFF_TMP_03 ON TB_SUBWAY_STATN_TK_GFF_TMP
(TK_GFF_SE_CD, SUBWAY_STATN_NO);
```

인덱스 스킵 스캔을 유도하기 위해 승하차구분코드(TK_GFF_SE_CD) 칼럼이 인덱스 구성 칼럼의 선두로 오고, 후행 칼럼으로 지하철역번호(SUBWAY_STATN_NO) 칼럼이 오는 인덱스를 생성하였습니다.

인덱스 생성 완료 후 통계정보를 생성합니다.

코드 7-23 통계정보 생성

```
ANALYZE INDEX IDX_TB_SUB_STA_TK_GFF_TMP_03 ESTIMATE STATISTICS;
```

코드 7-24 통계레벨 설정

```
ALTER SESSION SET STATISTICS_LEVEL = ALL;
```

아래의 SQL문을 실행합니다.

코드 7-25 인덱스 스킵 스캔 유도

```
SELECT /*+ INDEX_SS(A IDX_TB_SUB_STA_TK_GFF_TMP_03) */
       /* SELECT.TB_SUBWAY_STATN_TK_GFF_TMP.004 */
       A.SUBWAY_STATN_NO
     , A.STD_YM
     , A.BEGIN_TIME
     , A.END_TIME
     , A.TK_GFF_SE_CD
     , A.TK_GFF_CNT
  FROM TB_SUBWAY_STATN_TK_GFF_TMP A
 WHERE A.SUBWAY_STATN_NO  = '000376'
 ;
```

SQL 힌트인 INDEX_SS를 사용하여 인덱스 스킵 스캔을 유도하였습니다. 원활한 실습을 위해 SQL 힌트를 주어 해당 인덱스 스킵 스캔을 유도한 것입니다.

만약 해당 INDEX_SS 힌트를 주지 않으면, 오라클 옵티마이저는 지하철역승하차임시(TB_SUBWAY_STATN_TK_GFF_TMP) 테이블에 존재하는 다른 인덱스를 사용하게 됩니다.

그럼 실행내역을 살펴봅니다.

실행내역

```
SQL_ID  cbby0cd81q2f7, child number 0
-------------------------------------
SELECT /*+ INDEX_SS(A IDX_TB_SUB_STA_TK_GFF_TMP_03) */        /*
SELECT.TB_SUBWAY_STATN_TK_GFF_TMP.004 */        A.SUBWAY_STATN_NO
 , A.STD_YM      , A.BEGIN_TIME       , A.END_TIME         ,
A.TK_GFF_SE_CD      , A.TK_GFF_CNT      FROM TB_SUBWAY_STATN_TK_GFF_TMP
A  WHERE A.SUBWAY_STATN_NO  = '000376'


Plan hash value: 2971620324


---------------------.--------------------------------------------------
¦Id ¦Operation       .¦Name                        ¦A-Ro¦  A-Time  ¦Buff¦
¦   ¦                .¦                             ¦ ows¦          ¦ ers¦
---------------------.--------------------------------------------------
¦  0¦SELECT STATEMENT .¦                            ¦ 48¦00:00:00.01¦ 11¦
¦  1¦ TABLE ACCESS BY .¦TB_SUBWAY_STATN_TK_GFF_TMP  ¦ 48¦00:00:00.01¦ 11¦
¦* 2¦  INDEX SKIP SCAN.¦IDX_TB_SUB_STA_TK_GFF_TMP_03¦ 48¦00:00:00.01¦  8¦
---------------------.--------------------------------------------------
Predicate Information (identified by operation id):
--------------------------------------------------

  2 - access("A"."SUBWAY_STATN_NO"='000376')
      filter("A"."SUBWAY_STATN_NO"='000376')
```

※ 실제로 출력되는 실행계획은 위의 실행계획과 출력항목이나 항목값이 다를수 있습니다.
※ 이 책의 분량 및 페이지 크기에 맞게 일부 값을 생략하였습니다.

인덱스 스킵 스캔으로 SQL문이 실행된 것을 알 수 있습니다. 즉, 인덱스 구성 칼럼 중 선행 칼럼의 조건이 없을 때 선행 칼럼의 변별력이 좋지 않고 후행 칼럼이 "=" 조건으로 오는 칼럼의 변별력이 좋을 때 옵티마이저는 인덱스 스킵 스캔을 하게 됩니다. [그림 7-17]은 인덱스 스킵 스캔에 대한 설명입니다.

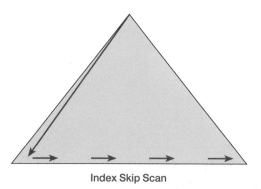

Index Skip Scan

그림 7-17 인덱스 스킵 스캔

7.2.13 인덱스 고속 풀 스캔

인덱스 고속 풀 스캔Index Fast Full Scan은 물리적으로 디스크에 저장된 순서대로 인덱스 리프 블록들을 Multi Block I/O 방식으로 읽어 들입니다. 또한 한번에 여러 개의 프로세스가 동시에 스캔하는 병렬 인덱스 스캔도 가능합니다.

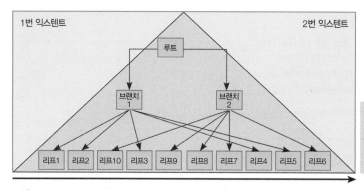

그림 7-18 인덱스 고속 풀 스캔

[그림 7-18]처럼 인덱스 자체를 처음부터 끝까지 Multi Block I/O 방식으로 한번에 I/O Call 해서 여러 개의 블록을 읽어옵니다. 하지만 인덱스 자체를 처음부터 끝까지 한번에 읽기 때문에 결과집합의 정렬은 보장하지 않습니다. 오로지 전체를 최대한 빠르게 읽는 데 집중한 스캔 방식입니다. 다음과 같은 인덱스를 생성해봅시다.

코드 7-26 인덱스 생성

```
CREATE INDEX IDX_TB_SUB_STA_TK_GFF_TMP_04
        ON TB_SUBWAY_STATN_TK_GFF_TMP(STD_YM, BEGIN_TIME, END_TIME);
```

인덱스 생성 완료 후 통계정보를 생성합니다.

코드 7-27 통계정보 생성

```
ANALYZE INDEX IDX_TB_SUB_STA_TK_GFF_TMP_04 ESTIMATE STATISTICS;
```

코드 7-28 통계레벨 설정

```
ALTER SESSION SET STATISTICS_LEVEL = ALL;
```

아래와 같은 SQL문을 실행합니다.

코드 7-29 SQL문 실행

```
SELECT /*+ INDEX_FFS(A IDX_TB_SUB_STA_TK_GFF_TMP_04) */
       /* SELECT.TB_SUBWAY_STATN_TK_GFF_TMP.005 */
       A.STD_YM
     , MAX(A.BEGIN_TIME) AS BEGIN_TIME
     , MAX(A.END_TIME) AS END_TIME
  FROM TB_SUBWAY_STATN_TK_GFF_TMP A
  WHERE A.STD_YM >= '00000000'
  GROUP BY A.STD_YM
;
```

이 SQL문에서 사용된 칼럼은 신규로 생성한 인덱스의 구성 칼럼인 기준년월(STD_YM), 시작시간(BEGIN_TIME), 종료시간(END_TIME) 칼럼만을 사용하고 있습니다.

실행내역을 확인해봅니다.

실행내역

```
SQL_ID  az74m8kzbg11f, child number 0
-------------------------------------
SELECT /*+ INDEX_FFS(A IDX_TB_SUB_STA_TK_GFF_TMP_04) */          /*
SELECT.TB_SUBWAY_STATN_TK_GFF_TMP.005 */          A.STD_YM          ,
MAX(A.BEGIN_TIME) AS BEGIN_TIME          , MAX(A.END_TIME) AS END_TIME
FROM TB_SUBWAY_STATN_TK_GFF_TMP A      WHERE A.STD_YM >= '00000000'
```

```
GROUP BY A.STD_YM

Plan hash value: 61315788

-------------------------------------------------------------------------
|Id |Operation                 |Name              |A-Rows|  A-Time  |Buffers|
-------------------------------------------------------------------------
|  0|SELECT STATEMENT          |                  |     1|00:00:00.12|   121|
|  1| HASH GROUP BY            |                  |     1|00:00:00.12|   121|
|* 2|  INDEX FAST FULL SCAN|IDX_TB_SUB        | 29040|00:00:00.11|   121|
|   |                          |_STA_TK_GFF_TMP_04|      |          |      |
-------------------------------------------------------------------------

Predicate Information (identified by operation id):
-------------------------------------------------

   2 - filter("A"."STD_YM">='00000000')
```

※ 실제로 출력되는 실행계획은 위의 실행계획과 출력항목이나 항목값이 다를수 있습니다.
※ 이 책의 분량 및 페이지 크기에 맞게 일부 값을 생략하였습니다.

인덱스 고속 풀 스캔을 한 것을 알 수 있습니다. 인덱스가 정렬된 상태로 저장되어 있어도 인덱스 고속 풀 스캔은 인덱스의 정렬 순서를 무시하고 Multi Block I/O 방식으로 인덱스 전체를 읽어 버리므로 결과집합의 정렬순서는 보장하지 않습니다.

7.2.14 인덱스 역순 범위 스캔

인덱스 리프 블록은 이중 연결 리스트Doubly Linked List 방식으로 저장되어 있습니다. 이 방식의 특징은 리스트를 읽을 때 앞에서부터 뒤로 읽을 수도 있지만 뒤에서부터 시작해서 앞으로 읽을 수도 있다는 것입니다. 즉, 이 성질을 이용하여 인덱스를 역순으로(거꾸로) 읽을 수 있습니다. 이러한 인덱스 스캔 방식을 인덱스 역순 범위 스캔Index Descending Range Scan이라고 합니다. 인덱스를 뒤에서부터 앞쪽으로 스캔하기 때문에 내림차순으로 정렬된 결과집합을 얻을 수 있습니다. (스캔 순서를 제외하고는 인덱스 범위 스캔과 동일합니다.)

우선 원활한 실습을 위해 인덱스를 생성합니다.

코드 7-30 인덱스 생성

```
CREATE INDEX IDX_TB_SUB_STA_TK_GFF_TMP_05
        ON TB_SUBWAY_STATN_TK_GFF_TMP(STD_YM, END_TIME);
```

인덱스 생성 완료 후 통계정보를 수집합니다.

코드 7-31 통계정보 수집

```
ANALYZE INDEX IDX_TB_SUB_STA_TK_GFF_TMP_05 ESTIMATE STATISTICS;
```

코드 7-32 통계레벨 설정

```
ALTER SESSION SET STATISTICS_LEVEL = ALL;
```

아래와 같이 SQL문을 실행합니다.

코드 7-33 SQL문 실행

```
SELECT /*+ INDEX_DESC(A IDX_TB_SUB_STA_TK_GFF_TMP_05) */
       /* SELECT.TB_SUBWAY_STATN_TK_GFF_TMP.006 */
       A.SUBWAY_STATN_NO
     , A.STD_YM
     , A.BEGIN_TIME
     , A.END_TIME
     , A.TK_GFF_SE_CD
     , A.TK_GFF_CNT
  FROM TB_SUBWAY_STATN_TK_GFF_TMP A
 WHERE A.STD_YM  = '202010'
 AND A.END_TIME <= '1800'
 ORDER BY A.STD_YM, END_TIME  DESC
 ;
```

종료시간(END_TIME) 칼럼에 대한 "<=" 조건을 주었으며 DESC로 역순 정렬하였습니다. INDEX_DESC 힌트를 이용하여 인덱스를 뒤에서부터 스캔하도록 유도하였습니다. 이 경우 옵티마이저는 인덱스를 뒤에서부터 읽습니다.

실행내역을 살펴보면 아래와 같습니다.

실행내역

```
SQL_ID  a4rj5p8m2myv0, child number 0
-------------------------------------
SELECT /*+ INDEX_DESC(A IDX_TB_SUB_STA_TK_GFF_TMP_05) */        /*
SELECT.TB_SUBWAY_STATN_TK_GFF_TMP.006 */      A.SUBWAY_STATN_NO
  , A.STD_YM      , A.BEGIN_TIME      , A.END_TIME        ,
A.TK_GFF_SE_CD      , A.TK_GFF_CNT    FROM TB_SUBWAY_STATN_TK_GFF_TMP
```

```
A  WHERE A.STD_YM  =  '202010'  AND A.END_TIME <= '1800'  ORDER BY
A.STD_YM, END_TIME  DESC

Plan hash value: 2760140935

-------------------------------------------------------------------------------
|Id |Operation                      |Name             |A-Rows|  A-Time    |Buffers
-------------------------------------------------------------------------------
|  0|SELECT STATEMENT               |                 | 21780|00:00:00.01|   3407
|  1| TABLE ACCESS BY INDEX ROWID |TB_SUBWAY_STATN  | 21780|00:00:00.01|   3407
|   |                               |_TK_GFF_TMP      |      |            |
|* 2|   INDEX RANGE SCAN DESCENDING|IDX_TB_SUB_STA   | 21780|00:00:00.01|    289
|   |                               |_TK_GFF_TMP_05   |      |            |
-------------------------------------------------------------------------------

Predicate Information (identified by operation id):
---------------------------------------------------

   2 - access("A"."STD_YM"='202010' AND "A"."END_TIME"<='1800')
```

※ 실제로 출력되는 실행계획은 위의 실행계획과 출력항목이나 항목값이 다를수 있습니다.
※ 이 책의 분량 및 페이지 크기에 맞게 일부 값을 생략하였습니다.

인덱스 범위 스캔을 하면서 뒤에서부터 읽은 것을 알 수 있습니다. 인덱스 역순 범위 스캔을 그림으로 표현하면 아래와 같습니다.

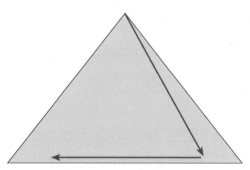

Index Range Scan Descending

그림 7-19 인덱스 역순 범위 스캔

7.2.15 테이블 풀 스캔 VS 인덱스 스캔 비교 정리

지금까지 테이블 풀 스캔 및 인덱스 스캔에 대해서 학습하였습니다. 이번에는 마무리 차원에서 테이블 풀 스캔과 인덱스 스캔을 비교해보도록 하겠습니다.

아래는 2가지 방식에 대한 비교표입니다.

표 7-4 테이블 풀 스캔과 인덱스 스캔

테이블 풀 스캔	인덱스 스캔
항상 이용 가능	인덱스가 존재해야만 이용 가능
한 번에 여러 개의 블록을 읽음	한번에 1개의 블록만 읽음
많은 데이터 조회 시 성능상 유리	극히 일부분의 데이터 조회 시 유리
테이블 랜덤 액세스 부하 없음	테이블 랜덤 액세스에 의한 부하가 발생됨
읽었던 블록을 반복해서 읽는 경우 없음	읽었던 블록을 반복해서 읽는 비효율 발생(논리적인 블록 I/O의 개수도 많아짐)

정리하자면 인덱스 스캔은 생각했던 것보다 훨씬 부하가 큰 작업입니다. 그러므로 반드시 인덱스 스캔이 테이블 풀 스캔보다 성능이 좋다고 생각하는 것은 금물입니다. 인덱스 스캔은 데이터 건수가 많은 테이블에서 소량의 데이터를 스캔할 때 사용해야 합니다. 인덱스 스캔의 효율을 높여서 절대적인 논리적 I/O를 줄이는 노력을 해야 합니다.

7.3 조인 수행 원리

7.3.1 조인이란?

조인이란 2개 이상의 테이블을 하나의 집합으로 만드는 연산입니다. FROM절에 2개 이상의 테이블 혹은 집합이 존재할 경우 조인이 수행됩니다.

조인은 3개 이상의 테이블을 조인한다고 하더라도 특정 시점에 2개의 테이블 단위로 조인이 됩니다. A, B, C 테이블(집합)을 조인한다면 A, B 조인 후 해당 결과집합을 C와 조인하는 방식입니다. 각각의 조인 단계에서는 서로 다른 조인 기법이 사용될 수 있습니다. 즉 A, B 조인 시에는 NL 조인을 수행하고 A, B 조인의 결과와 C를 조인 시에는 해시 조인이 수행될 수 있습니다.

조인 기법의 종류에는 NL 조인, 소트 머지 조인, 해시 조인이 있으며, 지금부터 각각의 조인 방법에 대해서 자세히 알아보겠습니다.

7.3.2 NL 조인

NL^{Nested Loops} 조인은 첫 번째 집합의 대상 건수만큼 반복하면서 두 번째 집합을 조회하여 매칭되는 행을 리턴하는 조인 기법입니다. 한 레코드(행)씩 순차적으로 진행하기 때문에 부분 범위만 처리하는 것으로 유도해야 효율적으로 수행됩니다. 첫 번째 집합의 처리 범위에 따라 전체 성능이 결정되기 때문에 첫 번째 집합의 수가 적어야 성능상 유리합니다. NL 조인은 특성상 인덱스 유무, 인덱스 칼럼 구성에 따라 성능이 극적으로 좋아질 수도 있고 안 좋아질 수도 있습니다. NL 조인은 부분범위처리가 가능한 OLTP^{Online Transaction Processing} 환경에 적합하다고 할 수 있습니다. OLTP 환경이란 우리가 일반적으로 사용하는 영화 예매 시스템과 같이 최신 데이터 위주로 조회하고, 실시간으로 영화를 예매하는 특성을 지닌 시스템을 의미합니다.

코드 7-34 통계레벨 설정

```
ALTER SESSION SET STATISTICS_LEVEL = ALL;
```

그럼 아래와 같은 SQL문을 실행하고, 실행내역을 확인해봅니다.

코드 7-35 NL 조인

```
SELECT /*+ LEADING(A) USE_NL(B) */
       /* SELECT.TB_SUBWAY_STATN.TB_SUBWAY_STATN_TK_GFF.001 */
       A.SUBWAY_STATN_NO
     , A.LN_NM
     , A.STATN_NM
     , B.STD_YM
     , B.BEGIN_TIME
     , B.END_TIME
     , B.TK_GFF_SE_CD
     , B.TK_GFF_CNT
  FROM TB_SUBWAY_STATN A
     , TB_SUBWAY_STATN_TK_GFF B
 WHERE A.SUBWAY_STATN_NO   = '000376' --삼송역
   AND A.SUBWAY_STATN_NO   = B.SUBWAY_STATN_NO
 ORDER BY B.STD_YM
        , B.BEGIN_TIME
        , B.END_TIME
        , B.TK_GFF_SE_CD
 ;
```

지하철역(TB_SUBWAY_STATN) 테이블과 지하철역승하차(TB_SUBWAY_STATN_TK_GFF) 테이블 간 조인을 하고 있습니다. SQL 힌트인 LEADING을 주어 지하철역(TB_SUBWAY_STATN) 테이블을 먼저 읽고, 그다음에 지하철역승하차(TB_SUBWAY_STATN_TK_GFF) 테이블을 읽도록 하였습니다. 또한 조인 방식은 NL 조인을 하도록 유도하였습니다.

실행내역은 아래와 같습니다.

실행내역

```
SQL_ID  33jrhftzsbm92, child number 0
-------------------------------------
SELECT /*+ LEADING(A) USE_NL(B) */         /*
SELECT.TB_SUBWAY_STATN.TB_SUBWAY_STATN_TK_GFF.001 */
A.SUBWAY_STATN_NO          , A.LN_NM     , A.STATN_NM      ,
B.STD_YM     , B.BEGIN_TIME     , B.END_TIME     , B.TK_GFF_SE_CD
   , B.TK_GFF_CNT     FROM TB_SUBWAY_STATN A        ,
TB_SUBWAY_STATN_TK_GFF B   WHERE A.SUBWAY_STATN_NO   = '000376' --삼송역
 AND A.SUBWAY_STATN_NO   = B.SUBWAY_STATN_NO   ORDER BY B.STD_YM
  , B.BEGIN_TIME          , B.END_TIME          , B.TK_GFF_SE_CD


Plan hash value: 1588818228
```

Id	Operation	Name	A-Rows	A-Time	Buffers
0	SELECT STATEMENT		48	00:00:00.01	8
1	NESTED LOOPS		48	00:00:00.01	8
2	TABLE ACCESS BY INDEX ROWID	TB_SUBWAY_STATN	1	00:00:00.01	3
* 3	INDEX UNIQUE SCAN	PK_TB_SUBWAY	1	00:00:00.01	2
4	TABLE ACCESS BY INDEX ROWID	TB_SUBWAY_STATN_TK_GFF	48	00:00:00.01	5
* 5	INDEX RANGE SCAN	PK_TB_SUBWAY_TK_GFF	48	00:00:00.01	3

```
Predicate Information (identified by operation id):
---------------------------------------------------

   3 - access("A"."SUBWAY_STATN_NO"='000376')
   5 - access("B"."SUBWAY_STATN_NO"='000376')
```

※ 실제로 출력되는 실행계획은 위의 실행계획과 출력항목이나 항목값이 다를수 있습니다.
※ 이 책의 분량 및 페이지 크기에 맞게 일부 값을 생략하였습니다.

지하철역(TB_SUBWAY_STATN) 테이블을 지하철역번호(SUBWAY_STATN_NO) 칼럼을 기준으로 인덱스 유일 스캔을 한 후, 지하철역승하차(TB_SUBWAY_STATN_TK_GFF) 테이블을 조회 시 인덱스 범위 스캔을 한 것을 알 수 있습니다.

최종 결과집합은 48건이 나왔으며, 수행 시간은 0.01초가 소요되었고, 총 8블록을 읽었습니다. (수행 시간 및 읽은 블록 수는 PC 환경 및 상황에 따라서 다소 차이가 날 수도 있습니다.)

7.3.3 소트 머지 조인

소트 머지Sort Merge 조인은 2개의 테이블(집합)을 조인 칼럼 기준으로 모두 정렬한 후 두 집합을 병합Merge하면서 결과집합을 도출합니다.

소트 머지 조인은 인덱스 유무에 영향을 받지 않습니다. 어차피 2개의 집합을 모두 정렬하기 때문입니다. 단 필요한 인덱스가 이미 있는 경우에는 해당 인덱스를 이용해서 정렬작업을 생략하기도 합니다.

양쪽 집합을 모두 개별적으로 각각 따로 읽고 나서 조인을 수행하기 때문에 조인 칼럼에 인덱스가 없는 상황에서 두 테이블을 독립적으로 읽은 후, 각각의 집합끼리 조인 연산을 수행할 때 유리합니다.

스캔 위주의 액세스 방식이기 때문에 양쪽 소스 집합에서 정렬 대상 레코드를 찾는 작업은 인덱스를 이용하여 랜덤 액세스 방식으로 처리될 수 있습니다.

코드 7-36 통계레벨 설정

```
ALTER SESSION SET STATISTICS_LEVEL = ALL;
```

아래는 소트 머지 조인을 유도한 SQL문과 그에 대한 실행내역입니다.

코드 7-37 소트 머지 조인

```
SELECT /*+ LEADING(A) USE_MERGE(B) */
       /* SELECT.TB_SUBWAY_STATN.TB_SUBWAY_STATN_TK_GFF.002 */
       A.SUBWAY_STATN_NO
     , A.LN_NM
     , A.STATN_NM
     , B.STD_YM
     , B.BEGIN_TIME
     , B.END_TIME
```

```
          , B.TK_GFF_SE_CD
          , B.TK_GFF_CNT
    FROM TB_SUBWAY_STATN A
         , TB_SUBWAY_STATN_TK_GFF B
   WHERE A.SUBWAY_STATN_NO  = '000376' --삼송역
     AND A.SUBWAY_STATN_NO  = B.SUBWAY_STATN_NO
   ORDER BY B.STD_YM
           , B.BEGIN_TIME
           , B.END_TIME
           , B.TK_GFF_SE_CD
  ;
```

SQL 힌트인 LEADING을 이용해서 지하철역(TB_SUBWAY_STATN) 테이블을 먼저 조회하고, 그다음 지하철역승하차(TB_SUBWAY_STATN_TK_GFF) 테이블을 조회하게 됩니다. 또한 USE_MERGE 힌트를 이용해서 두 테이블 간의 조인 시 소트 머지 조인을 하도록 유도하였습니다.

실행내역

```
  SQL_ID  1g42tn6thcs48, child number 0
  -------------------------------------
  SELECT /*+ LEADING(A) USE_MERGE(B) */         /*
  SELECT.TB_SUBWAY_STATN.TB_SUBWAY_STATN_TK_GFF.002 */
  A.SUBWAY_STATN_NO           , A.LN_NM      , A.STATN_NM        ,
  B.STD_YM       , B.BEGIN_TIME      , B.END_TIME      , B.TK_GFF_SE_CD
     , B.TK_GFF_CNT      FROM TB_SUBWAY_STATN A          ,
  TB_SUBWAY_STATN_TK_GFF B   WHERE A.SUBWAY_STATN_NO  = '000376'
  --삼송역    AND A.SUBWAY_STATN_NO = B.SUBWAY_STATN_NO  ORDER BY B.STD_YM
     , B.BEGIN_TIME        , B.END_TIME         , B.TK_GFF_SE_CD


  Plan hash value: 1264025763
   SQL_ID  5c3ph66x6jfgm, child number 0
  -------------------------------------
  SELECT /*+ LEADING(A) USE_MERGE(B) */         /*
  SELECT.TB_SUBWAY_STATN.TB_SUBWAY_STATN_TK_GFF.002 */
  A.SUBWAY_STATN_NO           , A.LN_NM      , A.STATN_NM        ,
  B.STD_YM       , B.BEGIN_TIME      , B.END_TIME      , B.TK_GFF_SE_CD
     , B.TK_GFF_CNT      FROM TB_SUBWAY_STATN A          ,
  TB_SUBWAY_STATN_TK_GFF B   WHERE A.SUBWAY_STATN_NO  = '000376' --삼송역
  AND A.SUBWAY_STATN_NO = B.SUBWAY_STATN_NO  ORDER BY B.STD_YM
  , B.BEGIN_TIME        , B.END_TIME         , B.TK_GFF_SE_CD
```

Plan hash value: 4274265042

```
-------------------------------------------------------------------------------
|Id|Operation                       |Name               |A-R|  A-Time  |Buff|
|  |                                |                   |ows|          | ers|
-------------------------------------------------------------------------------
| 0|SELECT STATEMENT                |                   | 48|00:00:00.01|  6|
| 1| SORT ORDER BY                  |                   | 48|00:00:00.01|  6|
| 2|  MERGE JOIN                    |                   | 48|00:00:00.01|  6|
| 3|   TABLE ACCESS BY INDEX ROWID  |TB_SUBWAY_STATN    |  1|00:00:00.01|  3|
|*4|    INDEX UNIQUE SCAN           |PK_TB_SUBWAY_STATN |  1|00:00:00.01|  2|
|*5|   FILTER                       |                   | 48|00:00:00.01|  3|
| 6|    TABLE ACCESS BY INDEX ROWID |TB_SUBWAY_STATN    | 48|00:00:00.01|  3|
|  |                                |_TK_GFF            |   |           |   |
|*7|     INDEX RANGE SCAN           |IDX_TB_SUBWAY_STATN| 48|00:00:00.01|  2|
|  |                                |_TK_GFF_01         |   |           |   |
-------------------------------------------------------------------------------
```

Predicate Information (identified by operation id):

```
   4 - access("A"."SUBWAY_STATN_NO"='000376')
   5 - filter("A"."SUBWAY_STATN_NO"="B"."SUBWAY_STATN_NO")
   7 - access("B"."SUBWAY_STATN_NO"='000376')
```

※ 실제로 출력되는 실행계획은 위의 실행계획과 출력항목이나 항목값이 다를수 있습니다.

※ 이 책의 분량 및 페이지 크기에 맞게 일부 값을 생략하였습니다.

지하철역(TB_SUBWAY_STATN) 테이블을 인덱스 유일 스캔으로 조회하고 지하철역승하차
(TB_SUBWAY_STATN_TK_GFF) 테이블도 인덱스 범위 스캔으로 조회한 후 머지 조인으
로 병합하여 결과집합을 도출한 것을 알 수 있습니다.

7.3.4 해시 조인

해시[Hash] 조인은 첫 번째 테이블(집합)을 기준으로 해시 테이블을 생성하고 두 번째 집합을 조
회하면서 해시 테이블과의 해시 FUNCTION 비교를 통해 매칭되는 건들을 결과집합에 포함
합니다. 여기서 중요한 것은 첫 번째 집합의 용량이 HASH AREA 메모리 공간에 전부 다 담길
수 있을 정도로 작으면 성능상 매우 유리해진다는 것입니다. 해시 조인은 소트 머지 조인처럼
정렬 부하가 없으며 NL 조인처럼 테이블 랜덤 액세스에 대한 부하가 없습니다. 이러한 장점으
로 인해 대량의 데이터 처리 시 쿼리 수행 시간이 오래 걸리는 대용량 테이블을 조인할 때(배
치 프로그램, DW, OLAP성 쿼리) 사용합니다.

```
ALTER SESSION SET STATISTICS_LEVEL = ALL;
```

아래는 해시 조인을 유도한 SQL문과 그에 대한 실행내역입니다.

코드 7-39 해시 조인

```
SELECT /*+ LEADING(A) USE_HASH(B) */
       /* SELECT.TB_SUBWAY_STATN.TB_SUBWAY_STATN_TK_GFF.003 */
       A.SUBWAY_STATN_NO
     , A.LN_NM
     , A.STATN_NM
     , B.STD_YM
     , B.BEGIN_TIME
     , B.END_TIME
     , B.TK_GFF_SE_CD
     , B.TK_GFF_CNT
  FROM TB_SUBWAY_STATN A
     , TB_SUBWAY_STATN_TK_GFF B
 WHERE A.SUBWAY_STATN_NO  = '000376' --삼송역
   AND A.SUBWAY_STATN_NO  = B.SUBWAY_STATN_NO
 ORDER BY B.STD_YM
        , B.BEGIN_TIME
        , B.END_TIME
        , B.TK_GFF_SE_CD
;
```

SQL 힌트인 LEADING을 이용하여 지하철역(TB_SUBWAY_STATN) 테이블을 첫 번째 집합으로 지정하였고, USE_HASH 힌트를 이용하여 해시 조인을 유도하였습니다.

실행내역은 아래와 같습니다.

실행내역

```
SQL_ID  2vwn0b0km7x9m, child number 0
-------------------------------------
SELECT /*+ LEADING(A) USE_HASH(B) */          /*
SELECT.TB_SUBWAY_STATN.TB_SUBWAY_STATN_TK_GFF.003 */
A.SUBWAY_STATN_NO              , A.LN_NM       , A.STATN_NM        ,
B.STD_YM        , B.BEGIN_TIME        , B.END_TIME        , B.TK_GFF_SE_CD
     , B.TK_GFF_CNT      FROM TB_SUBWAY_STATN A          ,
```

```
TB_SUBWAY_STATN_TK_GFF B   WHERE A.SUBWAY_STATN_NO = '000376' --삼송역
AND A.SUBWAY_STATN_NO = B.SUBWAY_STATN_NO  ORDER BY B.STD_YM
, B.BEGIN_TIME          , B.END_TIME         , B.TK_GFF_SE_CD


Plan hash value: 498764551


---------------------------------------------------------------------------
|Id |Operation                      |Name                   |A-R|  A-Time  |Buff|
|   |                               |                       |ows|          | ers|
---------------------------------------------------------------------------
|  0|SELECT STATEMENT               |                       | 48|00:00:00.01|  8|
|* 1| HASH JOIN                     |                       | 48|00:00:00.01|  8|
|  2|  TABLE ACCESS BY INDEX ROWID|TB_SUBWAY_STATN          |  1|00:00:00.01|  3|
|* 3|   INDEX UNIQUE SCAN           |PK_TB_SUBWAY           |  1|00:00:00.01|  2|
|  4|  TABLE ACCESS BY INDEX ROWID|TB_SUBWAY_STATN_TK_GFF   | 48|00:00:00.01|  5|
|* 5|   INDEX RANGE SCAN            |PK_TB_SUBWAY_TK_GFF    | 48|00:00:00.01|  3|
---------------------------------------------------------------------------

Predicate Information (identified by operation id):
-------------------------------------------------


  1 - access("A"."SUBWAY_STATN_NO"="B"."SUBWAY_STATN_NO")
  3 - access("A"."SUBWAY_STATN_NO"='000376')
  5 - access("B"."SUBWAY_STATN_NO"='000376')
```

※ 실제로 출력되는 실행계획은 위의 실행계획과 출력항목이나 항목값이 다를수 있습니다.

※ 이 책의 분량 및 페이지 크기에 맞게 일부 값을 생략하였습니다.

지하철역(TB_SUBWAY_STATN) 테이블을 조회한 후, 나온 건수가 1건이며 지하철역승하차(TB_SUBWAY_STATN_TK_GFF) 테이블을 읽어서 나온 건수가 48건입니다. 해시 조인을 수행하여 최종 결과 48건을 출력하였습니다.

7.3.5 조인 기법 비교

조인 기법으로는 NL 조인, 소트 머지 조인, 해시 조인 방식이 있고, 집합적인 사고를 바탕으로 적절한 Join Method 선정이 중요합니다. 또한 시스템의 특성을 참고하여 적절한 Join Method 선정 또한 중요합니다.

표 7-5 조인 기법 비교

NL 조인	소트 머지 조인	해시 조인
순차적	동시적	동시적
부분 범위 처리	전체 범위 처리	전체 범위 처리
랜덤 액세스 부하	SORT 부하, PGA 과다 사용	첫 번째 집합이 HASH AREA를 초과하면 성능 저하 발생
JOIN 조건 중요	조인 조건 무관	조인 조건이 "=" 조건이어야 함
JOIN 순서 매우 중요	JOIN 순서 무관	JOIN 순서 매우 중요
온라인 프로그램	배치 프로그램	배치 프로그램

대량의 테이블에서 소량의 범위만 부분 범위처리로 가져올 때, 혹은 대량의 테이블에서 극소량의 데이터를 가져올 때는 NL 조인이 유리하고, 대량의 배치 프로그램 처리를 할 때는 해시 조인이 유리한 것을 알 수 있습니다. 소트 머지 조인은 최근에 잘 사용하지 않는 추세입니다.

7.3.6 조인 순서의 중요성

NL 조인과 해시 조인에서 가장 중요한 것이 첫 번째 집합이 작아야 된다는 것입니다. 첫 번째 집합이 과도하게 크면 두 조인 방식 모두 성능이 저하됩니다. 이러한 이유로 조인 순서가 매우 중요합니다. 조인 순서의 중요성 및 집합 용어를 표로 다시 한 번 살펴봅시다.

표 7-6 조인 순서의 중요성 및 집합 용어

항목	설명	비고
First Table	• 2개의 Table을 조인할 경우 먼저 처리되는 테이블을 의미한다. • WHERE절에 상수/바인드 변수 조건이 존재하는 것이 성능상 유리하다.	• Outer Table • Driving Table • Build Input
Second Table	• 2개의 테이블을 조인할 경우 뒤에 처리되는 테이블을 의미한다. • First Table로부터 입력값을 받아서 처리하게 된다. • 조인 조건의 여부 및 성질이 조인 조건의 성능에 영향을 미친다. • (NL 조인의 경우)조인 조건 및 상수/바인드 변수 조건에 인덱스 존재 여부가 매우 중요하다.	• Inner Table • Driven Table • Probe Input
최적화된 Join Order	• (NL, 해시 조인의 경우)First Table이 Second Table에 비해서 작은 집합이어야 성능상 유리하다.	

7.4 연습문제

문제 86

다음 중 비용 기반 옵티마이저의 구성요소로 부적절한 것은 무엇인가?

① 질의 변환기   ② 대안계획 생성기

③ 비용 예측기   ④ 파서

문제 87

옵티마이저가 생성하는 실행계획에 대한 설명으로 가장 적절한 것은 무엇인가?

① 실행계획은 SQL에서 요구한 사항을 처리하는 데 가장 최적화된 방법이며 실행계획대로 SQL문이 실행되면 성능상 문제가 발생하지 않는다.

② 같은 SQL문 기준으로 여러 가지 실행계획이 도출될 수 있으며, 각 실행계획의 처리시간도 모두 동일하다.

③ SQL문을 작성하는 사용자가 직접 실행계획을 생성하여 SQL문을 돌릴 수 있다. 효율적으로 실행계획을 생성하면 성능상 문제가 발생하지 않는 SQL문이 된다.

④ 옵티마이저가 생성한 실행계획은 어디까지나 예상치이다. 실행계획상 비용이 적다고 판단되었더라도 실제 성능은 매우 느릴 수 있다.

문제 88

다음과 같은 테이블을 기준으로 〈아래〉 SQL문은 하루에 10만 번 이상 호출되는 SQL문이다. 이 SQL문을 실행 시 가장 효율적인 인덱스의 칼럼 구성은 무엇인가? (단, 테이블에는 1천만 건의 데이터가 있다고 가정하고, 테이블 풀 스캔은 사용하지 않는다고 가정한다.)

〈아래〉
테이블 구조

```
CREATE TABLE TB_ORD_88
(
  ORD_NO CHAR(8)
, ORD_DE CHAR(8)
, ORD_TM CHAR(6)
, PRDT_CD CHAR(4)
, ORD_CNT NUMBER(10)
, ORD_AMT NUMBER(10)
, CONSTRAINT TB_ORD_88_PK PRIMARY KEY (ORD_NO)
)
;
```

SQL문

```
SELECT *
  FROM TB_ORD_88
WHERE ORD_DE BETWEEN '20200101' AND '20201231'
   AND ORD_TM BETWEEN '090000' AND '180000'
   AND PRDT_CD = 'P001'
 ;
```

① PRDT_CD

② PRDT_CD + ORD_DE

③ ORD_DE + ORD_TM

④ PRDT_CD + ORD_DE + ORD_TM

문제 89

테이블 풀 스캔과 인덱스 스캔 방식의 비교에 대한 설명 중 가장 <u>부적절한</u> 것은 무엇인가?

① 인덱스 스캔은 사용 가능한 적절한 인덱스가 존재할 때 사용 가능하고, 풀 테이블 스캔은 인덱스 존재 여부와 상관없이 사용 가능하다.

② 옵티마이저는 사용 가능한 적절한 인덱스가 존재한다고 판단할 경우 무조건 인덱스 스캔을 수행하여 최소의 비용으로 데이터를 조회한다.

③ 인덱스 스캔은 인덱스에 존재하는 레코드 식별자를 이용하여 검색하는 데이터의 정확한 위치를 알고서 데이터를 읽는다. 즉, 한 번의 I/O 요청으로 한 블록씩 읽는다.

④ 테이블 풀 스캔은 한 번의 I/O 요청으로 여러 블록을 한꺼번에 읽는다. 그러므로 테이블 풀 스캔이 인덱스 스캔보다 유리한 경우가 존재한다.

문제 90

다음 중 조인 기법의 종류로 가장 <u>부적절한</u> 것은 무엇인가?

① NL 조인

② HASH 조인

③ SORT MERGE 조인

④ STAR 조인

문제 91

다음 중 조인에 대한 설명으로 가장 부적절한 것은 무엇인가?

① 조인은 특정 한 시점에 단 2개의 테이블끼리만 조인한다. 즉 4개가 FROM절에 기재되어 있어도 특정한 시점에는 2개씩만 조인을 수행한다.

② NL 조인은 중첩된 반복문(이중 For문)과 유사한 방식이다.

③ NL 조인은 첫 번째 드라이빙 집합의 결과건수가 작을수록 성능상 유리하다.

④ 해시 조인은 2개 중 큰 테이블을 선행 테이블로 사용하는 것이 성능상 유리하다. 선행 테이블의 내용을 메모리에 올리기 때문에 메모리에 최대한 많이 올려야 한다.

문제 92

다음 중 실행계획을 구성하는 요소에 해당하지 않는 것은 무엇인가?

① 조인 순서　　　　② 조인 기법　　　　③ 액세스 기법　　　　④ 수행 속도

문제 93

다음 중 B*Tree 인덱스를 구성하는 요소에 해당하지 않는 것은 무엇인가?

① Root Block　　　② Branch Block　　　③ Root Level　　　④ Leaf Block

문제 94

다음 중 옵티마이저가 테이블 풀 스캔 방식을 선택하는 상황 중 가장 부적절한 것은 무엇인가?

① SQL문의 WHERE절에 조건이 존재하지 않는 경우

② SQL문의 WHERE절에 조건 중 사용 가능한 인덱스가 존재하지 않는 경우

③ 옵티마이저의 판단 결과 테이블 풀 스캔이 비용상 유리하다고 판단되는 경우

④ 적절한 인덱스가 있지만 테이블의 데이터가 대용량인 경우

문제 95

다음 중 조인 기법에 대한 설명으로 가장 부적절한 것은 무엇인가?

① NL 조인은 결과 행의 수가 적은 집합을 조인 순서상 선행 집합으로 선택하는 것이 전체 일의 양을 줄인다.

② 해시 조인은 결과 행의 수가 적은 집합을 선행 집합으로 사용하는 것이 성능상 유리하다.

③ 해시 조인에서 선행 집합을 BUILD INPUT이라고 하며 후행 집합을 PROBE INPUT이라고 한다.

④ NL 조인은 선행 집합을 스캔 시 반드시 인덱스 스캔을 할 필요는 없지만 후행 집합을 스캔 시에는 반드시 인덱스가 필요하다.

다음 중 비용 기반 옵티마이저에 대한 설명 중 가장 **부적절한** 것을 2개 고르시오.

① WHERE절 조건에서 "BETWEEN"보다 "=" 조건이 적은 일의 양을 차지한다고 판단한다.

② 비용 기반 옵티마이저는 SQL문을 처리하는 데 필요한 비용이 가장 적은 실행계획을 선택한다.

③ 비용 기반 옵티마이저는 비용을 예측하기 위해서 테이블, 인덱스, 칼럼 등의 다양한 객체 통계정보와 시스템 통계정보 등을 이용한다.

④ 통계정보가 없는 경우 비용 기반 옵티마이저는 정확한 비용 예측이 불가능해서 실행계획을 생성할 수 없다.

〈아래〉의 SQL문에 대한 실행계획에 대한 설명으로 가장 적절하지 <u>않은</u> 것은 무엇인가?

〈아래〉

SQL문

```
SELECT ENAME
  FROM EMP
 WHERE JOB = 'SALESMAN'
   AND SAL BETWEEN 3000 AND 6000;
```

실행계획
```
******************[Explain Plan Time: 2020/09/07 11:26:24]******************
Execution Plan
--------------------------------------------------------------------------
    0      SELECT STATEMENT Optimizer=ALL_ROWS (Cost=2 Card=2 Bytes=36)
    1    0    TABLE ACCESS (BY INDEX ROWID BATCHED)
                    OF 'EMP' (TABLE) (Cost=2 Card=2 Bytes=36)
    2    1      INDEX (RANGE SCAN) OF 'IDX_EMP_01' (INDEX) (Cost=1 Card=3)
--------------------------------------------------------------------------
Predicate information (identified by operation id):
--------------------------------------------------------------
    1 - filter("SAL">=3000 AND "SAL"<=6000)
    2 - access("JOB"='SALESMAN')
--------------------------------------------------------------
```

① 3번째 줄의 내용으로 봤을 때 IDX_EMP_01 인덱스를 인덱스 범위 스캔하고 있다.

② 2번째 줄의 'BY INDEX ROWID'로 인덱스 스캔을 통한 테이블 랜덤 액세스를 하고 있음을 알 수 있다.

③ 1번째 줄의 'ALL_ROWS'로 봤을 때 결과집합의 건수는 2건 이상임을 알 수 있다.

④ 'Predicate information'의 access("JOB"='SALESMAN')로 봤을 때 JOB 칼럼을 선두로 하는 인덱스를 스캔하고 있음을 알 수 있다.

문제 98

〈아래〉와 같이 TB_EMP_98 테이블을 생성한 후 데이터를 입력하였다. 빈번하게 수행되는 SQL문의 성능을 향상시키기 위해서 인덱스 생성을 고려 중이다. 다음 중 이 SQL문을 실행하는 데 가장 효율적인 인덱스 구성은 무엇인가?

〈아래〉
테이블 생성 및 데이터 입력

```
CREATE TABLE TB_EMP_98
(
  EMP_NO CHAR(6)
, EMP_NM VARCHAR2(50) NOT NULL
, SEX_CD CHAR(2) NOT NULL
, BIRTH_DT CHAR(8) NOT NULL
, JOB_CD CHAR(4) NULL
, DEPT_CD CHAR(4) NULL
, CONSTRAINT TB_EMP_98_PK PRIMARY KEY (EMP_NO)
)
;

INSERT INTO TB_EMP_98
SELECT
      LPAD(ROWNUM, 6, '0') AS EMP_NO
    , DBMS_RANDOM.STRING('U', 6)
    , TO_CHAR(CEIL(MOD(DBMS_RANDOM.VALUE(1, 1000), 2)))
    , TO_CHAR(SYSDATE - DBMS_RANDOM.VALUE(1, 3650), 'YYYYMMDD')
    , LPAD(TO_CHAR(TRUNC(DBMS_RANDOM.VALUE(1, 10))), 4, '0')
    , LPAD(TO_CHAR(TRUNC(DBMS_RANDOM.VALUE(1, 10))), 4, '0')
FROM DUAL CONNECT BY LEVEL <= 100000;

COMMIT;
```

```
SELECT *
  FROM TB_EMP_98
  WHERE BIRTH_DT BETWEEN '20170101' AND '20191231'
    AND DEPT_CD = '0001'
    AND JOB_CD = '0002'
    AND SEX_CD <> '1'
;
```

① SEX_CD+JOB_CD+DEPT_CD+BIRTH_DT

② JOB_CD+BIRTH_DT+DEPT_CD+SEX_CD

③ BIRTH_DT+DEPT_CD+JOB_CD+SEX_CD

④ DEPT_CD+JOB_CD+BIRTH_DT

문제 99

다음과 같이 TB_EMP_99 테이블을 구성하고 인덱스를 생성하였다. 이러한 상황에서 〈아래〉와 같은 SQL
문에 대한 실행계획을 출력하였다. 해당 실행계획을 보고 'IDX_TB_EMP_01' 인덱스의 인덱스 구성칼럼으
로 가장 적절한 것은 무엇인가?

〈아래〉
테이블 생성 및 데이터 입력

```
CREATE TABLE TB_EMP_99
(
  EMP_NO CHAR(6)
, EMP_NM VARCHAR2(50) NOT NULL
, SEX_CD CHAR(2) NOT NULL
, BIRTH_DT CHAR(8) NOT NULL
, JOB_CD CHAR(4) NULL
, DEPT_CD CHAR(4) NULL
, CONSTRAINT TB_EMP_99_PK PRIMARY KEY (EMP_NO)
)
;

INSERT INTO TB_EMP_99
SELECT
      LPAD(ROWNUM, 6, '0') AS EMP_NO
    , DBMS_RANDOM.STRING('U', 6)
    , TO_CHAR(CEIL(MOD(DBMS_RANDOM.VALUE(1, 1000), 2)))
```

```
           , TO_CHAR(SYSDATE - DBMS_RANDOM.VALUE(1, 3650), 'YYYYMMDD')
           , LPAD(TO_CHAR(TRUNC(DBMS_RANDOM.VALUE(1, 10))), 4, '0')
           , LPAD(TO_CHAR(TRUNC(DBMS_RANDOM.VALUE(1, 10))), 4, '0')
FROM DUAL CONNECT BY LEVEL <= 100000;

COMMIT;
```

SQL문

```
SELECT /*+ INDEX(TB_EMP_99 IDX_TB_EMP_99_01) */
       *
 FROM TB_EMP_99
WHERE BIRTH_DT BETWEEN '20200101' AND '20201231'
  AND SEX_CD = '1'
  AND JOB_CD = '0007'
  AND DEPT_CD = '0007'
  ;
```

실행계획

```
***************[Explain Plan Time: 2020/09/08 09:23:20]***************
Execution Plan
-----------------------------------------------------------------------
   0      SELECT STATEMENT Optimizer=HINT: FIRST_ROWS
                  (Cost=7K Card=49 Bytes=3K)
   1    0   TABLE ACCESS (BY INDEX ROWID BATCHED)
                  OF 'TB_EMP_99' (TABLE) (Cost=7K Card=49 Bytes=3K)
   2    1     INDEX (RANGE SCAN)
                  OF 'IDX_TB_EMP_99_01' (INDEX) (Cost=22 Card=6K)
-----------------------------------------------------------------------
Predicate information (identified by operation id):
-----------------------------------------------------------
   1 - filter("SEX_CD"='1' AND "JOB_CD"='0007' AND "DEPT_CD"='0007')
   2 - access("BIRTH_DT">='20200101' AND "BIRTH_DT"<='20201231')
-----------------------------------------------------------
```

① SEX_CD+JOB_CD+DEPT_CD

② SEX_CD+JOB_CD+DEPT_CD+BIRTH_DT

③ BIRTH_DT+SEX_CD+JOB_CD+DEPT_CD

④ BIRTH_DT

〈아래〉의 실행계획에 대한 설명 중 가장 **부적절한** 것을 고르시오.

〈아래〉

실행계획

```
***************[Explain Plan Time: 2020/09/08 17:41:09]***************
Execution Plan
------------------------------------------------------------
   0      SELECT STATEMENT Optimizer=ALL_ROWS (Cost=2 Card=1 Bytes=58)
   1   0   NESTED LOOPS (Cost=2 Card=1 Bytes=58)
   2   1    TABLE ACCESS (BY INDEX ROWID)
                     OF 'EMP' (TABLE) (Cost=1 Card=1 Bytes=38)
   3   2      INDEX (UNIQUE SCAN)
                     OF 'PK_EMP' (INDEX (UNIQUE)) (Cost=0 Card=1)
   4   1    TABLE ACCESS (BY INDEX ROWID)
                     OF 'DEPT' (TABLE) (Cost=1 Card=1 Bytes=20)
   5   4      INDEX (UNIQUE SCAN)
                     OF 'PK_DEPT' (INDEX (UNIQUE)) (Cost=0 Card=1)
------------------------------------------------------------


Predicate information (identified by operation id):
------------------------------------------------------------
   3 - access("A"."EMPNO"=7369)
   5 - access("A"."DEPTNO"="B"."DEPTNO")
------------------------------------------------------------
```

① NL 조인의 OUTER 집합과 INNER 집합을 조회 시 모두 UNIQUE SCAN을 한 것으로 보아 결과 건수는 1건 이하이다.

② NL 조인을 수행하고 있으며 EMP 테이블이 드라이빙 테이블이다.

③ 실행 순서상 가장 먼저 PK_EMP 인덱스에 대한 UNIQUE INDEX 스캔을 한다.

④ 'Optimizer=ALL_ROWS'인 것으로 보아 NL 조인에서 매칭되는 모든 집합이 출력된다.

7.5 연습문제 해설

문제 86

정답 ④

해설 파서는 비용 기반 옵티마이저의 구성요소가 아니라 SQL문을 파싱하는 역할을 한다.

문제 87

정답 ④

해설 ① 실행계획대로 SQL문이 실행되도 성능상 문제가 발생할 수 있다.

② 같은 SQL문 기준으로 여러 실행계획이 도출될 수 있지만 각 실행계획의 처리시간은 각기 다를 수 있다.

③ SQL문을 작성하는 사용자가 직접 실행계획을 생성할 수는 없다.

④ 실행계획상 아무리 효율적으로 판단되더라도 실제 수행 시 성능이 느린 경우가 존재한다.

문제 88

정답 ④

해설 ② PRDT_CD + ORD_DE도 좋은 선택지가 될 수 있지만 모든 시간범위를 모두 조회해야 하는 부담이 있다.

④ PRDT_CD + ORD_DE + ORD_TM 인덱스 구성이 데이터 스캔 범위가 가장 작다.

문제 89

정답 ②

해설 옵티마이저는 사용 가능한 적절한 인덱스가 존재해도 테이블 풀 스캔이 유리하다고 판단되면 테이블 풀 스캔으로 읽게 된다.

문제 90

정답 ④

해설 STAR 조인이라는 조인 기법은 존재하지 않는다.

문제 91

정답 ④

해설 해시 조인은 작은 테이블을 선행 테이블로 하여 메모리에 올린 후, 큰 집합을 스캔하면서 해시 함수를 이용하여 매칭되는 데이터를 찾는 방식이다. 작은 테이블이 선행 테이블이 되어야만 메모리 공간에 모두 테이블이 들어가서 성능상 유리하다.

문제 92

정답 ④

해설 실행계획을 구성하는 요소에는 조인 순서, 조인 기법, 액세스 기법, 최적화 정보, 연산 등이 있다.

문제 93

정답 ③

해설 B*Tree 인덱스는 Root Block, Brach Block, Leaf Block으로 이루어져 있다.

문제 94

정답 ④

해설 인덱스 스캔을 할지 테이블 풀 스캔을 할지는 옵티마이저가 판단한다.

문제 95

정답 ④

해설 후행 집합을 스캔 시 효율적인 인덱스가 있어야 성능상 훨씬 유리하다고 할 수 있다. 하지만 반드시 필요한 것은 아니다.

문제 96

정답 ①, ④

해설 ① 비용 기반 옵티마이저는 단순한 조건절의 조건가지고만 일의 양을 판단하지 않는다.
④ 통계정보가 없더라도 비용 기반 옵티마이저는 실행계획을 생성한다.

문제 97

정답 ③

해설 ALL_ROWS는 옵티마이저의 모드를 뜻한다. 전체 데이터를 출력하는 것을 기준으로 실행계획을 도출하게 된다.

문제 98

정답 ④

해설 "=" 조건이 들어오는 DEPT_CD, JOB_CD를 선두에 두고 BIRTH_DT를 뒤에 따르게 한다.

SEX_CD는 부정형 조건이므로 인덱스 스캔이 불가하다.

아래는 인덱스 생성 및 테스트를 해 볼 수 있는 스크립트이다.

```
CREATE INDEX IDX_TB_EMP_98_01 ON TB_EMP_98 (DEPT_CD, JOB_CD, BIRTH_DT);
ANALYZE TABLE TB_EMP_98 COMPUTE STATISTICS FOR ALL INDEXES;
SELECT /*+ INDEX(TB_EMP IDX_TB_EMP_98_01) */
       *
  FROM TB_EMP_98
 WHERE BIRTH_DT BETWEEN '20170101' AND '20191231'
   AND DEPT_CD = '0001'
   AND JOB_CD = '0002'
   AND SEX_CD <> '1';

CREATE INDEX IDX_TB_EMP_98_02 ON TB_EMP(SEX_CD);

SELECT /*+ INDEX(TB_EMP_98 IDX_TB_EMP_98_02) */
       *
  FROM TB_EMP_98
 WHERE BIRTH_DT BETWEEN '20170101' AND '20191231'
   AND DEPT_CD = '0001'
   AND JOB_CD = '0002'
   AND SEX_CD <> '1';
```

문제 99

정답 ④

해설 'Predicate information'에서 access 항목에 BIRTH_DT 칼럼만 있고, 나머지 조건은 모두 filter 항목에 있는 것으로 보아 'IDX_TB_EMP_38_01'는 BIRTH_DT로만 이루어진 인덱스이다.

문제 100

정답 ④

해설 'Optimizer=ALL_ROWS'는 옵티마이저의 실행계획을 생성하는 전략 모드를 뜻하며 출력되는 결과집합과는 상관이 없다.

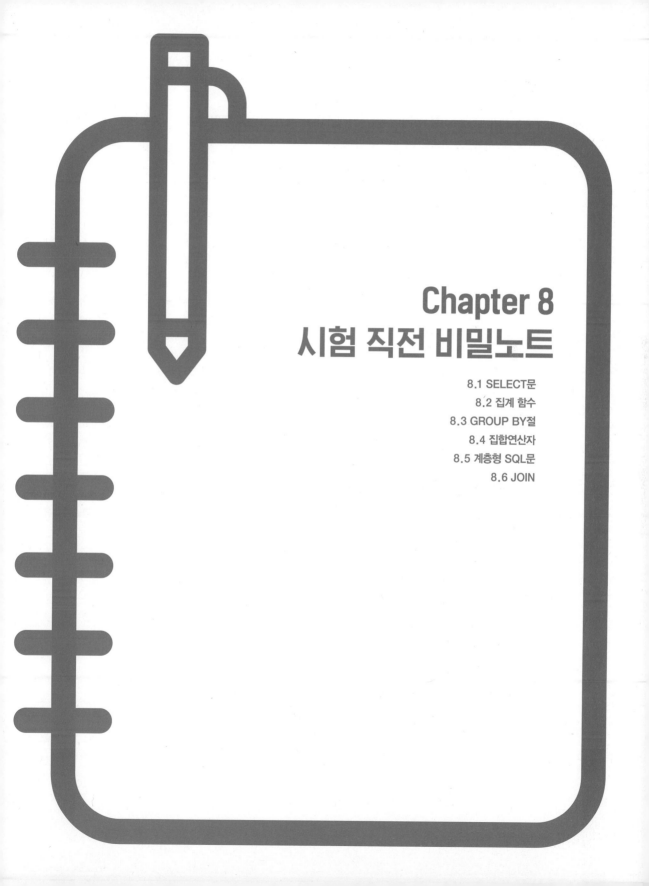

Chapter 8
시험 직전 비밀노트

8.1 SELECT문

NOTE **FROM절에서 테이블 앨리어스를 지정할 때 AS를 사용하지 못한다.**

SQL문 작성 시 앨리어스 사용은 SQL문의 가독성 및 개발 생산성을 높이는 데 많은 기여를 합니다.

아래와 같이 FROM절에서 테이블 앨리어스를 사용할 수 있습니다.

코드 8-1 FROM절에서 테이블 앨리어스를 사용한 SQL문

```
SELECT A.SUBWAY_STATN_NO AS "지하철역번호"
     , A.LN_NM AS "노선명"
     , A.STATN_NM AS "역명"
  FROM TB_SUBWAY_STATN A
 WHERE A.STATN_NM = '강남'
;
```

결과

```
지하철역번호¦노선명¦역명
------------¦------¦----
000032      ¦2호선 ¦강남
```

FROM절에 지하철역(TB_SUBWAY_STATN) 테이블을 기재하였고, 앨리어스 "A"를 주었습니다.

아래와 같이 FROM절에서 테이블에 앨리어스를 줄 때 "AS"를 사용하면 SQL 문법 에러가 발생합니다.

코드 8-2 FROM절에서 테이블에 앨리어스를 잘못 사용한 SQL문

```
SELECT A.SUBWAY_STATN_NO AS "지하철역번호"
     , A.LN_NM AS "노선명"
     , A.STATN_NM AS "역명"
  FROM TB_SUBWAY_STATN AS A
 WHERE A.STATN_NM = '강남'
;
```

결과

ORA-00933: SQL command not properly ended

이렇게 FROM절에서 테이블 앨리어스를 사용할 경우에 "AS"를 사용하면 SQL 문법 에러가 발생합니다. SELECT절에 있는 칼럼에 대해 앨리어스를 기재할 경우 "AS"를 사용할 수 있습니다.

NOTE 비교 연산 시 비교 칼럼의 값이 NULL인 행은 결과집합에서 제외된다.

업종분류(TB_INDUTY_CL) 테이블에서 상위업종분류코드(UPPER_INDUTY_CL_CD) 칼럼은 NULL 허용 칼럼입니다. 즉, NULL 값이 존재할 수 있습니다.

아래는 업종분류코드(INDUTY_CL_CD)가 'O'(알파벳 대문자 오)로 시작하는 모든 행을 출력하는 SQL문입니다.

코드 8-3 NULL 허용 칼럼의 출력

```
SELECT INDUTY_CL_CD
     , INDUTY_CL_NM
     , INDUTY_CL_SE_CD
     , NVL(UPPER_INDUTY_CL_CD, '[NULL]') AS UPPER_INDUTY_CL_CD
  FROM TB_INDUTY_CL
 WHERE INDUTY_CL_CD LIKE 'O%' --숙박
 ORDER BY INDUTY_CL_SE_CD, INDUTY_CL_CD
 ;
```

결과

INDUTY_CL_CD	INDUTY_CL_NM	INDUTY_CL_SE_CD	UPPER_INDUTY_CL_CD
O	숙박	ICS001	[NULL]
OO1	호텔/콘도	ICS002	O
OO2	모텔/여관/여인숙	ICS002	O
OO3	캠프/별장/펜션	ICS002	O
OO4	유스호스텔	ICS002	O
OO5	민박/하숙	ICS002	O
OO1A01	호텔/콘도	ICS003	OO1
OO2A01	모텔/여관/여인숙	ICS003	OO2
OO3A01	캠프/별장/펜션	ICS003	OO3
OO4A01	유스호스텔	ICS003	OO4
OO5A01	민박/하숙	ICS003	OO5

업종분류코드(INDUTY_CL_CD) 칼럼의 값이 'O'인 행은 상위업종분류코드(UPPER_INDUTY_CL_CD)가 NULL인 것을 알 수 있습니다.

만약 [코드 8-4]와 같이 상위업종분류코드(UPPER_INDUTY_CL_CD)가 'O'로 시작하는 모든 행을 출력하면 상위업종분류코드(UPPER_INDUTY_CL_CD)가 NULL인 행은 결과집합에서 제외되는 것을 알 수 있습니다.

코드 8-4 NULL 허용 칼럼은 LIKE 연산에서 비교 불가

```
SELECT INDUTY_CL_CD
     , INDUTY_CL_NM
     , INDUTY_CL_SE_CD
     , UPPER_INDUTY_CL_CD
  FROM TB_INDUTY_CL
 WHERE UPPER_INDUTY_CL_CD LIKE 'O%' --숙박
 ORDER BY INDUTY_CL_SE_CD, INDUTY_CL_CD
;
```

결과

INDUTY_CL_CD	INDUTY_CL_NM	INDUTY_CL_SE_CD	UPPER_INDUTY_CL_CD
001	호텔/콘도	ICS002	O
002	모텔/여관/여인숙	ICS002	O
003	캠프/별장/펜션	ICS002	O
004	유스호스텔	ICS002	O
005	민박/하숙	ICS002	O
001A01	호텔/콘도	ICS003	001
002A01	모텔/여관/여인숙	ICS003	002
003A01	캠프/별장/펜션	ICS003	003
004A01	유스호스텔	ICS003	004
005A01	민박/하숙	ICS003	005

NULL을 비교할 경우 비교 대상 칼럼의 값이 NULL인 행은 결과집합에서 제외되기 때문에 발생하는 현상입니다.

만약 업종분류코드(TB_INDUTY_CL)가 'O'인 행(UPPER_INDUTY_CL_CD가 NULL인 행)을 결과집합에 포함시키려면 아래와 같이 SELECT문을 작성해야 합니다.

코드 8-5 업종분류코드(TB_INDUTY_CL)가 'O'인 행까지 출력하는 SQL문

```
SELECT INDUTY_CL_CD
     , INDUTY_CL_NM
     , INDUTY_CL_SE_CD
     , NVL(UPPER_INDUTY_CL_CD, '[NULL]') AS UPPER_INDUTY_CL_CD
  FROM TB_INDUTY_CL
 WHERE (  UPPER_INDUTY_CL_CD LIKE 'O%' --숙박
       OR INDUTY_CL_CD = 'O' --숙박
       )
 ORDER BY INDUTY_CL_SE_CD, INDUTY_CL_CD
;
```

결과

INDUTY_CL_CD	INDUTY_CL_NM	INDUTY_CL_SE_CD	UPPER_INDUTY_CL_CD
O	숙박	ICS001	[NULL]
001	호텔/콘도	ICS002	O
002	모텔/여관/여인숙	ICS002	O
003	캠프/별장/펜션	ICS002	O
004	유스호스텔	ICS002	O
005	민박/하숙	ICS002	O
001A01	호텔/콘도	ICS003	001
002A01	모텔/여관/여인숙	ICS003	002
003A01	캠프/별장/펜션	ICS003	003
004A01	유스호스텔	ICS003	004
005A01	민박/하숙	ICS003	005

첫 번째 SELECT문(코드 8-3 NULL 허용 칼럼의 출력)과 동일한 결과집합을 출력하고 있습니다.

특정 칼럼의 값이 NULL이라면 비교 연산자로 비교가 불가능하며 특정 칼럼의 값이 NULL인 행에 대해서는 별도의 조건 처리(OR INDUTY_CL_CD = 'O')가 필요합니다.

더 자세한 설명을 위하여 아래와 같이 주문(TB_ORD_8_1_2) 테이블을 생성합니다. 주문일자(ORD_DE) 칼럼은 NULL 허용 칼럼으로 생성합니다.

코드 8-6 주문임시 테이블 생성

```
CREATE TABLE TB_ORD_8_1_2
 (
   ORD_NO CHAR(10)
 , ORD_DE CHAR(8) NULL
 , PRDT_CD CHAR(6) NOT NULL
 , CUST_ID VARCHAR2(20) NOT NULL
 , CONSTRAINT PK_TB_ORD_8_1_2 PRIMARY KEY(ORD_NO)
 )
 ;
```

다음과 같이 데이터를 입력합니다.

코드 8-7 주문임시 테이블에 데이터 입력

```
INSERT INTO TB_ORD_8_1_2
     VALUES ('1000000001', '20210101', 'P00001', 'DBMSEXPERT');

INSERT INTO TB_ORD_8_1_2
     VALUES ('1000000002', '20210131', 'P00001', 'DBMSEXPERT');

INSERT INTO TB_ORD_8_1_2
     VALUES ('1000000003',  NULL     , 'P00001', 'DBMSEXPERT');

COMMIT;
```

아래와 같이 2021년 01월 기준 주문내역을 조회합니다.

코드 8-8 주문내역 조회 - BETWEEN A AND B

```
SELECT ORD_NO, ORD_DE, PRDT_CD, CUST_ID
 FROM TB_ORD_8_1_2
 WHERE ORD_DE BETWEEN '20210101' AND '20210131'
 ;
```

결과

```
ORD_NO     |ORD_DE  |PRDT_CD|CUST_ID
----------|--------|-------|----------
1000000001|20210101|P00001 |DBMSEXPERT
1000000002|20210131|P00001 |DBMSEXPERT
```

2건의 행이 출력되었습니다. 주문일자(ORD_DE) 칼럼의 값이 NULL인 행은 결과집합에서 제외되었습니다.

만약 주문일자(ORD_DE) 칼럼의 값이 NULL인 행까지 출력하고 싶다면 아래와 같이 조건절을 수정합니다.

코드 8-9 주문일자(ORD_DE) 칼럼의 값이 NULL인 행까지 출력

```
SELECT ORD_NO
     , NVL(ORD_DE, '[NULL]') AS ORD_DE
     , PRDT_CD
     , CUST_ID
  FROM TB_ORD_8_1_2
 WHERE (   ORD_DE BETWEEN '20210101' AND '20210131'
        OR ORD_DE IS NULL
       )
;
```

결과

```
ORD_NO     ¦ORD_DE  ¦PRDT_CD¦CUST_ID
----------¦--------¦-------¦---------
1000000001¦20210101¦P00001 ¦DBMSEXPERT
1000000002¦20210131¦P00001 ¦DBMSEXPERT
1000000003¦[NULL]  ¦P00001 ¦DBMSEXPERT
```

주문일자(ORD_DE) 칼럼에 대한 "OR ORD_DE IS NULL" 조건을 추가하였으며 주문일자(ORD_DE) 칼럼이 NULL인 행까지 정상적으로 출력되었습니다.

> **NOTE** ORDER BY절에 테이블 내의 칼럼명을 기재하면 칼럼값을 기준으로 정렬하고 칼럼 앨리어스를 기재하면 칼럼 앨리어스의 값을 가지고 정렬한다.

다음 SQL문은 지하철역승하차(TB_SUBWAY_STATN_TK_GFF) 테이블에서 2020년 10월 기준 08시부터 09시까지의 2호선 강남역의 승하차인원수(TK_GFF_CNT)를 구하고 있습니다.

코드 8-10 ORDER BY절에 테이블 앨리어스 및 칼럼명 기재

```
SELECT A.SUBWAY_STATN_NO
     , A.BEGIN_TIME
     , (SELECT L.TK_GFF_SE_NM
          FROM TB_TK_GFF_SE L
```

```
            WHERE L.TK_GFF_SE_CD = A.TK_GFF_SE_CD) AS TK_GFF_SE_NM
         , TO_CHAR(A.TK_GFF_CNT) "승하차인원수"
      FROM TB_SUBWAY_STATN_TK_GFF A
     WHERE A.STD_YM = '202010'
       AND A.BEGIN_TIME = '0800'
       AND A.END_TIME = '0900'
       AND A.SUBWAY_STATN_NO = '000032' --2호선 강남
   ORDER BY A.TK_GFF_CNT DESC
  ;
```

결과

```
SUBWAY_STATN_NO|BEGIN_TIME|TK_GFF_SE_NM|승하차인원수
---------------|----------|------------|------------
 000032        |0800      |하차        |289569
 000032        |0800      |승차        |54804
```

ORDER BY절에 A.TK_GFF_CNT 칼럼을 DESC 정렬로 기재하였습니다. 하차인원수가 더 많은 것을 알 수 있습니다.

만약 다음처럼 ORDER BY절에 SELECT절의 칼럼 앨리어스인 "승하차인원수"를 기재하면 잘 못된 결과가 출력됩니다.

코드 8-11 ORDER BY절에 SELECT절의 칼럼 앨리어스를 기재

```
SELECT A.SUBWAY_STATN_NO
     , A.BEGIN_TIME
     , (SELECT L.TK_GFF_SE_NM
          FROM TB_TK_GFF_SE L
         WHERE L.TK_GFF_SE_CD = A.TK_GFF_SE_CD) AS TK_GFF_SE_NM
     , TO_CHAR(A.TK_GFF_CNT) "승하차인원수"
  FROM TB_SUBWAY_STATN_TK_GFF A
 WHERE A.STD_YM = '202010'
   AND A.BEGIN_TIME = '0800'
   AND A.END_TIME = '0900'
   AND A.SUBWAY_STATN_NO = '000032' --2호선 강남
 ORDER BY "승하차인원수" DESC
;
```

```
SUBWAY_STATN_NO|BEGIN_TIME|TK_GFF_SE_NM|승하차인원수
--------------|----------|------------|-----------
000032        |0800      |승차        |54804
000032        |0800      |하차        |289569
```

SELECT절에 보면 "TO_CHAR(A.TK_GFF_CNT)"를 이용하여 숫자형을 문자형으로 변환한 후에 "승하차인원수"로 칼럼 앨리어스를 주었습니다. 또한 ORDER BY절에서는 칼럼 앨리어스인 "승하차인원수"를 기준으로 DESC 정렬을 하고 있습니다. 이 경우 문자열인 "승하차인원수" 값 기준으로 DESC 정렬이 되어 승하차인원수가 '54804'인 행이 맨위로 올라가게 됩니다. 이러한 현상으로 인해 **의도하지 않은 결과집합이 나오는 경우가 있으므로 주의**해야 합니다.

8.2 집계 함수

NOTE **공집합일 경우 MAX 함수를 써서 단 1건이라도 출력하게 할 수 있다.**

공집합일 경우 집계 함수인 MAX 함수를 써서 단 1건을 출력할 수 있습니다.

아래 SQL문과 같이 지하철역(TB_SUBWAY_STATN) 테이블에서 역명(STATN_NM)이 '평양역'인 행을 조회한다면 단 1건도 나오지 않게 됩니다.

코드 8-12 공집합이 리턴되는 SQL문

```
SELECT STATN_NM
  FROM TB_SUBWAY_STATN
 WHERE STATN_NM = '평양역'
;
```

결과

```
STATN_NM
--------
```

위의 결과처럼 단 1건의 행도 나오지 않는 것을 공집합이라고 합니다. 하지만 사용자에 따라서 역명이 '평양역'이라는 행이 존재하지 않더라도 '역명없음'이라는 결과 값을 출력하고 싶을 수

있습니다. 이 경우 MAX를 이용하면 공집합인 경우에 NULL이 리턴됩니다. NULL이 리턴된 상태에서 NVL 함수를 이용하면 '역명없음'이라는 결과 값이 리턴됩니다.

코드 8-13 MAX 및 NVL 함수의 사용

```
SELECT NVL(MAX(STATN_NM), '역명없음') AS STATN_NM
  FROM TB_SUBWAY_STATN
 WHERE STATN_NM = '평양역'
;
```

결과

```
STATN_NM
--------
역명없음
```

'역명없음'이라는 값이 출력되었습니다.

WHERE절의 조건이 공집합인 경우 MAX 함수와 NVL 함수를 이용하여 원하는 형태의 값으로 출력할 수 있습니다.

또한 아래와 같이 COUNT 함수를 이용할 수도 있습니다.

코드 8-14 COUNT 및 MAX 함수의 사용

```
SELECT CASE WHEN COUNT(*) = 0 THEN '역명없음'
            ELSE MAX(STATN_NM) END AS STATN_NM
  FROM TB_SUBWAY_STATN
 WHERE STATN_NM = '평양역'
;
```

결과

```
STATN_NM
--------
역명없음
```

공집합인 경우 COUNT(*)의 결과는 0이 리턴됩니다.

CASE WHEN문을 이용하여 COUNT(*)의 값이 0인 경우 '역명없음'이라는 값을 출력할 수 있습니다.

NOTE SELECT절에서 집계 함수 이용 시 집계 함수를 이용하지 않은 칼럼은 GROUP BY 절에 기재해야 한다.

SELECT절에서 집계 함수 이용 시 집계 함수를 이용하지 않은 칼럼은 GROUP BY절에 반드시 기재해야 합니다.

아래 코드는 인구(TB_POPLTN) 테이블에서 인구수(POPLTN_CNT)의 최대값을 계산하여 출력하고 있습니다.

코드 8-15 집계 함수의 사용

```
SELECT MAX(POPLTN_CNT) POPLTN_CNT
  FROM TB_POPLTN
;
```

결과

```
POPLTN_CNT
----------
     22963
```

이 상태에서 아래와 같이 SELECT절에 인구구분코드(POPLTN_SE_CD) 칼럼을 기재합니다.

코드 8-16 집계 함수 사용 시 SELECT절에 칼럼 기재

```
SELECT POPLTN_SE_CD
     , MAX(POPLTN_CNT) POPLTN_CNT
  FROM TB_POPLTN
;
```

결과

```
ORA-00937: not a single-group group function
```

SELECT절에서 집계 함수 이용 시 집계 함수를 이용하지 하지 않은 칼럼은 반드시 GROUP BY절에 기재해야 하므로 위와 같이 SQL 문법 에러가 발생합니다.

```
SELECT POPLTN_SE_CD
     , MAX(POPLTN_CNT) POPLTN_CNT
  FROM TB_POPLTN
  GROUP BY POPLTN_SE_CD
;
```

결과

```
POPLTN_SE_CD¦POPLTN_CNT
------------¦----------
M           ¦     10909
T           ¦     22963
F           ¦     12306
```

GROUP BY절에 인구구분코드(POPLTN_SE_CD) 칼럼을 기재하면 정상적으로 SQL문이 실행됩니다.

8.3 GROUP BY절

NOTE GROUP BY와 HAVING의 위치는 서로 바뀔수 있다.

GROUP BY와 HAVING의 위치는 서로 바뀔 수 있으므로 SQL문 작성 시 GROUP BY절과 HAVING절을 이용할 때 HAVING절이 먼저 기재될 수 있습니다. 즉, GROUP BY절과 HAVING절 2개 중 어떤 것이 먼저 기재되더라도 결과는 동일합니다.

아래의 SELECT문은 GROUP BY절을 이용하여 인구(TB_POPLTN) 테이블에서 인구구분코드(POPLTN_SE_CD) 칼럼별 인구수(POPLTN_CNT) 합계를 출력하고 있습니다. 또한 HAVING절을 이용해서 인구구분코드(POPLTN_SE_CD) 칼럼의 값은 'M'과 'F'를 대상으로 하고 있습니다.

코드 8-18 GROUP BY + HAVING절

```
SELECT POPLTN_SE_CD
     , SUM(POPLTN_CNT) AS POPLTN_CNT_SUM
  FROM TB_POPLTN
```

```
GROUP BY POPLTN_SE_CD
HAVING POPLTN_SE_CD IN ('M', 'F')
ORDER BY POPLTN_CNT_SUM DESC
;
```

결과

```
POPLTN_SE_CD┊POPLTN_CNT_SUM
------------┊--------------
    F       ┊      25990297
    M       ┊      25847719
```

아래는 GROUP BY절보다 HAVING절이 먼저 나온 SELECT문입니다.

코드 8-19 HAVING + GROUP BY절

```
SELECT POPLTN_SE_CD
     , SUM(POPLTN_CNT) AS POPLTN_CNT_SUM
  FROM TB_POPLTN
HAVING POPLTN_SE_CD IN ('M', 'F')
GROUP BY POPLTN_SE_CD
ORDER BY POPLTN_CNT_SUM DESC
;
```

결과

```
POPLTN_SE_CD┊POPLTN_CNT_SUM
------------┊--------------
    F       ┊      25990297
    M       ┊      25847719
```

위 2개의 SELECT문의 결과집합은 완전 동일합니다.

한 가지 사항에 대해서 더 알아봅시다.

HAVING 없는 GROUP BY는 사용 가능하지만 GROUP BY가 없는 HAVING은 SQL 문법 에러가 발생합니다.

코드 8-20 GROUP BY 없이 HAVING만을 사용한 SQL문

```
SELECT POPLTN_SE_CD
     , SUM(POPLTN_CNT) AS POPLTN_CNT_SUM
  FROM TB_POPLTN
HAVING POPLTN_SE_CD IN ('M', 'F')
ORDER BY POPLTN_CNT_SUM DESC
;
```

결과(에러)

```
ORA-00979: not a GROUP BY expression
```

> **NOTE** GROUP BY절에 기재한 칼럼은 반드시 SELECT절에 기재하지 않아도 된다.

GROUP BY절을 사용한 SQL문을 실행합니다.

코드 8-21 GROUP BY절 사용

```
SELECT POPLTN_SE_CD
     , SUM(POPLTN_CNT) POPLTN_CNT_SUM
  FROM TB_POPLTN
 GROUP BY POPLTN_SE_CD
 ORDER BY POPLTN_SE_CD
;
```

결과

POPLTN_SE_CD	POPLTN_CNT_SUM
F	25990297
M	25847719
T	51838016

인구(TB_POPLTN) 테이블에서 인구구분코드(POPLTN_SE_CD)별 인구수(POPLTN_CNT) 합계를 구하고 있습니다.

아래와 같이 SELECT절에 인구구분코드(POPLTN_SE_CD) 칼럼을 기재하지 않더라도 SQL문은 정상적으로 실행됩니다.

코드 8-22 GROUP BY절에 기재한 칼럼을 SELECT절에 기재하지 않음 - 정상 작동

```
SELECT SUM(POPLTN_CNT) POPLTN_CNT_SUM
  FROM TB_POPLTN
 GROUP BY POPLTN_SE_CD
 ORDER BY POPLTN_SE_CD;
 ;
```

결과

```
POPLTN_CNT_SUM
--------------
      25990297
      25847719
      51838016
```

GROUP BY절에 기재한 칼럼을 SELECT절에 반드시 기재하지 않아도 SQL 문법 에러가 발생하지 않습니다.

NOTE GROUP BY절 이용 시 ORDER BY절에는 반드시 GROUP BY절에서 기재한 칼럼 혹은 표현식이 와야한다.

아래와 같이 GROUP BY절을 이용한 SQL문을 실행합니다.

코드 8-23 GROUP BY절을 이용한 SQL문

```
SELECT
        POPLTN_SE_CD
      , SUM(POPLTN_CNT) AS POPLTN_CNT_SUM
  FROM TB_POPLTN
 GROUP BY POPLTN_SE_CD
 ORDER BY POPLTN_CNT_SUM
 ;
```

결과

```
POPLTN_SE_CD¦POPLTN_CNT_SUM
------------¦--------------
M           ¦      25847719
F           ¦      25990297
T           ¦      51838016
```

인구(TB_POPLTN) 테이블을 조회하여 인구구분코드(POPLTN_SE_CD)별 인구수(POPLTN
_CNT) 합계를 구한 후, 칼럼 앨리어스인 "POPLTN_CNT_SUM" 기준으로 정렬을 수행하고
있습니다.

만약 ORDER BY절에 기재한 칼럼이 POPLTN_CNT 칼럼이라면 SQL 문법 에러가 발생합니다.

코드 8-24 GROUP BY절을 이용한 SQL문 – 에러 발생

```
SELECT
        POPLTN_SE_CD
      , SUM(POPLTN_CNT) AS POPLTN_CNT_SUM
   FROM TB_POPLTN
  GROUP BY POPLTN_SE_CD
  ORDER BY POPLTN_CNT
  ;
```

결과

```
ORA-00979: not a GROUP BY expression
```

위와 같이 GROUP BY절에 기재한 인구구분코드(POPLTN_SE_CD) 칼럼 혹은 표현식이 아
닌 칼럼으로 ORDER BY를 시도하면 SQL 문법 에러가 발생합니다.

아래 SQL문도 마찬가지로 SQL 문법 에러가 발생합니다.

코드 8-25 GROUP BY절을 이용한 SQL문 – 에러 발생

```
SELECT
        POPLTN_SE_CD
      , SUM(POPLTN_CNT) AS POPLTN_CNT_SUM
   FROM TB_POPLTN
  GROUP BY POPLTN_SE_CD
  ORDER BY ADSTRD_CD
  ;
```

결과

```
ORA-00979: not a GROUP BY expression
```

아래와 같이 GROUP BY절에 사용한 인구구분코드(POPLTN_SE_CD) 칼럼, 표현식, 표현
식에 대한 칼럼 앨리어스가 ORDER BY절에 와야 정상적으로 실행됩니다.

코드 8-26 GROUP BY절을 이용한 SQL문 – 정상 실행

```sql
SELECT
       POPLTN_SE_CD
     , SUM(POPLTN_CNT) AS POPLTN_CNT_SUM
FROM TB_POPLTN
GROUP BY POPLTN_SE_CD
ORDER BY POPLTN_SE_CD, SUM(POPLTN_CNT), POPLTN_CNT_SUM
;
```

결과

```
POPLTN_SE_CD¦POPLTN_CNT_SUM
------------¦--------------
F           ¦      25990297
M           ¦      25847719
T           ¦      51838016
```

> **NOTE** GROUP BY절에 기재한 칼럼에 NULL 값이 존재할 경우 NULL 값이 결과집합에 포함된다.

GROUP BY절에 기재한 칼럼이 NULL 허용 칼럼이고 NULL 값이 존재할 경우 결과집합에 NULL인 행도 포함됩니다.

코드 8-27 실습환경 구성

```sql
CREATE TABLE TB_EMP_8_3_4
(
  EMP_NO CHAR(10)
, EMP_NM VARCHAR2(20) NULL
, CUR_SAL NUMBER(15) NOT NULL
, DEPT_CD CHAR(6)  NULL
, CONSTRAINT PK_TB_EMP_8_3_4 PRIMARY KEY(EMP_NO)
)
;

INSERT INTO TB_EMP_8_3_4 VALUES('1000000001', '이부장', 70000000, 'D00001');
INSERT INTO TB_EMP_8_3_4 VALUES('1000000002', '김팀장', 65000000, 'D00001');
INSERT INTO TB_EMP_8_3_4 VALUES('1000000003', '박과장', 55000000, 'D00002');
INSERT INTO TB_EMP_8_3_4 VALUES('1000000004', '최대리', 45000000, 'D00002');
INSERT INTO TB_EMP_8_3_4 VALUES('1000000005', '최임시', 35000000, NULL   );
INSERT INTO TB_EMP_8_3_4 VALUES('1000000006', '손인턴', 25000000, NULL   );

COMMIT;
```

TB_EMP_8_3_4 테이블에서 사원명(EMP_NM) 칼럼이 '최임시', '손인턴'인 행만 부서코드 (DEPT_CD) 칼럼의 값이 NULL입니다.

아래는 부서코드(DEPT_CD) 칼럼을 기준으로 GROUP BY한 SQL문입니다.

코드 8-28 GROUP BY의 사용

```
SELECT NVL(DEPT_CD, '[NULL]') AS DEPT_CD
     , TRUNC(AVG(CUR_SAL)) AS CUR_SAL_AVG
  FROM TB_EMP_8_3_4
 GROUP BY DEPT_CD
 ORDER BY DEPT_CD
 ;
```

결과

```
DEPT_CD¦CUR_SAL_AVG
-------¦-----------
D00001 ¦   67500000
D00002 ¦   50000000
[NULL] ¦   30000000
```

부서코드(DEPT_CD) 칼럼의 값이 NULL인 행의 평균연봉(CUR_SAL_AVG)이 출력되었습니다. ('최임시' 사원과 '손인턴' 사원의 평균 연봉이 출력되었습니다.)

결과적으로 GROUP BY절에 기재한 칼럼이 NULL 허용 칼럼이고, 값이 NULL인 행이 있을 경우 GROUP BY의 그룹화 결과에 NULL인 행도 출력됩니다. 즉, NULL도 GROUP BY 집계 대상에 포함됩니다.

NOTE **GROUP BY의 결과가 공집합인 경우 MAX 함수를 써도 공집합이 출력된다.**

아래와 같은 테스트용 테이블을 생성하고 데이터를 입력합니다.

코드 8-29 실습환경 구성

```
CREATE TABLE TB_ORD_8_3_5
(
  ORD_NO CHAR(10)
, ORD_DE CHAR(8)
, ORD_AMT NUMBER
, ADD_AMT NUMBER
```

```
, ORD_MM CHAR(6)
);

INSERT INTO TB_ORD_8_3_5 VALUES('0000000001', '20200101', 500, 50, '202001');

COMMIT;
```

다음 SELECT문의 결과는 공집합입니다.

코드 8-30 공집합이 나오는 SELECT문

```
SELECT ORD_AMT
  FROM TB_ORD_8_3_5
 WHERE ORD_MM = '202010'
;
```

결과

```
ORD_AMT
---------
```

ORD_MM 칼럼의 값이 '202010'인 행은 존재하지 않기 때문에 공집합이 나왔습니다.

아래는 ORD_AMT 칼럼을 집계 함수인 MAX와 NVL 함수를 이용하여 공집합이 나오는 것을 방지한 SELECT문입니다.

코드 8-31 집계 함수로 감싸서 공집합이 나오는 것을 방지

```
SELECT NVL(MAX(ORD_AMT), 0) AS ORD_AMT_MAX
  FROM TB_ORD_8_3_5
 WHERE ORD_MM = '202010'
;
```

결과

```
ORD_AMT_MAX
-----------
          0
```

공집합이 나오지 않고 0이 출력된 것을 알 수 있습니다.

이번에는 GROUP BY절에 ORD_MM 칼럼을 기재하였습니다.

코드 8-32 GROUP BY를 추가

```
SELECT NVL(MAX(ORD_AMT), 0) AS ORD_AMT_MAX
  FROM TB_ORD_8_3_5
 WHERE ORD_MM = '202010'
 GROUP BY ORD_MM
;
```

결과

```
ORD_AMT_MAX
-----------
```

WHERE절의 조건으로 결과 행의 수가 0건인 상태에서 GROUP BY를 하였습니다. GROUP
BY 대상 결과 행이 없어서 공집합이 출력됩니다. 이 경우에는 공집합인 상태에서 MAX 함수
를 써서 단 1건이라도 출력하는 전략이 무용지물이 되어 버립니다.

8.4 집합연산자

NOTE UNION ALL 이용 시 ORDER BY절은 전체 결과집합을 정렬한다.

집합연산자인 UNION ALL을 이용 시 ORDER BY절은 전체 결과집합을 정렬합니다.

2개 이상의 SELECT문의 결과집합을 UNION ALL을 사용하여 합칠 경우 ORDER BY절은
전체 SELECT문의 결과에 대해서 정렬을 수행합니다.

아래는 2개의 SELECT문을 UNION ALL로 합친 SQL문입니다.

코드 8-33 UNION ALL을 이용한 SQL문

```
SELECT '2번째SELECT문' AS TEXT FROM DUAL
UNION ALL
SELECT '1번째SELECT문' AS TEXT FROM DUAL
;
```

결과

```
TEXT
-------------
2번째SELECT문
1번째SELECT문
```

UNION ALL은 2개 이상의 집합을 합치는 역할을 수행하지만, 정렬작업은 일어나지 않았습니다.

이 상태에서 맨 아래에 ORDER BY절을 추가하여 정렬작업을 합니다.

코드 8-34 UNION ALL + ORDER BY절을 이용한 SQL문

```
SELECT '2번째SELECT문' AS TEXT FROM DUAL
UNION ALL
SELECT '1번째SELECT문' AS TEXT FROM DUAL
ORDER BY TEXT;
```

결과

```
TEXT
-------------
1번째SELECT문
2번째SELECT문
```

정렬된 상태로 결과집합이 출력된 것을 알 수 있습니다.

집합연산자인 UNION ALL 이용 시 맨 아래에 있는 SELECT문에 ORDER BY절을 단 1번만 기재하며 UNION ALL을 한 모든 SELECT문의 결과집합을 대상으로 정렬작업을 수행합니다.

> **NOTE** **집합연산자 이용 시 헤더명은 맨 위의 SELECT문을 따르고 ORDER BY절은 맨 아래의 SELECT문을 따른다.**
>
> 집합연산자(UNION/UNION ALL 등)를 이용 시 결과집합의 헤더명은 맨 위의 SELECT문을 따르고 ORDER BY는 맨 아래의 SELECT문을 따릅니다.

다음은 UNION ALL을 이용한 SQL문입니다.

맨 위의 SELECT문에는 칼럼에 앨리어스를 기재하였고 맨 아래의 SELECT문에는 ORDER BY절을 기재하였습니다.

코드 8-35 UNION ALL 이용 시 헤더명 지정 및 ORDER BY 1 사용

```
SELECT A.SUBWAY_STATN_NO AS "지하철역번호"
     , A.LN_NM AS "노선명"
     , A.STATN_NM AS "역명"
  FROM TB_SUBWAY_STATN A  WHERE STATN_NM = '강남'
UNION ALL
SELECT B.SUBWAY_STATN_NO
     , B.LN_NM
     , B.STATN_NM
  FROM TB_SUBWAY_STATN B WHERE STATN_NM = '역삼'
UNION ALL
SELECT C.SUBWAY_STATN_NO
     , C.LN_NM
     , C.STATN_NM
  FROM TB_SUBWAY_STATN C WHERE STATN_NM = '선릉'
 ORDER BY 1
 ;
```

결과

```
|지하철역번호|노선명   |역명
+-----------+---------+------
|000030     |2호선    |선릉
|000031     |2호선    |역삼
|000032     |2호선    |강남
|000143     |분당선   |선릉
```

결과집합의 헤더명은 맨 위에 있는 SELECT문을 따릅니다. 또한 정렬작업은 맨 아래에 기재한 ORDER BY절을 따르고 있습니다. 지하철역번호를 기준으로 ASC 정렬하였습니다.

만약 아래와 같이 ORDER BY절에 앨리어스명을 기재하면 SQL 문법 에러가 발생합니다.

코드 8-36 UNION ALL 이용 시 헤더명 지정 및 ORDER BY절에 앨리어스 사용

```
SELECT A.SUBWAY_STATN_NO AS "지하철역번호"
     , A.LN_NM AS "노선명"
     , A.STATN_NM AS "역명"
  FROM TB_SUBWAY_STATN A  WHERE STATN_NM = '강남'
UNION ALL
```

```
SELECT B.SUBWAY_STATN_NO
     , B.LN_NM
     , B.STATN_NM
  FROM TB_SUBWAY_STATN B WHERE STATN_NM = '역삼'
UNION ALL
SELECT C.SUBWAY_STATN_NO
     , C.LN_NM
     , C.STATN_NM
  FROM TB_SUBWAY_STATN C WHERE STATN_NM = '선릉'
 ORDER BY "지하철역번호"
 ;
```

결과

```
ORA-00904: "지하철역번호": invalid identifier
```

또한 아래 SQL문처럼 ORDER BY절에 칼럼명을 입력해도 SQL 문법 에러가 발생합니다.

코드 8-37 UNION ALL 이용 시 헤더명 지정 및 ORDER BY절에 칼럼명 사용

```
SELECT A.SUBWAY_STATN_NO AS "지하철역번호"
     , A.LN_NM AS "노선명"
     , A.STATN_NM AS "역명"
  FROM TB_SUBWAY_STATN A  WHERE STATN_NM = '강남'
UNION ALL
SELECT B.SUBWAY_STATN_NO
     , B.LN_NM
     , B.STATN_NM
  FROM TB_SUBWAY_STATN B WHERE STATN_NM = '역삼'
UNION ALL
SELECT C.SUBWAY_STATN_NO
     , C.LN_NM
     , C.STATN_NM
  FROM TB_SUBWAY_STATN C WHERE STATN_NM = '선릉'
 ORDER BY SUBWAY_STATN_NO
 ;
```

결과

```
ORA-00904: "SUBWAY_STATN_NO": invalid identifie
```

"지하철역번호"라는 앨리어스를 지정한 순간 ORDER BY절에는 칼럼명인 "SUBWAY_STATN_NO" 혹은 앨리어스명인 "지하철역번호"를 기재하면 SQL 문법 에러가 발생하며 ORDER BY절에는 숫자만을 기재해야 합니다.

> **NOTE** MINUS 연산 시 집합의 결과는 중복이 제거된 행으로 출력된다.

우선 아래와 같이 지하철역(TB_SUBWAY_STATN) 테이블에서 역명(STATN_NM)이 '선릉'인 행을 조회합니다.

코드 8-38 일반적인 SQL문

```
SELECT
        A.STATN_NM
  FROM TB_SUBWAY_STATN A
 WHERE A.STATN_NM = '선릉'
 ;
```

결과

```
STATN_NM
--------
선릉
선릉
```

총 2개의 행이 출력되었습니다. '선릉'역에는 '2호선'과 '분당선'이 지나가기 때문에 2개의 행이 존재합니다.

아래와 같이 MINUS 연산을 수행합니다.

코드 8-39 MINUS 연산 수행

```
SELECT
        A.STATN_NM
  FROM TB_SUBWAY_STATN A WHERE A.STATN_NM = '선릉'
 MINUS
 SELECT
        A.STATN_NM
   FROM TB_SUBWAY_STATN A WHERE A.STATN_NM = '강남'
 ;
```

결과

STATN_NM
선릉

역명(STATN_NM) 칼럼의 값이 '강남'인 행은 MINUS 처리되어 출력되지 않고, 중복으로 존재하여 2건이었던 '선릉'인 행은 1건만 출력되었습니다.

MINUS 연산 시 행의 결과가 중복인 경우 중복이 제거된 상태로 출력되는 것을 알 수 있습니다.

8.5 계층형 SQL문

NOTE 계층형 SQL문에서 WHERE절은 FROM절 바로 아래에 위치해야 한다.

계층형 SQL문에서 WHERE절을 사용한다면 반드시 FROM절 바로 아래에 위치해야 합니다.

아래는 일반적인 계층형 SQL문입니다.

코드 8-40 계층형 SQL문

```
SELECT A.INDUTY_CL_CD
     , A.INDUTY_CL_NM
     , B.INDUTY_CL_SE_CD
     , B.INDUTY_CL_SE_NM
     , LEVEL LVL
     , LPAD(' ', 4*(LEVEL-1))|| A.INDUTY_CL_CD
                         || '(' || A.INDUTY_CL_NM || ')' AS "업종분류코드(명)"
     , CONNECT_BY_ISLEAF AS CBI
  FROM TB_INDUTY_CL A
     , TB_INDUTY_CL_SE B
 WHERE A.INDUTY_CL_SE_CD = B.INDUTY_CL_SE_CD
 START WITH A.UPPER_INDUTY_CL_CD IS NULL
 CONNECT BY PRIOR A.INDUTY_CL_CD = A.UPPER_INDUTY_CL_CD
 ORDER SIBLINGS BY A.INDUTY_CL_CD
 ;
```

결과

INDUTY_CL_CD	INDUTY_CL_NM	INDUTY_CL_SE_CD	IN._S.	LVL	업종분류코드(명)	CBI
D	소매	ICS001	대.	1	D(소매)	0
D01	음/식료품소매	ICS002	중.	2	D01(음/식료품소매)	0
D01A01	식료품점	ICS003	소.	3	D01A01(식료품점)	1
D01A02	김치판매	ICS003	소.	3	D01A02(김치판매)	1
D01A03	정육점	ICS003	소.	3	D01A03(정육점)	1
D01A04	닭집	ICS003	소.	3	D01A04(닭집)	1
D01A05	머리고기전문	ICS003	소.	3	D01A05(머리고기전문)	1
D01A06	육류소매	ICS003	소.	3	D01A06(육류소매)	1
D01A07	반찬가게	ICS003	소.	3	D01A07(반찬가게)	1
D01A08	유기농식품판매	ICS003	소.	3	D01A08(유기농식품판매)	1
D01A09	식자재판매	ICS003	소.	3	D01A09(식자재판매)	1
D01A10	어물상	ICS003	소.	3	D01A10(어물상)	1
...생략						

※ 이 책의 분량 및 페이지 크기에 맞게 일부 값을 생략하였습니다.

위의 계층형 SQL문은 정상적으로 실행되는 것을 확인할 수 있습니다.

만약 아래와 같이 WHERE절이 FROM절 바로 아래에 위치하지 않고 START WITH절 아래에 위치하면 SQL 문법 에러가 발생합니다.

코드 8-41 WHERE절이 START WITH절 바로 아래 위치

```
SELECT A.INDUTY_CL_CD
     , A.INDUTY_CL_NM
     , B.INDUTY_CL_SE_CD
     , B.INDUTY_CL_SE_NM
     , LEVEL LVL
     , LPAD(' ', 4*(LEVEL-1))|| A.INDUTY_CL_CD
                          || '(' || A.INDUTY_CL_NM || ')' AS "업종분류코드(명)"
     , CONNECT_BY_ISLEAF AS CBI
  FROM TB_INDUTY_CL A
     , TB_INDUTY_CL_SE B
 START WITH A.UPPER_INDUTY_CL_CD IS NULL
 WHERE A.INDUTY_CL_SE_CD = B.INDUTY_CL_SE_CD
 CONNECT BY PRIOR A.INDUTY_CL_CD = A.UPPER_INDUTY_CL_CD
 ORDER SIBLINGS BY A.INDUTY_CL_CD
 ;
```

ORA-01788: CONNECT BY clause required in this query block

또한 아래와 같이 WHERE절이 CONNECT BY절 바로 아래에 위치해도 SQL 문법 에러가
발생합니다.

코드 8-42 WHERE절이 CONNECT BY절 바로 아래 위치

```
SELECT A.INDUTY_CL_CD
     , A.INDUTY_CL_NM
     , B.INDUTY_CL_SE_CD
     , B.INDUTY_CL_SE_NM
     , LEVEL LVL
     , LPAD(' ', 4*(LEVEL-1))|| A.INDUTY_CL_CD
                         || '(' || A.INDUTY_CL_NM || ')' AS "업종분류코드(명)"
     , CONNECT_BY_ISLEAF AS CBI
  FROM TB_INDUTY_CL A
     , TB_INDUTY_CL_SE B
START WITH A.UPPER_INDUTY_CL_CD IS NULL
CONNECT BY PRIOR A.INDUTY_CL_CD = A.UPPER_INDUTY_CL_CD
WHERE A.INDUTY_CL_SE_CD = B.INDUTY_CL_SE_CD
ORDER SIBLINGS BY A.INDUTY_CL_CD
 ;
```

결과

ORA-00933: SQL command not properly ended

계층형 SQL문에서 WHERE절은 반드시 FROM절 바로 아래에 위치해야 합니다.

코드 8-43 계층형 SQL문 - 정상

```
SELECT A.INDUTY_CL_CD
     , A.INDUTY_CL_NM
     , B.INDUTY_CL_SE_CD
     , B.INDUTY_CL_SE_NM
     , LEVEL LVL
     , LPAD(' ', 4*(LEVEL-1))|| A.INDUTY_CL_CD
                         || '(' || A.INDUTY_CL_NM || ')' AS "업종분류코드(명)"
     , CONNECT_BY_ISLEAF AS CBI
  FROM TB_INDUTY_CL A
     , TB_INDUTY_CL_SE B
```

```
  WHERE A.INDUTY_CL_SE_CD = B.INDUTY_CL_SE_CD
START WITH A.UPPER_INDUTY_CL_CD IS NULL
CONNECT BY PRIOR A.INDUTY_CL_CD = A.UPPER_INDUTY_CL_CD
ORDER SIBLINGS BY A.INDUTY_CL_CD
  ;
```

결과

```
¦INDUTY¦INDUTY_CL_NM ¦INDUTY_CL¦IN.¦LVL¦업종분류코드(명)          ¦CBI¦
¦_CL_CD¦             ¦_SE_CD   ¦_S.¦   ¦                         ¦   ¦
+------+-------------+---------+--.+---+-------------------------+---+
¦D     ¦소매         ¦ICS001   ¦대.¦  1¦D(소매)                  ¦  0¦
¦D01   ¦음/식료품소매 ¦ICS002   ¦중.¦  2¦ D01(음/식료품소매)       ¦  0¦
¦D01A01¦식료품점     ¦ICS003   ¦소.¦  3¦  D01A01(식료품점)        ¦  1¦
¦D01A02¦김치판매     ¦ICS003   ¦소.¦  3¦  D01A02(김치판매)        ¦  1¦
¦D01A03¦정육점       ¦ICS003   ¦소.¦  3¦  D01A03(정육점)          ¦  1¦
¦D01A04¦닭집         ¦ICS003   ¦소.¦  3¦  D01A04(닭집)            ¦  1¦
¦D01A05¦머리고기전문 ¦ICS003   ¦소.¦  3¦  D01A05(머리고기전문)    ¦  1¦
¦D01A06¦육류소매     ¦ICS003   ¦소.¦  3¦  D01A06(육류소매)        ¦  1¦
...생략
```

※ 이 책의 분량 및 페이지 크기에 맞게 일부 값을 생략하였습니다.

정상적으로 동작한 것을 알 수 있습니다.

NOTE CONNECT_BY_PATH 함수 이용 시 구분자로 사용되는 문자가 출력되는 칼럼값 안에 존재하면 SQL 문법 에러가 발생한다.

우선 아래와 같은 부서 테이블을 생성하고 데이터를 입력합니다.

코드 8-44 실습환경 구축

```
CREATE TABLE TB_DEPT_8_5_2
(
  DEPT_CD CHAR(6)
, DEPT_NM VARCHAR2(50)
, UPPER_DEPT_CD CHAR(6)
, CONSTRAINT PK_TB_DEPT_8_5_2 PRIMARY KEY(DEPT_CD)
)
;

INSERT INTO TB_DEPT_8_5_2 VALUES ('D00001', '데이터사업본부', NULL);
INSERT INTO TB_DEPT_8_5_2 VALUES ('D00002', '데이터수집,적재팀', 'D00001');
```

```
INSERT INTO TB_DEPT_8_5_2 VALUES ('D00003', '데이터시각화팀', 'D00001');
INSERT INTO TB_DEPT_8_5_2 VALUES ('D00004', '데이터분석팀', 'D00001');

COMMIT;
```

다음은 CONNECT_BY_PATH 함수를 이용한 계층형 SQL문입니다.

코드 8-45 CONNECT_BY_PATH 함수를 이용한 계층형 SQL문

```
SELECT DEPT_CD, DEPT_NM
     , LPAD(' ', 4*(LEVEL-1))|| DEPT_CD
                          || '(' || DEPT_NM || ')' AS "부서정보"
     , SYS_CONNECT_BY_PATH(DEPT_NM, '^') "부서정보_2"
     , NVL(UPPER_DEPT_CD, '[NULL]') AS UPPER_DEPT_CD
  FROM TB_DEPT_8_5_2
  START WITH UPPER_DEPT_CD IS NULL
  CONNECT BY PRIOR DEPT_CD = UPPER_DEPT_CD
;
```

결과

DEPT_CD	DEPT_NM	부서정보	부서정보_2	UPPER_DEPT_CD
D00001	데이터사.	D00001(데이터사업본부)	^데이터사업본부	[NULL]
D00002	데이터수.	D00002(데이터수집,적재.	^데이터사업본부^데이터.	D00001
D00003	데이터시.	D00003(데이터시각화팀).	^데이터사업본부^데이터.	D00001
D00004	데이터분.	D00004(데이터분석팀)	^데이터사업본부^데이터.	D00001

※ 이 책의 분량 및 페이지 크기에 맞게 일부 값을 생략하였습니다.

SYS_CONNECT_BY_PATH 함수를 이용하면서 '^' 문자로 구분하고 있습니다. 부서명 (DEPT_NM) 칼럼은 '데이터수집,적재팀'이 존재하고 해당 칼럼값에는 ','가 존재합니다. 이러한 상황에서 SYS_CONNECT_BY_PATH 함수에서 ',' 문자로 구분하면 SQL 문법 에러가 발생합니다.

코드 8-46 SYS_CONNECT_BY_PATH 함수 이용 시 SQL 문법 에러 발생

```
SELECT DEPT_CD, DEPT_NM
     , LPAD(' ', 4*(LEVEL-1))|| DEPT_CD
                          || '(' || DEPT_NM || ')' AS "부서정보"
     , SYS_CONNECT_BY_PATH(DEPT_NM, ',') "부서정보_2"
```

```
        , NVL(UPPER_DEPT_CD, '[NULL]') AS UPPER_DEPT_CD
     FROM TB_DEPT_8_5_2
     START WITH UPPER_DEPT_CD IS NULL
     CONNECT BY PRIOR DEPT_CD = UPPER_DEPT_CD
  ;
```

결과

ORA-30004: SYS_CONNECT_BY_PATH 함수를 사용할 때 구분 기호를 열 값의 일부로 사용할 수 없습니다.

SYS_CONNECT_BY_PATH 함수 사용 시 구분자로 들어가는 인자 값(',')은 대상 칼럼의 칼럼값 내부에 존재하지 않는 값이어야 합니다.

8.6 JOIN

NOTE NATURAL JOIN 시 조인 칼럼에는 테이블 앨리어스를 쓸 수 없다.

NATURAL JOIN(자연 조인) 시 조인 칼럼에는 테이블 앨리어스를 붙일 수 없습니다.

아래는 NATURAL JOIN을 이용한 SELECT문입니다.

코드 8-47 NATURAL JOIN을 이용한 SELECT문

```
SELECT ADSTRD_CD, A.STD_YM, A.POPLTN_SE_CD, A.AGRDE_SE_CD, A.POPLTN_CNT, B.ADSTRD_NM
  FROM TB_POPLTN A NATURAL JOIN TB_ADSTRD B
WHERE ADSTRD_CD = '4128157500' --경기도 고양시 덕양구 삼송동
  AND A.POPLTN_SE_CD IN ('M', 'F')
  AND A.AGRDE_SE_CD IN ('000', '010')
 ;
```

결과

ADSTRD_CD	STD_YM	POPLTN_SE_CD	AGRDE_SE_CD	POPLTN_CNT	ADSTRD_NM
4128157500	202010	F	000	1142	경기도 고양시 덕양구 삼송동
4128157500	202010	F	010	686	경기도 고양시 덕양구 삼송동
4128157500	202010	M	000	1088	경기도 고양시 덕양구 삼송동
4128157500	202010	M	010	757	경기도 고양시 덕양구 삼송동

인구(TB_POPLTN) 테이블과 행정동(TB_ADSTRD) 테이블을 NATURAL JOIN하여 경기도 고양시 덕양구 삼송동 기준 00대부터 10대까지의 남/여 인구수를 조회하고 있습니다. 행정동코드(ADSTRD_CD)는 조인 칼럼이며 이 칼럼을 WHERE절에 기재할 때 앨리어스를 사용하지 않았습니다.

아래와 같이 NATURAL JOIN 시 조인 칼럼에 테이블 앨리어스를 주면 SQL 문법 에러가 발생합니다.

코드 8-48 NATURAL JOIN SQL문 – 문법 에러

```
SELECT A.ADSTRD_CD, A.STD_YM, A.POPLTN_SE_CD, A.AGRDE_SE_CD, A.POPLTN_CNT,
B.ADSTRD_NM
  FROM TB_POPLTN A NATURAL JOIN TB_ADSTRD B
 WHERE A.ADSTRD_CD = '4128157500' --경기도 고양시 덕양구 삼송동
   AND A.POPLTN_SE_CD IN ('M', 'F')
   AND A.AGRDE_SE_CD IN ('000', '010')
;
```

결과

```
ORA-25155: column used in NATURAL join cannot have qualifier
```

NOTE INNER JOIN 시에는 동일한 칼럼이 있을 경우 테이블 앨리어스를 반드시 붙여야 한다.

아래는 INNER JOIN을 이용한 조인 SQL문입니다.

코드 8-49 INNER JOIN SQL문

```
SELECT A.ADSTRD_CD, A.STD_YM, A.POPLTN_SE_CD, A.AGRDE_SE_CD, A.POPLTN_CNT,
B.ADSTRD_NM
  FROM TB_POPLTN A INNER JOIN TB_ADSTRD B
    ON (A.ADSTRD_CD = B.ADSTRD_CD)
 WHERE A.ADSTRD_CD = '4128157500' --경기도 고양시 덕양구 삼송동
   AND A.POPLTN_SE_CD IN ('M', 'F')
   AND A.AGRDE_SE_CD IN ('000', '010')
;
```

```
ADSTRD_CD  ¦STD_YM¦POPLTN_SE_CD¦AGRDE_SE_CD¦POPLTN_CNT¦ADSTRD_NM
----------¦------¦------------¦-----------¦----------¦-------------------------
4128157500¦202010¦F           ¦000        ¦      1142¦경기도  고양시  덕양구  삼송동
4128157500¦202010¦F           ¦010        ¦       686¦경기도  고양시  덕양구  삼송동
4128157500¦202010¦M           ¦000        ¦      1088¦경기도  고양시  덕양구  삼송동
4128157500¦202010¦M           ¦010        ¦       757¦경기도  고양시  덕양구  삼송동
```

인구(TB_POPLTN) 테이블과 행정동(TB_ADSTRD) 테이블을 INNER JOIN하여 경기도 고양시 덕양구 삼송동 기준 00대부터 10대까지의 남/여 인구수를 조회하고 있습니다. 조인 칼럼인 행정동코드(ADSTRD_CD) 칼럼을 기재할 때 테이블 앨리어스를 이용하였습니다. INNER JOIN 시에는 WHERE절의 조인 칼럼에 반드시 테이블 앨리어스를 이용해야 합니다.

다음과 같이 테이블 앨리어스를 빼면 SQL 문법 에러가 발생합니다.

코드 8-50 INNER JOIN SQL문 – 에러 발생

```
SELECT ADSTRD_CD, A.STD_YM, A.POPLTN_SE_CD, A.AGRDE_SE_CD, A.POPLTN_CNT, B.ADSTRD_NM
  FROM TB_POPLTN A INNER JOIN TB_ADSTRD B
    ON (ADSTRD_CD = ADSTRD_CD)
 WHERE ADSTRD_CD = '4128157500' --경기도  고양시  덕양구  삼송동
   AND A.POPLTN_SE_CD IN ('M', 'F')
   AND A.AGRDE_SE_CD IN ('000', '010')
 ;
```

결과

```
ORA-00918: column ambiguously defined
```

> **NOTE** 조인 칼럼이 SELECT절에 존재한다면 ORDER BY절에는 테이블 앨리어스를 붙일 필요가 없다.

INNER JOIN 시 조인 칼럼에 대해 테이블 앨리어스를 반드시 붙여야 합니다. 하지만 조인 칼럼이 SELECT절에 존재한다면 ORDER BY절에는 테이블 앨리어스를 붙일 필요가 없습니다.

코드 8-51 INNER JOIN SQL문 - ORDER BY

```
SELECT A.ADSTRD_CD, A.STD_YM, A.POPLTN_SE_CD, A.AGRDE_SE_CD, A.POPLTN_CNT,
B.ADSTRD_NM
  FROM TB_POPLTN A INNER JOIN TB_ADSTRD B
    ON (A.ADSTRD_CD = B.ADSTRD_CD)
  WHERE A.ADSTRD_CD = '4128157500' --경기도 고양시 덕양구 삼송동
    AND A.POPLTN_SE_CD IN ('M', 'F')
    AND A.AGRDE_SE_CD IN ('000', '010')
  ORDER BY ADSTRD_CD
;
```

결과

```
ADSTRD_CD |STD_YM|POPLTN_SE_CD|AGRDE_SE_CD|POPLTN_CNT|ADSTRD_NM
----------|------|------------|-----------|----------|--------------------------
4128157500|202010|F           |000        |      1142|경기도  고양시  덕양구  삼송동
4128157500|202010|F           |010        |       686|경기도  고양시  덕양구  삼송동
4128157500|202010|M           |000        |      1088|경기도  고양시  덕양구  삼송동
4128157500|202010|M           |010        |       757|경기도  고양시  덕양구  삼송동
```

행정동코드(ADSTRD_CD) 칼럼을 ORDER BY절에 기재할 때 테이블 앨리어스를 사용하지 않고도 정상적으로 실행되었습니다.

[코드 8-52]는 행정동코드(ADSTRD_CD) 칼럼이 SELECT절에 존재하지 않으면서 ORDER BY절에는 존재하는데 테이블 앨리어스를 기재하지 않았습니다.

코드 8-52 INNER JOIN SQL문 - ORDER BY - 에러 발생

```
SELECT A.STD_YM, A.POPLTN_SE_CD, A.AGRDE_SE_CD, A.POPLTN_CNT, B.ADSTRD_NM
  FROM TB_POPLTN A INNER JOIN TB_ADSTRD B
    ON (A.ADSTRD_CD = B.ADSTRD_CD)
  WHERE A.ADSTRD_CD = '4128157500' --경기도 고양시 덕양구 삼송동
    AND A.POPLTN_SE_CD IN ('M', 'F')
    AND A.AGRDE_SE_CD IN ('000', '010')
  ORDER BY ADSTRD_CD
;
```

결과

```
ORA-00918: column ambiguously defined
```

ORDER BY절에 행정동코드(ADSTRD_CD) 칼럼을 기재 시 테이블 앨리어스를 기재하지 않아서 SQL 문법 에러가 발생하였습니다.

NOTE **USING절 조인 시 조인 칼럼에는 테이블 앨리어스를 쓸 수 없다.**

아래는 USING절을 이용하여 INNER JOIN을 수행하는 SELECT문입니다. USING절에 사용된 행정동코드(ADSTRD_CD) 칼럼에는 테이블 앨리어스를 붙일 수 없습니다. SELECT절 내에서 ADSTRD_CD를 기재 시 테이블 앨리어스를 붙이지 않았습니다.

코드 8-53 USING절 사용 – 조인 칼럼에 테이블 앨리어스 안 붙임 – 정상 실행

```
SELECT ADSTRD_CD
     , A.STD_YM
     , A.POPLTN_SE_CD
     , A.AGRDE_SE_CD
     , A.POPLTN_CNT
     , B.ADSTRD_NM
  FROM TB_POPLTN A INNER JOIN TB_ADSTRD B
 USING (ADSTRD_CD)
 WHERE ADSTRD_CD = '4128157500' --경기도 고양시 덕양구 삼송동
   AND A.POPLTN_SE_CD IN ('M', 'F')
   AND A.AGRDE_SE_CD IN ('000', '010')
;
```

결과

ADSTRD_CD	STD_YM	POPLTN_SE_CD	AGRDE_SE_CD	POPLTN_CNT	ADSTRD_NM
4128157500	202010	F	000	1142	경기도 고양시 덕양구 삼송동
4128157500	202010	F	010	686	경기도 고양시 덕양구 삼송동
4128157500	202010	M	000	1088	경기도 고양시 덕양구 삼송동
4128157500	202010	M	010	757	경기도 고양시 덕양구 삼송동

정상적으로 실행되었습니다.

이번에는 SELECT절 내에서 행정동코드(ADSTRD_CD) 칼럼 기재 시 테이블 앨리어스를 붙였습니다.

코드 8-54 USING절 사용 – 조인 칼럼에 테이블 앨리어스 붙임 – 에러 발생

```
SELECT A.ADSTRD_CD, A.STD_YM, A.POPLTN_SE_CD, A.AGRDE_SE_CD, A.POPLTN_CNT,
B.ADSTRD_NM
   FROM TB_POPLTN A INNER JOIN TB_ADSTRD B
     USING (ADSTRD_CD)
  WHERE ADSTRD_CD = '4128157500' --경기도 고양시 덕양구 삼송동
    AND A.POPLTN_SE_CD IN ('M', 'F')
    AND A.AGRDE_SE_CD IN ('000', '010')
  ;
```

결과

```
ORA-25154: column part of USING clause cannot have qualifier
```

또한 ORDER BY절에 행정동코드(ADSTRD_CD) 칼럼을 기재할 때도 앨리어스를 사용하지 않아야 합니다.

코드 8-55 USING절 사용 – ORDER BY절 기재 시 앨리어스 안 붙임 – 정상 실행

```
SELECT ADSTRD_CD
     , A.STD_YM
     , A.POPLTN_SE_CD
     , A.AGRDE_SE_CD
     , A.POPLTN_CNT
     , B.ADSTRD_NM
  FROM TB_POPLTN A INNER JOIN TB_ADSTRD B
 USING (ADSTRD_CD)
 WHERE ADSTRD_CD = '4128157500' --경기도 고양시 덕양구 삼송동
   AND A.POPLTN_SE_CD IN ('M', 'F')
   AND A.AGRDE_SE_CD IN ('000', '010')
 ORDER BY ADSTRD_CD
  ;
```

결과

ADSTRD_CD	STD_YM	POPLTN_SE_CD	AGRDE_SE_CD	POPLTN_CNT	ADSTRD_NM
4128157500	202010	F	000	1142	경기도 고양시 덕양구 삼송동
4128157500	202010	F	010	686	경기도 고양시 덕양구 삼송동
4128157500	202010	M	000	1088	경기도 고양시 덕양구 삼송동
4128157500	202010	M	010	757	경기도 고양시 덕양구 삼송동

정상적으로 실행되었습니다.

아래와 같이 ORDER BY절에 행정동코드(ADSTRD_CD) 칼럼을 기재할 때 테이블 앨리어스를 사용한 경우 SQL 문법 에러가 발생합니다.

코드 8-56 USING절 사용 – ORDER BY절 기재 시 테이블 앨리어스 붙임 – 에러 발생

```
SELECT ADSTRD_CD
     , A.STD_YM
     , A.POPLTN_SE_CD
     , A.AGRDE_SE_CD
     , A.POPLTN_CNT
     , B.ADSTRD_NM
  FROM TB_POPLTN A INNER JOIN TB_ADSTRD B
 USING (ADSTRD_CD)
 WHERE ADSTRD_CD = '4128157500' --경기도 고양시 덕양구 삼송동
   AND A.POPLTN_SE_CD IN ('M', 'F')
   AND A.AGRDE_SE_CD IN ('000', '010')
 ORDER BY A.ADSTRD_CD
;
```

결과

```
ORA-25154: USING 절의 열 부분은 식별자를 가질 수 없음
```

> **NOTE** ON절을 이용한 조인 시 조인 칼럼이 조인 대상 테이블에 존재하는 칼럼일 경우 반드시 테이블 앨리어스를 써야 한다.

다음은 INNER JOIN 및 ON절을 이용한 조인 SQL문입니다. ON절에 사용한 행정동코드(ADSTRD_CD) 칼럼에는 반드시 테이블 앨리어스를 사용해야 합니다.

코드 8-57 ON절 사용

```
SELECT A.ADSTRD_CD, A.STD_YM, A.POPLTN_SE_CD, A.AGRDE_SE_CD, A.POPLTN_CNT,
B.ADSTRD_NM
  FROM TB_POPLTN A INNER JOIN TB_ADSTRD B
    ON (A.ADSTRD_CD = B.ADSTRD_CD)
 WHERE A.ADSTRD_CD = '4128157500' --경기도 고양시 덕양구 삼송동
   AND A.POPLTN_SE_CD IN ('M', 'F')
   AND A.AGRDE_SE_CD IN ('000', '010')
;
```

결과

```
ADSTRD_CD  |STD_YM|POPLTN_SE_CD|AGRDE_SE_CD|POPLTN_CNT|ADSTRD_NM
-----------|------|------------|-----------|----------|-------------------------
4128157500|202010|F           |000        |      1142|경기도 고양시 덕양구 삼송동
4128157500|202010|F           |010        |       686|경기도 고양시 덕양구 삼송동
4128157500|202010|M           |000        |      1088|경기도 고양시 덕양구 삼송동
4128157500|202010|M           |010        |       757|경기도 고양시 덕양구 삼송동
```

만약 둘 중 하나라도 테이블 앨리어스를 사용하지 않으면 SQL 문법 에러가 발생합니다.

코드 8-58 ON절 사용 – 테이블 앨리어스 사용 안 함

```sql
SELECT A.ADSTRD_CD, A.STD_YM, A.POPLTN_SE_CD, A.AGRDE_SE_CD, A.POPLTN_CNT,
B.ADSTRD_NM
  FROM TB_POPLTN A INNER JOIN TB_ADSTRD B
    ON (ADSTRD_CD = B.ADSTRD_CD)
 WHERE A.ADSTRD_CD = '4128157500' --경기도 고양시 덕양구 삼송동
   AND A.POPLTN_SE_CD IN ('M', 'F')
   AND A.AGRDE_SE_CD IN ('000', '010')
;
```

결과

```
ORA-00918: column ambiguously defined
```

NOTE LEFT OUTER JOIN 기준으로 1:M 관계인 경우 LEFT OUTER JOIN의 결과집합
의 내용은 LEFT 기준이지만 결과집합의 건수는 RIGHT 기준이다.

원활한 실습을 위해 아래와 같이 실습환경을 구축합니다.

고객(TB_CUST_8_6_6) 테이블과 주문(TB_ORD_8_6_6) 테이블이 있습니다. 한 명의 고객
(TB_CUST_8_6_6)은 여러 개의 주문(TB_ORD_8_6_6)을 할 수 있으므로 1:M 관계가 됩
니다.

코드 8-59 실습환경 구축

```sql
CREATE TABLE TB_CUST_8_6_6
(
  CUST_ID VARCHAR2(20)
, CUST_NM VARCHAR2(50)
```

```
, CONSTRAINT PK_TB_CUST_8_6_6 PRIMARY KEY(CUST_ID)
)
;

INSERT INTO TB_CUST_8_6_6 VALUES ('dbmsexpert', '이경오');
INSERT INTO TB_CUST_8_6_6 VALUES ('oraexpert', '최민수');

COMMIT;

CREATE TABLE TB_ORD_8_6_6
(
  ORD_NO CHAR(10)
, ORD_AMT NUMBER(15)
, PRDT_CD CHAR(6)
, CUST_ID VARCHAR2(20)
, CONSTRAINT PK_TB_ORD_8_6_6 PRIMARY KEY(ORD_NO)
)
;

INSERT INTO TB_ORD_8_6_6 VALUES('1000000001', 30000, 'P00001', 'dbmsexpert');
INSERT INTO TB_ORD_8_6_6 VALUES('1000000002', 60000, 'P00002', 'dbmsexpert');

COMMIT;
```

아래는 고객(TB_CUST_8_6_6) 테이블과 주문(TB_ORD_8_6_6) 테이블을 LEFT OUTER JOIN한 SELECT문입니다.

코드 8-60 LEFT OUTER JOIN 수행

```
SELECT  A.CUST_ID
      , A.CUST_NM
      , NVL(B.ORD_NO, '[NULL]') AS ORD_NO
      , NVL(B.ORD_AMT, 0) AS ORD_AMT
      , NVL(B.PRDT_CD, '[NULL]') AS PRDT_CD
      , NVL(B.CUST_ID, '[NULL]') AS CUST_ID
   FROM TB_CUST_8_6_6 A LEFT OUTER JOIN TB_ORD_8_6_6 B
     ON (A.CUST_ID = B.CUST_ID)
;
```

```
CUST_ID    |CUST_NM|ORD_NO     |ORD_AMT|PRDT_CD|CUST_ID
----------|-------|-----------|-------|-------|----------
dbmsexpert|이경오 |1000000001|  30000|P00001 |dbmsexpert
dbmsexpert|이경오 |1000000002|  60000|P00002 |dbmsexpert
oraexpert |최민수 |[NULL]     |      0|[NULL] |[NULL]
```

LEFT 테이블인 고객(TB_CUST_8_6_6) 테이블이 총 2건입니다. 이런 경우 LEFT OUTER JOIN 시 결과집합은 2건이 나올 걸로 예상할 수도 있습니다. 하지만 LEFT OUTER JOIN의 최종 결과집합은 3건이 출력되었습니다.

'이경오'는 총 2건의 주문(TB_ORD_8_6_6)을 가지고 있기 때문에 2건이 출력되었고 '최민수'는 주문(TB_ORD_8_6_6) 내역이 존재하지 않지만 고객으로는 존재하기에 1건이 나왔습니다. 이렇게 하여 총 3건의 결과 행이 출력되었습니다.

INDEX

INDEX